近世貨幣と経済発展

岩橋 勝 著

Money and
Economic Development
in Tokugawa Japan

名古屋大学出版会

近世貨幣と経済発展

目　次

序　章　本書の視角と課題……………………………………………… 1

第I部　貨幣流通から見る近世日本経済

第1章　近世経済の制度的枠組み…………………………………… 13

　　　　はじめに　13
　　　　1　徳川の平和——制度的安定　16
　　　　2　市場規模拡大のための諸制度　21
　　　　3　経済インセンティブの成立　27
　　　　むすび　35

第2章　近世経済発展と貨幣……………………………………… 37

　　　　はじめに　37
　　　　1　石高制のなかの貨幣　39
　　　　2　近世貨幣の多様性と統合化　42
　　　　3　小額貨幣と経済発展　48
　　　　むすび　54

第3章　近世銭相場の変動と地域比較…………………………… 57

　　　　はじめに　57
　　　　1　東日本の銭相場　59
　　　　2　西日本の銭相場　83
　　　　むすび　98

第4章　徳川時代の貨幣数量…………………………………… 101
　　　　——金・銀・銭貨在高の推移

　　　　はじめに　101
　　　　1　金銀貨在高の推移　102

目　次　iii

　　2　銭貨在高の推移　125

　　3　徳川期三貨流通量の推移──むすびにかえて　142

第5章　近世の日本・中国・朝鮮における貨幣経済化 ……………145

　　はじめに　145

　　1　3国の貨幣制度と流通貨幣の推移　148

　　2　データの整備方法　150

　　3　貨幣経済化の3国比較　157

　　むすび　163

第II部　近世紙幣論

第6章　近世紙幣の流通実態……………………………………………171

　　はじめに　171

　　1　近世紙幣の研究視角　172

　　2　藩札の流通実態をめぐる課題　175

　　3　藩札の流通持続期間と流通基盤　177

　　4　近世私札の流通実態　185

　　5　小額貨幣不足打開のための藩札・私札のコラボレーション　193

　　6　近代紙幣への日中比較──むすびにかえて　196

第7章　伊予松山藩札流通と銭匁勘定………………………………207

　　はじめに　207

　　1　松山藩の藩札流通政策　208

　　2　松山藩領における銭匁遣い　214

　　3　藩札価格維持の要因──むすびにかえて　224

iv

第8章　藩札信用獲得の一条件 ……………………………………… 229
　　　　　──熊本藩領を事例として

　　はじめに　229
　　1　熊本藩札と銭預り　230
　　2　熊本藩領の取引価値基準と銭匁内実　239
　　3　熊本藩領内流通貨幣の実態　251
　　4　銭匁遣い化と銭預り定着の要因──むすびにかえて　257

第9章　出雲松江藩札と連判札 …………………………………… 261
　　　　　──藩札と私札のコラボレーション

　　はじめに　261
　　1　松江藩領内流通貨幣の実態　263
　　2　松江藩領内札遣いの実態　272
　　3　連判札の発行と流通　281
　　4　松江藩札と連判札──むすびにかえて　291

第III部　近世貨幣の流通実態
──銭貨を中心として

第10章　銭遣い経済圏と銭匁遣い ……………………………… 299

　　はじめに　299
　　1　銭札発行分布から見る銭遣い経済圏　300
　　2　銭匁遣いの実態　306
　　3　三貨制のなかでの銭遣いの意義──むすびにかえて　316

第11章　東北地方の貨幣流通 …………………………………… 327
　　　　　──津軽地方の銭匁遣いを中心として

　　はじめに　327

　　　　　1　津軽地方の銭匁遣い　329

　　　　　2　津軽地方の貨幣流通実態　340

　　　　　3　秋田地方の貨幣流通実態　345

　　　　　4　若干の考察——むすびにかえて　350

第 12 章　土佐における八銭勘定 ……………………………………… 355

　　　　はじめに　355

　　　　　1　売券類に見る基準貨幣と流通貨幣　356

　　　　　2　八銭勘定の成立と実態　368

　　　　　3　土佐における貨幣流通実態　378

　　　　む　す　び　387

第 13 章　九州地方の銭遣い ……………………………………………… 391

　　　　　——豊後日田地域金融取引における基準貨幣を中心として

　　　　はじめに　391

　　　　　1　豊後日田と千原家の概況　392

　　　　　2　千原家金融取引証文の基準貨幣　394

　　　　　3　日田地方の流通貨幣——むすびにかえて　408

　　　　補論　九州各地の銭遣い事情　409

終　章　近世貨幣と経済発展……………………………………………… 427

　　あとがき　435

　　初出一覧　439

　　図表一覧　441

　　索　　引　444

序　章
本書の視角と課題

　経済発展の推移をみる際の基本的な経済指標として，まず一人あたり GDP（国内総生産）が計測され，それから生活水準の動向をうかがうことが一般的である。関連して，市場経済化や海外交易の度合い，物価・賃金や富の配分状況などが模索されることになる。さらに近年注目を集めている K. ポメランツ『大分岐』[1] では，それらを方向づける重要な条件として生態環境にも目を向けるようになった。たしかに一国の経済発展を促進したり抑制したりする条件はさまざまであり，何が主因で何が付随的な発展要因なのかは，それぞれの地域，時代により多様であろう。その際，諸説を検討すると，見逃せない重要な要因が欠落していることに気が付く。それは貨幣の役割である。

　本書はその貨幣の役割に注目し，近世日本の経済発展について検討するものである。

　近世日本の経済発展と貨幣の関係を考察するに際して，近年あきらかにされている具体的な研究成果をあらかじめ見ておこう[2]。一橋大学経済研究所を中心におこなわれた最近の推計によれば，人口一人あたり平均 GDP の推移にかんして，つぎのような状況が提示されている。1990 年のアメリカにおけるドルの購買力を基準として測った 2010 年の日本の一人あたり GDP は 2 万 1935 ドルだったが，1600 年のそれは 667 ドルと，現在のわずか約 3.0 ％にすぎなかった。それでも国際連合が計測する，今日最低限の生活を維持するための所

---

1) K. ポメランツ（川北稔監訳）『大分岐』名古屋大学出版会，2015 年。
2) 深尾京司ほか編『日本経済の歴史 2 近世』（岩波書店，2017 年）2-3 頁。

得（1日1ドル，年間365ドル）と比較すれば8割ほど高く，一橋グループによる推計では1846年に905ドル，その後1874年にかけては従前の2倍ほどの年平均上昇率0.41％でもって一人あたりGDPが上昇した。近世末期日本の水準はアメリカや北西ヨーロッパの半分以下にすぎなかったが，中国・インドとくらべると1.5倍程度であったと言う。しかも，近世初期には日本は中国・インドよりも低い最貧国グループの一つであったので，低い水準ながらも近世の間に両国を逆転するほどの「発展」があったことに誤りない。

　以上の推計結果による「発展」をこれまで蓄積された近世経済史の先行研究に照らし，具体的に確認するための簡便な方法がある。それは，わが国近世の「鎖国」前と幕末開港時との貿易構造の対比である。

　16世紀後半以降の主要な輸入品は生糸であり，大量の国内需要に対応するため糸割符制という管理貿易体制が創設された[3]。幕府が鋳造した慶長丁銀合計額として推定される120万貫目のうち，100万貫目以上がおもにその生糸獲得のため流出した事情は本書第4章で述べるとおりである。わが国固有の生糸は古代から生産はされていたが，輸入生糸とくらべると品質に決定的な落差があり，当時の支配階級である武家・公家や上流商人などからの需要は白糸とよばれるこれら輸入生糸に集中していた。ところが，幕末期開港後，主力輸出品が生糸であったことは周知のとおりである。「鎖国」の期間中，わが国は近世初頭にあれほど競って輸入に奔走した生糸を，開港後は逆転して輸出できるほどに「発展」していたのである。しかもそれは，発展途上地域でありがちな権力者による強制的集中生産物の販売（いわゆる「飢餓移出」）ではなく，米の優先作付が求められる石高制のもとで，いわば民間部門内部での市場向け生産発展の結果であった。くわえて，戦国期前まではまだほとんど自給できていなかった庶民衣料の木綿生産が，近世期の間に原料となる綿花栽培を定着拡大させ，各地に木綿織の特産地を形成しうるほどに成長した。生糸といい，木綿といい，ともに近世に入って格別に発展できた産業が，都市部ではなく農村部で

　3）より詳細な事情は，田代和生「徳川時代の貿易」（速水融・宮本又郎編『経済社会の成立』岩波書店，1988年）130-135頁を参照。

展開した意義も，貨幣経済の浸透との関連で大きかったと言わねばならない。

このように，一人あたり GDP の推移という観点ではささやかな発展にみえるが，経済構造の推移という面で観察するかぎり，近世日本においてドラスティックな展開が確認できよう。ところが，このような近世経済発展の推移を観察する際，個別の産業や商品流通の動向が詳細に語られることはあっても，そこで必須の存在であった貨幣のあり方がそれらの行間で論じられることはほとんどなかった。近世における貨幣の問題は，これまでどちらかといえば経済史のなかでは特殊分野として個別にあつかわれてきた傾向があり，せいぜい幕藩領主財政史ないし経済政策史における貨幣改鋳や藩札発行という論点としてふれられてきたにすぎない。しかし，1970-80 年代に進展した物価史研究の高まりのなかで，それまで三貨制度として理解されてきた近世日本の貨幣のあり方が意外にも地域的な多様性とダイナミズムを内包していることがあきらかとなってきた。そのため，物価史で基礎的な課題である，地方における価格水準を正確に把握し，隔地間での価格変動の比較分析をおこなうさい，それまでの定説にしたがうのみでは作業の障害にさえなった。

くわえて，つぎのような問題もある。周知のように，かつて「貨幣ヴェール観」という経済学説があった。貨幣は経済の実体に対してなんら実質的な作用を与えず，中立的なものであるという考え方である。それによると，たとえば，貨幣量の変化があっても，それは相応する物価変動という名目的な形であらわれるにとどまり，経済への実質的効果は何もないということになる。もしそうした考えが正しければ，経済発展を語るさい，貨幣の動きに目を向ける必要はないはずである。が，はたしてそうであろうか。

経済発展と貨幣との関係を理論的に論じることは非常に難しいため，たしかに経済理論の分野では伝統的に貨幣のない世界で経済発展が分析されてきた。しかし，現実世界では貨幣のない経済活動はありえないし，歴史的にも貨幣のありようが経済変動に大きな影響を与えていることは否定できない。とりわけ近代の局面において，貨幣の需給を媒介する金融機関の存立や金融政策のあり方が一国の経済発展を左右するといっても過言ではない。前近代では，時代をさかのぼるほど自給経済の度合いが強くなって交換経済の比重が低くなるとは

4

いえ，経済史を語るものが貨幣の役割を無視することはとうてい考えられない。さらに，近代に比べて経済史料がはるかに乏しい前近代において，判明するかぎりの貨幣の動きを通して経済発展の動向を探る有効性は活かすべきであろう。このような状況から判断すると，これまで経済発展を論じる際に貨幣の役割を俎上に載せていないのは，その役割を軽視しているというよりも，考察できるほどの関連データが十分に発掘・整備されていないためであると理解するほかない。

　それでも，経済史学における貨幣史という研究分野では，古代から近代初頭にいたる間にわたって，関連史料の残存度に応じたさまざまなアプローチがなされてきた。日本貨幣史にかんしては戦前より多くの研究成果が残されており，戦後四半世紀のものも含めたその集大成が1970年代半ばに日本銀行調査局によってまとめられた『図録 日本の貨幣』全11巻（東洋経済新報社）である。同書は書名が与える単なる図録というイメージにとどまらず，江戸時代以降の系譜を継ぐ古銭学・古紙幣学と経済史的研究の成果をほぼ網羅して，諸貨幣が鋳造・発行された経緯やその背景などを，出典もあきらかにしつつ，詳細に叙述したものである。とりわけそこでは，全11巻中（国内通貨に限定するならば全9巻中）近世編に5巻も充てられたように，近世日本貨幣史研究の成果がほぼ網羅され，もはや解明すべき課題はないかのような観を呈している。事実，その後40年間に刊行された近世貨幣史研究にかかわる書物は，その前後の中近世移行期や近代への移行期を対象とする貨幣史の研究成果発表とくらべるときわめて少ない[4]。

　ところで，近世日本貨幣史研究は1970年代よりつぎの二つの潮流もあって，

4）この40年間の研究動向については，「近世貨幣史」を書名にかかげる久しぶりの書物である安国良一『日本近世貨幣史の研究』（思文閣出版，2016年）序章に，的確にして詳細な紹介がある。ただし，主な考察対象時期が近世成立期より19世紀初めを中心としているため，近代移行期にかけての「近世貨幣システムの遺産」とも評価できる問題をあつかった三上隆三『円の誕生──近代貨幣制度の成立』（東洋経済新報社，1975年），長野暹『明治国家初期財政政策と地域社会』（九州大学出版会，1992年），山本有造『両から円へ──幕末・明治前期貨幣問題研究』（ミネルヴァ書房，1994年）などへのサーベイは控えられている。

その研究手法には変化が求められてきた。一つは，物価史研究の盛行により貨幣についてもその数量的側面に関心が寄せられるようになり，新保博『近世の物価と経済発展』（東洋経済新報社，1978年）はその方向でのひとつのランドマークとなった。外国史からは，その本文の半ばが貨幣史分野に充てられている竹岡敬温『近代フランス物価史序説』（創文社，1974年）も刊行され，貨幣を経済社会の動態との関連で，機能的，時系列的にあつかうことの重要さが強調された。具体的には，各時代各地域で多様に使用されてきた貨幣のうち取引基準となるものを求めたり，その時系列的変動をあと付け，より精度の高い各種相場の地域比較をおこなったりして，経済変動のもようをさぐることである。

　もう一つの潮流は，歴史学研究におけるアナール学派[5]の国内浸透である。それはわが国では「政治史」・「経済史」主導ではない「社会史」としてひろまり，人間の生活文化すべてを視野に収める総合的な歴史学が目標とされた。具体的には，伝統的歴史学ではほとんど扱うことのなかった一般庶民の日常性，とりわけ生活のあり方，人間生活を長期的に支配する環境や心性に目を向け，全体のなかでの個々の史実を把握することが求められた。たまたま残存した史料を中心に厳密な考証をくわえて歴史像を再構成しようとする，いわゆる実証史学の研究方法に対する批判的立場である。史料不在の部分をどのように補正して過去の歴史の再構成を可能とするのか，取り上げてきたテーマも多岐にわたる同学派研究者による個々の具体的研究成果から後進研究者は学ぶほかはない[6]。その目指すところは広く同調でき，貨幣史の分野に関しては，データの欠落したところも全体的把握を目指し関連データをつきあわせて一定の歴史像を語る，あるいは，個別には些細な動きだが集積すれば政府（幕府）の政策変更を迫ったような大きなうねりを見出す努力が求められるようになったと言え

5）アナール学派については様々な分野への浸透があるが，経済史分野に関しては，山瀬善一・中村美幸「社会史・生活史へのアプローチ（1）フランス〈アナール〉学派の方法」（角山栄・速水融編『講座 西洋経済史V 経済史学の発達』同文舘，1979年）を参照。

6）たとえば，アラン・コルバン（山田登世子・鹿島茂訳）『においの歴史』（藤原書店，1990年），スーエレン・ホイ（椎名美智訳）『清潔文化の誕生』（紀伊國屋書店，1999年）などを参照。

6

よう。

　こうしたなか，1980年に斎藤修が『三田学会雑誌』(73-3)で企画した小特集「徳川貨幣史への新視角」は，新保博の著作への論評特集の形をとりながら，あたらしい「貨幣の経済史」の幕開けを告げるものとなった。それは伝統的な「貨幣の歴史」を拡張し，貨幣の機能，価値，需給関係，さらには経済の実物的側面への影響をも対象として取り上げるものであった。この企画のもう一つのきっかけとなったものが，後述（第10章）の西南日本における「銭遣い経済圏」仮説である。これは近世日本を平面的に「金遣い経済圏」「銀遣い経済圏」と二分せずに，関東・上方のように地域内の取引基準が金ないし銀貨ではなく，一定のまとまった取引額以上でも銭貨を基準貨幣として用いる地域が西南日本で広域的に見られる，という観察事実から提言されたものであった[7]。ただし，この仮説は当該の西南日本地域での銀遣い取引自体を全面的に否定するものと理解された向きもあり，問題提起の意図はかならずしもすぐには深まらなかった[8]。

　「銭遣い経済圏」論を補遺すべくその後に提起されたのは，近世銭貨の基本的機能である「小額貨幣」性である。すなわち，銭貨のような小額貨幣が経済発展の一段階で，金銀貨と同等な機能を果たしていた史実に注目したのである。小額貨幣は貨幣経済にあまりなじんでいなかった農民層などにまず浸透・拡散し，市場経済が進展するにつれてそのまま銭貨を取引基準とするようになった結果が，西南日本で広く定着して行く「銭匁遣い」ないし「銭匁勘定」[9]ではないかと考えられたからである。銭匁遣いについてはすでに九州北部で多くの

---

7) 岩橋勝「徳川後期の『銭遣い』について」（『三田学会雑誌』73-3，1980年）85頁において「銭遣い経済圏」の概念定義をおこなっている。

8）「銭遣い経済圏」論に対する懐疑的な受け止め方に立つ研究会記録の一例としては，『金融研究』15-5（ワークショップ「江戸時代における藩札の流通実態」の模様）1996年，168-169頁を参照。

9）「銭匁遣い」ないし「銭匁勘定」とは，銭貨の単位が通常の「文」ではなく，銀貨で使用される「匁」の単位が用いられて銭貨が使用されること。地域により銭1匁の銭量は，銀銭相場の変動にかかわらず，おおむね60〜80文の範囲内で固定化されていて，一見，銀遣いの代用のようにみえるが，取引の価値基準は銭貨であって，銭建て取引である。通常，銀遣いで取引されるような高額取引でも「銭匁遣い」は用いられた。

事例報告が出ており，とくにそれが一見「銀匁」（銀建て表示）と見紛う価格表示であったので，物価史研究推進のためにもたんなる特殊慣行として見過ごすことはできなくなっていた。

その後，1990 年度社会経済史学会全国大会では共通論題「徳川期貨幣の経済史——小額貨幣を中心として」が設定され，西洋，中国も含めた 5 つの報告[10] の中で，貨幣史における小額貨幣の果たした役割が広範に論じられ，それを機に貨幣史研究のなかで「小額貨幣」が意識的に取り扱われるようになった。とりわけ，近世日本については，それまで金銀貨が中心で，銭貨はたんなる端数処理ないし小口取引の決済手段としての意義しか認められていなかったが，各地の貨幣流通の実態調査にあたってあらためて取引基準や支払手段について留意されるようになった。さらに，1996 年以降，日本銀行金融研究所でも江戸期の三貨制度や藩札の流通実態をテーマとする金融研究会が開催され，関連研究者による多面的な討議の記録も残されるようになった[11]。以上のような研究動向を反映して，銭貨や小額貨幣をキーワードとした地方の個別具体的な事例報告が意識的に積み重ねられてきている[12]。

本書は，『図録 日本の貨幣』刊行後の 1970 年代後半より展開されてきた近世日本貨幣史研究について，以上に紹介したような動向をふまえ，近世日本の経済発展において貨幣が果たした役割を実証的にあきらかにしようとするもの

---

10) 『社会経済史学』57-2（1991 年）はこの大会特集号として，全報告論文が収録されている。

11) 前掲『金融研究』15-5（1996 年）および同 17-3（1998 年）。

12) 中世（ないし近世移行期）日本貨幣史研究にかかわるこの 20 年間の刊行著書は十指に余るが，近世に限定すると鹿野嘉昭『藩札の経済学』（東洋経済新報社，2011 年），藤本隆士『近世匁銭の研究』（吉川弘文館，2014 年），安国良一『日本近世貨幣史の研究』（思文閣出版，2016 年）の 3 冊にとどまる。いずれも銭貨ないし小額貨幣がキーワードとなっている（安国著の約 3 分の 2 は銭貨を考察対象）ほか，個別報告では浦長瀬隆による「17，18 世紀東北地方における貨幣流通」（『国民経済雑誌』179-3，1999 年）ほか，古賀康士「備中地域における銭流通」（『岡山地方史研究』99，2002 年）ほか，加藤慶一郎「近世後期における流通貨幣——近江商人・中井源左衛門家の事例」（神戸大学経済経営研究所『現代経済経営シリーズ』1，2005 年）ほか，瀬島宏計「近世中期の津山藩銀札」（『ヒストリア』187，2003 年）など，地方における銭貨や紙幣（藩札・私札）の流通実態を具体的にあきらかにしようとする機運が高まっている。

である。その際，本書で主に検討する課題は以下のとおりである。

1）これまでの貨幣史研究は貨幣改鋳や発行制度を中心とした，いわば貨幣供給の面からのアプローチが主流であった。本書は逆に，経済発展とともに市場が需要する側面に視点をおいて，三貨，とりわけこれまで端額貨幣としてあまり注目されてこなかった銭貨や代用貨幣としての藩札・私札の流通実態をおもに検討する。

2）その際，金銀貨が主たる近世通貨であったことは間違いないものの，それらに劣らず経済発展を支え，底辺部において必需的だった「小額貨幣」である銭貨や藩札・私札により多く照射する。近世経済は庶民レベルでの生活水準上昇（ボトムアップ）にささえられて，18世紀半ばあたりよりささやかな発展が各地で確認できることはすでに通説化しているが，そのとおりであるならば貨幣需要拡大の中心は小額貨幣であったはずだからである。

3）近世の貨幣相場は，経済発展の動向を観察する際の重要な指標であるにもかかわらず，これまでおもに近世後期の江戸—上方間でしか判明していなかった。本書では，銭貨需給動向の指標となる国内各地相場データを広く探索し，判明するかぎりでの地域差を見出そうとした。その際，東日本では金銭相場データは比較的おおく得られるが，銀遣いと言われる西日本では長期にわたる銀銭相場が意外にも容易に得られないことが判明した。このこと自体が近世貨幣流通構造の特性を反映しているとみられる。

4）貨幣を通じて経済発展を観察しようとする際，その流通量の推移を観察することは必須である。しかし，これまで近世全期をとおして観察できるデータは整備できていなかった。そこで，不完全ではあるが，現段階で可能なかぎりの金銀貨，銭貨の流通量（在高）に関して改鋳・増鋳期に合わせて既存諸資料をつき合わせ，おおよその動向を把握する。

5）近年，東アジア地域における近世日本経済の立ち位置を検討する問題意識も高まっているが，一つの試みとして1800年時点の日本，中国，朝鮮の3国における経済発展達成度を比較分析する。前近代日本の経済発展は中国，朝鮮との交流なくして語ることは不可能であるが，東アジアにおける西洋化（＝近代化）の世紀と言われる19世紀初頭の「貨幣経済化」を指標とする3国の

比較は，前近代経済発展の到達点としても，近代化の開始点としても有効な数量比較データを提供することになろう。また，そこでの推計結果は，これまで試みられてきた一人あたり GDP 推計の当否にかんする議論にも，一つの検討材料を提供することになろう。以上が第 I 部の検討課題である。

6) ついで第 II 部では，近世紙幣につきこれまでにない視角にもとづいて論じる。藩札・私札研究は近年やや低調気味であったが，本書では伊予松山藩や熊本藩，そして松江藩領の事例分析を通じて銭遣い論や小額貨幣論の視角から検討し直すこととする。最も基本的には，これまで現物（札）が残存しておれば「流通の証」とみてきた観念からいったんリセットし，一定期間以上札価を維持して使用されたかどうかという「持続的流通」概念を導入した。そのうえで「藩札の時代」と言われている 19 世紀にどこまで流通が広まったかについて検証するとともに，従来の藩札信用論争にとらわれないで，あらためて私札も含めた流通信用（札価維持）の源泉をさぐろうとしている。これまで支配的に理解されてきている財政的要因や領主による強制力のみでは持続的流通の要因は解明できず，幕府正貨や私札を含めた各地の貨幣需要動向との関連に留意した分析が求められている。これらにより，上方や江戸から遠隔な地方ほど幕府正貨が意外に十分に行きわたっていないことがあきらかとなり，これまで少数説にあまんじてきた藩札発行要因における「通貨不足説」にもとづく検証も必要となりつつある。近世紙幣については，以上のような多面的視角でもって，経済発展との関連を分析したい。

7) 最後に第 III 部では，銭貨の流通実態をあきらかにする一方法として，「銭遣い」「銭匁勘定」をキーワードに全国的鳥瞰を試み，時期ごとの変容と地域的差異に留意しつつ，陸奥津軽地方，四国土佐，九州一帯を事例にとりまとめをおこなう。いずれも『図録 日本の貨幣』刊行後に顕著となった近世日本貨幣史のあたらしい視角を提示することになる。くわえて，このような視角にもとづくアプローチにより，経済発展を底辺で支える庶民層の通貨である小額貨幣への需要が，ときどきの領主経済政策をも動かさざるをえなかったことが展望できよう。銭貨はこれまで全国的に金銀貨の端額取引をおぎなう小額貨幣としてしか見られていない向きがあったが，各地での使われ方を個別具体的に

丹念に観察すると驚くほどの多様性をもっていたことが判明し，しかも地域外
取引の進展により着実に貨幣統合化の様相をみせつつあったことも垣間見える
であろう。

第 I 部

貨幣流通から見る近世日本経済

第1章
近世経済の制度的枠組み

はじめに

　日本の社会経済史において，1467年京都で勃発した応仁の乱以降の約2世紀間に，ドラスティックな変革性を読みとることは容易である。室町幕府有力側近の政治的・軍事的な対立に発した，古代律令国家いらい確立していた中央権力の衰退は，社会・経済構造のみならず，文化構造上の転換をも余儀なくさせた。この革命的な2世紀間のうち，前半を戦国時代，後半を織豊期およびその延長としての徳川幕藩体制成立期として二分すると，前半の時代には，荘園制や守護領国制の枠や規制を乗りこえる農業生産力の発展や農業経営主体の変化が見られ，商工業など社会的分業が深化し，戦国大名による領国経済が形成されていった。後半の時代には，あたらしい支配者たちは農業の成長の果実をよりいっそう掌握することによって，戦国時代下の国人領主支配を断ち切り，兵農分離と商工業者の都市集住化を敢行し，さらに検地を通じて農民の生産力を把握せんとした。

　このようにして形成された近世経済が，一方において近現代日本経済の原基として見直されはじめて久しい。そこでの主たる視点は，資本蓄積や生産技術などのような工業化のための直接的な経済の準備条件を見直すことよりも，たとえば家と経営の問題を通して集団志向的経営構造や経済インセンティブなど，欧米の経済制度や技術が導入される以前から定着し日本の工業化に貢献した社会・文化構造の連続性をたどるものであったと言ってよい。この場合，17世

14 第Ⅰ部 貨幣流通から見る近世日本経済

紀前半におなじく西洋文化との接触を断ち切って西洋の進歩から取り残された中国の近代化と対比されて，近世日本の特殊性が注目された。たとえば富永健一は，徳川期に士農工商という身分制度が存在していたにもかかわらず，武士と農工商の富の分配格差が小さく，業績主義的な価値態度が発達したのは，幕府政権の性質が中国のような専制帝国的な家産官僚制ではなく，基本的に権力分散的な割拠性の上に立っており，商業の高度な発達があって町人が富と実質的なパワーをもち，さらに中国の氏族共同体のような強力な伝統温存の機構を持っていなかったためだと述べている[1]。

　近代化を西洋化と同義と考える立場からすれば，かつて和辻哲郎が強調したように[2]，16-17 世紀の日本がそのまま西洋と接触を持続していたら，日本の近代化はもっと早く到来していたはずであった。南北朝期にはじまる下克上の風潮は流動的な社会構造を形成し，堺・博多・平野などの自治都市を拠点に活躍した商人たちの活動も民衆勢力の勃興を示すもので，近代化の内的契機は十分に醸成されていた。当時の西欧新興国であったオランダにつづいてイギリスも来日していたので，のちに近代科学と近代思想の旗手となったイギリスの日本撤退（1623 年）とその結果としての交渉途絶につらなる「鎖国」は，和辻ならずともまさに「日本の悲劇」とみられた。

　日本中世の遺産を大きく評価し，鎖国の断行を惜しむ見解は，結果的に近世社会の「封建制反動化」ないし「封建制再編成」説と平仄が合うものであった。近世社会を「近代」社会に先行する封建制という世界史的普遍概念で理解しようとしていることからも判明するように，そこでは幕藩領主権力による農民収奪にさいしての強権性や経済活動の停滞性にアクセントが置かれることとなった。しかし，1960 年代以降，近現代日本経済の展開に連なる諸要素を近世社会の中に見出そうとする「徳川の遺産」論[3]が国内外の研究者の間で高まってきた。そうすると，日本の 15-17 世紀社会経済の発展は近世経済の発展につら

---

1) 富永健一「社会構造」（『経済学大辞典』II，東洋経済新報社，1980 年）836 頁。
2) 和辻哲郎『鎖国——日本の悲劇』筑摩書房，1950 年。
3) E. S. クローカ「徳川の遺産」（W. W. ロックウッド編『日本経済近代化の百年』日本経済新聞社，1966 年）。

なるものとして，その変革性は緩和されることになる。

　ところで，経済発展を促進する要素として，基本的には資本（投資），土地，労働といった量的側面にくわえて，生産・流通組織や技術水準といった狭義の生産要素外の条件整備が必要である。近年はこれらにくわえ，制度的枠組みが経済発展におよぼす重要な機能として注目されている。「制度」そのものについては伝統的歴史学がその変遷を主に観察してきたが，ここでいう制度的枠組みとは，たとえば D. C. ノースが問題にしたような意味合いである。ノースは，経済成長に必要な資本蓄積や技術革新などが，なぜある場合にはおこなわれ，ある場合にはおこなわれないかを問題にした。そしてその解答として，制度的要因，具体的には私有権の確立に求めた。たとえば，ある技術なり機械なりの発明が経済発展に役立ち，社会に大きな利益を与えることがあきらかであっても，その発明者の利益が特許権法のような制度によって守られないかぎり，発明がおこなわれる見込みは少ない。あるいは，運河なり鉄道なりの建設が，その地方の発展に有益であるとしても，沿線住民が労せずして得る利益のいくらかが，運河または鉄道建設者に還元されるような方法があみ出されなければ，それらの建設は期待しえない[4]。このように私的な投資や財産を，他からの侵害や「ただ乗り」から守る私有権の保証こそが経済成長を促進させる制度だと，ノースは考えた。もちろん，ノースは近代的経済成長のための制度的要因だけを問題にしたわけではなく，R. P. トーマスとの共著『西欧世界の勃興』においては 10 世紀以降のヨーロッパ史の制度的変化と経済発展を説明している。

　ここでノースの「制度」概念をもちだしたのは，一般に「制度」とは法律や規則で定められたものをいうが，ここではもっと機能的にひろく解釈して，体制や，社会的慣習および習俗などの文化的体系をも含めたいからである。前近代社会をさかのぼればさかのぼるほど，経済は政治や宗教，社会など他の人間生活にかかわる諸側面のなかに包み込まれ，あるいはそれらと密接に関連して営まれている[5]ので，この時代の経済動向について経済的側面のみをとり出し

　4）岡田泰男「制度史的アプローチ」（角山栄・速水融編『講座 西洋経済史 V 経済史学の発達』同文舘，1979 年）。

　5）カール・ポランニー（吉沢英成ほか訳）『大転換——市場社会の形成と崩壊』東洋経済

16　第 I 部　貨幣流通から見る近世日本経済

てその特質や機能を論ずることはできないのである。

　以上のような視角のもとに，本章はつぎのような構成で近世経済の制度的枠組みをとらえたい。近世徳川社会は幕藩制社会ないし石高制社会と言われ，領主権力の商工農民に対する絶対的凌駕性と自然経済的性格とがイメージされやすいが，基本的には中世末の発展につらなる貨幣経済を大きな柱としており，さらに近代的経済発展の基盤を形成しうる経済の制度的枠組みをもっていた。その根拠を，①200 余年にもわたって同一の政権・体制のもとに社会的安定を持続できたこと，②結果として市場規模を拡大しうるような諸制度を整備しえたこと，③町人はもとより農民にたえざる経済インセンティブをもたらしうる社会的環境が形成されたこと，の 3 面から説明する。

1　徳川の平和──制度的安定
<small>パクス・トクガワーナ</small>

　1600（慶長 5）年関ヶ原の戦いでの覇権争いに勝利し，すでに実質的に日本の支配権を握っていた徳川家康は，1615 年 4 月に起こった大坂夏の陣で豊臣方を下し，名実ともに覇者となった。いらい，1867（慶応 3）年朝廷に大政を奉還するまでの約 250 年間，わが国はおなじ政治体制，同一の家系による支配が続くことになった。この年数の長さは，日本の有史いらいの時代区分のうえで，平安時代（794-1185）の約 400 年につぐが，それは政権主体の所在のうえから，律令体制期，藤原時代，院政・平家政権期と大きく三分されるから，徳川時代が最も長期安定し，持続した社会であったことになる。

　商業の発達や貨幣経済の進展にとって，政治的・社会的安定が重要な条件であることは言うまでもない。とりわけ貨幣経済の基盤となる統一的貨幣制度と，発行された幕府貨幣の価値とを維持するうえで，政治的安定は不可欠であった。ではこのような 250 年にわたる長期間の安定は何によって可能になったのだろうか。

───────────────
　　新報社，1975 年。

第 1 章　近世経済の制度的枠組み　**17**

　伝統的見解の多くは徳川社会の政治支配の仕組みにその原因を求めた。戦前には「集権的封建制」，戦後には「幕藩体制」ないし「幕藩国家」として説明されているものがそれである。前者の考え方は，中世社会において分権的に統治されていた封建社会が徳川幕府の集権的な権力の強化により，政治的社会的に安定したとするものである。具体的には，アナーキー的な戦国時代は当然として，鎌倉，室町，織豊の各期にそれぞれ有力御家人，守護大名，および五大老などの有力大名が各時代の幕府ないし信長，秀吉の全国的支配を阻害したのに対し，徳川幕府は巧妙に大名および農民支配を集権化しえたということになろう。

　「幕藩体制」が社会経済上どのように作用したのか，おおくの所説があって要約しがたいが，「集権的封建制」概念よりももっと包括的で，相互連関的な説明がなされている。たとえば，藤野保は幕藩体制の構造的特質と徳川幕府の優越性をつぎのように説明している。

　まず幕藩体制は基本的には封建制の性格を持っているが，兵農分離と石高制という二つの要素をもっていたことがヨーロッパの他の国々と異なる日本の特殊性であった。兵農分離が一般的な封建制概念と異なる点は，①在地領主であった名主層を生産過程から遊離させ，封建家臣団化させたこと，②武士と農民を地域的にも身分的にも分離させ，あたらしい身分秩序（士農工商）を形成することによって幕藩領主権力を固めたこと，③武士・商工業者の都市集住により，都市と農村が地域的にはもちろん，社会的にも分離して，分業関係の起点となったこと，以上であった。また，石高制は，二つの面においてヨーロッパと異なる，幕藩体制という一つの封建制の社会構成原理となった。その一つは石高が軍役の賦課基準のほか，幕府―藩，藩―家臣団間における主従制，知行制の基礎をなしていたことであり，もう一つは領主―農民間における地代収取の基準として，石高が封建的土地所有の基礎をなしていたことである。

　では，いかにして徳川幕府は最高権力者としての地位を長期にわたって保持しえたのか。一般的な説明としては，まず幕府が一土地領主として諸大名と比べ卓越した規模の直轄領をもち，ついで諸大名と質的に異なるつぎのような三つの権限を保持していたことがあげられる。すなわち，主要鉱山の直轄による

18　第 I 部　貨幣流通から見る近世日本経済

貨幣鋳造権の独占・掌握，主要街道・都市の直轄による中央市場・外国貿易の独占・掌握，そして諸大名に対する軍役統帥権と改易・転封権である。藤野保によれば，以上のうち最後のものが幕府権限の決め手であり，元和偃武以降それは参勤交代制と幕府への手伝い普請に転じた。また，改易・転封権は兵農分離のうえに立ってはじめて可能だったのであり，その強力な行使は参勤交代制とともにヨーロッパ封建制にはみられない日本独自なものであった[6]。

　尾藤正英は，16 世紀に進行した兵農分離がほとんど抵抗らしい抵抗もなく進行し，それを通じて確定された徳川の平和が長期間持続しえた理由の説明として，支配者の権力意志だけでは不十分であり，徳川社会成立期の組織原理となっていた「役」の体系が有効な要因であったと説明している。ここで言う「役」とは，社会の中で個人が担当する役割と，その役割に伴う責任とを合わせた意味で用いられる観念である。具体的には，武士は戦時には主君に従軍する義務である軍役を負い，平時には行政上のさまざまな職務に就いて「役人」となった。農民も貢租負担の義務を負うとともに，「本百姓」とよばれた中級以上の農民には築城などのための労働力を夫役として提供する義務があり，村の正式な構成メンバーとして一定の「役」を負った。都市に居住する町人も所持地に比例した地子を負担するか，さもなくば職種に応じた技術的な労働の奉仕や，生産物の貢納，一般的な労働力としての人足の提供などの「役」を負担した。

　これらの「役」は，大名，家臣，町人，農民にとどまらず，天皇と将軍にもそれぞれ存在した。すなわち，天皇としての「役」とは国家の君主たることであり，それにふさわしい教養を身につけることが「禁中並びに公家諸法度」の中で要請された。将軍に対しては，国内の平和を維持し，外敵に対して国家を防衛しうるだけの政治力と軍事力とをもち続けることが「役」として期待された。だから 1853（嘉永 6）年のペリー来航以降，幕府の弱体さが露呈するにおよんで将軍権力が崩壊に向かったという[7]。

　6）藤野保『日本封建制と幕藩体制』（塙書房，1983 年）30-35 頁。
　7）尾藤正英「徳川時代の社会と政治思想の特質」（『思想』685 号，1981 年）。また，高木昭作「幕藩体制と役」（『日本の社会史』第 3 巻，岩波書店，1987 年）も参照。

以上のように，天皇と将軍を頂点にして組織された「役」の体系は身分制とも結びつき，各身分のなかにも職業や地位に応じた「役」が形成された。そして，それらの「役」を忠実に果たしてゆくことが，与えられた「分」に安んじて生きてゆくということになった。いわば，徳川長期政権はけっして強権・強圧によるだけのものではなく，当初の支配者たちの意図が国民全体の要求にもおおむね合致していたために長期政権の維持が可能だったと解釈できよう。

　このような尾藤正英のとらえ方は，自身はまったく明示していないが，富永健一の社会構造論で展開した機能論と合致するところが多いようにみえる。富永は，経済行動は社会構造的諸要因を捨象して理論化することはできないという立場から，諸経済主体が複雑な社会関係の連関のなかにおかれることによって，一定のパターンをとらざるをえないよう拘束される。このような社会の役割期待が行為者を拘束し，行為者もまた他者が彼に寄せる役割期待にできるだけ一致しようとする。そして，関連しあう複数の役割が統合されたとき「制度」が成立する。いわば，制度は「役割統一体の複合」として定義づけることができる。さらに，デュルケーム流に表現するならば，制度は個々人の意思とは独立に個々人を拘束する，客観的に確立された行為様式と定義できよう[8]。尾藤の言う「役」の体系とは，いわば富永の言う役割期待の倫理や社会におよぼす機能と同義であり，そこで制度化された価値や規範が，社会の成員によって現行の社会構造のもとでは社会体系のパフォーマンスが機能的要件を充足するに十分でないと認識され，不満をもたれるにいたって変化を余儀なくされるまで持続した，ということになろう。

　近世の経済発展と貨幣経済の展開の背景の一つとなった制度的安定は，以上のような社会的要因に求められるが，年貢をめぐる網野善彦のつぎのような所説はここでの主張を有力に補強するであろう。

　網野は荘園制下の土地所有のあり方について，たんなる私的大土地所有と見ないで，中世においてもかなりの比重をもち重要な機能を果たしている国衙領，すなわち公領と統一してとらえる必要を説いている。もともと正式の検注に

　8）前掲富永健一論文，826-827頁。

20　第Ⅰ部　貨幣流通から見る近世日本経済

よって定められた荘園の田地は年貢が賦課され，「公田」と言われていた。さらに，鎌倉幕府が全国に命じて作成させた土地台帳である「大田文」に登録された荘園の「公田」は，公領の「公田」とともに同一基準の公事賦課の対象ともなった。私的な土地支配として発生した荘園はこのように公的な土地支配の性格をもつにいたった[9]。一方，荘園農民は荘園領主の私的な隷属民ではなく，したがって年貢は領主が農民に対して強制を通じて収取する「封建地代」でもなかった。農民の領主に対する年貢の貢納や荘官によるその徴収は請負の契約に基づいており，いわば農民が自由民として契約した負担であった。在地領主である地頭・荘官による農民の私的隷属民（＝下人）化や，非法なふるまいに対しては，農民はその支配を拒否して逃散するなど，頑強に抵抗したが，年貢の規定通りの納入は自由民の立場をたもつため，義務としてそれを遂行した。さらに，すでに中世において，年貢のなかに公的な費用に使われる，基本的に租税的性格をもつものがあらわれてきており，中世農民はそうした社会的に必要と認められるものを義務として納入した。だから，年貢減免の要求や，その増徴に対する農民闘争はあっても，「年貢廃棄」をスローガンに掲げた一揆は，中世はもとより，近世においてもなかった，と言う[10]。

　網野は中世・近世の年貢の本質について論じているだけで，徳川社会の制度的安定要因に結びつけた説明を展開しているわけではない。しかし，少なくとも年貢が中世よりすでに領主からの一方的な強制に基づいてではなく，農民の基本的な地位をたもつための義務として納入されていたとすれば，富永のいうところの農民における「役割行動」は，すでに中世において萌芽が生じていたことになる。ところが，国家の統治者としての役割をになう主体が確立しないままに戦国時代に突入してしまった。しかし，織豊，徳川時代と推移するにつれ，その役割期待にかなう主体があらわれ，「役割統一体の複合」としての制

　9）石井良助は，中世においていったん混淆した土地に対する権利関係の公私の区別は，近世に入ってふたたび分離する傾向を示したと言う（『法制史』山川出版社，1964 年，156-157 頁）。

10）網野善彦「中世の負担体系──年貢について」（永原慶二ほか編『中世・近世の国家と社会』東京大学出版会，1986 年）86-93 頁。

度である幕藩体制が出現したのである。尾藤の説く「役」の体系論は，まさに幕藩体制を構成する各主体の役割行動を統合せんとしたものとみることができる。このようにして，近世の経済発展を支えた制度的安定が確保できたのだった[11]。

2 市場規模拡大のための諸制度

徳川の平和は近世経済の発展にとって不可欠の要因であったが，発展のための基本的な制度的枠組みはすでに織田信長の時代から準備されていた。1567（永禄 10）年美濃加納で発令された楽市楽座令がそれであり，市場を拡大し，流通を円滑に進めることをめざしたものである。関所の撤廃や地子免除，枡の公定，撰銭禁止などとともに一部戦国大名により局地的に実施されていたが，そうした政策を全国的に拡大し，一方において進展しつつあった農業生産の拡大と結びつけて，流通効率を高める方向へと制度的基礎を築いたところに信長の意義がある。16-17 世紀に進行した人口増大も市場拡大の基本的要因であるが，この期に織豊政権によって志向され，徳川政権によって引き継がれた諸制度が整備されなければ，人口増大の趨勢も弱化し，逆転していたかもしれない。以下，本節では結果として生じた市場規模の拡大へとつながる諸制度の意義について論じよう。

1) 国家的統一

戦国時代のアナーキー，ないし諸国分立の状態から政治的統合がはかられたことによる経済発展上の影響は，たんに制度的安定がもたらされたことの利得にとどまらない。コーゾー・ヤマムラはこの時期の一連の地域的まとまりと領地広大化による利得として，広域化による投資効率の上昇と，権力強化による

---

11) 大口勇次郎も本節で展開したとほぼ同じような趣旨から，尾藤正英の「役」の体系論を評価している（『徳川の政治と社会』至文堂，1985 年，15-19 頁）。

長期投資の収益確実性の高まり，という空間的・時間的影響をあげている。さらにこの時期に進んだ農業生産性の上昇との共同の所産ではあるが，政治的統合の急速な進行は商業の急速な成長をもたらした[12]。他方，D. C. ノースによれば，商業の発展は規模の大きな政治権力の地位を高めるので[13]，商業発展と政治権力のサイズは相互に密接な関係にあったと言ってよい。

　政治権力のサイズを最高権力者の直轄領のそれで対比してみよう。室町幕府は対外的に足利将軍が国王と評価されていたが，公家・寺社を完全には支配下に置いていないばかりか，家臣にあたる守護大名は地域権力として自立性をもっていた。そのため，戦国動乱期に入ると京都周辺の支配地を保持しえたにすぎなかった。これに対して，室町幕府を滅亡させた織田信長は，尾張・美濃・近江地方を核に，本能寺の変で倒れるまでに近畿，中部地方の大半を制圧し，家臣と分け合って領有した。豊臣秀吉はさらに直轄領を広げ，「慶長 3 年蔵納目録」によれば，太閤検地総石高の約 12 ％ にあたる 222 万石が直轄であった。徳川幕府草創期の直轄領も秀吉とさほど変わらず，230-240 万石，18 世紀に入って 400 万余石に固定している[14]。

　商業発展に大きな影響を与えたのは，それら以上に，権力者の支配した地域の分布いかんであった。信長が覇権を握ったさいの直轄都市は堺・大津・草津などであり，ことに堺は兵站基地として機能した。このほか生野銀山も支配下に入れ，鉱山収入を天下平定資金に役立てた。秀吉政権になると近畿地方のほか，長崎・博多も含まれ，財源となった鉱山も佐渡や石見銀山などに広がった。征服地の旧領主を安堵したり，新領主を入封させる際，かならず一定量の石高を蔵入地として軍役動員のために兵糧備蓄させた。その地域は陸奥から肥後へと，ほぼ全国におよんでいて[15]，全国的商品流通の成立の端緒がみられた。こ

---

12) コーゾー・ヤマムラ「天下一統の所産——戦国・徳川初期の経済成長」（永原慶二ほか編『戦国時代』吉川弘文館，1978 年）。

13) D. C. ノース，R. P. トーマス（速水融・穐本洋哉訳）『西欧世界の勃興』（ミネルヴァ書房，1980 年）132-133 頁，および前掲岡田泰男論文，71 頁。

14) 豊臣・徳川氏については山口啓二「豊臣政権の成立と領主経済の構造」（古島敏雄編『日本経済史体系』3，東京大学出版会，1965 年）65 頁。

15) 朝尾直弘「豊臣政権論」（岩波講座『日本歴史』9，岩波書店，1963 年）189 頁。

うした方針は徳川政権に引き継がれ，全国主要都市を直轄し，また各地に代官を置いて農村支配をおこなった。その分布は1670年代に21か国，1710年代までに38か国とほぼ固定し，主として東北・四国・九州にある辺境外様大藩を除くほとんどの地に散在していた[16]。代官支配地以外にも，交通の要地などを部分的に幕領とし，近辺の大名に管理をまかせる預地もあった。そうした直轄領からの貢租回米の必要から，東回り・西回り航路といった，のちに全国的商品流通の幹線となるルートが開拓されたことはよく知られている。

2）兵農分離と商工農分離

　近世市場経済発達の起点となったこの時期の社会的分業についてふれておこう。

　軍事を専門とする武士が農業社会において独立した身分ないし職業としてあらわれるようになったのは，すでに古代末期の都城を中心とした地域でのことである。近世移行期に体制的に成立した兵農分離とは，辺境外様大藩の一部を除いて，武士の城下町集住を強制し，その武士による農民の直接的支配を断ち切るという点に大きな特徴をもつものであった。もともと軍事的および政治的安定をねらって進められた兵農分離は，その大前提として一定程度の農業生産の発展を必要としていた。ところが，結果としてもたらされた兵農分離がまたあらたな経済発展の出発点となった。すでに述べた「徳川の平和」は兵農分離による一つの所産でもあったが，マクロ経済的視点でみるとき，それが農業投資および生産拡大におよぼした影響はすこぶる大きかった。

　商工農分離と言われる農村からの商工業の分離，都市へのその機能集中はもともと兵農分離の理念を推し進めた結果生じたものであった。武士を軍事的必要から都市に集住させておくためには，軍需物資の調達はもとより，大名や家臣，およびその家族の日用生活物資を確保する必要がある。これらの必要は領国内や全国的規模での社会的分業を推し進めた。ただし，兵農分離にくらべると，商工農分離は徹底さを欠いていたふしがある。この政策の原型となったの

16）北島正元『江戸幕府の権力構造』（岩波書店，1964年）329-330頁。

24　第Ⅰ部　貨幣流通から見る近世日本経済

は 1591（天正 19）年に出た秀吉による身分統制にかかわる法度三か条のうちの，つぎのような条文である。すなわち，「在々百姓等，田畠を打捨，或はあきない，或は賃仕事ニ罷出る輩これ有らば，そのものの事は申すに及ばず，地下中御成敗為るべし[17)]」。ここでは農民が兼業として商いや賃仕事をすることまでは統制していない。しかし，この法度が農民と商工業者を分離し，農民が土地から離れることを防ぎ，農業に専念させようとする意図をもっていたことは間違いない。

　徳川幕府が成立して以降，約 1 世紀余の関係幕令を集大成した 1722（享保7）年「御勝手方御定書」には，農民の商業活動についてつぎのように規定している。

　　惣而百姓農業を粗略に致し，商売事に懸り候儀停止すべく候，但し年久敷商
　　売仕来り候ものは其通りニ而，自今新規に商売事致すべからず，耕作専一ニ
　　精を入ルべき事
　　但し山方ニ而材木・炭・薪炭，海辺ニ而漁猟等致し，右之品々ハ新規ニ商売
　　之事，格別為ルべき事[18)]

　ここでは農民の商い兼業を禁じ，農業への専念を命じており，その方針は幕府成立以来のものであったろう。ただし，もともと農業が本業ではない山村や漁村での林産物・海産物の売買は例外として認められていた。さらに，一般農村でも長年商業にたずさわってきた農民についてはその権利を認める，というように，この御定書が編成された当時においてすでに幕初の商工農分離の方針が完全には実現しがたい事実を認定せざるをえないことを垣間見ることができる。

　以上のように，兵農分離や商工農分離はそれ自体，体制的に市場経済の規模を拡大する作用をもっていたが，市場経済の進展がさらに農村内の商業発展を刺激し，のちの農村工業の進展への前提条件を形成しつつあったと言うことが

---

17)『大日本古文書』家わけ第 11，504，小早川家文書，東京帝国大学史料編纂掛，1927 年。
18)『徳川禁令考』第 5 帙，巻 44，吉川弘文館，1931 年。

できよう。

3) 度量衡の統一

　徳川幕府は覇権の確立にともなって，度量衡の統一にも努力を払った。しかし，それらの統一はかならずしも円滑に進んだわけではなく，藩によっては近世を通じて独自の度量衡を用いていた地域もあった。しかし，権力分立に照応して雑多な度量衡が併存していた中世の多様性を一定の方向に収束させ，表向き統一したことによる商取引上のメリットははかりしれなかった。そのうち最大のものは取引費用の低減化であろう。D. C. ノースとR. P. トーマスは，市場のための生産は，財の生産のほか，財が消費者に届くまでの種々の移転の過程をも含むものであり，そのさいつぎのような種類の費用があると言う。すなわち，交換の機会にかんする情報の提供（調査費用），交換の条件についての交渉（交渉費用），その契約を実施するための手続きの決定（実施費用），以上3種のサービスすべてを提供する費用をまとめて取引費用と呼んだ[19]。

　わが国の度量衡制度はすでに古代において中国や朝鮮半島からもたらされたものを基準にして統一化がはかられ，ものさしについては比較的おおきな変動もなく古代に定着した度制が慣行化し，中世を経て近世にいたった。もっとも，検地のさいの間竿をめぐって混乱がなかったわけではなく，またその単位となる尺についても用途に応じた基準があった。最も用途ひろく用いられたのは曲尺で，近世前からおもに建築用として普及していた。曲尺のほか，布帛用に曲尺の1尺2寸ないし1尺2寸5分に相当するものさしが併行して用いられた。前者は呉服尺といい，古代いらい使用された。後者は鯨尺と言い，近世中期から使われはじめたと言われる。幕府はものさしを曲尺で統一しようと意図したが，枡や秤のように基準を定めたり，検定することはせず，17世紀後半には民間慣行にゆだねる方針を示した[20]。

　枡制は年貢納入や商取引にかかわるところ大で，中世におおいに混乱をきわ

---

19) 前掲 D. C. ノース，R. P. トーマス書，130-131 頁。
20) 小泉袈裟勝『度量衡の歴史』（原書房，1977 年）18-41 頁。

26 第 I 部　貨幣流通から見る近世日本経済

めたので，幕府はその統一に最も力を注いだ。律令時代に公定枡はあったが，土地私有の進展とともに一領主一枡というほどの量制の混乱を見，おなじ 1 升でも内実量に 2 倍の差が生じるようなこともあらわれた。しかし，中世において米の商品化が進み，計量用の商業枡の容積を一定不変にする必要が高まってくると，京都・奈良を中心に 10 合を 1 升とする十合枡が多用されるようになった。1568（永禄 11）年に信長は入京のさいそれを公定枡とし，さらに秀吉が検地実施にともなう石盛にさいして京枡・判枡とも言われたこの枡を使うよう命じたことにより，全国的な枡制統一の契機がつくられた。徳川幕府はより積極的にその統一に乗り出し，京都・江戸にそれぞれ枡座をもうけ，全国を二分して統制した。具体的には，枡座が製作する京枡を公定枡として専売させるとともに，枡改めの権利も与え，1669（寛文 9）年に諸藩に対しても京枡採用を命じ，定着させていった。

　ただし，寛文の枡制統一令以降も二つの面から統一を妨げる枡慣行が存続した。一つは，岡山・徳島・姫路・越後高田などのような大藩のいくつかは自領で独自の枡をつくっており，枡座による枡改めも拒絶した。しかも，容量も公定枡と同一でない場合があり，佐賀藩の場合は 1720（享保 5）年以降，明治初年にいたるまで，幕府公定枡より 4.278 ％も容量の多い御国枡を領内で基準枡として使用した。もう一つは，おなじく諸藩において取引段階により容量のことなる枡を用いていたことである。一般的には，領外取引にかかわる商人には町枡と称して幕府公定枡を使用させても，農村の貢納用には町枡より容量の多い納枡を，家臣への扶持米支給用には町枡より容量の少ない扶持枡を用いる傾向があった[21]。こうした例外の存在は，市場経済が進展し，全国市場化へ向かっていたといっても，なお領国市場圏が強固に残存していた状況に対応していたと言うことができよう。

　重さをはかる権衡の制度は，取引のさいの商品の重量を，統一した基準で計量する必要だけでなく，金属貨幣，とりわけ授受のつど秤量しなければならな

21）宝月圭吾『中世量制史の研究』（吉川弘文館，1961 年）389-481 頁。および，岩橋勝『近世日本物価史の研究』（大原新生社，1981 年）152-153 頁。

い銀貨の流通を円滑にするためにもその整備が重要であった。そのさい，重さの基準となる分銅と，計量器具である秤の両面から整備，統一がすすめられた。重量単位は，律令体制下では中国の制度にならい，斤（1斤＝16両），両（1両＝約10匁），銖（24銖＝1両）であったが，中国銭が渡来するようになると，銭1枚の重量を基準とする慣行がひろがっていった。すなわち，中国では宋のころより唐の開元通宝銭を質量単位の基準として用いるようになり，その単位を 銭 と称したが，その慣習が日本にも伝わり，1文銭の質量を匁，1000匁を1貫目と呼んだ[22]。中世に流通した永楽銭や近世の寛永通宝も，かならずしも重量一定ではなかったが，1枚1匁の質量を基準としていたようである。

　分銅の製作は，大判や彫物製作を業とし，のち小判製作にもあたった後藤徳乗家が秀吉時代につづいて家康の命を受け，1665（寛文5）年その独占権が認められた。一方，秤はすでに家康が開幕前から守随家製作のものに限定することを領国内に命じ，全国統一後はあらためて守随家の営業独占権が関八州について認められた。他方，京都を中心に営業していた秤師神家は1615（元和元）年に秤製作・販売の独占権を幕府から得た。神家は江戸にも出店を置き，関東での営業もおこなった。1653（承応2）年に幕府は全国を東西に二分し，守随，神両家に分掌させ，権衡制が統一された。

3　経済インセンティブの成立

　16-17世紀の日本において，いかに平和到来の結果，治安の確立によって社会が安定し，市場経済が発展する制度的環境が整備されても，経済主体が旧来の伝統的枠組みのなかにとらわれたビヘービアをおこなっていたのでは，経済成長は進展しない。中世までの経済主体の基本的なビヘービアのあり方はつぎのとおりであった。領主層は農民から収取した現物年貢を直接消費しており，農民の生産目的は自給と貢納であったから，生産の分業・特化を前提としてな

　22）前掲小泉裂裟勝書，17頁，および三宅史「貫」（平凡社『大百科事典』1984年）。

28　第 I 部　貨幣流通から見る近世日本経済

りたつ市場の規模もきわめてかぎられていた。ところが，16-17 世紀に小農経営が一般化すると，農民の生産目的のなかに販売のための生産も含まれるようになった。かくして農民は貨幣経済にふれる機会が多くなり，貨幣という形で収入をふやす可能性を多く持つにいたった。わずかな土地しか持たない農民，さらには土地を持たないで自立を認められた農民にも経済的チャンスが与えられることとなった[23]。近世の経済成長の動因の一つを経済インセンティブの導入という事実に求める速水融は，以上のように 16-17 世紀の経済社会の成立の契機の一つを説明しているが，ほぼ同時期の農民においてみられた生産性向上の意欲に注目したコーゾー・ヤマムラはつぎのように，土地所有のあり方との関連を重視して経済インセンティブ成立の契機と背景を説明している。

　ヤマムラの説く農民の生産意欲のあらわれの契機とは，かつての荘園制のもとで賦役労働などをつうじて隷属的地位に甘んじてきた耕作農民が，一定の加地子（地代）を在地領主である名主（地侍）に納める代わりに，かれらの働く土地の作職（耕作権）を得るようになったことである。こうしてもたらされた耕作農の「自立」化の結果，かれらは土地に対する旧来の複雑な権利の重層から解放され，土地に対するより確実な権利，とりわけ増加した生産物の分け前を得る権利，さらには労働および土地を管理するさいの農民の個人的自由が得られるような，あたらしい「契約」的制度を推し進めていった。集約農業に必要な耕作農民の生産意欲と自由はこのようにして得られ，近世経済成長の根幹をなす農業発展が進んだというのである。そして，あたらしい「契約」とは事実上小作契約であり，戦国大名下の領国法あるいは近世大名下の藩法の下で，恣意的でなく，より合法的に履行されたと，生産意欲向上がすすんだ背景を述べている[24]。

　ヤマムラの言うように，前近代農民の行動の結果ではなく，生産行為の動因にかかわる問題を内面的に立証することはきわめて困難であろう。成立期の近世経済はまだきわめて多くの地域的多様性を内包しており，若干の地域的個別

23）速水融『日本における経済社会の成立』（慶應通信，1973 年）50 および 57-58 頁。
24）前掲コーゾー・ヤマムラ論文，215-223 頁。

第1章　近世経済の制度的枠組み　29

的事例をもって反論することはだれしも容易であるからである。そこで，ここでは二つの方向から近世農民に経済インセンティブが成立し，発展したかどうかを大づかみに検討してみよう。

1）貢租システムと農民の生産意欲

　土地は農民の基本的な生産手段であるが，農民の経済活動の果実増大がかれ自身の土地集積に結びつくような制度的枠組みがなければ，従前よりもより苦役のともなう集約的農業には転換しないであろう。すなわち，農民の生活水準向上への経済インセンティブが作用するためには，具体的にはまず第一に，農民の勤労や工夫の結果得られる，より高い経済的報酬を保証する制度的枠組みが必要である。農民の得た経済成果を領主の恣意によって，あるいは農民家族の再生産に必要な部分以外の残余をすべて領主が収奪するという体制が定着していれば，自分のものとはならない「剰余」を残すような余分な生産労働に農民はけっして励まない。それらの実態をうかがう手がかりとして，近世の貢租システムを観察することは有効であろう。

　貢租をめぐる領主と農民の問題を検討する場合，これまでは貢租率をおもな手がかりとして議論することが多かった。事実，農民の生産量を領主と農民がどのように分配したかについての全貌を示すデータはほとんど得られないので，貢租納入告知書である年貢割付状ないし免状に記された租率をもとに両者の分配状況を知り，さらに租量の賦課基準となる石高を標準的な収量だと推定せざるをえなかった。しかし，石高や，検地帳上の農地面積がそれぞれ現実の収穫高や作付面積とほぼ一致していると考えている歴史家は今日ほとんどいない。たとえば，農地面積については，貢租賦課の基準となる検地帳や名寄帳などの土地台帳に記載された反別である「本畝」と，実際面積を意味する「有畝」との間に近世初期から差異があったことはまれではなかったようである[25]。

　「有畝」は，縄延びもしくは余歩という，領主が黙認するかたちで検地時点から本畝を越える農地として存在したのみならず，隠田や切添，切開など農民

25）竹安繁治『近世封建制の土地構造』御茶の水書房，1966年。

30　第Ⅰ部　貨幣流通から見る近世日本経済

による非合法行為によっても形成されていた。田畠永代売買禁令にもかかわら
ず，年貢未納などを契機に質流れの形式などによって土地の移動が進行し，地
主制が進展することになったが，土地が実質的に農民間で売買されるさいの反
別が「本畝」よりも「有畝」に基づいて取引されていたことも両者の不一致を
明示している。また，石高が収穫高と一致していなかったことについては，当
時，集約農業の進展によって単位面積あたり収量が増加したにもかかわらず，
台帳上の生産力評価額である石高がほとんど改訂されなかったことから明白で
ある。つまり，公式の生産量や農地面積を示すにすぎない石高や「本畝」に基
づく貢租率の動向を見るだけでは，領主と農民の分配比はほとんど判明しない
のである。

　ただし，上に見た有畝のあり方や石高が固定化されている事実は，それ自体
農民の生産意欲を刺激するものであった。検地時の縄延び，余歩はともかくと
して，小規模な耕地開発の結果，隠匿しえた農地についてはそこでの収穫がす
べて無税となったし，貢租賦課基準の石高が固定化すれば農民の勤労の結果得
られた収穫の増分はすべて農民のものとなったからである。前者は非合法行為
だから摘発を受ければあらたな貢租が課せられたし，後者については貢租率を
高めるかたちで領主はみずからの取り分を確保しようとした。ことに私領では
初期検地以降，幕領よりもきめ細かく再検地をおこなうか，貢租率を引き上げ
て実態に対応しようとした。たとえば伊予松山藩は久松（松平）氏が入封した
1635（寛永12）年以降，公称15万石のままで推移したが，近世中期以降の同
藩の免率を越智郡菊間地方について見ると，村によっては100％を越える場
合も見られる。これはあきらかに石高と収穫量が大幅に乖離した結果，藩府が
貢租率をどんどん上げたことによって生じたものであろう。とはいえ，近世中
期以降は幕末まで免率はほとんど固定していた[26]。

　このように，貢租賦課基準そのものに農民に経済インセンティブをもたらす
要素があったが，貢租システムのあり方はさらに大きくそれに作用した。近世
前期の幕領についていえば，基本的な貢租システムは畝引検見であった。これ

---

　26)『菊間町誌』1979年。

は石高制に対応した徴租法として寛永年間（1624-43）一般的に施行され，享保改革期の有毛検見の採用まで続けられた。「畝引」という表現は不作時にのみ作付面積相応分を控除するということから生じたものである。収穫高を毎年サンプル調査し，あらかじめ定められた収量を下まわっている年は減免があるが，上まわっている場合の増徴はない。これに対して，有毛検見は毎年収量調査をおこない，一定租率を適用して貢租量を決定するシステムである。農民がいかに増産にはげんでもその分に対してつねに一定比率の貢租が実収量に対して賦課されることになるので，農民の生産意欲向上はきわめて乏しい。さらに，毎年全収量の調査をおこなうことはきわめて多大な費用と時間を要し，二毛作地帯では裏作物作付け時期を遅延させることにもなって，農民の間ではきわめて不評であった。

　幕府も農民の生産意欲を損なう有毛検見を継続する方針はなかったらしく，享保改革期以降に定着することになった定免法を幕府に有利に実施するための布石として実施したフシがある。定免法は過去一定期間の貢租率を平均し，以降はよほどの損耗のないかぎり減免はおこなわず，この平均免率を石高に適用して貢租量を決定する方式であったが，そのためにも，固定化する貢租率を納入可能な水準の上限まで引き上げることをねらいとして有毛検見が実施されたものとみられる。それにしても，農民にとっていかに高水準で貢租率が固定化されたとしても，賦課基準となる石高は基本的に不変であったから，その後の増産分についてはすべて農民の利得となることが保証されたと同様であり，結果として定免法も農民に経済インセンティブをもたらすことになった。

　諸藩の貢租システムは多様であり，かならずしも幕領とおなじではなかったが，今日得られるかぎりの貢租納入量の推移を示すデータは幕領とほぼ同様であり，年貢率も納入絶対量も固定化傾向にあったことが知られる。福岡藩は当初の「反取りによる惣毛見」（幕領の有毛検見に相当）を1617（元和3）年に変更し，石高に基づいて毎年春に貢租量を決定する春免制とした。つまり，免率は毎年一定でないにしても年貢賦課基準が固定化したのである。久留米藩も当初は反取検見法，1648（慶安元）年には村高に免率を乗じる厘取法，1654（承応3）年に「検見年十ヶ年之物成撫」によって免率を固定した土免法へと変

32　第Ⅰ部　貨幣流通から見る近世日本経済

転し、ついに 1714（正徳 4）年以降幕末まで春免制による定免法が定着した[27]。

　また、東国私領に多い、貢租の一定割合を貨幣で納入する租法は、貨幣額が固定化する場合が多く、物価は近世を通じて上昇局面の時期がおおかったので、農民に有利であった。たとえば、米沢藩は会津福島地方と同様に天正期（1573-92）にこの地方を領有した蒲生氏郷による租法である半石半永制を踏襲し、幕末までそれを維持した。この制度は貢租量の賦課基準を石高としていること自体、すでに農業生産性の上昇を反映しえない租法となっていたが、「半永」すなわち銭納分は貢租米 6 斗を銭 100 文の固定した率で換算しており[28]、米価が上昇するにつれて米納分よりも銭納分の方が負担が小さくなっていった。T. C. スミスが分析した、1651（慶安 4）年以降の加賀藩領 424 ヵ村の近世年貢率変化、および全国諸地方 11 ヵ村の 150-200 年にわたる年貢量・年貢率変化[29]は、おおむね上に述べた近世貢租システムの特徴を数的に裏づけている。

2) 農民の土地に対する権利

　つぎに、農民が「余剰」を得、蓄積したのち、それをもとに集積した土地に対する権利関係が社会的に保証されていなければ、経済的に上昇した農民は土地集積はおこなわないだろう。少なくとも農民が土地を売買できる、土地処分権を得ていなければ、領主ないしその他の土地権利保持者によって、土地から上がる果実を収奪されたり、土地そのものの所持権を失うことにもなり、土地集積が農民の致富手段になりえなくなる。そこで以下、農民の土地に対する権利関係の実態について検討しよう。

　石井紫郎は中世の「百姓」（下人・所従でない独立自営農）は基本的には「去留自由」の権利を持ち、経営請負人的性格を持っていたと言う。そうした「百姓」の地位は鎌倉期に典型的であり、農民が所定の「年貢・所当」の弁済をなしているかぎり、地頭による「田地・住屋」の勝手な処分は許されなかった。「百姓緊縛」化は上級領主によって志向されたが、少なくとも戦国期今川領に

27）松下志朗『幕藩制社会と石高制』（塙書房、1984 年）67-83 頁、および 130-152 頁。
28）藩政史研究会編『藩制成立史の綜合研究　米沢藩』（吉川弘文館、1963 年）529-532 頁。
29）トマス・C. スミス（大内力訳）『徳川時代の年貢』東京大学出版会、1965 年。

おいても「百姓」の請負人的性格は確認できるという。近世農民は一般に緊縛され，その自由度は相当に低かったものとみなされているが，石井の表現によれば，近世化とは「百姓緊縛化」のピークを意味するものであったことになる[30]。

　しかし，「百姓緊縛」の内容を検討すると，農民は「封建的土地所有者」概念で理解されるような土地領主に支配されていたわけではなかった。すなわち，西洋中世の土地所有者の典型であったグルントヘル（土地領主）の土地を耕作していた農民は一般に非自由な農奴であり，ヘルの家産的権力に服していたとされるが，領主との人格的結びつきを欠いた徳川時代の農民にはそれはあてはまらなかった。日本近世の幕藩領主を封建的土地所有者とみなす従来の支配的見解によれば，農民は「経済外的強制」に基づいて「全剰余労働部分」を収奪されたとみなされているが，石井の分析によれば農民は所定量の年貢と夫役を上納することがみずからの被支配原理であり，それ以上のものではなかった[31]。つまり，幕藩領主の土地・農民へのかかわり方は，検地帳に記載された土地と，その土地の年貢・夫役上納の責任をもつ農民＝名請人にかぎられることとなり，中世在地領主制のもとで典型的にみられたような農民に対する人格的結合は払拭され，農民の土地に対する権利は検地帳によって保証されることとなった。年貢・夫役負担を果たしているかぎり名請農民は所持する土地の取り替えが領主から当初より認められていた。つまり，農民の土地処分は制度的に黙認されるシステムが成立していたと言えよう。

　石井良助も基本的に近世の土地所持者は，一定の制限はあったが，その所持地を永代かつ勝手次第に進退・支配できたと言う[32]。ここで進退・支配というのは所持権の内容を示すもので，具体的には，支配は土地から上がる収益を得ること，進退は土地の処分を示していた。近世農民の自由度が低かったようにみえるのは，石井良助の表現によれば，土地の所持者に対し各種の制限があったためで，とくに幕藩領主の財源である年貢を負担する百姓持ちの高請田畑，

30）石井紫郎『日本人の国家生活』（東京大学出版会，1986 年）148-151 頁。
31）石井紫郎『権力と土地所有』（東京大学出版会，1966 年）201 頁および 224-225 頁。
32）前掲石井良助書，219 頁。

34　第Ⅰ部　貨幣流通から見る近世日本経済

つまり石高に結ばれた農地に対して制限がきびしかった。それらの制限とは，永代売買の禁止，分地の制限，および作付けと地種転換の制限であった。しかし各種の便法によってこれらの制限は骨抜き化が進められた。まず，永代売買の禁止については，もともと幕府領にかぎられる禁令で，諸藩も多くこれにならったが，すべての藩が追随したわけではなかった。さらに，永代売買禁令が触れ出された地域でも，農民は一定期間をかぎって金銭を貸し，田畑の作徳をもってその期間内に元利を返済させるという年季を限定した土地売買である年季売や，一定期間後に元金を返済して土地の買い戻しをすることを条件に売買する本物返（本銭返とも）の形をとって，土地を売買した。年季売も本物返も基本的に土地が売主にもどることを原則としているが，年季売の更改を重ねれば実質的に永代売とかわらなくなり，また本物返の場合，元金の返済がおこなえない時は，土地は債権者のものとなった[33]。このようにして土地移動は農民の資金需要に応じて進行した。

　ただし，農民間で土地の実質的な売買がおこなわれるためには，かれらの間において土地の物件化の意識が育つ必要があった。すなわち，中世までの土地所有者（とりわけ開発地主）と土地との間には呪術的ともいえる特有の結びつきがあり，土地が売買されても元の所有者の本主権が残るという土地所有観があった。それらの結びつきを断ち切る契機は，土地の永代売観念が中世において畿内で最も早く定着したように，交換経済の発達とともに，土地から上がる一定の収益権を売買することであった[34]。土地売買は当初から単純に経済的要因のみでは生ぜず，その前提として土地をめぐる社会的観念の変化も必要としたのである。

　また，近世社会は身分制社会原理が作用していて，いかに土地を集積しても，農民がみずからの地位を自由に選び変えることができなかったことは知られているとおりである。土地所持をいかに進めても，土地を支配し貢租を徴収する

33）北島正元編『土地制度史』Ⅱ（山川出版社，1975 年）77 頁，および竹内理三編『土地制度史』Ⅰ（山川出版社，1973 年）405-406 頁。

34）勝俣鎮夫「売買・質入れと所有観念」（朝尾直弘ほか『日本の社会史』第 4 巻，岩波書店，1986 年）201-202 頁。

第1章　近世経済の制度的枠組み　35

権利は領主が保持していたから，土地集積者が領主に転ずることができなかったことは当然である。しかし，都市内の町屋敷を購入して農民が町人に転ずることは不可能ではなかったので，幕藩領主は町屋敷の農民への譲渡はきびしく禁止していた。このように農民の土地集積にかんするかぎり一定の制限があったが，身分制のあり方に対し農民の不満が爆発するほどのものではなかった。それは，近世に数多く記録された「百姓一揆」の要求内容のなかに，年貢の軽減や商業活動の自由など，農民の経済的地位向上を訴えるものは多くても，農民身分からの解放を訴えたものはほとんど見られない[35]ことからも推測できよう。つまり，近世身分制は農民の経済インセンティブにさほどマイナスの影響を与えてはいなかったとみられるのである。

む す び

　以上，近世の経済発展をささえた制度的枠組みを，おもに D. C. ノースの視点を援用し，関連する先行研究に照らしつつ具体的に説明した。

　こうした捉え方[36]に基本的に賛意を示しつつも，近世の商取引にかんする契約を履行させるための制度，とくに公権力による保証の問題が対象として取り上げられていない，との岡崎哲二の批判があり[37]，近世における所有権と契約履行に対する公権力に限界があって，その不備を株仲間による多角的懲罰戦略が補ったと説く。しかし，旧稿は，近世商業における株仲間の意義を否定するものではなく，そうした趣旨は，すでに古く宮本又次『株仲間の研究』（有斐閣，1938 年）によってデメリットも含め総括的に論じられたところであり，共有知となっているため，本章では近世における共同体規制という観点から，より基礎的な経済構造をなす農業・農村・農民を対象として論じたのである。

---

35) 青木虹二『百姓一揆の年次的研究』新生社，1966 年。
36) 本章は，1988 年公表の岩橋勝「徳川経済の制度的枠組」（速水融・宮本又郎編『経済社会の成立』岩波書店）をもとにしている。
37) 岡崎哲二『江戸の市場経済』（講談社，1999 年）64-70 頁。

36　第I部　貨幣流通から見る近世日本経済

　株仲間の近世経済発展に対する貢献は，これまでも天保改革期の問屋・株仲間解散令と嘉永期の再興令，さらには明治初年の仲間解放・商会所禁止とその後の混乱，という一連の史実をとおして評価され，通説化されていて，岡崎の見解は否定されるべきものではないが，株仲間と経済発展とのかかわりという観点からは，その一方で，近世後期の経済発展が都市の停滞ないし衰退をともなっており，おもに都市を活動基盤とする株仲間の規制のすき間をくぐって台頭した農村商人や農村工業によってももたらされたという定説[38]にも，留意されねばならないであろう。

38）深尾京司ほか編『日本経済の歴史 2 近世』（岩波書店，2017 年）序章，とりわけ 11-12 頁を参照。

第 2 章
近世経済発展と貨幣

はじめに

　経済理論では伝統的に貨幣のない世界で経済発展が分析されてきた。その分析の基盤となっているのは貨幣ヴェール観，貨幣の中立性，あるいは古典派の二分法（経済変数を貨幣単位による名目変数と，物質的な単位で測る実質変数に分ける）などと呼ばれているように，貨幣量の変化があってもそれは物価変動という名目的な形で表れるにとどまり，経済への実質的影響は何もないという考えである。しかし，現代の経済学の教科書においては，貨幣の中立性原理が「長期における経済の動きをかなりよく描写している」と評価する一方で，（約1-2 年の）短期においては，貨幣量の変化が実質変数に影響をおよぼすと，今日の多くの経済学者が信じているとされる[1]。現実世界では貨幣のない経済活動はありえないし，中央銀行の役割や財政金融政策の有効性を議論するさいに貨幣の需給動向が基本になっていることはあきらかである。現代の複雑な経済の動きをとらえるために経済学が抽象化，単純化をおこなったからといって，それはあくまで理論化のための方便であって，貨幣が重要でないと認識されているわけではない。

---

1) N. G. マンキュー（足立英之ほか訳）『マンキュー経済学 II マクロ編（第 3 版）』（東洋経済新報社，2014 年）372-374 および 397 頁。なお，短期における貨幣の非中立性の例として，たとえばインフレーションにともなう費用が生じる具体的な事例を六つ挙げている。383-393 頁。

38　第 I 部　貨幣流通から見る近世日本経済

表 2-1　近世貨幣需要動向を探る関連数値

時期	実収石高（万石）	貨幣在高（万両）	大坂米価（匁/石）
1695 年	6,988	1,740 (**100)	49.1 (**100)
1736 年	8,044	2,345 (135)	53.5 (110)
1818 年	9,783	3,330 (191)	57.7 (118)
1832 年	10,237	4,964 (285)	83.1 (169)
1869 年	12,550	13,915 (800)	*538.9 (1098)

典拠）実収石高：高島正憲『経済成長の日本史』名古屋大学出版会，2017 年，
　　　265 頁。第 1～第 3 の全部門推計値。
　　　貨幣在高：第 4 章（表 4-12）参照。金銀銭貨の合計，藩札は含まず。
　　　大坂米価：岩橋勝『近世日本物価史の研究』大原新生社，1981 年，巻
　　　末付表 1 の当該年前後 5 ヵ年平均値。
注）＊　1865 年の値。
　　＊＊（　）内の値は 1695 年値を 100 とする指数。

　このように理論経済学における貨幣のあつかわれ方に注目するのは，前近代
の経済発展が貨幣を通じてどこまであきらかにできるかを本書が問うているか
らに他ならない。近代に比べて経済史料がはるかに乏しい前近代の研究におい
て，判明するかぎりの貨幣の動きを通して経済発展の動向を探る有効性は活か
すべきであろう。一つの事例として，最新の推計結果も含む近世の経済発展と
貨幣の相互関係を示す事例を紹介しよう。

　表 2-1 は，近世日本経済の動向を反映しているとみられる関連データをまと
めたもので，18-19 世紀前半の間にいかに貨幣需要が高まっていったかが観取
できる。すなわち，GDP の指標となる実収石高は 1700 年から 1830 年の間に
6,988 万石から 10,237 万石へと約 1.5 倍増で推移した。この間の貨幣在高は
1,740 万両から 4,964 万両と 2.9 倍に増加している。GDP がさほど増加してい
ないのに通貨量がその倍以上のペースで増えれば，相当なインフレーションが
生じてしかるべきであるが，物価の指標として大坂米価の動きを見ると，同じ
期間で 69 ％ の上昇にとどまった。より期間を限定し，1736-1818 年の間で観
察しても，通貨は 42 ％ 増加しているが米価はわずか 8 ％ の上昇にとどまって
いる。

　これらの事象の背景として，過剰な供給貨幣を吸収するあらたな貨幣需要，
つまり米以外の諸商品やサービスの取引が拡大し，あらたな貨幣需要が高まっ
ていたことが想定されるのである。そうした状況が文政期（1818-30 年）以降

の幕府貨幣増鋳政策を進めたわけである。近世貨幣は経済発展とは無縁ではな
かった。

本章では，近世貨幣の立ち位置を近世経済で展開をみせた三つの側面から観
察し，どのように経済発展に寄与していたか確認しよう。

1　石高制のなかの貨幣

近世は石高制社会と言われ，戦国時代に高まりをみせた貫高制のもとでの銭
貨流通の勢いを押しとどめ，米を経済社会の基本におく制度的枠組みを豊臣─
徳川政権が築きあげたという事実からすれば，中世に根づいた貨幣経済は停滞
ないし衰退の方向に転じたと言うことができる。一方，古代律令国家いらい約
9世紀ぶりに幕府主導で公鋳によって貨幣を統治する方針が打ち出され，全国
的な貨幣流通体系が整うことになったという事実から判断すれば，近世社会は
中世よりはるかに貨幣経済が進展したと言える。この一見矛盾する現象を，ど
のように統一的に理解したらよいであろうか。

まず，中世における貨幣経済の高まりという理解は，基本的には荘園年貢代
銭納化の動きや，土地・家屋敷売買にさいして取り交わす売券に記された銭貨
使用比率の高まりから導き出された[2]。しかし，これらの動向から貨幣経済が
全国的に，また各階層にわたって展開したとただちには理解できないことが，
より詳細な観察からあきらかとなってきた。代銭納化には相当な地域差があり，
当該地域の貨幣流通実態の反映というより，個々の荘園領主の貨幣獲得の必要
性といった事情によるところが大きかったとみられる。貫高制についても，日
明貿易で中国銭が最も多く流入し銭貨流通が活発化したとみられる畿内で貫高
制が不徹底であったように，それ自体貨幣流通展開の反映とは言えないことも
あきらかである。さらに，代銭納制や貫高制のもとで，年貢納入のための貨幣

2）佐々木銀弥『中世商品流通史の研究』（法政大学出版局，1972年）309頁，および竹中
　靖一ほか『図説 日本経済史』（学文社，1972年）33頁。

40　第Ⅰ部　貨幣流通から見る近世日本経済

がだれによって調達されたかをみると，13，14 世紀では地頭・荘官であって一般農民の事例は少なかった[3]。

　こうした史実は，土地生産力が低いため水稲経営以外の生業を余儀なくされる地域の方がかえって銭貨が浸透しやすく，一方，土地生産力の高い農村の多い先進地域では主穀が生活物資として領主・農民双方に基本的なものであるため，それらの自給が可能なかぎり代銭納化や貫高制が進展しにくい事情と合致する。このように，貨幣流通が目立つようになったからといって，いちがいに貨幣経済が展開しつつあるとは言えない。基本的に，近代経済につながる貨幣経済とは，一定の（自然的ではなく）社会的分業にもとづく交換を不可避とする経済状態が，程度の差はあれ社会の全域に行きわたることが条件となろう。とうぜんに富裕農民にかぎられず，小農民にも手もとで貨幣が触れられるような制度的枠組みが要請される。土地経済を基本とする枠組みのなかに小農がいつまでもとどまっていたのでは，経済社会発展のダイナミズムは起動しない。

　自然経済に逆戻りしたかのようにみえる近世の石高制が，じつは二つの理由から貨幣経済化の流れと合致していた事情を示そう。

　まず第一は，米が鋳貨を補う貨幣としての役割を果たしていたことである。幕府が農村への貨幣経済の浸透を制約していたためもあり，とりわけ近世前期の幕府通貨の流通範囲は都市内，および中央—地方都市間，宿場・門前町などに限定されていたと思われる。しかし，前章で述べたように，農民の経済的地位の変動は近世前期から始まっており，それらはおおむね土地所持権の移動をともなった。そのさいの土地評価は，中央に近い農村部では幕府通貨でなされる場合もあったが，時期をさかのぼるほど，また辺境地帯ほど，米で評価されることが多かった。これまでの研究によれば，農村への銭貨流通の浸透は意外に遅く，その大量発行がおこなわれるようになった 18 世紀中期以降であった。元禄期（17 世紀末）以降ほぼ連続して土地売券の得られる土佐東部農村の場合

3）以上，前掲佐々木銀弥書，永原慶二「大名領国制下の貫高制」（永原ほか編『中世・近世の国家と社会』東京大学出版会，1986 年），大山喬平「中世村落における灌漑と銭貨の流通」（『兵庫史学』27，1961 年），神木哲男『日本中世商品流通史論』（有斐閣，1980 年）を参照。

を見ると，明和―安永期（1764-81 年）までの土地代価は米ないし銀で評価され，以降，銭がほとんどもっぱらとなった[4]。元禄期にさかのぼるほど米の方が多いので，近世前期農村では米が貨幣的機能を果たしていたことは間違いない。米は貨幣の要件[5]としての可搬性（portability），耐久性（durability）には劣ったが，可分性（divisibility）において金・銀貨にまさり，取引圏の限定されている農民間ではかえって便利であったとみられる。

　第二に，石高制はむしろ商品流通を不可欠とするものであった[6]。石高制の理念から，領主は農村に対して米納年貢制を強いたが，それにより農民に自給自足経済を強いたわけではない。米納年貢制は米の作付強制を強いることになるから，そのことじたい自給自足を否定することになった。また，米作困難な土地には貨幣納も認められたので，米以外の農作物を換金する必要性は当初より存在し，つまりは農村内でも商品経済を内包していたことになる。一方，年貢米を収取した領主層は，近世当初こそ築城や鉱山労働者等への飯米のための年貢米が領国規模では需要に見合うこともあったが，以後はおおむね過剰気味であり，領外で販売しなければならなかった。さらに，1635（寛永 12）年から制度化された参勤交代制は諸大名に大量の年貢米換金を余儀なくさせた。佐賀藩では 1604（慶長 9）年支出米高の 47 % が，萩藩では 1632-36 年の 5 年平均支出額の約 60 % が，江戸・京都・大坂などの中央都市での費用であった[7]。これら三都人口が近世初期に急成長したことは，知られているとおりである。その結果，江戸・大坂ともに年間 100 万石以上の米が集中し，商品化された。

　戦国時代には兵糧や領国経営の基軸物資となっていた米が，近世前期には幕府鋳造貨幣が行き届かない地方農村部で貨幣として使用されるとともに，大名の江戸在勤や参勤交代費用捻出のため多くの米が商品化され，それ自体があらたな貨幣需要を創出するメカニズムが石高制のもとで成立したのである。

4）本書第 12 章参照。

5）永谷敬三「貨幣」（『経済学大辞典』I，東洋経済新報社，1980 年）788 頁。

6）速水融「概説 17-18 世紀」（速水融・宮本又郎編『経済社会の成立』岩波書店，1988 年）30 頁。

7）安岡重明「幕藩制の市場構造」（岩波講座『日本歴史』10，1975 年）248 頁。

2 近世貨幣の多様性と統合化

　徳川幕府が慶長金銀貨に遅れること 36 年後の 1636（寛永 13）年に寛永通宝の鋳造を開始し，ようやく名実ともに三貨制度を整備できたことをもって，これまで「幣制の統一」ないし近年は「貨幣統合」という表現が用いられている[8]。しかし 21 世紀初頭に急激に拡大した EU 通貨統合と対比するまでもなく，一般的に理解されている「貨幣統合」概念をもって近世初頭の貨幣状況を観察するならば，どこかで違和感が払しょくできないこともあきらかである。簡潔に表現すれば，撰銭行為の対応に永年悩んだ統治者が銭貨についてはビタ銭をもってようやく「統合」を果たすことはできたが，あたらしい経済社会をささえる基軸貨幣は銭貨ひとつではなく，金貨，銀貨もあらたに出現し，「三貨」であった。単一貨幣ではなく価値基準の異なる 3 種の貨幣が並行流通することとなる三貨制度がはたして「貨幣統合」と言えるだろうか[9]。

　一見，自然経済に逆戻りしたかのようにみえる近世社会が，じつは交換手段としての貨幣を不可欠としていたことを前節で説明した。徳川幕府がその経済政策のなかで貨幣供給を年貢徴収につぐ重要政策の一つに位置づけていたこと

---

8) 近世初頭の貨幣状況を「幣制の統一」ととらえ，表現したのは，黒正巌『日本経済史』（黒正巌著作集第 6 巻，思文閣出版，2002 年，370 頁，原著は 1940 年，日本評論社より刊行），作道洋太郎『近世日本貨幣史』（弘文堂，1958 年，26 頁）などで，20 世紀末までほぼ通説化されてきた。しかし，20 世紀末の EU 通貨統合化が議論されるころより，近世初頭の貨幣状況を指して「貨幣統合」という用語が目立ちはじめている。そのような最近の事例として，桜井英治「銭貨のダイナミズム」（鈴木公雄編『貨幣の地域史──中世から近世へ』岩波書店，2007 年），安国良一「貨幣の地域性と近世的統合」（前掲鈴木公雄編書），高木久史『近世の開幕と貨幣統合──三貨制度への道程』（思文閣出版，2017 年）がある。

9) 管見のかぎり近世史あるいは近代移行期専攻の貨幣史研究者からは，三貨制度成立をもって「貨幣統合」と評価する見解は出ていない。中世ないし近世移行期の貨幣状況を観察すれば，信長以降家康政権にいたる経済政策の推移から「貨幣高権」ないし「貨幣発行権」が確立して行く状況は明確である。しかし，貨幣発行権確立は貨幣統合実現の必要条件ではあっても，それだけでは十分条件ではない。少なくともこれまでの研究状況は概念定義を明確にしたうえで「貨幣統合」概念を使用しているようには見えない。

は，開幕に先立つ2年前より金銀貨鋳造に着手していることからも判明する。近世前夜までの銭貨流通の実態をみると，各種の渡来銭や私鋳銭が混在して撰銭行為を不可避とし，さながら幕末維新期の「通貨錯乱」ないし「通貨紊乱」[10]に等しい状況であって，円滑な取引を妨げていた。そのようななか，金銀銭それぞれの品位や重量の基準化に幕府が取り組み，とりわけ三貨の公定相場を明示した効用はおおきい[11]。それにしても明治初年の新貨条例，すなわち円誕生以降の幣制と対比すればあきらかに一国の貨幣制度としてはいまだ整備十分とは言えず，「統合」面よりは「多様性」の方が強くあらわれているように見える。

　近世貨幣が多様性をもったまま推移したのか，あるいは多様性から出発して統合化を進めていったのか，近世経済発展における貨幣の役割を検討するために重要な課題であろう。この問題をあきらかにするには，まず「貨幣統合」という概念を明確にしておく必要がある。

　EUにおける共通通貨誕生を念頭において，かつて鹿野嘉昭は「通貨統合」概念をつぎのように定義づけた[12]。すなわち，一般的には「新通貨の発行と旧貨幣の回収から構成される通貨の切り替え作業」とされるが，歴史的に見た場合はつぎの異なった意味合いで使用されているとする。

　① 異種通貨間の交換比率の固定化：標準方式の採用

---

10) 『明治貨政考要』（『明治前期財政経済史料集成』13，明治文献資料刊行会，1964年）。

11) 1608（慶長13）年の幕府公定相場提示以降，それまで超低落していた銭相場が，幕府によるビタ銭の通用銭制定により公定相場前後の水準に収れんし，安定化した意義はおおきい（岩橋勝「江戸期貨幣制度のダイナミズム」『金融研究』17-3，1998年）。なお，為政者による金銀銭三貨の比価制定の試みは1569（永禄12）年や，さらには16世紀前半期にまでさかのぼって確認できる（藤井讓治「近世貨幣論」岩波講座『日本歴史』第11巻，2014年，および高木久史『日本中世貨幣史論』校倉書房，2010年）が，じっさいに基準貨幣が明示され，公定相場に収れんする模様も確認できる慶長13年が，いわゆる三貨制度の成立期と言える。

12) 鹿野嘉昭「EU通貨統合と歴史の教訓」（第16回貨幣史研究会西日本部会報告資料，2004年1月）。ここで「通貨」とは，貨幣の諸機能のうち，とくに現代，支払手段としての意味合いでおおく用いられ，基本的に「貨幣」と同義だが，史的叙述ではより広い意味合いで「貨幣」という語が用いられる。本節では近現代の局面では通称に従い，「通貨」という呼称に従う。

44 第 I 部　貨幣流通から見る近世日本経済

② 国内における貨幣制度の統合：貨幣単位および流通貨幣の統一

③ 国際的な貨幣制度の統合：国民国家を超えた貨幣単位および流通貨幣の
統一

　ここで②と③はあきらかに近代国家成立以降の統合のあり方を示すものであ
るので，この定義によるかぎり江戸時代における貨幣統合は未成立であった。
では①のケースはどうであろうか。鹿野のいう「標準方式」とは，市場にゆだ
ねられていた金属貨幣間の交換比率を国家がある一定の水準に固定することを
意味している。複数の貨幣単位があり，金銀銭という異種貨幣が並行流通した
江戸時代の三貨制度のもとでは，市場において三貨間に日々相場が変動したか
ら，とうぜんにまだ「標準方式」は成立していなかったことになる。

　このように近世貨幣は「統合」以前の「多様性」からはじまったと理解する
ほかないが，では幕末維新期にいたる間，三貨制がまったく不変のまま推移し
たかといえば，つぎのような維新期に向けたゆるやかな「貨幣統合」への途が
歴史的に描けるのではないだろうか。

① 物品貨幣の時代にあって，多種物品貨幣から特定のそれに収れん

② 複数の市場が融合する手がかりとなる，異種（金属）貨幣の混合通用の
開始

③ 異種貨幣をあつかう両替商人の体制的確立

④ 為替取組ネットワークの形成と拡大

⑤ 同上における為替レート固定相場制の確立（「標準方式」の確立）

　中国以外の東アジアで最も早く自鋳銭をもったわが国ではあるが，その発行
意図は政治・財政的なものが主であって，国内での流通手段としては，より一
般的受容性があり汎用性のある前述の米のほかにも絹・布（麻）等の物資が貨
幣的役割を果たしていたことは周知のとおりである。ただし当時，交換経済の
進展度じたいがそれほど高かったとはいえず，取引量もさほど大規模なもので
はなかったので，異種物品貨幣の混合流通が市場の統合度合いを妨げるほどの
ものではなかった（①）。

　ところで，市場規模の大小にかかわらず，貨幣流通においては可能なかぎり
少ない種類の貨幣が求められるであろう。多種類の異種貨幣の混合流通は取引

第 2 章　近世経済発展と貨幣　45

コストを上昇させるからである。現実には供給上の制限もあって複数の貨幣が混合流通せざるをえないが，それらのうち一つの貨幣が選好され，一つの市場の基準貨幣となってゆく。さまざまな銭貨が出まわった中世後期や，強大な政権が出現したにもかかわらず「三貨」制たらざるをえなかった徳川期にそのような状況があらわれたが，こうした特定貨幣への集中化のきざしがよりおおきな市場統合への契機となっていることに留意しなければならない（②）。

　異種貨幣が一般的に混合流通する段階となると，それらを専門的に両替する業者が求められるようになる。当初は酒造家や問屋商人などがみずからの必要から大量の異種貨幣をあつかう過程で，兼業的に両替をはじめた場合がおおい。近世日本を通じた代表的両替商・鴻池家は創業期には酒造家であり，江戸積み廻船業を兼営するなかでしだいに両替商に専業化した[13]。また，近世的体制の成立にともない，都市においてあらたに徴収されるようになった地子銀と当局への上納貨幣が異なることによって両替業務が成立する場合もある[14]。大坂や江戸のような中核的都市では両替商が体制的に成立して全国各地と経済的に結ばれることとなり，地方では異種の各地基準貨幣を恒常的に両替できる商人の登場によって隣接・近辺の市場が融合・拡大化することとなった（③）。

　徳川体制が定着したあと，両替商の富の源泉は為替業務に移った。石高制に即応した商品取引ネットワークは大坂―江戸のような中核都市を結ぶルートで成立したが，そのさいの決済方法は現金輸送をともなわない為替手形によるものが主要であった。それが持続可能であるためには，つねに逆方向に代金支払いを必要とする取引が生じていなければならない。取引機会が持続的でなく，アンバランスな収支が常態である地方の市場では，とりわけ問屋商人兼営の両替商の存在意義がおおきかった[15]。このような各地の為替取組ネットワークが形成され，拡大すると，結果として市場統合がより広域的に進み，異種貨幣が

13）宮本又次『鴻池善右衛門』吉川弘文館，1958 年。

14）近世初頭大坂での地子銀は銭で集められたが，納入は包封された銀貨で納められた（中川すがね『大坂両替商の金融と社会』清文堂，2003 年，22 頁）。

15）以上のより詳細な概括は，岩橋勝「近世の貨幣・信用」（桜井英治・中西聡編『流通経済史』山川出版社，2002 年）459-464 頁参照。

46　第Ⅰ部　貨幣流通から見る近世日本経済

多く取引されるなかで両替相場の収れんが進んだ（④）。

　為替取組ネットワークの形成・拡大は，それ自体貨幣統合の段階を示すものではないが，異種貨幣が統合されるための不可避な条件である。異種貨幣が混合流通していても，それらのうちの一つが基準貨幣となり貨幣相互間に一定の交換率が成立して固定化すれば，鹿野が紹介したサージェントのいわゆる「標準方式」[16]が採用されていることと同義である。歴史的には通常，中央政府が出現し，貨幣制度を統一する際には，それまで流通していた異種貨幣は回収され，あらたな貨幣単位が制定されて，新貨幣と交換される。為替ネットワークは，中核都市と地方都市との間の線的なものから，地方都市相互間へも広がる面的なものに展開し，為替レートの格差はしだいに縮小に向かうであろう。そして，その行き着く先が国内における固定相場制の確立であった（⑤）。

　前近代における貨幣「統合」を以上のようなプロセスで進展したものとここではとらえたいが，そのさい市場との関連をみておくことは重要であろう。一つの市場に基軸的な貨幣があらわれると，隣接する市場でも受容されるようになり，その結果，その貨幣を媒介として市場自体も拡大すると考えられるからである[17]。そのさい現代では無意識的に前提とされている市場を支えている秩序，たとえば商品に対する信頼性の担保や不正行為への対処法等がそれぞれの地域，時代で多様であったことに留意しなければならない。近代システムでは個人の私的利益追求行動にもとづく市場全体の自己調整的機能が重要な要素となっているが，前近代の市場ではそれを支える秩序原理が国家権力であったり，共同体規制であったり，あるいは私的な人間関係（地縁・血縁）であったりと，一様ではなかったのである。

---

16) T. J. Sargent and F. R. Velde, *The Big Problem of Small Change*, Princeton University Press, 2002, pp. 6-7.

17) このような具体的な方向例として，三上隆三（『円の誕生』東洋経済新報社，1975 年）や新保博（『近世の物価と経済発展』東洋経済新報社，1978 年）が指摘する「両金貨本位制」の動きや，現象として古くから認識されている近世後期の銀目空位化，さらには西南日本を中心として広域的に観察される銭匁遣いも領域内の銭遣いと域外の銀遣いをリンクするものとして，いずれも市場広域化の結果あらわれてくるものと見ることができる。

第2章　近世経済発展と貨幣　47

　問題は一つの市場でなぜ特定の貨幣が基軸化していったか，ということである。この問題に関連して，中里実は前近代において生じるそのような現象を「ネットワーク外部性効果」という概念で説明する[18]。すなわち，まず貨幣の本質について，将来の任意の時期に，任意の人との間で，任意の実物資産と交換できるオプション権を表象したものであると定義し，その権利は法律ないし国家によって与えられているわけではなく，人々の間に生じる暗黙の合意（ソフト・ロー）によって成り立っているとする。このため，貨幣は言語や法と同様に，それを用いる人の範囲が広ければ広いほどその有用性が高まる，いわば「ネットワーク外部性効果」をもつと考えられるので，技術改善等によりさらなる互換性を求めて流通範囲を拡大して行くというわけである。このように，結果として基軸化する貨幣の条件は「みんながより多く使用していること」というシンプルなものとなり，実際に利用可能な素材が限定されているためにさまざまな形の貨幣が試行的に使用され，しだいに淘汰されていった。そしてその背景に「ネットワーク外部性効果」が求められたということになる。

　この流通範囲拡大にさいして人々の合意を重視していることは，貨幣統合がドラスティックにではなく，きわめて緩慢に進行して行く史実とも合致する[19]。近代の局面では，いわゆる貨幣高権の役割が効果を発揮しやすく，比較的短期間で統合化が進むが，前近代では，ガヴァナンス（統治）の機能も必要とされながらも，それ以上に市場における evolution（成り行き）の側面，上記で述べたような国家や共同体，あるいは私的な地縁・血縁関係等が様々な度合いでかかわりあい，時間をかけて貨幣統合を進めていったと考えられよう。

---

18) 中里実「法・言語・貨幣——ソフト・ローの観点からの研究ノート」（日本銀行金融研究所ディスカッション・ペーパー・シリーズ，No. 2004-J-3，2004 年）。なお，租税法学者である中里は，貨幣にあたる語に「金銭」という用語をあてているが，ここでは一般的な用語法にしたがって紹介する。

19) 2004 年 8 月開催の社会経済史学会近畿部会夏期シンポジウム（テーマ「通貨統合から見た貨幣史研究の新しい地平」）において，浜矩子は通貨統合が revolution ではなく evolution として進行する，という表現を提示した。これは EU 通貨統合が発起されてから 4 半世紀以上を要し，現在もまだ途上にあることを念頭においたものだが，近世・近代日本の史実に即しても貨幣制度改革がけっして短時間に成就するものではないことと通底する。

3 小額貨幣と経済発展

　ところで，貨幣史が，その素材として，貴金属（金・銀）貨幣を中心に論じられてきたことはまぎれもない事実である。F. ブローデルの言を引用するまでもなく，小額貨幣として用いられた銅の貨幣としての役割はあきらかに金銀にくらべ劣っていた。価値保蔵用としては銅貨の価値は不安定であったし，遠隔地取引決済のための貨幣輸送にはかさばって，非常に不便であった。さらに，コイン 1 枚あたりの鋳造費が素材によって大差なければ，その発行権者にとって銅貨は金貨や銀貨とくらべて相対的に費用がかさみ，うま味の少ないものだったと言える[20]。

　にもかかわらず，通常の貨幣経済の発展にとって，小額貨幣が不可欠だったことも周知のとおりである。J. R. ヒックスはギリシャ時代の経済を例示し，つぎのように説いている。すなわち，金属貨幣の出現順序として，まず価値が高く，価値保蔵機能を持った比較的大型の貨幣があらわれ，貨幣の支払い手段機能が重視されるにおよんで小さい金属貨幣が鋳造されはじめた。さらにBC 400 年ごろ，代用貨幣である青銅貨幣があらわれて「純粋に支払い手段」として，実質価値以上で流通するようになり，ギリシャは「完全な貨幣経済」に近い状態にいたったと，小額貨幣の出現を意義づけている[21]のである。

　西欧中世初期の貨幣の状況について，かつてはピレンヌ説に代表されるような 7 世紀末から 13 世紀半ばにかけての理解，すなわち，イスラム進攻による地中海貿易途絶→金造幣停止→デナリウス銀貨のみによる貨幣制度→西欧貨幣経済の衰退，という図式がイメージされていた。これに対して近年ではむしろ逆に，中世初期の西欧内部における著しい社会・経済的発展，また遠隔地商業における地中海周辺（金遣い）から北海・バルト海沿岸地帯（銀遣い）との交流への転換とその進展→民衆の小額貨幣需要の高まり→デナリウス貨およびそ

---

20) F. ブローデル（村上光彦訳）『日常性の構造』2（みすず書房，1985 年）179–180 頁。
21) J. R. ヒックス（新保博訳）『経済史の理論』（日本経済新聞社，1970 年）100 頁。

の半分ないし4分の1の価値で流通するオボール貨の供給，というように「貨幣経済のルネサンス」としてとらえ直されるようになった[22]。

　歴史的に見て貨幣経済が進展するさい，その内部における小額貨幣の意義は重要である。時代をさかのぼるほど経済に占める国家財政や特権商人による取引は大きく，基本的に高額貨幣のみでもこと足りた。しかし，工業化初期段階において賃金労働者が増大すると，とうぜんにかれらへの賃金支払い用の，あるいはかれらの日常消費物資購入のための，相応の小額貨幣の供給が求められた。しかも，前述のように高額貨幣にくらべ小額貨幣は供給コストがはるかに割高であったことから，時代を下るほど小額貨幣不足の記録を目にする頻度はおおくなる。要するに，もともと高額貨幣による支払い決済のさいの端数処理のような補助的機能を担っていた小額貨幣が，近代の局面に向かい社会構造の変化にともなって独自の機能を持つようになったのである。

　わが国近世前期の人口動態と経済成長についての最近の研究成果によれば，人口総数はこれまで言われていた1200万人前後から3000万人ほどへと急激に増大したのではなく，中世後半からゆるやかな人口成長が持続しており，近世初頭にはすでに1700万人水準に達していたという。このため，人口総数じたいの年平均増加率は0.51％と少なくないが，この間の推計GDP増加率は人口のそれとほぼ同水準であったので，一人あたりGDP増加率にはほとんど変化がなかったように見える。しかし，同期間において，農業および第1次部門の産出高がGDPに占める割合が低下し，非1次部門のシェアが拡大するという意味での経済構造の変化は起きていたのではないか，という見解が提示されている[23]。この指摘は，近世貨幣のありようを考察するうえでも興味深いものである。すなわち，一人あたりGDP増加率が不変であっても，農業および第1次部門産出高が相対的に低下し，非1次部門のシェアが拡大すれば，とうぜんに貨幣需要増大化の経済構造が見通せるからである。しかも，その成長の源泉

22）ピレンヌ所説およびそれに対する批判については，森本芳樹「小額貨幣の経済史——西欧中世前期におけるデナリウス貨の場合」（『社会経済史学』57-2，1991年）を参照。

23）斎藤修「1600年の全国人口——17世紀人口経済史再構築の試み」『社会経済史学』84-1，2018年。

50　第Ⅰ部　貨幣流通から見る近世日本経済

表 2-2　幕府貨幣に占める小額貨幣比率の推移

（単位：千両）

年	金貨 (一分以上)	小額金貨 (二朱金)*	計数銀貨			秤量銀貨	銭貨	三貨合計	小額貨幣比率(%)	江戸銭相場 (金1両ニ銭文)
			一分銀	二朱銀	一朱銀					
1695(元禄8)	10,627					5,467	1,305	17,399	7.5	4,500
1710(宝永7)	15,050					10,755	1,825	27,630	6.6	4,000
1714(正徳4)	19,405					18,120	1,950	39,475	4.9	3,000
1736(元文1)	10,838					10,204	2,410	23,452	10.3	4,688
1771(明和8)	19,114					8,600	4,273	31,987	13.4	5,000
1818(文政1)	19,114			5,933		4,208	4,043	33,298	30.0	6,825
1843(天保14)	18,069	11,729	15,154	800	1,279	8,536	4,405	59,972	30.4	6,500
1866(慶応2)	55,322	11,276	11,288	645	35,644	1,582	**10,097	125,854	45.8	8,298

典拠）金銀貨のうち，1818 年までと 1866 年は岩橋勝「徳川時代の貨幣数量」（梅村又次ほか『日本経済の発展』日本経済新聞社，1976 年）を補訂，1843 年は「計局秘録」（国立国会図書館蔵）のうち天保 14 年 8 月調「新古通用金吹高」および「新古通用銀吹高」。

銭貨は岩橋勝「徳川時代の銭貨在高」（『名古屋学院大学論集（社会科学篇）』55-2，2018 年）。

江戸銭相場は岩橋勝「近世銭相場の変動と地域比較」（『福岡大学商学論叢』40-3，1996 年）。

注）1：*印は僅かな一朱金を含む。**印は 1868（慶応 4）年時点の高。

　　2：「小額貨幣」の範囲は「2 朱」以下の金貨・計数銀貨，および銭貨のすべて（網掛け部）。

　　3：1843 年のみ，データ信頼度がより高い「計局秘録」に依拠しているので，秤量銀貨などで若干前後データと連結度の低い数値が掲出されている。

が農村部にあったことも重要であろう。

　表 2-2 は幕府が鋳造した金銀銭三貨の総量とそのなかに占める小額貨幣の構成比率の推移を示したものである。ここで「小額貨幣」とは，庶民が日常生活を営むうえで欠かすことのできない程度の額面の貨幣とし，たんに銭貨のみならず，金 1 分未満（事実上は 2 朱[24]以下）の金貨や計数銀貨を含むものと定義する。発行額面の大半が 5 匁以下であった，近世後期に大量発行されていた銀札や銭匁札からなる藩札や私札，重量 1〜5 匁のものも少なくなかった小粒の豆板銀をここでは除外することとなるが，あくまで高額貨幣—小額貨幣対比の趨勢を得るための便宜的な区分である。

　そうすると，1772（安永元）年にはじめての本格的な小額金銀貨[25]である南

────────

24）金 2 朱という貨幣価値は 18 世紀後期で銭 600 文余，19 世紀前期で 800 文余にもなって，とても小額貨幣とはいえないようにみられる。しかし，本書第 12 章で紹介するように土佐国高知城下から 4 里ほど離れた農村在住医師が日常薬礼金として受けた単価は 2 朱であったとみられる。もとより医師の手当てを受けられる農民階層が限定されていた反映といえないこともないが，農村部でも医療は不可欠であり，そのさいの支払い手段として二朱銀が使われていた意義にかわりはない。

25）幕府は元禄改鋳期に「二朱金」をあらたに発行したが，その鋳造高は不明である。発行

第2章　近世経済発展と貨幣　51

鐐二朱銀が発行されるまでの小額貨幣としては銭貨のみがその機能をになっており，18世紀前半まではおおむね10％前後かその水準未満にとどまっていた。それでも最初の二朱銀発行前夜にかけての銭貨シェアは13.4％であり，当初の銅一文銭のほかにも鉄銭や真鍮四文銭などの新種銭貨をつぎつぎと発行し小額貨幣需要に幕府が対応しようとしていた様相がかいま見える。つまり，南鐐二朱銀発行はこれまで，幕府が鋳造益銀を目的としたもの，あるいは「両金貨本位制」の実現を意図したものといった見解が浸透しているが，この表2-2によれば，当時の市場における小額貨幣需要に対応するための供給という側面も重要であったことがあきらかとなってこよう。ただし，銭貨供給の累計高はその後400万両相当額にとどまっていて，真鍮四文銭の増鋳が持続することはなかった。そこには，銭貨の追加供給が，コストパフォーマンスのよい天保通宝（百文銭）を待たねばならなかった事情もうかがえよう。

　南鐐二朱銀発行後の小額貨幣の主役の役割をになったのは，はじめは計数銀貨であったが，のちに一朱金や二朱金などの小額金貨も加わった。まず，二朱銀としては半世紀にわたり南鐐二朱銀が使用されたが，1824（文政7）年，その量目を26％下げた文政二朱銀への改鋳がおこなわれた。19世紀に入ると幕府の財政的要因による改鋳益金増収策が求められ，計数銀貨はつぎつぎと改鋳されたのである。表2-2に明示したように，天保末年には文政二朱銀は早々と天保一分銀や一朱銀に鋳直され，幕末期には嘉永一朱銀が計数銀貨の主体を占めるようになった。一方，素材がより限定されている計数銀貨による小額貨幣供給を補うように，1824（文政7）年より品位を極度に落とした一朱金や二朱金も発行されるようになった。とくに1837（天保8）年より天保一分銀の鋳造がはじまると，嘉永一朱銀が出まわりはじめる1850年代後期までは，2朱以下の小額金銀貨はおもに二朱金がその役割をになった。

　以上のように，幕府三貨のうち2朱相当額以下の小額貨幣シェアは文政・天保期に30％，幕末期には5割近くにまで達した。当時の流通界において小額

　　13年後の宝永改鋳期に通用をまったく停止しているので，小判，1分金とくらべればわずかだったのではないかと思われる（日本銀行調査局編『図録　日本の貨幣』3，東洋経済新報社，1974年，170-171頁）。その後の1分未満額面金銀貨は安永期まで出ていない。

52　第Ⅰ部　貨幣流通から見る近世日本経済

表 2-3　幕府金銀貨発行一覧

種類	通用期間	規定の量目	規定の品位	鋳造高
［慶長期］				
小判・一分判	1601〜1738	4.76 匁	86.79 %	14,727,055 両
丁銀・豆板銀	1601〜1738	—	80	1,200,000 貫
大判	*1601〜1695	44.1	*67.09	*16,565 枚
［元禄・宝永期］				
小判・一分判	1695〜1717	4.76	57.36	13,936,220 両
二朱金	1697〜1710	0.595	*57.36	
丁銀・豆板銀	1695〜1722	—	64	405,850 貫
大判	1695〜1725	44.1	52.32	31,795 枚
宝永銀	1706〜1722	—	50	278,130 貫
永字銀	1710〜1722	—	40	5,836 貫
三ッ宝銀	1710〜1722	—	32	370,487 貫
乾字小判・一分判	1710〜1722	2.5	84.29	11,515,500 両
四ッ宝銀	1711〜1722	—	20	401,240 貫
［正徳・享保期］				
武蔵小判・一分判	1714〜1738	4.76	84.29	213,500 両
丁銀・豆板銀	1714〜1738	—	80	331,420 貫
享保小判・一分判	1715〜1738	4.76	86.79	8,280,000 両
大判	1725〜1860	44.1	68.11	8,515 枚
［元文期］				
元文小判・一分判	1736〜1827	3.5	65.71	17,435,711 両
元文丁銀・豆板銀	1736〜1827	—	46	525,465 貫
五匁銀	1765〜1768	5	46	1,806 貫
南鐐二朱銀	1772〜1829	*2.7	上銀	5,933,000 両
［文政期］				
文政（真文）二分判	1818〜1835	1.75	56.41	2,986,022 両
文政小判・一分判	1819〜1842	3.5	56.41	11,043,360 両
文政丁銀・豆板銀	1820〜1842	—	36	224,982 貫
文政二朱銀	1824〜1842	2	上銀	7,587,000 両
文政一朱金	1824〜1840	0.375	12.05	2,920,192 両
文政（草文）二分判	1828〜1842	1.75	48.88	2,033,061 両
一朱銀	1829〜1842	0.7	上銀	8,744,500 両
天保二朱金	1832〜1866	0.438	29.33	12,883,700 両
［天保期］				
五両判	1837〜1856	9	84.29	172,275 両
天保小判・一分判	*1837〜1859	3	56.77	8,120,450 両
天保丁銀・豆板銀	*1837〜1868	—	26	182,108 貫
天保一分銀	*1837〜1874	2.3	*98.8	19,729,139 両
天保大判	1838〜1860	44.1	67.69	1,887 枚

[安政・万延期]				
嘉永一朱銀	*1854〜1874	0.5	**98.71	9,952,800 両
安政二分判	*1856〜1867	1.5	19.56	3,551,600 両
安政小判・一分判	*1859〜1867	2.4	56.77	351,000 両
安政二朱銀	1859	3.6	85	88,375 両
安政一分銀	*1859〜1874	2.3	**87.3	25,471,150 両
安政丁銀・豆板銀	*1859〜1868	―	13	102,907 貫
万延小判・一分判	*1860〜1874	0.88	56.77	666,700 両
万延大判	*1860〜1874	30	36.66	17,097 枚
万延二分判	*1860〜1874	0.8	22	46,898,932 両
万延二朱金	*1860〜1874	0.2	22	3,140,000 両

典拠）田谷博吉「江戸時代貨幣表の再検討」『社会経済史学』39-3，1973 年。
ただし，*印は竹中靖一・川上雅『日本商業史』ミネルヴァ書房，1965 年，118-119 頁による。また，**印は日本銀行調査局編『図録 日本の貨幣』2 および 4 による。

貨幣がいかに求められていたかが推察できる。

　ただし，この推移については，経済発展とともに為替手形や振り手形，帳簿取引のような支払い手段を利用した信用取引が拡大し，そこでは相当量の金銀高額貨幣が節約されることとなるから，単純に小額貨幣在高の推移のみから判断することには慎重であらねばならないだろう。とはいえ，信用取引は都市庶民の消費生活や農村小農のまわりでもおこなわれつつあったであろう。取引規模が小さかったり，季節的な取引であったりしても，国内全体の需要量を推計すれば，小額貨幣自体も相応に節約化に向かったと考えられる。また，なによりもここでは大半が小額面であった藩札・私札類を除外している[26]ので，近世後期の幕府三貨在高に占める小額貨幣シェア拡大傾向は否定できないだろう。

　なお，本書の以下の議論における各種貨幣の位置を確認するうえで有用な，幕府金銀貨鋳造高一覧を表 2-3 に掲示しておく。これまで関連諸文献で紹介さ

26）貨幣改鋳時点での藩札流通残高を推計しようとした試みはある（岩橋勝「近世私札と経済発展」『甲南経済学論集』54-3・4，2014 年）が，天保期以降の鹿野嘉昭による推計（『藩札の経済学』東洋経済新報社，2011 年）を除くと，まだしかるべきデータにもとづく推計にはなっておらず，不明な部分が多い。私札については断片的な流通量推計すらまったくおこなわれえない状況にあり，藩札流通量とともに今後全面的かつ本格的研究が求められる分野である。ちなみに，現段階での藩札流通量推計は，天保期以前で銭貨の 4 分の 1 ないし 10 分の 1 以下，天保期以降で銭貨と同量か，せいぜい 2，3 倍と，銭貨供給不足を補うように増発された（同上岩橋勝論文，32 頁）。

れているが，個別貨幣の品位について少なくない異同があり，現段階で最も信頼できると思われるデータを検討し，表示している。

む　す　び

　近世経済発展において貨幣がどのように寄与していたかを，本章では三つの側面から検討した。

　第1は，自然経済に逆戻りしたかに見える近世の石高制のもとでも貨幣経済は着実に進展しており，米や幕府鋳造貨幣が交換手段として機能し，経済発展に寄与していたことを示した。石高制は領主層内部や領主―農村間を律する近世の支配体制原理として機能し，農村内での貨幣流通には一定度の制約が課された。しかし，農民の土地所持権の移動はつねに生じており，そのさいの対価として米が近世前期や辺境地ほど多く用いられた。また，石高制にともなう米納年貢制は米の作付強制を強いたので，農民の自給自足経済を否定した。米作困難な土地では年貢の貨幣納も認められ，作物換金の必要性が存在していたので，そうした地域では当初より商品経済を内包していたことになる。さらに，領主経済じたいが，収納米の販売や参勤交代による貨幣支出を余儀なくされており，貨幣経済の進展は不可避であった。

　第2は，近代経済確立のために不可欠な貨幣統合が江戸時代においてどの程度進んだかを検討した。異種貨幣が混合流通する状況が不変のままであれば市場の統合も進まず，経済発展は期待できない。そこであらためて「貨幣統合」概念にてらして近世初期段階を観察すると，基準貨幣が一つであるべきであるにもかかわらず，金，銀，銭と異種貨幣が三つもあり，しかも異種貨幣の間で交換率が固定していることが統合条件であるにもかかわらず，三貨の間では日々相場がたてられるという状況であって，とても「統合」にはいたっていないことが確認できた。戦国末期までは銭貨が唯一基準貨幣であったから，金銀貨登場により銭貨の役割は一歩後退し，3種貨幣が並行流通するようになったという意味では，近世貨幣は「多様性」から始まったということになる。

しかし，にもかかわらず，明治維新後数年を置かずに貨幣統合確立のための新貨条例が公布できた要因として，国内貨幣市場が「ゆるやかな統合」を進めていたためと考えられることから，異種貨幣混合流通下での為替における固定相場制確立の前段階にまでは進む経路を市場拡大との関連で提示した。

　第3は，近世の経済発展において小額貨幣の需要が時とともに高まり，その持続的供給が不可欠であったことを提示した。前近代日本の経済成長史にかんする最新の研究成果によれば，中世後半から近世前半にかけてゆるやかな人口成長が持続しており，その間の推計 GDP 増加率は人口のそれとほぼ同水準であった。このため，一人あたり GDP 増加率には変化ないようにみえるが，その内部に見逃せない変化が生じていた。すなわち，農業および第一次部門の産出高に占める割合は低下し，農村を中心とした非一次部門のシェアが拡大するという意味での経済構造の変化がこの間に進行していたのである。

　この観察事実はとうぜんに貨幣需要の高まりをもたらすのみならず，その成長の源泉が農村部であったことから，需要される貨幣は小額貨幣であったことを意味する。貨幣史研究の側から分析された江戸時代における幕府鋳造三貨に占める小額貨幣比率は，その前期には 10％以下にとどまっていたが，中期以降には着実に増加し，19世紀初頭で 30％となり，幕末期には三貨全体の半分に迫るほどとなった。ただし，隔地間の全国的取引や大都市内での大規模取引では為替や振り手形などの使用による信用取引が拡大して高額貨幣の節約が相当に進んだから，上記の小額貨幣比率はそのままでは全体の使用比率にはあたらないだろう。とはいえ，発行枚数の大半が小額面である藩札・私札も時とともに大量発行され，また一般の小口取引でも「通帳」のような帳簿信用などの信用取引も拡大したであろうから，このような小額貨幣比率の推移は近年の経済成長史の成果と平仄の合うものであった。

第 3 章
近世銭相場の変動と地域比較

はじめに

近世貨幣における銭貨の位置は，周知のように「三貨」のなかの一つであり，金銀貨に対峙する貨幣として独立した存在であった。その小額貨幣的な特性から，金銀貨の補助貨幣であるかのような理解がなされがちであるが，「補助貨幣」の概念をあらためて問えばあきらかなように，もしそうであるならそれ自体に相場が立つ，ということはありえない。近世経済構築のかなめとして幕府開設前の慶長期に徳川家康によりまず金銀貨が制定され，銭貨はそれに 30 年余も遅れて鋳造されることとなるが，それは当時ビタ銭という従来から流通していた諸種銭貨が存在し，不十分ながらも小額貨幣としての機能を果たしていたためで，けっして銭貨が軽視されていたわけではない。

ただし，近世初期段階での貨幣経済が具体的にどのような展開を見せていたのか，意外にあきらかではない。急速に建設された城下町や宿場においては，日常生活に不可欠な小額貨幣が金銀貨の通用を補足するためにも需要された。したがって，幕府最初の公鋳銭貨である寛永通宝は，そうした急速に高まった需要に対応するものであったろう。一方，農村部では基本的に自然経済が要請されたから，農民向け銭貨供給はさほど必要とはされなかっただろう。そうだとすれば，国内の銭貨相場は地域により格差が生じるはずであり，その動向を観察することができれば，これまで具体像が不十分であった各地域経済の一端も見えてくるであろう。

58　第Ⅰ部　貨幣流通から見る近世日本経済

　しかし，近世銭相場を隔地間について比較分析した研究はこれまでさほどお
こなわれておらず，わずかに江戸―大坂間で，しかも対象期間は 18 世紀中期
以降に限定されている[1]。それにより，両地の銭相場は長期的にはまったくお
なじような変動パターンをしめしており，しかし両地の金銀相場とはかならず
しもおなじではなかったこと，とくに 1770 年代に銭貨は大幅な下落をし，さ
らに 1818-20 年を画期としてその長期趨勢に転換がおこり，銭安から銭高傾向
に転じたことがあきらかになっている。その際，銭相場の変動要因として貨幣
改鋳が重要な意味をもっているが，それは金銀貨の品位や量目の変化よりも，
改鋳による貨幣流通量の増減，および商品取引量の動向を反映する銭貨に対す
る需給関係の変化がおおきく関連しているという[2]。

　銭相場の動向観察を通して，このようにそれぞれの地域の経済動向をうかが
うことができれば，国内各地の銭相場比較は，けっして十分な経済史料のえら
れないこの時期を分析する上で意義の大きいものであろう。ただ，江戸，大坂
とくらべると，地方の相場データはきわめてかぎられており，分析に大きな制
約がある。それでも，東日本については比較的，連続したデータを得ることが
でき，年間変動のうかがえる地域も少なくない。しかし西日本では，時系列化
できるほどデータの連続した良質な史料を得ることはきわめて困難であり，し
かも得られたとしても各データの同質性の吟味を求められる場合が多い。じつ
はそれ自体，西日本の銭貨流通の特性を示しているのだが，以下では，まず判
明するかぎりの検討をおこなうこととしたい。

---

1) 新保博『近世の物価と経済発展』東洋経済新報社，1978 年，および草野正裕「近世後
　期における大阪と江戸の銭相場」『甲南経済学論集』51-1〜4，52-3・4，2011-12 年。
2) 同上新保博書，194-215 頁。なお，新保は銭相場を「貨幣流通量における基本貨幣と補
　助貨幣の比重の変化を通じて，銭貨に対する需給関係に変化が起こり，銭貨の相対的価
　値に変動が生じたとみるべきであろう」（214 頁）と解釈している。江戸，大坂につい
　ては基本的に誤りないと思われるが，本書各章で説くように，西日本を中心とする「銭
　遣い経済圏」では銭貨をいちがいに補助貨幣と断定はできない。

1　東日本の銭相場

1）史料とその時系列化

　物価や貨幣相場の地域比較をおこなう際には，データができるだけ同質的であることがのぞましい。具体的には，取引経路の段階や，比較の時点，比較対象とするものの品位を一致させることであるが，統計調査の不完全な前近代においてそれらをすべて具備した時系列を作成することはほとんど不可能であろう。利用できるデータの特性と限界を知って，比較考察する際に個別に留意するほかはない。

　まず江戸銭相場は，三井高維編『新稿両替年代記関鍵』巻二考証篇（岩波書店，1933 年）で表示されたものがあり，原史料は 1818 年までは江戸本両替仲間の記録である「両替年代記」を中心に，翌年以降は同史料と三井家諸帳簿から採取されている。1694 年から利用可能だが，1722 年まではたまたま知られた相場であって各年の代表値たる保証は乏しい。翌 23 年から 1842 年までは毎年の最高・最低相場の中位値がとられているが，年内各月相場平均と比較すると，相場安定期には両値は近似するが，激動期には特定月のみ大きく高下し，異常月の相場から大きく影響をうける場合もあるので，「中位値」を代表値とするには注意が必要である。

　幕府による銭相場公定制が停止された 1850 年以降は，毎年正月初相場か，知られるデータの年間中間値である。銭の正月初相場は，後述のようにやや高めに立てられることが多く，初相場を年間代表値としようとする場合には下方修正の必要がある。ただし，その幅は年間平均の 1％前後でよい。前掲三井編書は 1852-60 年の期間のみ，江戸銭両替仲間記録による月別最高最低平均相場を追加表示している。同記録による年間平均値を先の銭相場表と対比すると，若干の年については見逃せない開差が生じているが，いずれの年も後者が銭高である。そこでこの期間についてはこの追加銭相場表に依拠し，年間平均値を代表値とすることとしよう[3]。

　つぎに，名古屋銭相場は『名古屋市史』政治編第二（1915 年）収載の「米価

60　第 I 部　貨幣流通から見る近世日本経済

及銭相場年表」に主として依拠する。同相場表については，かつて名古屋の米
価時系列を作成した際に検討を加えたことがある[4]が，米価が毎年の作柄を反
映した新米出まわり期以降，12 月までのものであることが推定できているの
で，併記された銭相場も少なくとも各年後半のものと思われる。1714 年から
データが利用できるが，19 世紀初頭の数年間に他地とくらべて相場がやや異
常に高くなっている。米価の場合と同様，相場が正金 1 両あたりではなく，
1792 年から発行された，実体が金札である米切手の体裁をとった名古屋藩札 1
両あたりの相場であったため，札価下落により銭相場が上昇したものと見られ
る。ただし下落の度合いを知って調整することは困難なので，ここではとくに
異常と思われる 1806-09 年の 4 ヵ年のみ原データの利用をあきらめ，前後年の
相場から補間推計する。

　同様に 1836 年以降も異常に高くなるが，38 年以降がデータ欠落となるので，
36 年以降は別種の名古屋物価統計[5]を利用する。データ利用可能な時期の重な
る 30-35 年について両系列を対比すると，おどろくほど相場水準が近似してい
る。したがって，両系列を接続することは有効であろう。36 年以降のデータ
を，名古屋に近接し，月別データが判明する刈谷の相場と，とりわけ年内変動
の激しくなった幕末期で対比すると，あきらかに年間後半の相場であることが
判明する。

　刈谷銭相場は刈谷市教育委員会編『刈谷町庄屋留帳』全 20 巻（1979-88 年）
から採取したもので，1756 年から明治初年まで利用可能である。刈谷町は名
古屋の南南東 20 km ほど隔たった三河西端の小城下町で，町庄屋がほぼ毎月，

　3）この追加銭相場表にもあきらかな誤植（1860 年 6 月）があるほか，前後の月の相場変
　　動と対比して一時的に異常に高下した月がある（1854 年 7〜9 月，57 年 1 月，60 年 12
　　月）。この期は黒船来航や開国など，貨幣相場に大きく影響をあたえた事象が続いたの
　　で，一時的な相場の異常な動きがなかったとは断定しがたいが，他の時期がほとんど連
　　続的に変動しているのでこれら 5 つの月のみ利用を断念し，前後の相場で補間推計した。
　4）岩橋勝『近世日本物価史の研究』（大原新生社，1981 年）207-212 頁。
　5）原史料は徳川林政史研究所蔵「自天保元年至明治十二年　五十年間各種相場書」で，そ
　　の解題は岩橋勝「近代移行期名古屋物価の動き：1830-79 年」（『大阪大学経済学』
　　42-3・4，1993 年）184-187 頁を参照。なお，この銭相場データは『新編一宮市史』資
　　料編 10（1971 年）651-653 頁にも表示がある。

町内の物価を調査して記録したものの大半が今日まで残存し，翻刻されたのである。ただし，1788 年まではかならずしも毎月データを得ることはできないが，翌 89 年以降は若干の欠年を除いて各月データを得ることができるきわめて良質な物価史料だと言える。

　刈谷銭相場の代表値としては，あえて年間平均値とせず，名古屋相場との整合性に留意して毎年 7-12 月の平均値とする。年間後半データの欠ける月のあるときには残存データの平均値とし，まったく欠ける年には翌年初のデータで代替する。

　酒田銭相場は，出羽酒田の豪商本間家で記録された収支決算簿「萬控帳」（本間家所蔵資料編纂委員会編『本間家文書』第 3〜5 巻所収，農業総合研究所，1962-63 年）に依拠することで，1787 年から明治初年まで連続して毎月の金銭両替相場を知ることができる。刈谷より期間が限定されるが，同家の巨額な取引を総括勘定する換算相場であるので，たんなる伝聞ないし報告されたデータよりも真実性に富んでいる。ただし，両替相場のみ符牒で記載されており，商家経営における金銭相場の動向が経営業績に大きな影響を与えていたことを類推させるとともに，地域内相場と異なる同家独自の両替相場を設定していたおそれもある。しかしかりにそうだとしても，同家をとりまく金銭需給状況の反映として両替相場が記載されたわけであるから，同記録を酒田銭相場とすることに何ら支障はないであろう。

　酒田銭相場の年間代表値としては，刈谷と同様，毎年 7-12 月平均値をとろう。相場の動きから，翻刻の際の符牒の誤植とおもわれる若干のデータについては，前後の相場から誤植されたとみられる符牒を推定し，修正を加える[6]。なお，「萬控帳」については 1762-66 年の 5 年分についてのみさかのぼって残存しており，利用が可能である。他地域との水準差比較などの際に利用する。

　会津銭相場は，『若松市史』下巻（1941 年）に収載された「維新前の物価」表に米価とともに表示されたものがあり，途中若干の欠年はあるが，1647 年から幕末までほぼ連続する，現在最も長期動向の観察できるデータである[7]。

　6）修正を加えた年月は，1841 年 4 月，1863 年 11 月の 2 データのみである。

名古屋銭相場史料と同様に，貢納米との関連で併記されたものと思われ，年間後半期における相場だと推測される。1709 年と 1712 年については，前後の動きと他地域の相場水準から判断してあきらかに疑わしいので，この 2 ヵ年のみ採用せずに欠年扱いとして前後年データで直線補間し，他の年についてはすべて原データのまま利用することとする。

　最後に，福島銭相場は，『福島県史』第 9 巻資料編 4（1965 年）に収載された「信達商業年代記」に依拠することで，1705 年から 52 年までのデータを採取できる。この地方の商家が備忘用に米・麦・真綿・紅花・大豆・油・楮・煙草などと併せて記録したものと思われ，毎年前半と後半に分けて示されている。銭についてはおおむね 7 月相場と 10 ないし 11 月相場が明示されており，基本的に後者をとることとし，欠落しているときのみ前者で代替する。期間は限定されるが，比較的残存の乏しい 18 世紀前半の市場相場として，名古屋・会津より精度の高いデータである。

　以上 6 か所の銭相場をまとめて示したものが表 3-1 である。これらを時系列化するにあたって，共通におこなった補正として，まず連続 4 年までの欠落は前後の判明データをもとに直線補間した。ただし，多くの地点のデータが出そろう 1730 年代以降は，以上の史料検討においてデータ補正した年のほかは，欠落年はほとんどない。また，貨幣改鋳による新旧貨切り替えは正徳期と元文期にドラスティックに現れるが，前者は 1719 年より，後者は 1736 年より新金表示に統一した。前者は新旧金貨の純分比で，後者は同年出された「引替割合令」で調整した。さらに，年間代表値や季節変動を知るために，毎月データが知られて，閏月のあるときは，本月との平均値を求めた後，年間 12 か月として計算した。

2)　長期趨勢と変動要因

　前項で検討したように，近世銭相場で最も長期連続して利用できるのは会津のそれであった。しかし会津の動向をもって近世銭相場の変動を論ずるには地

　7）この史料の米価データを通じての考証は，前掲岩橋勝書，217-223 頁を参照。

第3章　近世銭相場の変動と地域比較　63

表 3-1-1　東日本銭相場

年	会津	年	会津	年	会津	年	会津	年	会津	年	会津
1647	5,000	1655	3,400	1663	3,520	1671	4,400	1679	4,800	1687	4,640
1648	4,800	1656	3,520	1664	3,400	1672	4,160	1680	4,800	1688	*4,544
1649	*4,426	1657	3,840	1665	3,560	1673	4,160	1681	4,800	1689	*4,448
1650	*4,053	1658	3,360	1666	3,680	1674	4,160	1682	4,800	1690	*4,352
1651	3,680	1659	3,680	1667	3,840	1675	4,160	1683	4,800	1691	*4,256
1652	3,680	1660	3,840	1668	3,840	1676	4,320	1684	4,800	1692	4,160
1653	3,600	1661	4,200	1669	3,840	1677	4,640	1685	4,640	1693	4,640
1654	3,680	1662	3,840	1670	3,840	1678	4,800	1686	4,640		

表 3-1-2　東日本銭相場

年	会津	江戸	名古屋	刈谷	福島	年	会津	江戸	名古屋	刈谷	福島
1694	4,560	4,800				1722	4,240	4,550	4,850		3,962
1695	4,560	4,500				1723	4,640	4,533	4,400		4,429
1696	4,720	4,400				1724	4,800	4,394	4,132		4,480
1697	4,400	4,040				1725	*4,720	4,208	4,084		3,400
1698	3,680	3,780				1726	4,640	4,243	4,454		3,480
1699	3,600	3,860				1727	4,320	4,573	4,800		4,280
1700	3,520	3,710				1728	4,800	4,805	*4,900		5,000
1701	3,840	3,900				1729	5,040	5,158	5,000		5,240
1702	4,560	4,060				1730	5,200	5,138	5,100		5,080
1703	4,040	*4,333				1731	4,800	5,218	5,288		4,680
1704	4,160	*4,606				1732	4,800	5,223	5,100		4,700
1705	4,560	4,880			4,520	1733	4,880	5,020	5,200		4,672
1706	4,640	4,890			4,800	1734	5,080	5,060	5,000		4,880
1707	4,640	*4,785			4,800	1735	5,040	4,688	4,800		4,960
1708	4,640	4,680			4,800	1736	3,080	2,840	2,795		2,808
1709	*4,460	4,600			4,600	1737	3,040	3,010	*2,700		2,900
1710	4,280	3,935			4,148	1738	3,080	2,860	2,604		2,560
1711	4,160	*3,717			4,080	1739	2,640	2,820	2,750		2,520
1712	*3,880	*3,498			4,000	1740	2,840	3,040	3,082		2,680
1713	3,600	*3,279			*3,500	1741	3,800	3,590	3,600		3,560
1714	2,880	3,060	3,252		3,000	1742	4,400	3,928	4,044		*3,880
1715	2,720	3,068	3,252		2,720	1743	4,320	4,113	4,252		4,200
1716	3,080	*2,943	2,830		3,120	1744	4,400	4,180	4,312		4,340
1717	2,920	2,817	2,624		2,920	1745	4,400	4,180	4,412		4,520
1718	3,092	2,583	2,436		2,440	1746	4,600	4,565	4,840		4,520
1719	4,960	4,990	4,500		4,648	1747	5,000	4,925	5,200		4,760
1720	4,800	4,630	4,600		4,495	1748	4,960	4,578	5,200		4,880
1721	4,080	4,583	4,864		3,810	1749	4,440	4,398	4,300		4,540

年	会津	江戸	名古屋	刈谷	福島	年	会津	江戸	名古屋	刈谷	酒田
1750	4,480	4,355	4,444		4,540	1793	5,720	5,458	6,400	6,300	5,948
1751	4,480	4,395	4,444		4,480	1794	5,760	5,727	6,524	6,355	6,195
1752	4,480	4,425	4,500		4,240	1795	6,200	6,330	6,272	6,261	6,145
1753	4,480	4,378	4,500			1796	6,240	6,890	6,300	6,283	6,200
1754	4,400	4,278	4,400			1797	6,280	6,242	6,350	6,320	6,295
1755	4,400	4,125	4,164			1798	6,280	6,371	6,400	6,465	6,305
1756	4,400	4,110	4,200	4,257		1799	6,000	6,422	6,700	6,682	6,540
1757	4,400	4,248	4,352	4,279		1800	6,000	6,430	6,900	6,887	6,520
1758	4,400	4,315	4,450	4,400		1801	6,360	6,450	6,700	6,780	6,473
1759	4,240	4,400	4,100	4,323		1802	6,440	6,607	6,600	6,720	6,450
1760	4,320	4,278	4,100	4,113		1803	6,120	6,710	6,400	6,789	6,563
1761	4,400	4,143	4,100	4,077		1804	6,680	6,718	6,400	6,683	6,680
1762	4,320	4,078	4,040	4,007		1805	7,080	6,710	6,200	6,800	6,711
1763	4,120	4,088	4,036	4,028		1806	6,800	6,478	*6,768	7,017	6,853
1764	3,840	4,045	4,100	4,072		1807	6,800	6,610	*6,816	7,175	6,842
1765	3,760	4,037	4,150	4,132		1808	6,800	6,658	*6,864	7,217	6,723
1766	3,880	4,035	4,250	4,154		1809	7,000	6,753	*6,912	7,242	6,797
1767	4,400	4,103	4,252	4,171		1810	6,760	6,855	6,436	7,040	6,835
1768	4,400	4,280	4,250	4,178		1811	6,920	6,860	6,500	6,766	6,905
1769	4,800	4,712	4,500	4,397		1812	6,880	6,927	6,560	6,842	7,000
1770	4,880	5,290	4,800	4,838		1813	6,800	6,610	6,624	6,938	6,863
1771	5,280	5,373	5,200	5,166		1814	6,880	6,738	6,812	7,017	6,903
1772	5,120	5,470	5,100	5,322		1815	6,920	6,585	7,000	7,125	7,050
1773	5,600	5,310	5,300	5,296		1816	6,920	6,810	7,060	7,229	7,170
1774	5,440	5,460	5,100	5,212		1817	6,920	6,825	7,124	7,300	7,193
1775	5,600	5,306	5,200	5,129		1818	6,920	6,825	7,060	7,292	7,193
1776	5,760	5,345	5,336	5,257		1819	6,960	6,828	6,400	7,083	6,920
1777	5,760	5,701	5,650	5,595		1820	6,800	6,760	6,248	6,475	6,592
1778	5,760	5,880	6,000	5,792		1821	6,480	6,688	6,436	6,625	6,612
1779	6,120	6,110	6,200	6,088		1822	6,080	6,665	6,624	6,925	6,700
1780	6,560	6,115	6,400	6,200		1823	6,320	6,588	6,724	7,000	6,709
1781	6,400	6,400	6,400	6,263		1824	6,320	6,620	6,872	7,008	6,744
1782	5,000	6,023	6,100	6,203		1825	6,320	6,593	6,500	6,767	6,767
1783	5,000	5,605	6,200	6,084		1826	6,400	6,585	6,500	6,708	6,707
1784	6,120	5,845	6,200	6,064		1827	6,680	6,568	6,500	6,750	6,700
1785	6,560	6,328	6,350	6,277	酒田	1828	6,880	6,568	6,500	6,767	6,700
1786	6,240	5,850	6,100	6,079		1829	6,960	6,500	6,624	6,800	6,700
1787	5,840	5,375	6,100	5,872	5,732	1830	6,760	6,550	6,624	6,800	6,660
1788	6,280	5,800	6,000	5,899	5,580	1831	6,600	6,568	6,624	6,825	6,680
1789	*6,140	5,682	5,800	5,656	5,707	1832	6,680	6,578	6,560	6,900	6,680
1790	6,000	5,930	5,800	5,737	5,760	1833	6,640	6,520	6,624	6,925	6,733
1791	5,440	5,517	5,800	5,715	5,740	1834	6,640	6,578	6,624	6,950	6,807
1792	5,280	5,445	6,050	5,962	5,700	1835	6,640	6,625	6,720	6,996	6,936

第 3 章　近世銭相場の変動と地域比較　　65

年	会津	江戸	名古屋	刈谷	酒田	年	会津	江戸	名古屋	刈谷	酒田
1836	6,640	6,293	6,620	7,000	6,741	1853	6,320	6,416	6,670	6,650	6,473
1837	6,560	6,293	6,550	6,908	6,449	1854	6,520	6,479	6,720	6,667	6,656
1838	6,640	6,693	6,600	6,925	6,626	1855	6,520	6,589	6,675	6,667	6,607
1839	6,640	6,818	6,650	6,825	6,822	1856	6,600	6,688	6,730	6,692	6,573
1840	6,640	6,915	6,600	6,800	6,903	1857	6,600	6,721	6,550	6,667	6,594
1841	7,040	6,990	6,720	6,767	6,899	1858	*6,533	6,753	6,800	6,750	6,599
1842	6,400	6,830	6,500	6,650	6,952	1859	*6,467	6,734	6,730	6,733	6,558
1843	6,640	6,500	6,720	6,600	6,976	1860	6,400	6,591	6,400	6,533	6,410
1844	6,480	6,500	6,532	6,600	6,990	1861	6,400	6,600	6,435	6,400	6,370
1845	6,480	6,500	6,480	6,525	6,913	1862	6,400	6,737	6,500	6,550	6,391
1846	6,520	6,500	6,500	6,442	6,725	1863	6,400	6,706	6,600	6,600	6,282
1847	6,520	6,500	6,400	6,300	6,568	1864		6,716	6,650	6,608	6,397
1848	6,520	6,500	6,500	6,308	6,517	1865		*7,243	6,750	6,650	6,387
1849	6,400	6,500	6,500	6,417	6,301	1866		*7,770	7,630	7,500	6,398
1850	6,080	6,500	6,470	6,567	6,253	1867		8,298	7,950	8,900	6,929
1851	6,080	6,382	6,600	6,650	6,396	1868			10,380		9,921
1852	6,080	6,265	6,650	6,617	6,387						

注) 1：*印は補間ないし修正値。
　　2：各地相場の年内時期はつぎのとおり。
　　　江戸；主として年間最高最低の中位値　　　名古屋；年間後半の代表値　　　会津；7～12月のいずれか
　　　福島；10 ないし 11 月相場が中心　　　刈谷および酒田；7～12 月平均値

域的な偏りがぬぐいがたいので，1694 年以降は江戸，それ以前の約半世紀は会津相場に接続して 220 年にわたる趨勢と変動要因を分析することとしよう。両地を接続する前後の年の相場は，たまたま同じ水準となっていて原データのまま接続可能だが，江戸は銭高傾向，会津は逆に銭安傾向となっている。ただし，後に見るように，両地の相場が開いても，江戸を基準としてせいぜい上下 5 ％前後であったから，趨勢を観察するのになんら支障はない。

　それを示した図 3-1 を鳥瞰すると，近世銭相場が，1760 年代までの前半期は金 1 両あたり 4 貫文，以降 18 世紀末までの 40 年間は大きく銭安に向かい，19 世紀に入るとこれまでこの期の基準相場と考えられていた 6,000 文ではなく 6,500 文水準を基軸に推移したことがあきらかとなる。相対的には 19 世紀から安政の開国にいたるまでの時期が最も安定していたと言えるが，それでもまったく一定であった時期はない。では，それぞれの長期趨勢の変動幅を大きくしたり小さくしたりした要因は何であったのだろうか。以下，全期間を 3 期に分

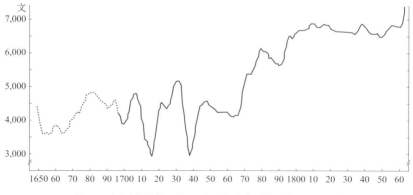

図 3-1 江戸銭相場の動き（5ヵ年移動平均，金 1 両に付）
注）1695 年まで（破線）は会津銭相場の動き。

けて観察する。

まず，1760年代までの第1期は，金1両につき銭4貫文を基準に推移したが，時期により2.5貫文から5.2貫文までの幅の内で大きく変動した。東日本の銭相場は金貨・銭貨の交換比率であるから，こうした変動は，この期間内におこなわれた元禄・宝永の金貨質量の切下げ（1695～），正徳・享保の同切上げ（1714～），元文の再切下げ（1736～）の，金貨のドラスティックな相場変更が大きな要因であることは言うまでもない。ただし，元禄改鋳以前においても銭相場は大きく変動している。そこで銭貨の供給状況を見てみよう。

近世における銭貨鋳造量は金・銀貨とくらべると不明な部分が多く，通常利用される「貨幣表」でも銭貨については種類と量目，および鋳造開始年が示されても，鋳造量については，明治初年に認知された数量が記載されるか，空白のままである場合が少なくなかった。しかし日本銀行調査局編『図録 日本の貨幣』は，それまで空白であった18世紀中期までの寛永通宝（銅一文銭）鋳造状況の把握を試み[8]，銭座の稼働期間と年間推定平均鋳造量とから，時期別総鋳造高がうかがえるようになった。

これによれば，1636年にはじまる幕府による銭貨公鋳の結果，わずか4年

8）日本銀行調査局編『図録 日本の貨幣』3～5，東洋経済新報社，1973-74年。

間で供給量は 275 万貫文にのぼった。銭貨の私鋳は厳禁され，それまで流通していた渡来銭や私鋳銭は「古銭」として使用は認められたが，ワレ銭・カケ銭等の悪銭の一切の使用が禁じられたので，流通銭はいずれ公鋳銭にとって代わられることとなった。そのため，寛永通宝の出回りにより銭相場は公定の 4 貫文をおおきく下回り，公鋳を停止した後の 1646 年ごろまでは 5 貫文ほどとなった。しかし，1650 年代に入ると，東南アジア方面への銅の輸出伸長もあって，古銭が市場から減少し，3.8 貫文ほどの水準まで銭価が上昇したという[9]。図 3-1 における会津銭相場も 1660 年代にかけて同様の推移を示している。

　幕府はこのような銭価高騰に対処するため，一時下火になっていた撰銭慣行が市場で復活し銭貨不足に拍車をかける傾向があらわれたので，1655 年に撰銭禁止令を発した。また，「銭買置しめ売」禁止令も同年出されたが，効果に乏しく，ついに翌年ふたたび寛永通宝が増鋳されることとなった[10]。これにより銭貨は銭安に転じることとなったが，会津では 1661 年をピークに一時的に相場を戻した。この期の増鋳は寛永期の 18 ％程度にとどまっており，相場是正にはいたらなかったことがわかる。そこで 1668 年，幕府は本格的な増鋳に乗り出した。いわゆる寛文の大量鋳造である。寛永期ほどの集中的鋳造ではなかったが，16 年間にわたり，それ以前の鋳造累計の 60 ％に相当する 197 万貫文があらたに市中に供給されることとなったので，次第に銭安が進行していった。83 年に増鋳が止むと，会津ではただちに銭高に転じているので，この期の銭貨需要がきわめて高いものであったことが推測できる。しかも，この後元禄改鋳期まで銭貨の増鋳はなく，金貨も同様であったので，銭相場の趨勢が 1680 年代初頭から 90 年代末にかけて 4,800 文から 4,000 文前後の水準に上昇していることは，会津において銭貨不足[11]が生じていたことを示している。

　9）　同上，2，192-206 頁。

10）　同上，206-208 頁。

11）　この銭貨不足をただちに在地における経済発展の結果と結びつけることはできない。会津米価の動向を見ると，おなじ期間に米 1 石あたり 0.4 両前後から 0.5 両前後まで上昇しているからである（前掲岩橋勝書，208-209 頁参照）。金建ての物価水準が上がれば，

68　第Ⅰ部　貨幣流通から見る近世日本経済

　元禄改鋳後の銭相場は，銭貨が金貨に2年遅れて増鋳され，また金貨自身も大量に増鋳されたので，やや複雑な動きを示した。江戸では，金貨増鋳を開始した1695年にただちに銭高がはじまり，銭貨増鋳後も銭高が進行した。会津で金安・銭高がはじまったのは1697年，銭安に転じたのは江戸・会津とも1701年であるので，地方への新金貨普及にタイムラグがあり，またこの期の銭貨増鋳効果は全国的に3年ほど遅れてあらわれたことがわかる。この銭貨増鋳は，わずか11年でそれまでの銭貨発行累計高の40％に相当する208万貫文を市場に集中的に投下する結果となったので，銭安は急速に進み，江戸亀戸銭座が増鋳を止めた1705年には4,800文ないし4,600文前後の水準にまでいたった。数年間はこの水準に落ち着いていたが，1710年に宝永金（乾金）の新鋳がはじまると，その純金含有量が元禄金よりもさらに減少したこともあり，銭相場はふたたび上昇に転じた。1714年より5か年にわたり，50万貫文の銭貨増鋳がなされたが，焼け石に水で，享保幣制に切り替わる直前の1718年ごろには2,500文前後まで銭高となった。

　金・銀良貨主義の取られた享保幣制期（1719-35年）には，金・銀貨流通量は収縮したにもかかわらず，銭貨は回収のうえ新鋳ということもなく，断続的に増鋳が続けられたから，急激に銭安に転じたことは言うまでもない。ただし，1718年に2,583文であった江戸銭相場が，翌19年に4,990文と急落したのは，宝永金／（正徳）享保金の純分量比（2.1/4.13）を基準にすべての物価表示が切り替えられたためであって，銭貨が急激に大量供給されたためではない。むしろ逆に，銭貨鋳造は1725年まで停滞していたので，銭相場は漸次上昇傾向にあった。図3-1において，この期にいったん大幅に銭安に転じた江戸相場が数年間銭高の動きを示しているのはそのためである。公定相場である4貫文を割ることもなかったのに，幕府はこの銭高を打開するため，26年から33年にかけて，佐渡銭以外に総額160万貫文の増鋳を敢行した。江戸・名古屋では5貫

相応の銭貨追加供給がなされないかぎり銭相場が上昇するのは当然である（前掲新保博書，208-209頁参照）。ただし，金・銭ともに追加供給がない状況下で，金貨に対して銭貨の価値が上昇したのは，この地域が江戸市中や関東地域などと異なり「銭遣い」であった証左にはならないだろうか。

文を超える銭安水準が続き，第1期では最も銭貨が下落した時期になった。

1736年，幕府は貨幣収縮政策を放棄し，金・銀貨の品位を落としてふたたび増鋳を始めた。銭貨は33年に主要銭座では増鋳を停止したままであったので，すでに35年から銭高傾向があらわれていたが，元文幣制による金貨切下げで銭相場は急騰した。幕府はただちに銭貨増鋳に踏み切り，一時は2,500文前後まで騰貴した銭相場を8年後には4貫文台に回復することに成功した。しかし，この期の増鋳は1747年までの12年間にわたって総額745万貫文，累計総額を77％も増加させるものであった。元文改鋳期の金貨増発もいちじるしいものではあったが，銭貨のそれは金貨のそれをはるかに上回るものであった。1747年にかけて，江戸，名古屋，会津など，どの地も5,000文前後に迫る銭安水準まで落ちている。そして，増鋳が止むと従来と同様に銭相場は漸次上昇に向かい，第2期前夜の1760年代半ばには全国的に4貫文前後の水準が確立できている。

以上，第1期は，幣制の変化などで一時的に基準相場がおおきく変動することがあっても，長期的には公定相場水準である4貫文に収束していたことが確認できた。そして，金貨の切上げおよび切下げ期を除くと，銭相場の下落は銭貨が増鋳されたとき，上昇は銭貨の増鋳が停止されてからはじまり，つぎの増鋳がはじまるまで持続する傾向が観察できた。金銭相場の変動は金貨の供給状況によってもおおきく影響されるが，それ以上に銭貨の供給動向によって相場が変動する場合が多かったことは注目されよう。

つぎに近世相場変動の第2期は，それまで基準となっていた4貫文水準に別れを告げ6貫500文水準に大きくシフトした1760年代末から，19世紀初頭にかけての時期である。銭相場データの判明する17世紀中期以降，1世紀以上にわたって維持されてきた水準は何によって崩されたのであろうか。

図3-1によれば，第2期の銭相場は1760年代末から90年代初めまでと，その後19世紀初頭までの二つの波動で構成されている。第1の波動では相場水準は4貫文から5.5貫文以上にまで低落した。とくに最初の10年余では銭貨の価値が半減してしまうほどの激しい変動が生じた。その契機となったのは，1765（明和2）年に増鋳のはじまった鉄銭と，2年後に新鋳のはじまった（真

70　第Ⅰ部　貨幣流通から見る近世日本経済

鋳）四文銭である。全国各地に銭座が置かれ，鋳銭期間はまちまちであるが，鋳造の停止された 1788（天明 8）年までに，合わせて 717 万貫文[12] が供給された。これは元文期の銭貨増鋳量とほぼおなじであるが，従前までの累計鋳造残高に対しては 42 ％ の増加にとどまるものだった。銭貨増鋳率が高かった元文—延享期には公定銭相場にサヤ寄せでき，その後しばらくの間，安定化できたのに，明和以降の増鋳期ではなぜ，天明末年の鋳造停止後も，第 2 の波動期である 1790 年代も銭価が低落継続し，19 世紀に入ってそのままもどることなく幕末期まで推移することになったのであろうか。

　元文期と明和期の銭貨増鋳には背景に二つの差異があった。一つは，元文期には金銀貨改鋳と連動させるかたちで銭貨増鋳がおこなわれたため，一時的には乱高下することがあっても，公定相場にサヤ寄せできたのだが，明和期にはそれまでのような金銀貨改鋳はともなっておらず，銭貨のみ増鋳・供給されたので構造的な銭価低落が生じたことである。もう一つは，明和期に通常の金銀貨改鋳はおこなわれなかったが，いわゆる新種銀貨である南鐐二朱銀が 1772 年以降大量に発行されたことである。その幕府金銀貨在高に占めるシェアは，文政期の金銀改鋳直前までに 20 ％ を占めるほどであった[13]。

　この二朱銀は素材からすると「銀貨」であることに違いないが，この後に増鋳されることになるこうした計数銀貨は，これまで範疇としては小判を補完する「金貨」とされてきた[14]。そして銭貨とともに金貨も増鋳されれば元文期同様，いずれもとの水準に復したはずである。しかるに，第 2 期の銭相場の構造的低落期には，もとの水準にもどることはなかった。なぜであろうか。

12）明和—天明期銭相場低落の主要因は真鍮四文銭の大量発行によるものであるが，これまでの通説をふまえて『図録 日本の貨幣』3 ではその鋳造量を 2,215 万貫文としている（245 頁）。しかし，この鋳造量は他の銭貨とくらべてあまりにも巨額であり，少なからざる関連研究者から疑念が寄せられていた（岩橋勝「近世銭相場の変動と地域比較」『福岡大学商学論叢』40-3，1996 年，13 頁参照）。この疑念に対し，安国良一は典拠とされた「貨幣秘録」の類本と照合し，他の関連史料からも傍証・検討した結果，数値の誤記が確認され，真正値は 215 万貫文であることが判明した（安国良一「寛永通宝真鍮四文銭の鋳造と流通」『出土銭貨』21，2004 年）。
13）本書第 4 章，表 4-10 参照。
14）前掲新保博書，169 頁。

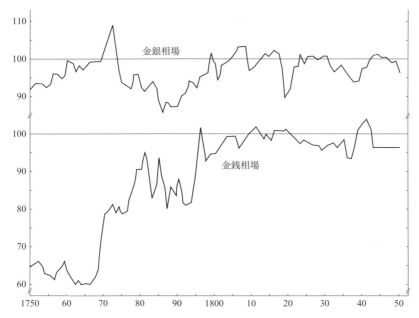

図 3-2 江戸金銀相場と金銭相場の動き（各年値，指数 1840-44 年＝100）
（典拠）金銀相場：新保博『近世の物価と経済発展』171-176 頁。
　　　金銭相場：表 3-1。

　図 3-2 は江戸金銀相場を指数化して，同金銭相場と対比したものである。ともに金貨の価値を銀貨，銭貨で評価しているので，相場の上下は金貨のそれをあらわしている。ここで，金銀相場は 18 世紀後半に入ったころから 1770 年にかけて 20 ポイント近く金高に向かい，70 年代には一転して 20 年近く金安となった。しかし，80 年代半ばよりふたたび金高に転じて，19 世紀に入って以降は安定的に推移している。このように金銀相場も循環変動が認められるが，金銭相場の動向とくらべると，上下 15 ポイントの幅内で推移しており，全体としてむしろ安定的であったと言えよう。しかるに，金銭相場の 1760 年代末より 90 年代末にかけてのドラスティックな動きと，その後銭安のままで安定し，上下 5 ポイントの幅内に収まったままの推移は対照的である。
　以上の観察により，1770-90 年代の持続的銭安動向は，構造的な金高化によるものではなく，銭貨側の要因によるものと考えなければならない。計数銀貨

72　第 I 部　貨幣流通から見る近世日本経済

が機能的に金貨そのものであるならば，「金貨」供給が増え，銭価は逆に上がってしかるべきだからである。したがって，ここでは計数銀貨が果たした別の機能を考えなければならない。そしてそれは計数銀貨の小額貨幣機能であった。

　最初の計数銀貨である南鐐二朱銀は小判の 8 分の 1 に相当し，出まわり時の金銭相場（およそ 5,400 文）では 1 枚あたり 675 文となる。それ自体けっして「小額」とは言えないが，当時の流通金貨は小判以外には二朱銀 2 枚に相当する一分金しかなく，金建て取引での決済には銭 1 貫文以上の併用がつねに必要とされていた。そのために，より小額な機能を持つ銀遣いが主要な西日本とは異なり，大量の銭貨準備が必要とされたわけである。したがって，二朱銀の登場は大量の銭貨節約（＝余剰）をもたらし，銭相場の低落に帰着したのである。

　最後に 19 世紀初頭以降の第 3 期には，第 2 期に進んだ銭安が 6 貫 500 文〜7 貫文の幅内に定着し，しかし幕末に向け 6 貫 500 文の水準へと若干銭高模様で推移した。この間，文政，天保と 2 度の金銀改鋳がおこなわれ，金貨は計数銀貨とあわせて流通量がおよそ 2 倍になるほどに増鋳されたにもかかわらず，徳川期全体のなかで銭相場が最も安定的な半世紀であったといってよい。すなわち，時期ごとの趨勢値の最低値を基準に最高値との幅を見ると，第 1 期が元禄，享保，元文というドラスティックな幣制改革期を含んでいることもあり，最低値の 78 ％ も高い水準まで高騰することがあり，第 2 期は 60 ％ の幅内で変動したのに対し，第 3 期はわずか 7 ％ あまりの幅にすぎなかったのである。同期間の銭貨増鋳量は，あらたに天保通宝（百文銭）が幕末期にいたるまで大量に鋳造されたが，若干の一文銭，四文銭と合わせ，両建て換算して 76 ％ にとどまっている[15]。この期の計数銀貨は，二朱銀にくわえてあらたに一朱銀も発行され，さらに出目益ねらいの一朱金，二朱金も鋳造された。それゆえ，それらの小額機能に補足され，さらに小銭不足にともない国内各地で発行されてくる藩札・私札の流通もあって，銭相場が第 1 期の水準にもどることはなかったのであろう。

───────────────

15）以上の金銀銭貨流通量については，本書第 4 章表 4-12 を参照。

第3章　近世銭相場の変動と地域比較　73

　図3-1において，開国後も銭相場は比較的安定を保っていたにもかかわらず，慶応年間（1865-68）に急落し，明治初年には10貫文前後の水準にいたっている。安政の開国により万延元（1860）年に大幅な金貨切上げがおこなわれたが，とうぜんに銭価は下落する。しかし，一定のタイムラグが生じたとしても，銭貨下落がはじまるまでの5年間は長すぎる。この期に小銭（少なくとも四文銭以下）不足はけっしてなくなっておらず，銭貨の中核は天保通宝がになうようになっていたので，国内政治・社会の動乱のもと，天保通宝の素材としての価値低下が引き起こしたものと考えざるをえない[16]。

3）　長期趨勢の地域比較

　前項では主として江戸銭相場の動向から徳川期の長期変動の特徴とその変動要因を分析した。しかし，江戸銭相場の動向だけから全体の動きが観察可能かどうかについては，できるだけ多くの地点のデータを得て比較分析することが必要である。そこでつぎに，東日本で得られた5地点のデータと対比してみよう。比較の方法としては，江戸銭相場の5ヵ年移動平均を100とした各地銭相場の5ヵ年移動平均を指数化し，対比することとする。その結果は図3-3のとおりである。ここでは，基準の江戸銭相場が金1両あたりの銭量で示されており，各地の指数が100を超えるときは江戸より銭安，100以下のときは江戸より銭高であることを示す。

　図3-3から，まず全期間にわたる各地の江戸との相場格差を見ると，江戸を基準に趨勢としてなんらかの連動システムが確立していたことが明白である。すなわち，1710年前後に江戸より5％以上も銭安であった福島が，1720年代には逆に江戸よりも15％も銭高に動くことがあっても，40年代にはふたたび江戸の水準に近く回復している。最も長期にわたって対比可能な会津について見ると，全167年のうち，上下に5％以上の格差のついた年はわずか11年に

16）幕末最終期に向けて鉄一文銭が基準銭貨となっており，銅銭や真鍮銭はおおきなプレミアムが付くようになっていた。とくに明治初年には銅一文銭が10倍，真鍮銭が5倍にまで評価されていたのに対し，天保通宝は名目価値を下回る80文，鉄四文銭は1.25文と「素材」評価されていた事実に注目する必要がある。

74　第Ⅰ部　貨幣流通から見る近世日本経済

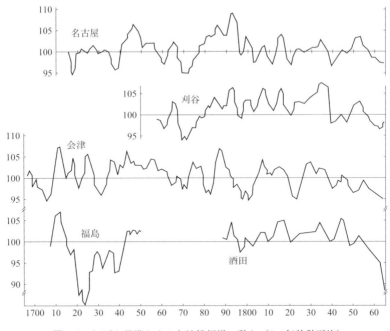

図 3-3　江戸を基準とする各地銭相場の動き（5ヵ年移動平均）

とどまっている。これらの大部分は 18 世紀末までに生じたものであるが，とくにドラスティックに銭相場が上下した同世紀前半や，急落した後半にほとんど 5％ 以内の格差を保って推移しているのは，両地間の予想される現銭貨輸送諸経費を考慮すれば，ほとんど同水準といって過言ではないであろう。

各地の銭相場が江戸を基準に上下 5％ 以内で推移したことの意味を，米価の水準差の推移と対比して考察してみよう。図 3-4 は江戸の米価を基準とした名古屋，会津，酒田の米価水準の動きを示している。それぞれの水準差はきわめて大きく，江戸との水準差も時期により大きく変動していることがわかる。名古屋はおおむね江戸より高い水準で推移し，江戸と同水準の年があったかと思えば，格差が 10％ を超える年も少なくなく，ときには 20％ も格差が生じる年もあった。会津や酒田は江戸よりはるかに低い米価水準であって，その格差は 20〜40％，ときには 50％ も開いた。銭相場格差との対比で注目すべきは，

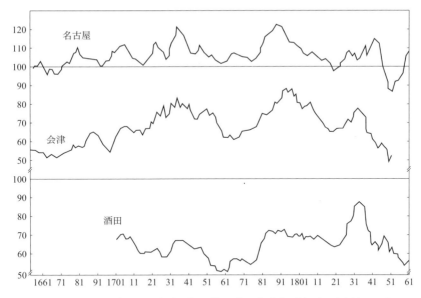

図 3-4 江戸を基準とする各地米価の動き（5ヵ年移動平均，江戸米価＝100）
典拠）岩橋勝『近世日本物価史の研究』384頁。

格差の幅が大きくきわめて不安定であったことで，会津の場合，17世紀に40％前後も江戸より低水準であったのが，18世紀末にかけて10％近くまで格差を縮めたにもかかわらず，ふたたび幕末にかけて40ないし50％も格差を広げる方向で推移している[17]。

このように米価の場合は，少なくとも東日本については，相場基準となった地域が不明確であり，相互の水準差も一般に大きく時期によりきわめて不定であった。一方，銭相場は江戸が基準となっていたと考えられるが，つぎに，たしかにそうであるか，名古屋を基準として江戸以外との水準差を観察してみよ

---

17) 前掲岩橋勝書。なお，図3-4には明示していないが，ここでの考察対象地域のうち刈谷が最も江戸米価水準に近く，トレンドも一致していた。しかし，水準差の幅は他地より小さいとはいえ上下10％以上の年も目立ち，あきらかに銭相場の動向とは異なっている。岩橋勝「広域濃尾地方圏の物価変動，1756-1867」（『松山商大論集』39-2，1988年）343頁参照。

76　第Ⅰ部　貨幣流通から見る近世日本経済

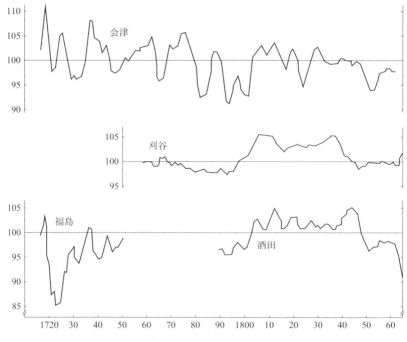

図 3-5　名古屋を基準とする各地銭相場の動き（5ヵ年移動平均）

う。

　図 3-3 と同様に，名古屋の銭相場を 100 とする江戸以外の各地の動向を図 3-5 に示すと，二つの相違点があらわれている。第 1 は，会津，福島，酒田との開きがより大きくなる年が多くなっていることである。会津を例にとると，江戸・名古屋ともに比較できる期間内における上下 5％を超える年数は，江戸に対してはわずか 8ヵ年のみであるのに対し，名古屋に対しては 25ヵ年もあり，江戸より名古屋を基準とした場合のほうが揺れが激しい。一方，名古屋に近接する刈谷の水準差の動きは，江戸よりも名古屋に対してのほうがなだらかであり，しかも水準差の幅ははるかに小さい。第 2 は，各地銭相場のトレンドの方向は，近接する刈谷は別として，名古屋よりも江戸のそれに近かったとみられることである。会津の場合，江戸に対しては時とともに若干銭高の傾向がみられるものの，おおむねパラレルに推移しているのに対して，名古屋に対し

ては図 3-5 においてトレンドが明確に右下がりとなっており，18 世紀前期から 19 世紀中期にかけて大きく銭高を進める方向で推移したことがあきらかである。

以上，江戸と名古屋を対比すると，東日本全体では江戸のほうが多少とも他地の基軸的な相場となっていたであろうことが判明した。ただし，もう少し時期をかぎって観察すると，江戸とその他の地域の銭相場の動きの間には見過ごせない相違があり，それは 1780 年前後を境として状況を異にしている。

図 3-1 と図 3-3 を対比すると，まず 1780 年以前ではどちらかといえば江戸が銭高に向かうと地方では江戸以上に銭高が進み，その反動のためか，江戸が銭安に転じると江戸以上に銭安となっている。たとえば 1740 年代末，元文改鋳にともなう銭貨増鋳が終わると，江戸銭相場はただちに銭高に転じたが，名古屋・会津では江戸以上に銭高を推し進めている。1760 年代半ば，いわゆる明和の銭貨増鋳によって江戸銭相場は急速に銭安が進行したが，若干おくれて名古屋・刈谷・会津のいずれも銭安に転じつつ，この期の相場を江戸よりも相対的に低くしている。期間は限定されるが，上記の局面の前に進行した 1730 年代半ば以降の元文改鋳期も同様の状況が観察できる。

ところが，1780 年代以降，江戸相場が銭高に向かうと地方は相対的に銭安，江戸が銭安方向へ回復すると地方は銭高へと，逆の動きが目立つようになる。これは，80 年代から 90 年代までの動きを見ると，江戸相場は銭高に向かっているのに地方相場は江戸に対して銭安傾向が観取でき，1820 年代から 30 年代までの期間でも江戸相場が銭高傾向であるのに地方相場は江戸よりも銭安で推移した年が多くなっている。銭相場じたいの動きは従前よりも安定化に向かっているから，江戸に対して地方銭相場の動きがより安定していることを示していると言えよう。しかも，1780 年代以降の銭相場の変動要因は，前項でみたように，小額貨幣機能を果たす計数銀貨の供給がおおきな影響をおよぼしたことがあきらかなので，江戸と地方銭相場の動きの関係の変化は，計数銀貨普及の度合いにもかかわっていたことを示唆する。

なお，図 3-3 および図 3-5 を対比して，江戸・名古屋以外の各地相互の関係をみると，まず福島では短期間ではげしい水準差の上下を示している。福島

78 第Ⅰ部 貨幣流通から見る近世日本経済

データの利用できる期間が銭相場の激動期であり，同期間において名古屋—会津間でもそれに近い振幅が生じている。図 3-3 から，名古屋・会津とくらべると福島が独自の動きを示したようにもみえるが，この程度の水準差は隔地間で十分にあり得たものであろう。ただし，この時期以降，上下合わせて 15 ないし 20 ポイントにもおよぶはげしい開きは短期間では生じなかったので，逆に各地銭相場の趨勢に大きな差異は認められなかったことの証左になるものと思われる。

また，名古屋と刈谷の動きがほとんど近似していたことはすでに見たが，図 3-3 からは江戸に対する会津・酒田の動きがより近似しているようにみえる。図 3-5 を見ると，1820 年代初めおよび 40 年代初めにやや異なった動きはあるが，両地は刈谷よりも相互に連動していたとみてよいであろう。徳川期の銭相場は隔地間で大きな差異を生じさせないほど連動性が高かったとはいえ，地理的な遠近差はその度合いを左右していたということになろう。

4) 各地銭相場の相関性

前項では各地銭相場の長期趨勢を対比し，より中軸となった江戸銭相場の動向を確認したが，つぎに期間をかぎって各地相場の連動性を観察しよう。表 3-2 がその結果である。連動性を確認する際，原データの存否が各地比較に影響するので，おおむね 20 年ないしそれ以上の期間で区切り，隔地間連動性を相関係数により算定した。

一見して，1770 年代までの各地銭相場はいずれの間でも相互に連動性が高かったことがわかる。近接した名古屋—刈谷は当然として，江戸—名古屋はもとより，相当に隔たっていた名古屋—会津間でさえ 0.90 以上の相関係数を示しているのは，当時の銭相場が一定の標準相場情報にサヤ寄せするかたちで成り立っていたのではないかという推定を余儀なくさせるほどである。この期間内では，比較期間を 10 年ほどにかぎって相関係数を算定しても一時的に 0.3 ないし 0.4 ほどに下がることはあっても，おおむね 0.7，多くは 0.9 台の連動性を示している。

しかし，1780 年代以降，隔地間相互の連動性はくずれ，一時的に逆相関を

表 3-2　東日本銭相場の隔地間相関係数の推移

期間	江戸—名古屋	江戸—刈谷	江戸—会津	江戸—酒田	名古屋—刈谷	名古屋—会津	名古屋—酒田	刈谷—会津	刈谷—酒田	会津—酒田
1694-1713			0.8							
1714-1752	0.97		0.949	*0.936		0.919	*0.912			*0.958
1753-1776	0.953	0.973	0.922		0.983	0.939		0.923		
1777-1796	0.387	0.494	0.578		0.948	0.326		0.253		
1797-1816	0.022	0.511	0.662	0.721	0.662	0.029	0.469	0.592	0.755	0.776
1817-1836	0.205	0.271	0.224	0.538	0.838	0.084	0.756	0.195	0.855	0.397
1837-1867	0.849	0.876	0.613	0.403	0.917	0.323	0.167	0.312	0.267	0.603

注）*印は酒田ではなく福島。

示す地点も生じた。表 3-2 において名古屋—刈谷間をのぞき，どの地域も大きく相関係数が下がっている。とりわけ大都市の江戸—名古屋間は 19 世紀 30 年代まで悪化し，ほとんど連動性を失っている。同時期の江戸—会津間や名古屋—刈谷間ではそこそこ連動性を保っているので，江戸，名古屋の相場データに問題があるともいえない。この間を 10 年幅の相関係数で見てもより悪化した数値が出ており，江戸—名古屋間でなんらかの問題が生じたと考えるほかない。

　一方，江戸銭相場は内陸の酒田や会津とは比較的まずまずの連動性を示した。おなじ期間に名古屋とはほとんど連動性を失っているにもかかわらず，酒田とは 0.5 以上の係数であり，会津とは 1820-30 年代を除くとほぼ同様であった。とくに酒田は江戸のほか名古屋，刈谷，会津とも比較的高い連動性を保っており，江戸との結びつきがとりわけ強かったというわけではない。いずれにしても，図 3-2 に示したように，金銭相場が 1760 年代末より 90 年代末にかけておおきく下落したあと，安定化に向かう時期に隔地間の相関性がくずれる状況が少なくなかったことが確認できた。

　さらに，天保改鋳期（1837〜）より幕末動乱期（〜1867）にかけての隔地間の連動性をみると，江戸—名古屋間ではそれまでとは一転し，相関係数が高まった。江戸—刈谷間でも同水準の係数であるので，データ上の問題はないものと思われる。上記で確認した銭相場の大きな変動期ほど相関性が高まるという傾向はこの期にはくずれている。ただし，金銭相場は，改鋳や開国があったにもかかわらずこの期は 6.5 貫文前後で比較的安定的に推移し，それがおおき

80　第 I 部　貨幣流通から見る近世日本経済

く銭安に転じたのはようやく慶応期（1865-68）に入ってからであった。短期間ではあるがこの相場激変期をのぞくと，天保―万延改鋳期のおよそ 20 年余の隔地間連動性は 18 世紀第 4 四半期以降と基本的に変わっていない。

　銭相場の安定期に隔地間でより相関性が乱れたことをどのように解釈すればよいだろうか。銭相場にかんする現在のかぎられたデータだけでは十分な分析は不可能ではあるが，基本的には各地域の銭貨需給状況に差異が生じたためと推定するほかない。その際，相関性が乱れはじめる時期が計数銀貨の普及しつつある 1780 年代であったことは，前項で確認したように一定の関連があるのかもしれない。つまり，計数銀貨は代替金貨としてのみならず，当時の小額貨幣不足を打開する働きをも示した。ただ，江戸では比較的スムーズに受容されたが地方では普及に相応の年数を要したと言われる[18]。計数銀貨の，代替「金貨」としての側面と，小額貨幣すなわち代替「銭貨」としての側面のうち，地域によってどちらがより強い機能を発揮するかで銭相場が推移したのではないだろうか。

　小額の計数銀貨は安政の開国後も相当量が流通したほか，幕末期に向けては一朱金や二朱金のようなあらたな小額金貨が大量に鋳造され，それら代替「銭貨」の供給増により銭価は急低落した。そうした相場激動期には各地への情報伝達が比較的すみやかにおこなわれることになった結果，相応の相場水準差が生じても連動性はかえって強まることになったものと考えられるのである。

5）季節変動の地域比較

　銭相場の地域比較をおこなう際，長期趨勢や一定期間内の連動性の観察とともに，年間での季節変動も銭貨需要の動向を知るうえで有用であろう。期間は限定されるが，さいわいにも東日本では 3 地点についてそのデータが得られるので，以下分析をおこないたい。

　データが利用できるのは刈谷，酒田，江戸の 3 地点である。いずれも月別銭相場の年間平均値を 100 として指数化する。その際，閏月年は閏月と前月デー

18）田谷博吉『近世銀座の研究』（吉川弘文館，1963 年）316-317 頁。

表 3-3　東日本 3 都市銭相場の季節変動

A　刈谷

期間	1月	2月	3月	4月	5月	6月	7月	8月	9月	10月	11月	12月
1756-1760(5)	98.7	99.6	100.6	101.4	101.3	101.4	101.2	100.2	100	99.2	98.9	97.5
1761-1769(5)	99	99.2	99.8	100.2	100.5	100.5	100.3	100.4	100	100.1	100.3	99.8
1781-1790	99.8	98.9	99.1	100	100.5	100.9	101	100.9	100.2	99.6	99.7	99.3
1791-1800(9)	98.4	99.1	99	99.4	99.8	100.4	100.5	100.7	100.8	101.1	101	99.8
1801-1810	98.1	99	99.9	100.2	100.4	100.6	100.7	101	100.7	100.2	99.9	99.4
1811-1820	98.8	99.5	99.7	99.9	100.1	100.4	100.7	100.8	100.8	100.4	99.9	98.9
1821-1830	98.5	99.4	99.8	99.8	100.3	100.7	100.8	100.7	100.6	100.1	99.8	99.5
1831-1840	100	99.3	99.5	99.8	99.9	100.1	100.3	100.3	100.2	100.2	100.2	100.1
1841-1850(9)	99.4	99.7	99.9	100.3	100.4	100.4	100.3	100.4	100.3	99.7	99.7	99.5
1851-1860(9)	99.1	100.1	100.2	100.3	100.3	100.4	100.4	100.7	100.5	100.2	100	99.5
1861-1867(7)	96.8	97.3	97.7	97.9	98.8	100.1	101.1	101.2	102.4	102.2	102.1	102.3

B　酒田

期間	1月	2月	3月	4月	5月	6月	7月	8月	9月	10月	11月	12月
1762-1766(5)	100.8	102.5	102.7	100.4	101.2	100	100.6	100.5	99.9	97.3	97.6	96.4
1787-1790(4)	99.6	100.1	101.2	103	102	102	100.4	99	98.7	97.6	98.1	98.5
1791-1800	98.9	99.6	100	100.3	100.6	101	100.8	100.5	99.9	99.6	99.6	99.4
1801-1810	99	99.8	100	100.6	100.7	100.6	99.6	99.9	100.2	100	99.9	99.6
1811-1820	99.8	99.9	100.3	100.5	100.7	100.5	100.3	100.4	99.7	99.6	99.2	99.1
1821-1830	99.8	99.9	99.9	100	100	100	100	100.1	100	100.1	100	100.1
1831-1840	99.3	100	99.7	99.2	100.1	100.3	100.6	101	100.1	99.5	99.9	100.4
1841-1850	100.2	100.6	100.3	100.3	100.6	100.2	100.1	99.9	99.5	99.3	99.5	99.6
1851-1860	99.7	99.8	99.7	99.8	99.9	100.3	100.1	100.4	100.2	100.2	99.9	99.9
1861-1870	98	99.6	99.5	99	100.2	99.9	100.2	99.8	101.2	100.8	99.5	102.2

C　江戸

期間	1月	2月	3月	4月	5月	6月	7月	8月	9月	10月	11月	12月
1852-1860(9)	99.3	99.6	100	99.9	100.2	100.3	100	100.2	100	100	100.4	100.3

注)「期間」カッコ内は利用可能な年数。

タとの平均値をとり，12 か月年としてあつかう。また季節変動の趨勢をみるため，おおむね 10 年ごとにくくって月別変動をまとめ示したのが表 3-3 である。これによりつぎの二つの観察事実が得られる。

　第 1 は，銭相場の年間変動幅がきわめて小さなものであったことである。くくられた期間によっても異なり，数年間の幅で見ると年間平均値の上下 3 ％前後まで変動することもあるが，10 年区分では幕末の激動期を除くと上下 1

82 第 I 部 貨幣流通から見る近世日本経済

％前後にとどまっている。刈谷については同時期の物価データと対比可能であり，米価の年間変動幅は上下にそれぞれ 5 ないし 10 ％前後，比較的安定していた灯油・ごま油類でも 3 ないし 5 ％前後変動していた[19]。銭相場も激動期には年間変動が大きくなったようで，長期趨勢が上昇局面からはげしく低落局面に転じた 1760 年代の酒田では，上下 3 ％前後の変動幅が確認できる。しかし刈谷では上下 1 ％にも満たぬ程度であり，地域差は大きい。銭相場が安定化した 19 世紀になると，上下 1 ％を超える時期はほとんどなくなってしまっている。

　第 2 は，にもかかわらず，あきらかに季節変動が確認できることである。刈谷の場合，銭相場が最も高くなるのは 1 月が多く，ついで 2 月ないし 12 月が多くなっている。各年値でみると，年間変動の判明する全 95 年のうち 50 年もが，1 月が最高値（他の月と同相場の場合も含む）であった。一方，最安値は若干散らばっているが，表 3-3 のかぎり 8 月が最も多い。5 月から 10 月にいたる，夏場から秋にかけての季節に銭貨が安くなったようである。酒田の場合も銭相場の高値は 1 月ないし 12 月にほとんど集中している。最安値の季節は刈谷の場合以上に散らばりが目立つが，夏場に多かったことは読みとれよう。江戸の場合は，期間が 19 世紀半ばに限定されるが，ほぼ同様に 1 月が最高値，夏場から秋の季節が相対的に安くなっている。もとより，銭相場が急激に上昇したり，下落したりする時期には，年頭から年末にかけて直線的な相場変動を示すので季節変動は見出しがたいが，平年時に季節変動が生じていたことは，以上の観察から誤りないであろう。

　この銭相場の季節変動が，銭貨の需給関係の反映によるものか，金貨のそれによるものかはにわかに断定しがたい。ただ，少なくとも，年末・年初に比較的集中して銭相場が高くなっていることから，銭貨による支払い・決済がこの時期に多かったことは類推できるであろう。

　なお，3 都市の月別銭相場が対比できる 1852-60 年について見ると，原データの性格によるものであろうが，江戸が最も月ごとの変動がはげしく，刈谷は

---

19) 前掲岩橋勝「広域濃尾地方圏の物価変動，1756-1867」350 頁。

とくに 19 世紀に入ってからの年内変動が鈍くなっている。この期の長期趨勢は，図 3-1 のように銭高局面から銭安局面に転じ，1860 年に近づくにつれふたたび銭高化するというものであった。銭安がとくに進んだ年月を見ると，江戸は 1854 年 8 月ころ，酒田は同年 5 月，刈谷は同年 3 月となっていて，地方のほうがさきに変化が始まっている。銭安のピークは，酒田が 1855 年 2 月，江戸が 58 年 12 月，刈谷が 59 年 9 月と，それぞれタイムラグが生じている。ただし，3 都市での銭安ピーク時の他の 2 都市との相場格差はいずれも上下 4 ％以下であった。この期データの史料上の問題はほとんどないので，平常年においては江戸—酒田—刈谷相互の間で 4 ％以内の格差ならば，それぞれの銭相場に影響を与えるものではなかったことがわかる。ただし，幕末維新期には刈谷で銭貨の急低落がはじまり，ついで江戸が続き，酒田では 1 年ないし 1 年半ほどのおくれが生じた。地方都市では社会動乱期におおきな差異が生じたことがわかる。

2　西日本の銭相場

1)　史料とその時系列化

　東日本のいわゆる金遣い地域では，比較的長期のまとまった商業ないし年貢関係史料が得られれば，それらに金銭相場が付記されている場合が多く，結果として銭相場の時系列を作成することが可能である。これは金遣いということ自体が，高額面の鋳貨である金貨のみで成り立たず，端数処理用の銭貨使用を不可避としていたためである。これに対して西日本では，主たる基準通貨であった銀貨が十進法であり，比較的小額でも授受可能であった[20] ことから，

---

20)　銀貨は一般に丁銀（約 43 匁）として鋳造されたが，そのほかに小額取引ないし端数処理用の，重量不定な豆板銀もあった。大きめな豆板銀は 20〜10 匁ほどのものもあったが，きわめて微小なものも用いられていたことが日本銀行貨幣博物館収蔵品，約 1,000 点余の分析からあきらかである（西川祐一「江戸期秤量銀貨の使用状況」日本銀行金融研究所ディスカッション・ペーパー・シリーズ，No. 2000-J-24，2000 年）。すなわち，

84　第 I 部　貨幣流通から見る近世日本経済

銀銭両替の機会がはるかに少なく，そのため，はげしく相場変動した元禄─元文改鋳期のおよそ 40 年ほどの期間を除くと銀銭相場の記録はおどろくほど得難い。西日本におけるそのような状況は，銭相場変動の含意が東日本の場合とは少なからず異なっていることを意味しよう。

　さらに，西日本の銭相場が得られたとしても，留意すべき点が若干ある。一つは，近世後期に西日本の多くで藩札の発行があり，公式にはおおむね銀札であったので，銭相場は正銀に対するものではなく，札 1 匁に対する相場，つまり札価として記録されることが少なくなかったことである。もう一つは，商家帳簿記録の銭相場を利用する際，市場相場そのものではない場合もあるということである。とくに取引がかならずしも頻繁ではない地方商人では，市場相場の変動にかかわらず，商人独自の定額相場を設定して取引し，決済の際に市場相場と乖離していたら「間銀（銭）」ないし「増歩」をもって最終的に損益を計算する慣行が少なくなかった。そこにタイムラグが生じ，取引時の銭相場を復元する作業を複雑にするので，一般にはその設定相場をそのまま銭相場として利用しがちであるため，おおよその水準はつかめても，東日本のように日々の変動状況は把握できず，おだやかな推移とならざるをえない。以上のような問題をふまえつつ，判明するかぎりの銭相場データを整備して，以下において若干の分析を加えてみよう。

　はじめに，西日本経済の中核地である大坂銭相場の時系列を整備しよう。大坂銭相場については，すでに新保博が整備した 1733-1867 年の時系列がある[21]が，中央市場である大坂であるにもかかわらず，これまで意外に長期連続したデータの判明する銭相場史料が得られておらず，新保は，1786 年以前は『大阪市史』第一（1913 年）に収載された銭相場，1787 年以降は三井家編『大阪金銀米銭幷為替日々相場表』（1919 年，以下「日々相場表」と略称）を主に

　　収蔵品のうち，0.5 匁（銭貨で約 40 文前後）以下のものが 3 分の 1 もあり，0.1 匁以下の砂粒のような微小銀貨が約 100 個もあった。ただし，それらが日常的に使用されていたかどうかはあきらかでなく，「五百匁包」や「銀 3 枚包」というような一定量の銀貨を和紙で包封する包銀の微調整の際に用いられる場合のほうが多かったと思われる。

21）前掲新保博書，171-173 頁。

利用している。

　ほかに，江戸，京都とともに大坂銭相場の推移を示したものとして中井信彦編「金銀銭相場表」（『読史総覧』人物往来社，1966年）がある。この相場表では『大阪市史』のデータは利用されておらず，そのため1785年以前の大坂銭相場は空白が多い。なぜだろうか。

　『大阪市史』のデータは，典拠は示されていないが，新保の利用した1733年以前も不明年はあるものの1616（元和2）年以降の推移が示されていて[22]，近世前期の銭相場動向をおおまかにつかむことができる。しかし，げんみつにデータの出所を検討すると，大坂銭相場をしめすものが意外に少ないことがわかる。すなわち，基本的に草間直方『三貨図彙』収載の「銭相場」が主に利用されており，1681年までは京都大徳寺塔頭の真珠庵や大光院における留帳，米銀納下帳等の記録による京都銭相場であった。1684年以降は大坂銭相場にはなるが，「旧家」記録で判明するかぎりのデータとの注釈があり，利用可能な年は18世紀後期までの1世紀間，半分以下にとどまっている[23]。このように『大阪市史』データの利用には相応の留意が必要となるのである。

　大坂銭相場は1787年以降，三井家「日々相場表」が利用でき，同一経営体での年内変動も判明する良質なデータとなる。一方，三井高維編『新稿両替年代記関鍵』巻二考証篇（1933年）は，三井呉服店（本店）「相場帳」から1753（宝暦3）年以降，幕末までの欠年のない京都銭相場を収載している。「日々相場表」には若干の欠年があるが，両地の1787-1867年の年間代表値[24]を対比すると，銀1匁に対して大半が3文以内の開きにとどまっており，5文以上の開きができたのはわずか5ヵ年であった。しかも，そのうち3年は銀相場が急落した幕末の1865年以後であったので，大坂―京都間はほとんど同一水準で推移していたことがわかる。よって，大坂相場が判明しない年については，京都相場をあえて「大坂銭相場」として代用する[25]。18世紀中期以前は両地相

---

22)『大阪市史』第一，344-345，542-543，718-719，982-985頁。
23)『三貨図彙』（白東社，1932年）759，794頁。
24) 西日本銭相場の年間代表値は，判明するかぎりの最高，最低の中位値である。したがって，データ判明度合いにより年間2〜3％ほどの偏りは避けられない。

86　第Ⅰ部　貨幣流通から見る近世日本経済

場を対比できる年がまったく得られないため，近世前期も両地の水準が同じで
あったとは確言できないが，少なくとも「上方銭相場」として利用は可能であ
ろう。

　さらに大津銭相場は，近江湖東農村商人玉尾家「万相場日記」[26]に記録され
たもので，1755-1827 年と 1840-59 年（1852-53 年は欠落）についておおむね月
別データが利用可能である。利用可能期間が大坂・京都よりかぎられるが，大
津の相場報知状にもとづく数値であるため，三井家「日々相場帳」とともにき
わめて良質なデータである。年間の月別変動を平均することもできるが，年代
表値としては年末相場を用いる。のちに確認するように，大津銭相場も大坂，
京都とおどろくほど同じ水準で推移していることがわかる。

　西日本の地方銭相場については，多少とも時系列的に利用可能なデータを得
ることは，現状のかぎり困難である。ただし，断片的ながら大坂相場と比較で
きる程度のデータを，表 3-4 に 3 か所示そう。

　まず萩相場は，萩藩が領内での標準銭相場を郡奉行より触れさせた記録であ
る「銭和市改帳」[27]から採取したものである。同改帳冒頭には「銭遣改被仰付
候ひかへ」とあり，藩当局が広域の領内へ一律に基準相場を触れており，変更
の時期は藩領内外での推移をふまえて，不定期であった。銀貨改鋳期以外の変
動幅はおおむね銀 1 匁につき 2 文であるが，4 文ないし 6 文も一挙に変更され
るときもあった。また，1806（文化 3）年 9 月から 1813 年 8 月まで 105 文のま
まで，まったく不変の時期もある一方，1738（元文 3）年 2 月から同年 10 月の
わずか 9 か月の間に 6 回も変更の触れが出されたように，市場の動向に応じて
いたと判断される。年代表値としては大津同様，年末期相場を表 3-4 に示した。
利用可能期間は 1717（享保 2）年から 1827（文政 10）年と比較的長きにわたる

25）にもかかわらず，1799 年のみ，大坂相場の年間変動が不明なままであり，かつ前後年
　　に比べてやや異常に銭安となっているので，（新保書はそのまま利用しているが，ここ
　　では）京都相場で代用した。

26）鶴岡実枝子「近世米穀取引市場としての大津」（『史料館研究紀要』5，1972 年）
　　114-207 頁。1848-49 年は原本欠帳であるが，大坂・京都同様に公定相場期間とみなし
　　た。

27）『山口県史』史料編近世 4，2008 年，949-953 頁。

第 3 章　近世銭相場の変動と地域比較　**87**

表 3-4-1　西日本銭相場

年	京都	年	京都	年	京都	年	京都	年	京都	年	京都
1616	60	1631	54	1641	83	1651	63	1661	61	1673	74
1617	60	1632	55	1642	83	1652	63	1662	63	1674	83
		1633	50	1643	71	1653	63			1675	80
1624	57	1634	48	1644	83	1654	63			1676	80
1625	57	1635	40	1645	83	1655	59	1667	67	1677	80
1626	57	1636	40	1646	83	1656	56	1668	71	1678	80
1627	63	1637	42	1647	80	1657	56	1669	71	1679	79
1628	58	1638	51	1648	73	1658	50	1670	71	1680	83
1629	59	1639	63	1649	67	1659	56	1671	74	1681	83
1630	57	1640	62	1650	63	1660	60	1672	74		

表 3-4-2　西日本銭相場

年	大坂	萩	高知	熊本	年	大坂	萩	高知	熊本	年	大坂	萩	高知	熊本
1684	71				1705	83			80	1719	105	24		
					1706	80				1720	100	22	20	22
1693	80				1707	44		70	80	1721	89	20	20	20
1694	74				1708	53		40	67	1722		80	80	
1695	63		70	70	1709	63		70	74	1723		74	76	
1696	65			65	1710	66		40	67	1724		74		
1697				63	1711				57	1725		74		
1698			60		1712	50		40	50	1726		74		
1699					1713	43		45	42	1727		76		
1700			80	75	1714	42		40	39	1728		78	77	
1701					1715					1729	83	78	80	
1702	63			70	1716				48	1730		80	85	
1703			80	77	1717	42	38		40	1731		80	80	84
1704	83			75	1718	117	30	30	36	1732		80		83

が, 18 世紀後半に欠年が多い。

　つぎに高知銭相場は,「土佐史料」巻 53 に収録された「米穀相場附銭相場」をもとに, 武市佐市郎が地域内資料で補遺編集したものである[28]。記録の表現から判断して, 藩当局からの触れを, 判明するかぎり断片的にとどめたものであろう。1695 (元禄 8) 年から 18 世紀半ばまでの動向を知ることができるが,

28) 武市佐市郎「銭相場と米穀相場」(『土佐史談』45, 1933 年)。

88　第Ⅰ部　貨幣流通から見る近世日本経済

表 3-4-3　西日本銭相場

年	大坂	京都	大津	萩	高知	熊本	年	大坂	京都	大津	萩	高知	熊本
1733	83			80	80	80	1773		80	84	74		77
1734				80			1774		83	80	72	80	84
1735				80			1775		84	86	78		79
1736	56			53	54	53	1776		88	88	80		82
1737	56			54	54	53	1777		93	94		90	90
1738				40	42	47	1778		96	96		90	95
1739				42	42	47	1779		100	102			100
1740				44	48	47	1780		101	103		96	98
1741				54	55	54	1781	103	104	106			100
1742	63			60	55	60	1782	105	105	103			111
1743				60	63		1783		102	103			105
1744				64	65		1784		103	102			104
1745	74			64	68		1785		103	104			102
1746				68	69		1786	111	110	102			112
1747				68	73		1787	112	104	100		90	106
1748	73			68	70		1788		102	102			102
1749					69		1789	104	102	103			102
1750	74				70		1790	105	103	103			102
1751					70		1791	104	102	102			105
1752					72		1792	105	104	103			97
1753	76	76			73	77	1793	105	104	104			101
1754		72			68		1794	103	104	104			99
1755	69	70	70			66	1795	104	103	103			100
1756		70	69		70		1796	105	103	103			102
1757		71	71				1797	106	105	104			104
1758		71	72			68	1798	106	106	103			104
1759		69	67		64	73	1799	111	104	105			105
1760		65	64	62		69	1800	106	105	105			106
1761		65	65				1801	106	108	106			109
1762	64	65	64			67	1802	107	106	106	103		106
1763	65	65	63			63	1803	107	106	106	103		107
1764		65	64			64	1804	109	108	106	106		109
1765		66	66			64	1805	113	110	112	106		105
1766	64	65	65			65	1806	111	109	109	105		109
1767		66	65			66	1807	110	109	109	105		107
1768		66	65			65	1808	107	108	108	105		109
1769		68	68	64			1809	108	108	108	105		109
1770	74	74	72	68	74	72	1810	107	106	107	105		108
1771	77	76	74	68		73	1811	108	106	106	105		109
1772	77	76	75	70		76	1812	108	108	107	105		109

年	大坂	京都	大津	萩	高知	熊本	年	大坂	京都	大津	萩	高知	熊本
1813	108	108	107	103		113	1841	110	110	110			127
1814	110	108	108	106		113	1842	107	106	103			122
1815	110	110	109	105		113	1843	100	102	100			126
1816	111	110	110	105		113	1844	100	100	100			125
1817	112	111	111	106		111	1845	100	100	100			124
1818	112	111	112	107		113	1846	100	100	100			125
1819	113	111	112	106		118	1847	100	100	100			123
1820	112	112	111	106		121	1848	100	100	100			124
1821	112	111	111	107		118	1849	100	100	100			127
1822	112	111	112	107		113	1850	109	104	111			128
1823	111	112	111	106		113	1851	105	108	109			128
1824	109	109	108	104		113	1852	103	104				127
1825	99	102	102	100		114	1853	102	102				126
1826	105	105	107	97		116	1854	100	101	99			125
1827	105	105	104	95		117	1855	97	96	98		96	120
1828	106	105				123	1856	96	96	95			116
1829	109	109				123	1857	94	94	94			114
1830	106	105				132	1858	93	94	95			114
1831	106	106				137	1859	94	93	91			114
1832	108	106				134	1860	89	92				109
1833	108	109				128	1861	87	86				100
1834	110	110				130	1862	83	83			90	94
1835	109	109				129	1863	78	79			85	93
1836	112	111				126	1864	72	71			80	92
1837	111	111				125	1865	66	73			70	92
1838	113	111				122	1866	70	88			80	92
1839	113	112				122	1867	71	90				101
1840	110	111	110			122							

それ以降はきわめて空白の多い相場表である。時系列的にはほとんど利用でき
ないが，元禄改鋳期より元文改鋳を経て，銭価が構造的に低落した18世紀70
年代の動向を若干でもうかがえるデータとして価値はある。新旧銀貨切り替え
の際には，数回におよぶ銭遣いにかんする藩令が出た年もあったようだが，表
3-4では年末に近いデータを載せた。

　なお，武市がまとめたデータ以外に，本書第12章で表示する高知城下商人，
才谷屋帳簿から1743-54年の銭相場が得られる。毎年正月決算の際に使用した
相場であるので，いずれも前年末銭相場として表3-4の空白部に補遺した。武
市のデータと重なる1743-48年，1753-54年で照合すると同一相場が3年ある

90　第 I 部　貨幣流通から見る近世日本経済

ほか，その他の年も 3 文以内の開きにとどまっている。これは想定される年内変動幅の範囲内にあるので，武市データが領内相場をたしかに反映していることを証明している。

　最後に熊本銭相場は，熊本藩細川氏入国以降の藩政諸事を記録した「度支年譜」[29] から推計できるものである。同「年譜」には，1688（元禄元）年以降に銀 100 目あたり米量で示された「御双場」が記録され，1776（安永 5）年からは「銭 100 目」あたり米量も併記されている。この「御双場」は領内農村へも布達されているので，年貢米貨幣納の際のいわゆる石代値段として用いられたことがわかる。さらに，幕府御家人への換算価格給米として利用された御張紙値段のように，「御双場」は家中渡米の換算価格や町相場を統制する基準ともなった。「御双場」からは直接，銭相場は判明しないが，同一年に併記された銀，銭両建「御双場」の米量を媒介項にして各年銀銭比率を算出できる。表3-4 の 1776 年以降がそれである。

　一方，「御双場」からは判明しない 1775 年以前については，不連続ではあるが 1695（元禄 8）年以降の領内銭相場が利用できる[30]。このデータは，おもに隈府町（現菊池市）商家・嶋屋に残る日記[31] や藩府から領内に出された触状から採取されたもので，取引にあたり実際に用いられたり基準となった銭相場である。「御双場」と判明年が重なる 1783（天明 3）年〜1845（弘化 2）年の間の28ヵ年を対比すると，銀 1 匁につき 5 文以上の開きがあった年は 19 世紀初めの 20 年間でわずか 4ヵ年のみであり，その差は 6〜10 文前後であった。そこで表 3-4 の 1775 年以前にこの領内銭相場を連結した。

　以上 6 系列の銭相場を地域比較する際には，貨幣改鋳時の新旧貨幣切り替え

---

29) 熊本大学附属図書館蔵，永青文庫細川家文書。ここで利用する「御双場」は原史料には1838（天保 9）年までしか記録されていないが，その後も領内庄屋層でも記録され，細川藩政史研究会編『熊本藩年表稿』（熊本大学附属図書館，1974 年）はすべてを収録した。ただし，同『年表稿』の利用にあたっては，たとえば天明 2 年および同 4 年の銭建て相場に誤植が見出されるように，可能なかぎり原史料との照合がもとめられる。

30) 『新熊本市史』通史編 3，近世 I，2001 年，764 頁。ただし，寛保元年のみ『熊本藩町政史料』1，1985 年，64 頁。

31) 花岡興輝編『嶋屋日記』菊池市史編纂委員会，1987 年。

に留意する必要がある。新旧銀貨がドラスティックに切り替えられたのは元禄〜正徳期と元文改鋳時であった。前者では丁銀の純分率がわずか20年内に80％から64％，50％，40％，32％，20％へと低落し，また80％にもどるという状況の中，地域により銭相場の基準銀貨はかならずしもおなじではなかった。ただし，小刻みに貶質率の異なる銀貨が出まわり，切り替え時期を判定するのはきわめて難しいので，表3-4では修正を加えていない。後者の時期には80％の純分率から46％へと貶質されたので，新旧銀貨の切り替えは明確に確認できる。この元文改鋳時の新旧銀貨引き替えの際，幕府はすみやかな引き替えを意図して割合遣い令を出しているので，その際の5割増し遣いを元文元年から用い，切り替え年を合わせた。

2) 銭相場変動の長期動向

　西日本の銭相場は東日本のように特定地域で長期連続するデータが得られないので，判明するかぎりの西日本各地データから，はじめにおおよその長期的動向をみておこう。まず元禄の金銀改鋳期までについてみると，京都では17世紀前半，寛永通宝の鋳造にいたる時期は銀1匁につき銭60文前後で推移した。しかし，寛永通宝鋳造開始（1636年）期前夜数年には50文台前半から40文にまで騰貴し，いかに銭貨不足が高じていたかがわかる。鋳銭規模は全国14ヵ所におよび4ヵ年継続した[32]。そして，銭貨公鋳とともに銭相場はただちに下落をはじめ，1640年代には幕府の銀銭公定相場である80文（銀50匁＝銭4貫文）を回復している。幕府は銭貨供給の効果をみて各地銭座とも4か年ほどで鋳銭停止としたが，1640年代末よりふたたび銭高に向かい，50年代には寛永通宝鋳銭前と変わらないような水準にもどった。1656年，江戸と駿河の2銭座で鋳銭を再開し，4年継続したが，鋳銭量が寛永期の275万貫文に比してわずか50万貫文であったためか，相場水準を60文台にもどしたのみで，さほどの成果を得ていない。公定相場の80文水準にもどしたのは，1661年から江

32）以下，とくに注記のない鋳銭情報は，日本銀行調査局『図録　日本の貨幣』2〜4（東洋経済新報社，1973-74年）による。

92　第 I 部　貨幣流通から見る近世日本経済

戸亀戸銭座で大規模に鋳銭されたいわゆる文銭である。16 年間に 197 万貫文があらたに供給され，京都では鋳銭停止後も 80 文水準で推移している。

　元禄改鋳期から元文改鋳期にいたる約 40 年間は，各地の銭相場データがきわめて断片的にしか得られず，動向がつかみがたい（表 3-4-2）。それでも，第 4 章で掲げる銀銭流通高推計（第 4 章，表 4-11 および表 4-12 参照）と照らし合わせることで，銀貨改鋳のたび重なったこの期の相場動向の特徴は確認できる。まず，元禄改鋳は銭貨も増鋳されたが，元禄より正徳初年にいたる流通在高は銀貨が 3 倍以上も増えたのに対して，銭貨は 5 割増程度にとどまった。当然，相対的に銭貨不足が生じ，元禄改鋳の開始とともに銭相場は上昇をはじめた。ただし，文銭に比べて質が低いために悪名高い荻原銭が，江戸では 1697 年，京都では 1700 年から鋳造開始となると，銭相場は一時的に下落に転じている。それもつかの間，銀貨純分率が 50％の宝永銀が出まわるとふたたび上昇をはじめ，20％の四ッ宝銀が基準銀貨となる 1710 年代後半（正徳―享保初年）には 20 文という近世最高の銭相場を記録した。地域により新旧いずれの銀貨が基準になっているか判然としないままの銀銭相場記録が多いので，隔地間比較はしがたいが，以上のように，この期の相場は基本的に銀貨の貶質度合いと供給量の双方が変動要因であったことがわかる。荻原重秀主導の貨幣政策に代わって，新井白石・徳川吉宗による良貨主義が定着した 1720 年代に入ると，幕府公定相場の基準に回復した。

　1736（元文元）年以降約 80 年間にわたって改鋳のなかった元文金銀の時代の銭相場は，基本的に銭貨の動向で相場が変動したと言える。元禄改鋳期と同様，銀貨増鋳により銭相場は一時的に 80 文から 40 文台にまで上昇したが，追随して銭貨の増鋳もはじまり，しだいに相場は 60 文台で安定的に推移するようになった。銀貨増鋳に対応して，この時期の幕府の銭貨増鋳姿勢は強力なもので，全国に広く鋳銭希望者を募り，8 年間にわたって 21 座もあらたに開設されたことが判明している。これにより，従前の銭貨在高を 8 割近く増加させる 745 万貫文が増鋳された。短期間の増鋳が可能だったのは，これまでの銅貨に加えてあらたに鉄銭鋳造を開始したためであった。

　1770 年代に入ると，銭相場はあらたな局面に入った。元文期の銭貨増鋳に

第 3 章　近世銭相場の変動と地域比較　93

より 70 文前後までいったん相場は下落したが，その後増鋳が止むとじりじり
上昇に転じ，60 年代にかけて 60 文台が通常の相場として定着しかかっていた。
ところが，1760 年代後半からはじまる下落局面は 70 年代に入っても止まず，
70 年代にはどの地も 70 文水準をわずか数年で通過し，80 文水準もおなじス
ピードで下落を持続，70 年代末には 100 文のカベを突破するにいたったので
ある。この後，19 世紀半ばの黒船来航まで，この 100 文水準が定常になって
しまう。この 1770 年代の銭相場における構造変動はどのような要因によるも
のだったのであろうか。

　1760 年代末の銭高から銭安への転換が，本書第 4 章表 4-11 に示すように，
1765（明和 2）年および 1768 年にはじまる鉄銭と新種の四文銭の大量鋳造によ
るものであることは容易に理解できる。ところが，これらの増鋳は寛政改革の
主導者松平定信が登場する天明末年には停止されており，それまでの増鋳量は
元文期よりも若干少ない 700 万貫文にとどまっているので，この期の銭安化を
この増鋳量だけでは説明できない。銭貨の増鋳効果をより高めたのは，1772
（安永元）年にはじまる小額の計数銀貨の発行であった。そのメカニズムはす
でに前節で東日本の銭相場動向について説明したように，南鐐二朱銀が高額銭
貨の代用となり，銭貨増鋳と同じ効果を発揮したのである。

　19 世紀に入ると，銭貨は 100-110 文の低水準で推移したが，このような銭
貨供給過剰ともいえる状況が維持できた要因として，計数銀貨にくわえてもう
一つ，天保通宝（百文銭）の発行がある。これは幕末期に向け，銭貨在高合計
の 3 分の 2 を占めるほどの位置となり，その増鋳ぶりがうかがわれる。にもか
かわらず，ペリーが来訪した 1853 年以降，どの地も銭貨は上昇に向かい，と
りわけ大坂の動きが目立つようになる。この期には銀貨はすでに実体を失って
おり，銀銭相場そのもののありようが問われる状況となっているが，銀建て経
済は 1868 年まで存続しており，「銀目廃止」への道は開国とともにはじまって
いたと言える。

　なお，表 3-4 において，熊本の銭相場のみ 1820 年代よりやや銭安の動きが
常態化している。前項で記したように，この期は現銭と正銀との交換率ではな
く，領内でひろく利用されるようになった銭預り（札）建て相場となっている

94 第1部 貨幣流通から見る近世日本経済

表 3-5 西日本銭相場の期間別水準値
(銀 1 匁ニ文)

期間	大坂	京都	大津	萩	高知	熊本
1736-42				50	50	50
1743-48				65	67	
1755-60		69	69			
1761-68		65	65	65		65
1769-76		80	80	73		78
1777-88		102	101			102
1789-1801	105	104	104			103
1802-09	109	108	108	105		108
1810-18	110	109	109	105		111
1819-27	109	109	109	103		116
1828-39	109	109				123
1840-51	103	103	104			125
1853-59	97	97	96			118
1862-66	74	79			81	93

疑念が濃い。

3) 銭相場の地域比較

　西日本の銭相場が隔地間で連動していたか，あるいは水準差があったかどうかなどを検討するには，ある程度まとまって連続するデータを必要とする。長期趨勢が時期によって大きく変化したように，一定時期の隔地間比較の結果を近世全期に当てはめるのは困難だからである。しかし，東日本のように連続したデータを得ることはかなり困難である。そこで，断片的ながら，今日判明するかぎりで推定できる状況を以下にまとめておこう。

　はじめに，隔地間の水準差を6地点について確認しよう（表3-5）。明言できることは，ここでデータの得られた大坂，京都，大津の上方3地についてはほとんど開きはないということである。この3地が比較できるようになる1755年以降の69ヵ年について見ると，銀1匁につき3文以上の開きが生じた年は11ヵ年で，そのうち5文以上はわずか3ヵ年にとどまっている。銭相場は，後述のように，貨幣改鋳期以外でも，天明期のように凶作による米価高騰の際には，その影響を受けて年内に10文以上も変動する場合があるので，3ヵ年で確認できるこのような開きは年間代表値の取り方（あるいは残存状況）により十分ありえたと思われる。

　上方以外の萩，高知，熊本では，対比できる連続したデータが少ないので，よりおおまかな動向しか知りえない。それでも，表3-4に示したような個別年で対比できるデータを見るかぎり，上方に対してつぎのような特徴を見出すことができる。まず，金銀改鋳による影響のあらわれていない1736～1810年代の期間について見ると，熊本で若干の時期に例外はあるが，西日本の上方より

遠隔の地域では銀1匁につき銭3文以上高い時期が多く，数文以上の開きが生じていた年も少なくなかったことが確認できる。この点は，かつて「銭遣い」地域では，より一般的な銀遣い地域である畿内ないしその周辺地域よりも銭貨需要が高まるため，銭高になる，という仮説を提示した[33]が，ある程度その証明となる観察事実であろう。

それにしても，萩，高知の動向はともかく，熊本はすでに18世紀半ばに若干年で上方より銭安の時期があり，1810年代以降は明確に銭安傾向が増幅していることが観察できる。この動向は幕末期まで持続し，開国期以降は他地域と同様に銭高に向かうが，それでも水準比較ではつねに銭安であった。さきにふれたように，熊本の銭相場データが正銭建てではなく「銭預り札」建てであったために札価下落が生じたのか，あるいは西日本でより遠隔の熊本ゆえに独自の相場が立っていたのかがあらためて問われる。

この問題を検討するため，上方との相場変動の相関性を見てみよう。表3-6はデータのまとまり状況に応じて6期に時期区分し，上方と西日本3地の相関係数を比較したものである。データ不揃いのため，元文改鋳期以前があきらかでないが，元文期以降の係数は1820年代まで0.5以上の相関を示しており，とりわけ1780年代以前はいずれも0.9であって，上方内の3地点とほとんど変わらなかった。データが判明するかぎりの期間で検定した萩，高知も0.5以上あり，すでに西日本全体で銭相場が一定の開きを維持しつつ連動性をもっていたことがあきらかである。ところが，熊本相場のみ，相関性の低落度を増した1830年代にはマイナス0.6前後の相関係数を示しており，同期以降に熊本以外の地点との相場の開きを拡大していった水準差の動向とおなじであった。開国〜幕末期にはふたたび0.8台の相関度にもどっており，高知も高い係数を示している。このことは1820年代から30年代にかけて熊本銭相場のみ銭札建

---

33) 岩橋勝「徳川後期の『銭遣い』について」（『三田学会雑誌』73-3，1980年）87頁。この論点について，新保博は隔地間で5％以上の開差が生じる年は江戸—大坂間で観察期間の30％以上も確認できることをもって，まだ一般的結論をみちびきうる段階にはない，とした（新保博「江戸後期の貨幣と物価に関する断章」『三田学会雑誌』73-3，1980年，124頁）。

96　第 I 部　貨幣流通から見る近世日本経済

表 3-6　西日本銭相場の隔地間相関係数

A　1747-1768

	萩	高知	熊本
大坂	0.959	0.97	0.994
萩		0.97	0.967
高知			0.952

B　1764-1788

	京都	大津	萩	高知	熊本
大坂	0.99	0.97	0.5	0.5	0.983
京都		0.989	0.95	0.934	0.989
大津			0.98	0.983	0.966
萩				—	0.687
高知					0.864

C　1789-1827

	京都	大津	萩	熊本
大坂	0.88	0.9	0.744	0.49
京都		0.95	0.733	0.66
大津			0.691	0.64
萩				-0.2

D　1828-1839

	京都	熊本
大坂	0.939	-0.61
京都		-0.58

E　1840-1859

	京都	大津	熊本
大坂	0.954	0.95	0.697
京都		0.93	0.708
大津			0.741

F　1855-1867

	京都	大津	高知	熊本
大坂	0.777	0.643	0.95	0.895
京都		0.831	0.743	0.862
大津			—	0.81
高知				0.829

て表示に代わったため正銭建ての他地点相場との連動性を失った，しかし 40
年代以降は銭札相場が相応に安定したため，連動性を回復したものと推察でき
よう。つまり，1830-40 年代の熊本銭相場は独自の変動ではなかったと思われ
る。

4）季節変動

　一定期間連続する西日本の月別銭相場は大津でしか得られていない。しかし，
大坂，京都と水準差もほとんどなく，連動性も確認できているので，西日本の
中核となる上方の動向ととらえることはできよう。そこで，東日本の場合（表
3-3）と同様に，おおよそ 10 年ごとに区分した期間ごとに月平均相場を求め，
全平均を 100 とした月別指数を算定してみよう。異なっているのは，東日本が
金 1 両あたり銭相場であるのに対して，大津は銭 1 貫文あたり銀匁で相場が示
されるので，指数が低いほど銭相場も低く，高いほど銭相場も高いことを示す。

第3章 近世銭相場の変動と地域比較 97

表3-7 大津銭相場の季節変動
（期間内平均値を 100 とした各月の銭 1 貫文に対する銀匁指数）

期　間	1月	2月	3月	4月	5月	6月	7月	8月	9月	10月	11月	12月
1756–1760	99.8	99.7	99.9	99.2	101.9	100.1	99.7	99.3	100.5	100.1	100.5	101.1
1761–1770	101	100.7	100.6	99.4	99.4	99.7	100.1	99.3	99	99.2	99.6	101
1771–1780	101.5	101.2	100.1	99.9	99.9	99.6	99.4	99	100.1	99.9	100.2	99.2
1781–1790	101	100	100.3	99.8	99.6	100	100.2	99.3	99.3	99.6	99.8	102
1791–1800	99.3	100	100.1	100.2	100.5	100.2	100.5	100.4	100	99.4	99.4	100.2
1801–1810	99.7	99.8	99.9	100.1	100.2	100.2	100.9	100	100	99.7	99.6	99.9
1811–1820	100	100.1	99.8	100.1	100.2	100.2	100.3	99.9	99.8	100.2	100.2	100.3
1821–1827	99.4	98.4	99.4	99.5	100	101.1	101.2	100.3	100.4	100.1	100.1	100.1
1840–1843	98.2	98.3	98.8	98.7	99.9	99.9	100.8	101	101.3	101.1	101	101.1
1854–1859	99.2	98.9	99.1	98.2	99.7	99.1	100	99.5	101.4	101.5	102.1	101.3

典拠）鶴岡実枝子「近世米穀取引市場としての大津」『史料館研究紀要』5, 1972 年。
　注）「期間」のうち, 1854-59 年は 56, 57 年が欠年。

表 3-7 が取りまとめた結果である。

一見して，季節変動が顕著であったとは言えないことがわかる。平均的な年内変動幅は 1820 年代までのかぎり 3％以下に収まっており，とくに 1790 年代から 1810 年代の間は 1％前後の変動にとどまっている。そこで，東日本の場合も，同じ期間では刈谷，酒田とも変動幅は 3％以下にとどまっていて，この時期，全国的に銭相場が安定していたことが判明する。1780 年代以前は，大津の場合，年内変動幅が若干大きかったが，この時期は銭相場が構造的に低落しており，そうした変動期には季節変動も上下の揺れが大きくなったものと思われる。

東日本の場合，12〜2 月の間に銭相場が若干高くなり，5〜9 月の夏場に銭安傾向が見られたが，大津の場合，そのような傾向は明確には確認できない。どちらかといえば，大津は 5〜7 月に銭高となり，1〜4 月に銭安となる傾向も見られるが，8, 9 月も銭安であり，また変動幅もきわめて小さいので，大津の場合は明確な季節変動は確認できない，といった方が正確であろう。このことはつねに銭両替が欠かせない東日本と，取引時の端数処理に使用する程度であった銀遣いの大津との差異によるものであろう。

1840 年代と 50 年代では，それぞれ 4ヵ年ずつしかデータが得られないが，

98　第 I 部　貨幣流通から見る近世日本経済

両期間とも年間の前半期にやや銭安，後半期に若干銭高に向かっている。この時期は銭相場公定期をはさんでその水準自体が少しずつ上昇（逆言すれば，銀相場が低落）しつつあり，そのようなゆるやかな動向が年内変動でも長期にわたり持続していたためと考えられる。ただし，東日本では 1840 年代から幕末開国期にいたる間，従前と同じように 1 月前後に銭高，夏場に銭安という傾向は変わっていないので，大津における幕末期に向けてのこのような季節変動は，西日本における銀貨低落の影響のあらわれであって，銭貨側による要因ではなかったことが判明する。

む　す　び

　本章であきらかとなった主な観察事実はつぎのとおりである。

　1）はじめに，利用できるかぎりのデータから長期趨勢を見ると，近世全体として 3 つの時期区分ができた。第 1 期は 17 世紀半ばより 18 世紀 60 年代までの長期であって，この期間は貨幣改鋳などの影響を受けて銭相場がおおきく変動することがあっても，幕府公定の基準相場を基軸としていた。東日本では金 1 両＝銭 4 貫文であり，西日本では銭 4 貫文につき銀 50 匁ないし 60 匁を軸に，一時的に銭高ないし銭安に傾いても元の水準にもどり，推移した。ところが，1770 年代に入ると構造的な変動が生じた（第 2 期）。東日本では，それまで長く維持してきた 4 貫文水準の相場をわずか数年で離脱し，若干足ぶみしながらも 19 世紀初頭にかけて 6.5 貫文水準まで低落・定着した。西日本では，1770 年代後半に，銀 1 匁あたり銭 80 文という水準を一気に突き破り，80 年代にはそれまで生じたことのない 100 文台，19 世紀初頭には 110 文前後の水準にまで低落した。第 3 期は，19 世紀初頭の低落した銭相場水準を軸に幕末期まで推移した時期である。

　2）このような近世における銭相場の全国的な状況をもたらした要因として，つぎのようなことが推察できる。基本的には金銀貨幣の改鋳ないし銭貨の増鋳・停止の影響によるものと見ることができ，18 世紀半ばまでは幕府による

公定相場を大幅に乖離することがあっても，それらの貨幣政策実施により基準相場に復していることが確認できた。ところが，第2期の半ば，すなわち1780年代以降は，東日本も西日本も銭貨増鋳のみでは現出できないほどの構造的銭安となった。この全国的な銭貨低落を後押ししたのは，小額貨幣として機能する南鐐二朱銀であった。第3期には，それまで小口取引や金・銀貨建て取引での端数処理の際に用いられていた貨幣として，銭貨に加え，この二朱銀のほか一朱銀，一朱金，二朱金などのあらたな小額貨幣が間をおきながら大量に出まわって銭貨代替効果を生じ，そのために東日本では金1両＝6.5貫文，西日本では銀1匁＝100～110文という銭安水準が定着したのである。

　3）江戸・上方と地方都市との間の相場開きは予想外に小さかった。改鋳期に一時的に5％を超える開きが生じる時期もあるが，おおむね3％前後内で推移した。この差は現銭輸送費用を超えるものではなく，少なくともデータの確認できる18世紀以降にかんするかぎり，国内貨幣市場は統合されていたといってよいであろう。ただし，にもかかわらず，中央と地方では若干の差異は確認できる。銭相場が，どちらかと言えば中央より地方の方が銭高であり，とくに西日本では，データの得られた中国・四国・九州3地点で18世紀後半まではその傾向が強く，19世紀以降も動向のわかる中国の萩で同様であったことである。また，熊本のみ1820年代以降，独自に，より銭安の傾向を示しているが，それは原データが銭札建てに変わり，札価が下落したために生じたものとみられる。

　4）データが得られるかぎりの隔地間の連動性をみると，上でふれたように相場の開きも一定の幅内で推移し，18世紀初頭から高い相関係数を示していた。相互に近接した名古屋―刈谷や大坂―京都―大津間ではより係数が高くなっており，前項でみた水準差もより小さかったので，係数や開きの数値が小さいなりに有意な差であったことがわかる。ただし，銭安相場が定着した19世紀前半期に一時的に相関係数が大きく乱れる地域もあった。

　5）季節変動の観察可能な4地点についてみると，年間変動幅は，大きい時期で平均値を100として6以上の年もあるが，おおむね3以下にとどまっていて，小さかったといってよい。18世紀よりも19世紀に入ってからの方が変動

幅はより小さくなる傾向が確認でき，相場の激動期には年内変動もより大きく，安定期に入るとより小さくなった。東日本の3地点では，12～翌年2月の時期に銭高となり，5～9月の夏場に銭安となった。しかし，西日本の大津では，12～1月に若干銭高となる年もあるが，5～7月の夏場に高めとなる年もあり，銭安期も年内に散らばって，特定化できない。東日本では，年末，年初に銭貨需要が高まる傾向はあきらかであるが，西日本では，銭貨の用いられ方が異なるため，特定期に需要が集中する傾向が少なかったのであろう。

　なお，江戸と上方との銭相場変動の差異についてはすでに新保博が検討しているが，長期趨勢という点では両地の相場は基本的に異ならないことが確認されている。そして，銭相場の間で短期的に両地で異なった動きが認められても，その要因が銭貨の側ではなく金銀相場の変動によるものであるとされた[34]。本章では銭相場の表示が東西日本で異なっているため，個別に分析を進めたが，本章での検討により全国的な動向を観察することに大きな支障はないと言えよう。

　さらに，新保の分析時点では金銀貨在高はともかくとして，銭貨流通量は当時判明するかぎりの鋳造記録から推定するほかない状況であった。しかし，その後，本書第4章でデータを整備するような，銭貨流通量のより明確なバロメーターとなる在高推計が利用可能となった結果，つぎのようなあらたな視点も生まれた。すなわち，銭相場を金・銀貨に対する銭貨の交換率という観念ではなく，高額の金銀貨に対する小額貨幣の交換率として見る視点である。具体的には，18世紀後半以降の，すでにあきらかとなっている計数金銀貨の動向も合わせて分析した結果，小額の計数金銀貨が，それまで果たしていた銭貨の小額貨幣機能を補完するようになりつつあったことが判明し，これによって，前述したように，とりわけ近世で最も大きく構造変動した18世紀70年代の銭相場の変動要因がよりくわしくあきらかとなったのである。

34）前掲新保博書，194-207頁。

第4章
徳川時代の貨幣数量
──金・銀・銭貨在高の推移──

はじめに

　徳川社会における経済変動の分析，とりわけ価格史的アプローチを試みるうえで，徳川期を通じての全国的貨幣であった幕府管理下で鋳造された金銀銭，いわゆる三貨の流通量の変化を把握しておくことは不可欠の前提的基礎作業である。ではその期待にそえるデータが容易に得られるかというと，明治期以降のような政府統計はなく，人口や国内生産量の動向などを探る場合と同様に，わずかに貨幣改鋳を契機に残された記録を断片的につないでその推移を追うというレベルのことしかできない。

　それでも，金銀貨については明治初年段階での調査記録を中心とした徳川期関連史料の検討により，徳川初期以来の動向が改鋳期ごとに把握できるようになった。また，鋳造主体および種類が多様で流通総量の把握がより困難な銭貨についても，日本銀行調査局による個別鋳銭記録サーベイを総括することにより全体像を知る手がかりが得られるようになった。

　ここではこれまでに把握できた三貨の数量動向を明示し，なお残る今後の問題点をあきらかにしたい。

1　金銀貨在高の推移

1）佐藤データの問題点

　徳川期金銀貨の改鋳期ごとの在高として，山口和雄が史料紹介した1875年大蔵省造幣局編纂の「旧新金銀貨幣鋳造高並流通年度取調書」[1]（以下，「取調書」と略称。ここで示された徳川期貨幣数量を，そのもとになった三井高維編『新稿両替年代記関鍵』（岩波書店，1933年）巻一資料篇所収の「旧貨幣表」の作成者佐藤忠三郎の名をとって，以下，「佐藤データ」と称す）がある。この佐藤データは，徳川期の主要な貨幣改鋳が実施された八つの時期についての鋳造高，改鋳高，海外流出入高を示しており，これによって金銀在高の変動を知ることができる。

　山口は佐藤データの妥当性を検討するにあたり，「旧貨幣表」およびそれを基礎とした『大日本貨幣史』の2資料の数字と比較し，とくに若干の時期の海外流出高について「相当の差」が見られるものの，佐藤が「旧貨幣表」を作成した人で，「取調書」はそれに依拠して作られたと考えられること，「取調書」の校訂者が『大日本貨幣史』の編纂主任だった吉田賢輔であることから，佐藤データは「相当信用のおけるもの」と評価した。

　ところで，すでに幸田成友は，1926年に復刻された『大日本貨幣史』補録における金銀貨幣表に，勝海舟『吹塵録』所収の「通用金吹立高並引替残高」および「古弐朱銀以下の吹立高並引替残高」[2]が利用されていないことについて，復刻校訂者を難じている[3]。つまり，『吹塵録』には「取調書」のような時期別の詳細なデータはもられていないが，若干の時点における銀座年寄ほか

1）山口和雄「江戸時代における金銀貨の在高──『旧新金銀貨幣鋳造高並流通年度取調書』の分析」『経済学論集』28-4，1963年。なお，佐藤忠三郎は旧金座人で，すでに1873年に「旧貨幣表」を大蔵省出納寮15等出仕として作成した人物である。

2）『海舟全集』3（改造社，1928年）278-280，および290頁。

3）幸田成友「大黒常是考」（初出東京商大『経済学研究』1，1932年），『幸田成友著作集』2，1972年，327-328頁。

第4章 徳川時代の貨幣数量 103

表 4-1 後藤方調査金貨在高（1866 年）

（単位：両）

	吹立高		引替高		世上在高		海外流出高
慶 長 金	不詳	*14,727,055*	10,527,043	*10,527,055*		*100,000*	*4,100,000*
元 禄 金	13,936,220	*13,936,220*	13,213,918	*13,213,944*	722,302	*198,540*	*523,736*
乾 字 金	11,515,500	*11,515,500*	11,202,657	*11,202,703*	312,843	*280,866*	*31,930*
武 蔵 判	213,500	*213,500*	196,720	*196,704*	16,779	*16,795*	*0*
享 保 金	8,280,000	*8,280,000*	7,323,924	*7,324,044*	956,075	*821,849*	*134,106*
元 文 金	17,453,711	*17,435,761*	14,265,792	*14,278,251*	3,170,018	*3,001,912*	*166,043*
真字弐分判	2,986,022	*2,986,022*	2,858,841	*2,860,989*	127,180	*125,036*	*0*
文 政 金	11,043,360	*11,043,360*	8,816,043	*8,883,521*	2,227,316	*2,159,839*	不詳
壱 朱 金	2,920,192	*2,920,192*	2,904,736	*2,901,939*	15,455	*18,252*	
草字弐分判	2,033,061	*2,033,061*	1,905,901	*1,909,127*	127,159	*123,934*	
弐 朱 金	12,883,700	*12,883,700*	4,762,938	*5,439,061*	8,120,761	*7,444,638*	
五 両 判	172,275	*172,275*	124,615	*125,445*	47,660	*46,830*	
天 保 金	8,120,450	*8,120,450*	4,490,281	*4,670,772*	3,637,169	*3,449,677*	
安政弐分判	3,551,600	*3,551,600*	1,180,626	*1,441,471*	2,370,973	*2,110,129*	
正 字 金	351,000	*351,000*	269,261	*276,830*	81,739	*74,170*	
新 小 判	625,050	} *625,050*					
新 壱 分 判	41,650						
新 弐 分 判	46,898,932	*50,100,576*					
新 弐 朱 金	3,140,000	*3,140,000*					

典拠）「後藤方ニテ取調候通用金吹立高并引替残高」（勝海舟『吹塵録』所収）。
　注）1：イタリック数字は佐藤忠三郎調査で 1869 年現在。
　　　2：新小判以下については 1868 年の追加調査。

による調査にもとづく金銀在高データがあり，その内容は佐藤データとすべては一致していない。「取調書」の佐藤データを検討するに際し，同一系列のデータである「旧貨幣表」やそれを基礎とした『大日本貨幣史』のデータに限定していたのでは，相互の数字に大きな相違がないのは当然であり，佐藤データの妥当性を検討するには不十分であろう。以下，同系列以外の若干の史料を示し，その問題点を確認しておこう。

　表 4-1 および 4-2 は幕末に調査された徳川期金銀貨の吹立高，引替高，世上在高等を佐藤データと対比したものである。典拠の『吹塵録』に「後藤方ニテ取調候」とあるが，「後藤」とは金座を統括した後藤庄三郎の系譜をつぐ当時の御金改役後藤吉五郎であろう。佐藤データとくらべると，後藤調査データは幕末の一断面をしか示しておらず，しかも銀貨においてきわめて空白の部分が多い。しかし佐藤データを検討するうえで，引替高および世上在高を個別に示

104　第Ⅰ部　貨幣流通から見る近世日本経済

表 4-2　後藤方調査銀貨在高（1866 年）

（単位：貫目，ただし*印は両）

	吹立高		引替高		世上在高		海外流出高
慶 長 銀	1,200,000	*1,200,000*		*157,059*		*0*	*1,042,941*
元 禄 銀	405,850	*405,850*		*326,046*		*0*	*79,804*
宝 永 銀	278,130	*278,130*		*278,130*		*0*	*0*
永 字 銀	5,836	*5,836*		*5,742*		*0*	*94*
三 ッ 宝 銀	370,487	*370,487*		*370,487*		*0*	*0*
四 ッ 宝 銀	401,240	*401,240*		*401,240*		*0*	*0*
享 保 銀	331,420	*331,420*		*331,025*		*0*	*395*
文 字 銀	525,466	*525,465*	491,299	*507,942*	34,167	*34,165*	*489*
五 匁 銀	1,806	*1,806*		*1,806*		*0*	
安 永 弐 朱 銀	*5,933,042	*5,933,000*	*5,460,350	*5,460,500*	*412,991	**472,500*	
新 文 字 銀	224,982	*224,982*	207,164	*207,165*	17,818	*17,817*	
文 政 弐 朱 銀	*7,587,035	*7,587,000*	*7,474,703	*7,474,800*	*172,332	**112,200*	
文 政 壱 朱 銀	*8,744,572	*8,744,500*	*8,524,747	*8,524,800*	*219,825	**219,700*	
保 字 銀	182,108	*182,108*		*102,440*		*76,668*	
古 壱 分 銀	*19,729,139	*19,729,100*	*8,441,594	*8,717,000*	*11,287,545	**11,010,100*	
政 字 銀	102,907	*102,907*		*23,836*		*79,051*	
壱 朱 銀	*9,952,832	*9,952,800*				**9,952,800*	
弐 朱 銀	*88,375	*88,300*		*81,600*		**6,700*	
壱 分 銀	*25,471,150	*28,480,900*		*101,300*		**28,379,600*	

典拠）「後藤方ニテ取調候古通用銀吹立高」および「同，壱分銀弐朱銀壱朱銀通用銀吹立出来高」（『吹塵録』所収）。
注）１：イタリック数字は佐藤忠三郎調査で 1869 年現在。
　　２：古壱分銀以下は一部 1867 年現在。
　　３：佐藤データには他に文字銀輸入高 17,130 貫目あり。

した，佐藤データに質的に劣らない貨幣当局者の数字として，このデータを評価することができよう。

　この表 4-1，4-2 を見ると，第一に吹立高は，慶長金および幕末発行貨幣の一部を除き，ほとんどまったく一致している。一致しない慶長金については，後藤が記したように「元禄年中書類焼失ニ付吹立高難相分」ためであり，また幕末発行貨幣については，両データの調査時点に 3 年間のズレがあることによるものと思われる。したがって，徳川期幕府発行金銀貨の鋳造高については，いまのところ一般に知られている貨幣表の数字を修正する必要性はほとんどないと思われる。

　つぎに引替高は，両データともかなり近似しているにもかかわらず，元禄金・享保金などの「世上在高」に無視しがたい不一致が認められる。これは，

第 4 章　徳川時代の貨幣数量　　105

表 4-3　金貨在高（1736 年）

（単位：両）

	後藤データ	佐藤データ
慶長金	およそ 1,000,000 両余	100,000
元禄金	775,190	198,540
乾字金	607,310	280,866
武蔵判	213,000	213,500
享保金	8,278,600	8,280,000

典拠）後藤データは「誠斎雑記」のうち「元文度品々金銭高」
　　　（『江戸叢書』巻 9 所収）。
　注）1：後藤データ乾字金のみ 1729 年 12 月現在の数字。
　　　2：後藤・佐藤両データとも武蔵判・享保金は出来高を
　　　　　示しており，げんみつには在高としては改鋳高・流
　　　　　出高（計約 33 万両）を差引かねばならない。
　　　3：「甲辰雑記」二（『日本財政経済史料』6, 392 頁）によ
　　　　　れば，「辰 3 月迄出来高」として 8,491,600 両とある。

表 4-4　銀座年寄報告銀貨在高（1736 年）

（単位：貫目）

	吹立高	引替高並 潰銀買入高	世上在高	
			銀座年寄報告	佐藤データ
慶長銀	およそ 1,200,000	289,000	およそ 200,000	0
元禄銀	405,850	269,762	136,088	0
宝永銀	278,130	267,901	11,032	0
中銀	5,836	5,099	737	0
三ッ宝銀	370,487	367,345	3,142	0
四ッ宝銀	401,240	396,545	4,695	0
享保銀	330,925			

典拠）「誠斎雑記」のうち「慶長銀以下吹立高」（『江戸叢書』巻 9 所収）。
　注）本報告書には，慶長銀はこの期までに「異国渡り」23 万 9 千貫目あり，「残 67 万 2 千貫
　　　目程」となるが，「但，此高年経候儀にて，勘定しかと難知候故，当時世上残高凡 20 万
　　　貫目程も可有御座哉之事」とある。

佐藤データでは「海外流出入高」を算入しているのに，後藤データではまった
くそれを無視しているためである。このことは，「引替高」なるものが，実際
におこなわれた個別の引替のデータを集積してできた数字であり，「世上在高」
は，「吹立高」と「引替高」そのほか流出入高，鋳潰し高等の確定値をもとに
データ作成者がその主観によって推計した，最も不確定要素の大きい数字であ
ることを示唆している。

　表 4-1，4-2 における対比を補うために 1736（元文元）年現在の金銀在高
データを見てみよう。表 4-3 および 4-4 は，幕府奥右筆をつとめた向山誠斎編

106　第Ⅰ部　貨幣流通から見る近世日本経済

「誠斎雑記」[4] に収録された金銀貨在高であり，金貨は後藤庄三郎，銀貨は銀座年寄による報告高である。まず金貨について佐藤データと比較すると，享保金の「出来高」はほぼ一致するが，それ以前に発行された金貨の「世上残高」は後藤報告データの方が大幅に上回っている。このうち，乾字金のみ 1729（享保 14）年現在の数字であり，7 年もののズレが生じているので佐藤データとの乖離も納得しうるが，慶長・元禄金の在高はおなじ 1736 年現在のものであるのに後藤データの方が大幅に上回っている。また，表 4-4 で銀貨について見ると，1736 年現在の銀貨在高は宝永期（1704-11）の各種銀貨が若干流通しているほか，慶長・元禄銀は合わせて 30 万貫文以上になり，享保銀吹立高にほぼ匹敵する世上残高が推定されている。佐藤データではこの期までに享保銀のほかはすべて流出ないし回収されたことになっており，この銀座年寄報告データには後述するような若干の問題点は認められるものの，それとの差異は非常に大きいものと言わねばならない。

　以上のように，徳川期貨幣数量の推移をあらわすものとして今日有力な史料と期待できる佐藤データにもとづく「取調書」のうち，「世上在高」はきわめて不確定要素の大きい数字であり，部分的には既存の他系列データとの比較検討によって修正可能であることがあきらかになった。そこで，それぞれの時期に分けて検討を試みよう。

2)　金貨流出高の修正

　以下では，山口和雄がおおむね貨幣改鋳期に合わせて設定した 8 つの時期に分けて金貨流出高について検討を加えたい。

　まず第 1 期（1601-95）の金貨流出高について，佐藤データでは 410 万両を計上している。ところで，新井白石は 1648-1708 年の金貨流出高を約 240 万両と推定している[5] が，周知のとおり徳川期の金貨流出は 1664（寛文 4）年にはじまるとされている[6]。オランダ出島商館仕訳帳を分析した山脇悌二郎によれ

---

　4)『江戸叢書』巻 9（同叢書刊行会，1917 年）に収録。
　5) 新井白石「本朝宝貨通用之事略」（『改定史籍集覧』17，近藤活版所，1902 年）608 頁。
　6) オスカー・ナホッド（富永牧太訳）『17 世紀日蘭交渉史』（養徳社，1956 年）449 頁，

第 4 章　徳川時代の貨幣数量　**107**

表 4-5　金貨海外流出高

（単位：両）

	第 1 期 (1601-95)	第 2 期 (1695-1710)	第 3 期 (1710-14)	第 4 期 (1714-36)	第 5 期 (1736-1818)
①佐藤データ	4,100,000	523,736	31,930	134,106	166,043
②ナホッド・カイパー	895,588	183,936	69,161	132,025	10,272
〃 （補正値）	983,868	202,736	71,112	134,849	
③山脇データ	948,513	187,631	83,897	小判　36,670 「大判」96,188	約 5,713 「大判」5,106
④長崎記データ	1,429,060	198,310	65,562		
⑤長崎実記年代録					41,200
⑥中国船による流出	597,102				
修正推定値	1,600,000	200,000	80,000	130,000	40,000

典拠）②板沢武雄『日蘭貿易史』（平凡社, 1949 年）, オスカー・ナホッド（富永牧太訳）『17 世紀日蘭交渉史』
　　　（養徳社, 1956 年）。
　　　③山脇悌二郎「オランダ東インド会社と日本の金」（『日本歴史』321, 1975 年）。
　　　④, ⑥『通航一覧』巻 160（刊本 4 所収）。
　　　⑤田代和生「徳川時代の貿易」（速水融・宮本又郎『経済社会の成立』岩波書店, 1988 年）。
注）1：②の「補正値」は欠年分を第 1～3 期は④, 第 4 期は③で埋めたもの。
　　2：③の「大判」の単位のみ「両」ではなく「枚」。

ば, 1665-95 年の慶長金流出は約 95 万両であった[7]。これに「長崎記」による
1664-72 年の中国船による流出金確定値約 60 万両[8]を加えると, 155 万両とな
る。この数字は若干の不明年もあり, 最下限の数値ということになる。オラン
ダ船による流出金を「長崎記」に求めると, この期間（1664-72）の流出高は
約 140 万両であり, 中国船によるものを加えると 200 万両となる。さきの白石
の数字から, 出島商館仕訳帳における 1696-1708 年の元禄金流出高約 14 万両
を除くと, 慶長金流出高は約 225 万両となり, この「長崎記」のデータに近い。
以上の諸データを対比するため, 表 4-5 にまとめて示した。いずれにしても,
慶長金の海外流出高 410 万両という佐藤データはその 5 割以上の下方修正を余

　　　板沢武雄『日蘭貿易史』（平凡社, 1949 年）118 頁。
7）山脇悌二郎「オランダ東インド会社と日本の金」（『日本歴史』321 号, 1975 年）7 頁の
　表 1 による集計値。
8）国書刊行会編『通航一覧』4（国書刊行会, 1913 年）所収, および田代和生「徳川時代
　の貿易」（速水融・宮本又郎編『経済社会の成立』岩波書店, 1988 年）147 頁。なお,
　その大半が流出した 1667-72 年においては, 慶長小判のほかにこの金額に吹金・金道具
　も含まれているので, 小判額じたいはこの額よりもやや少なくなる。

108 第 I 部　貨幣流通から見る近世日本経済

儀なくされよう。

　つぎに第 2 期（1695-1710）以降の金流出は，すべてオランダ船によるものである。佐藤データではその額を表 4-5 のように 52 万両としているが，他の出典によるかぎりこの期の流出高合計は 19〜20 万両と，ほとんど一致している。したがって，佐藤データはここでもあきらかに流出高を過大評価していると言わざるを得ない。

　第 3 期（1710-14）の佐藤データは 3 万両となっているが，他データの各年最小の数値を 4 年間合計しても約 5 万両となる。佐藤忠三郎はこの期のみなぜか過小評価をおこなっている。他データの各合計は 7〜8 万両となる。

　第 4 期（1714-36）の佐藤データの 13 万両は，カイパーデータの若干の欠年を山脇データで補正した数字にほとんど一致している。しかし，山脇は 1721 年以降，金は小判ではなく大判で輸出されたと理解している[9]。もしそうだとすれば，この期の流出金は記録された数字以上に大きい価額となる。しかし，山脇の理解には二つの点で大きな疑問が寄せられる。というのは，ここで山脇が「大判」と指すのは，当時の通用金である宝永小判（乾字金）に対して慶長小判の品位に復した享保小判のことであり，この期に小判に代わって大判が大量に輸出されたような状況は見出しえない[10]。したがって，山脇データの「大判」を享保小判と読みかえれば，佐藤・カイパーデータにほとんど一致する。

　第 5 期（1736-1818）に入ると，カイパーデータでは流出高が従来にくらべて激減し，しかも 1753 年までの 17 年間に金が流出したのは 9 年間のみで合計 10,272 両，翌 54 年からはまったく記録されなくなってしまう。山脇データに

　9）前掲山脇悌二郎論文，7 頁。
　10）疑問の第 1 点は，山脇の言う流出「大判」枚数がこれまで知られているこの期までの大判鋳造枚数を上回っていることである。記録にあきらかな明暦・元禄・享保大判の合計枚数は 55,390 枚であるのに対し，享保末年までに 96,188 枚流出したことになっている。明暦以前の「古大判」鋳造量が膨大だったかもしれないが，それはむしろ退蔵が予想され，この期に一気に集められたとは考えられない。第 2 点は，山脇論文中の表 2，3 によると，「大判」の価値は小判の 2 倍となっており，これは慶長金品位に復した享保小判のことをいうのであろう。すなわち，劣位の宝永小判に対し享保小判が 2 倍の価値で取引されたと考えるべきである。この点において山脇が引用したカイパーの記述の方が正しいと言わねばならない。

よると，第 5 期の 1753 年までに「大判」5,106 枚，小判 4,781 枚，一分判
1,350 枚，「大判」か一分判か判別しがたい金貨が 950 個あったという。いま
「大判」を上述のように享保小判とし，判別しがたい 950 個を小判と一分判で
等分にあつかうと，合計 10,819 両となり，カイパーデータとほとんど一致す
る。一方，「長崎実記年代録」では，1762 年までは毎年金輸出が記録され，合
計約 4 万両となる[11]。山脇によれば，それは推定額であり，しかも少なくとも
1757-62 年については出島商館長個人の買物額であった[12]。個人の買物であれ，
会社による金買上げであれ，日本からの金貨流出にはかわりないから，カイ
パーデータがこの種の流出経路を見落としていることはあきらかである。ただ
し，第 1〜4 期にこの種の流出があったとしてもわずかな額であったと考えら
れるので，第 4 期以前については無視することとし，第 5 期については多めに
見積もって「長崎実記年代録」による 4 万両を流出高としておこう。いずれに
しても佐藤データの 16 万余両が過大評価であることは，以上から明白となっ
たであろう。

　金流出は，国際金銀比価の変動等により 18 世紀後半から開国までの 1 世紀
間，記録にとどめられていない。このことから，第 6，7 期には金流出がほと
んどなかったと推測できる。逆にこの期間，流出金の再輸入が見られた。佐藤
データでは第 6 期（1818-32）の文字金輸入高を 10,495 両としているが，「天寿
随筆」によれば，すでに 1755-65 年に唐館および中国からの再流入金として，
正徳・享保金 2,836 両，文字金 5,483 両，ほかに若干の元禄・乾字金等が記録
されている[13]。1765 年以降には中国商人によるわが国鋳貨の再輸入が本格化
したと考えられるので，佐藤データは第 5〜6 期の再輸入高の下限値を示し，
なお他の享保金なども再輸入されたかもしれない。しかし，当時の通用金在高
にくらべればほとんど無視しうる数量であろう。

　第 8 期（1858-69）については，開港後の金流出高を示す記録は今日見出せ
ない。1859 年 6 月の開港後半年間に 40〜60 万両の金貨が流出したと推定[14]さ

---

11) 前掲田代和生論文，147 頁。
12) 前掲山脇悌二郎論文，6 頁。
13) 佐久間東川「天寿随筆」（『日本経済大典』15，明治文献，1968 年）257 頁。

110　第Ⅰ部　貨幣流通から見る近世日本経済

れているが，翌年1月の万延小判・一分判発行による内外金銀比価の差の解消
により，それは一時的なものであっただろう。それにしても，佐藤データでは，
第8期の海外流出高を「不詳」としたまま，鋳造高から改鋳高を差引いて在高
を出しているから，ここでおおよその流出高下限値が確定できるとすれば，在
高じたいについても若干の下方修正の必要があることを留意しておきたい。

3）銀貨流出高の修正

　つぎに銀貨流出高を検討することにしよう。

　「取調書」は第1期の海外銀貨流出高を104万貫目としているが，それを裏
づける記録はない。たとえ一定期間ないし個別の流出先について断片的記録が
あったとしても，この期には灰吹銀として流出したものが少なくなかった。そ
のため慶長銀貨流出額を推定することはきわめて困難である。たとえば，オス
カー・ナホッドは1621-67年のオランダ船による銀流出額として合計1,479万
タエル（約14万8千貫目に相当）[15]，「長崎記」は1648-72年の中国船によるも
のとして合計約19万貫目と記している[16]。しかし1620年以前の輸送船は両国
にかぎらないし，岩生成一によれば，17世紀に入ってから鎖国が実施される
1640年ころまでの年間平均流出額は4〜5万貫目をかぞえた[17]。今西嘉寿知の
推計によれば，1604年よりいわゆる「貞享令」の出た1685年までの流出銀は
211万貫目であった[18]。にもかかわらず，慶長銀は120万貫目鋳造されたにす
ぎない。佐藤データでは慶長銀流出高を104万貫目としているのに対し，前掲
の1736年銀座年寄報告では，「異国渡り」約24万貫目に勘定不明としている
67万貫目を加えて，計約91万貫目の流出見込みとなる。たとえ流出銀高が部

14）『横浜市史』2，1959年，306頁，および日本銀行調査局編『図録 日本の貨幣』4（東洋
　経済新報社，1973年）241頁。開港後の流出金高については，これまで10万両から
　100万両以上にわたりさまざまな推計がなされているが，推計根拠は多様であり，まだ
　確たる推計値は得られていない。

15）前掲オスカー・ナホッド書，455頁。

16）前掲『通航一覧』4，323-334頁，および前掲田代和生論文，146頁。

17）岩生成一『朱印船と日本町』（至文堂，1966年）79頁。

18）日本銀行調査局編『図録 日本の貨幣』2（東洋経済新報社，1973年）320頁。

分的に判明しても，灰吹銀と慶長銀の内訳を識別することは困難であり，した
がってここでは，佐藤データを修正すべき決定的なデータを見出すことはでき
ない。ここでは，判明するかぎりの流出高の中庸をおおまかに取り，100万貫
目としておこう。なお，この期の朝鮮，琉球への流出銀額も不明であるが，ま
だほとんど無視しうる額と推定される[19]。

第2期以降，第1期の主要経路であった長崎経由中国向け流出銀は，「貞享
令」による制限貿易を契機として，年定高6千貫目の大部分が銅にかえて輸出
されたので，ほとんど無視しうる額となった。たとえば，1670年代に年平均
約6千貫目が流出していた長崎コースは，1686年に596貫匁余，1708年には
160貫目に激減した[20]。かわって，対馬・薩摩（琉球）経由の流出銀が増加す
るようになる。

第2期の15年間における長崎経路の流出総額を示した史料はないが，おお
よその推定は可能である。すなわち，新井白石は1648-1708年の長崎経路流出
銀を37万貫目余と記している[21]が，「長崎記」によれば，1648-72年のオラン
ダ船と中国船による流出銀を合わせると約29万貫目となる。1673-84年の中
国船のみによる流出銀について，山脇は7万貫目余と推計[22]しているので，
白石の推定高の大半は「貞享令」までの流出であることがわかる。1685-97年
の流出額は4千貫目近く[23]と考えられるので，第2期の長崎口流出銀は，白
石データを受け入れるかぎり，合計はせいぜい数千貫目を上回る程度と考えら
れる。対馬口のこの期の流出銀は約2万貫目，琉球口は約9千貫目が見込まれ
る[24]ので，これらを合計すると3万貫目余，多くても3万数千貫目にとどま
ろう。したがって，この期に約8万貫目の銀貨海外流出を見込んだ佐藤データ

---

19) 前掲田代和生論文，155-164頁。
20) 山脇悌二郎『長崎の唐人貿易』（吉川弘文館，1964年）154頁。
21) 前掲新井白石「本朝宝貨通用之事略」608頁。
22) 前掲山脇悌二郎書，44頁。
23) 同上，57頁。
24) 田代和生『近世日朝通交貿易史の研究』（創文社，1981年）327頁，および喜舎場一隆
「近世薩琉交通の一駒」（『歴史教育』18-4，1970年）47-48頁。以下，対馬，琉球から
の流出銀高は，この2著に依拠。

は4万貫目以上の下方修正が必要となる。ここでは合計流出高として，ひかえめに3万貫目としておこう。

　第3期について，佐藤データは永字銀94貫目の流出を示しているにすぎない。田代和生によると，この期に対馬から数千貫目の銀が輸出されたが，それは通貨ではなく徳鋳銀として流出したので，貨幣在高に影響をおよぼすものではなかった。また，喜舎場一隆によれば，琉球については前期とおなじく年平均603貫目，期間合計約3千貫目の流出が見込まれる。「誠斎雑記」によると，元禄改鋳以降は銀輸出に元禄銀が使用され，宝永銀の鋳造以後元禄銀がつきると幕府御金蔵から宝永銀と同数でそれに引き替え，進貢・接貢銀にあてた。「天寿随筆」は1709-63年の銀輸出を1,015貫匁目余としているが，これは年平均18貫目となり，したがって佐藤データは長崎口のみの流出額を示しているのかもしれない。いずれにしても，この期の流出銀は佐藤データにおける期末貨幣在高約77万貫目にくらべれば，ほとんどゼロに等しい額といえる。

　第4期の佐藤データも，享保銀の流出として395貫目を示しているにすぎない。しかし，田代によれば，この期に対馬から少なくとも2万5千貫目の享保銀が流出した。また，琉球口では，使用銀の元禄銀から享保銀への変更にともない，貿易制限額が年平均453貫目に減じられたので，この期は合計約1万貫目を見込むことができる。長崎口は上述のように無視しうる数量と考えられるが，佐藤データは以上の対馬・琉球口の合計3万5千貫目ほどの享保銀流出を見落としていたことになる。

　第5期の流出銀は，1736年の元文改鋳により，対馬・琉球口とも通用銀である文字銀を幕府に差出し，享保銀位に鋳直してもらい，徳鋳銀の形で流出した。田代によると，対馬口の銀流出は1750年をもって止み，1738年からの流出銀は文字銀の鋳潰し額にして約7千貫目余であった。また琉球口では，貿易限度額じたいについては据え置かれたが，徳鋳銀である往古銀のための鋳潰し文字銀は約2倍の歩増し引替のため，年平均約900貫目となった。しかし，1742-46年の代り文字銀差出額は年平均370貫目ほどで，琉球貿易も縮小していったことがわかる。けれども対馬口と異なって，銀流出じたいは少額ながら持続し，喜舎場や崎原貢の研究によっても，少なくとも19世紀初めまではそ

第4章　徳川時代の貨幣数量　　113

表 4-6　銀貨海外流出高

(単位：貫目)

	第 1 期	第 2 期	第 3 期	第 4 期	第 5 期
佐藤データ	1,042,941	79,804	94	395	489
修正推定値	1,000,000	30,000	3,000	35,000	15,000

の記録が認められる[25]。

　また，『吹塵録』は，1802-07 年に「薩州渡慶長銀位に吹直候文字銀生遣之分」として約 2 千貫目を鋳潰したという 1808 年銀座年寄の記録を収めている。また，この記録には，このほかに 1739-1800 年における「朝鮮人琉球人参上之節諸向御送銀幷薩州対州渡享保銀位ニ吹直候文字銀生遣之分」として約 1 万 3 千貫目をあげている（後掲表 4-7）。これらによれば，第 5 期において少なくとも 1 万 5 千貫目余の文字銀が特鋳銀・往古銀用に鋳直されたことがわかる。したがって，この期の文字銀海外流出高がわずか 489 貫目という佐藤データは，ここでも対馬・琉球からの流出銀を見落としていることになる。

　第 6 期以降の銀貨海外流出は，18 世紀後半よりわが国が銀の輸入国に転じているので，対馬・琉球からの，わが国が外交儀礼を保つうえでのわずかな銀流出は継続したとしても，全体としては無視しうる数量であろう。むしろ，1763 年以降の幕府による外国金銀輸入政策のように，わが国輸出銀貨の再輸入がみられたとしてもけっして不思議ではない。佐藤データは第 6 期に文字銀輸入高として 1 万 7 千貫目余をあげているが，これは第 5 期後半より生じていた現象だと考えられる。しかし，その数量も含めて，これらを裏づける資料はいまのところ見出しえない。

　以上の銀貨流出高をめぐる佐藤データの検討結果を表 4-6 にまとめた。とくに重要な第 1 期について不確定要素を大きく残しているが，第 2〜5 期の流出高合計を金貨の場合と比較すると，金貨では佐藤データが大幅な過大評価をしているが，銀貨では流出累計値が修正値概数とほとんど差がないことがわかる。

25）以上，前掲田代和生書，喜舎場一隆論文のほか，崎原貢「渡唐銀と薩琉中貿易」（『日本歴史』323 号，1975 年）。

4）在高・改鋳高についての他系列データの検討

　幕府鋳造貨幣のうち，海外流出高が修正されることによって，佐藤データの各期末貨幣在高はおのずから修正が必要となる。しかし，その修正をほどこす前に，本章のはじめに提示した改鋳高ないし在高そのものにかんする他系列のデータを詳細に検討することにより，現段階で修正可能な数値を見出しておく必要がある。

　はじめに，1736年現在の貨幣在高のうち金貨について検討しよう。前掲表4-3によれば，同年現在の大判をのぞく金貨在高は，佐藤データが武蔵判（正徳金）改鋳高および享保金流出高を引いて874万両余であるのに対して，後藤データでは同上額を差し引いて1,054万両余となり，佐藤データより180万両多くなっている。この差の内訳は慶長金が90万両，元禄金が58万両，乾字（宝永）金が33万両であり，1736年までの通用金である武蔵判・享保金はほとんど一致していて，古い金貨ほど在高の差が大きい。

　佐藤データの金銀両方にわたる特徴であるが，新貨幣が発行されると前期に発行された貨幣の大半が回収されたことになっているのは大きな疑問である。たとえば慶長金は，元禄金発行後10数年のうちに前期末在高のうち99％が回収され，以降1869年までは残りの在高10万両のままで推移している。周知のように，慶長金銀の回収は幕府の意向にもかかわらずけっしてスムーズに運ばず，その通用停止令の予告や通用期限延期令の更新をかさね，この種の触れは元文改鋳期の1730年代末までつづいている[26]。さらに，元禄金の回収のように，1710年からわずか5か年の間に98.5％もの元禄金が，より劣位な乾字金に引き替えられたとは考えがたい。元文期に報告された後藤データにくらべると，佐藤データは明治初年の調査であり，古い時期については鋳造高等の確定値を手がかりとして，前後のつじつまを合わせて作成されたのではないかと想定せざるを得ない。したがって，1736年現在の金貨在高はむしろ後藤データの方がより実態に近いと考えられる。だとすれば，第2〜4期末の慶長金，元禄金，乾字金の在高の上方修正も必要となる。

26）前掲『図録　日本の貨幣』3，1974年，172頁。

第 4 章　徳川時代の貨幣数量　115

表 4-7　文字銀世上通用高（1807 年）

（単位：貫目）

出来高		鋳潰・流出・世上通用高	
1736〜38 年享保銀御吹直出来高	333,098	1739〜1800 年朝鮮人琉球人参上之節諸向御送銀并薩州対州渡享保銀位ニ吹直	13,452
1739〜1800 年御改正前出来高	192,181		
1800 年御改正後〜1805 年出来高	187	1802〜07 年薩州渡慶長銀位ニ吹直	2,032
		1773〜88 年弐朱判ニ吹抜	126,192
		1804〜07 年　　　〃	664
		1740〜62 年異国持渡	417
		1807 年世上通用高	382,709
合計（文字銀鋳造高）	525,466	合計	525,466

典拠）「文化五辰年調文字銀世上通用高」（『吹塵録』貨幣之部一）。

　つぎに，銀貨について表 4-4 をみると，1736 年現在で佐藤データは享保銀のほかはすべて回収されたことになっているが，銀座年寄報告では宝永期（1704-11）に発行された一連の銀貨が若干のほか，慶長・元禄銀の推定在高は合計 30 万貫目余となっている。佐藤データの問題点はここでより明確になっており，新銀発行と同時に旧銀がスムーズに全額回収されたことになる。金貨の場合と同様に，とくに元禄改鋳以降この期まで続発された旧貨回収令の幕府の真意を考えると，そのような事実は想像すら困難であろう。

　しかし，銀座年寄報告にも問題点があり，それは元禄銀以下についての海外流出高を見落としていることである。さきに見たように，元禄銀は約 3 万貫目流出したが，それは銀座年寄報告データには算入されていないであろう。だとすれば，銀座年寄報告における元禄銀在高は 1736 年において 10 万貫目余に修正される必要があろう。また，享保銀修正流出高は約 3 万 5 千貫目であるので，1736 年の享保銀在高は 29 万 5 千貫目が見込まれる。同年の慶長銀在高に大きな不確定要素を残すものの，銀座年寄報告データに依拠するかぎり，それから流出高を差引いても，享保銀在高に匹敵する古銀が第 4 期に流通していたことを推定でき，この期の銀貨在高の大幅な上方修正が必要となる。

　貨幣在高をめぐる検討点の第 3 として，第 5 期末の銀貨在高を取り上げよう。表 4-7 は，『吹塵録』に収載された 1808 年 4 月の銀座年寄報告で，文字銀の鋳造高と鋳潰し・流出・通用高を示すものである。編者の海舟はこの報告を「好事家の手録より採る」と解題しているが，鋳造高内訳の注記内容からして，鋳

116　第Ⅰ部　貨幣流通から見る近世日本経済

表 4-8　銀山幕府上納高推計

(単位：貫目)

産地	佐渡		生野		石見		院内	
	上納高	年平均	上納高	年平均	上納高	年平均	上納高	年平均
第 1 期　(1601-1695)	156,958	1,652						
第 2 期　(1695-1710)	16,336	1,089	12,071	805	4,621	308		
第 3 期　(1710-1714)	4,259	1,065	1,873	468	618	155		
第 4 期　(1714-1736)	13,717	624	10,046	457	3,741	170		
第 5 期　(1736-1818)	24,410	298	38,052	464	9,599	117		
第 6 期　(1818-1832)	2,892	207	5,653	404	1,187	85	4,493	321
第 7 期　(1832-1858)	5,213	201	7,493	288	1,402	54	23,515	904
第 8 期　(1858-1869)	1,464	133						

典拠）麓三郎『佐渡金銀山史話』(丸善，1956 年)，小葉田淳『日本鉱山史の研究』(岩波書店，1968 年)，山根俊久『石見銀山に関する研究』(石東文化研究会，1932 年)。

潰し等の数字もあいまいとは考えられない。

　佐藤データでは，文字銀は第 5 期 (1736-1818) にはほとんど流出も鋳潰しもおこなわれることなく推移したことを示しているが，表 4-7 は期末にいたらない 1807 年に，すでに文字銀鋳造高の 27％ が減じていることを示している。そして，その大部分が二朱判，すなわち安永二朱銀の鋳造源になったとしている。一方，佐藤データでは二朱銀は文字銀をまったく改鋳することなく，593万両余が一気に鋳造されたことになっている。表 4-7 のように，二朱銀鋳造にさいして既存の文字銀からの「吹抜」があったとすれば，佐藤データはこの期の貨幣数量を二重に計算していることになり，それは従来まったく見落とされていた大きな問題点である。

　安永二朱銀は 1772-88 年に 383 万両余鋳造されたあと，いったん鋳造が停止され，その後 1804-23 年に 210 万両余鋳造された。この吹き元について，1763-81 年の周知の輸入唐銀は，『通航一覧』によるかぎり 3,829 貫目余（金にして約 15 万 7 千両に相当）利用できただけで，それは二朱銀前期出来高の約 4％ をまかなったにすぎない。「誠斎雑記」巻 11 にある「御勝手方覚書」の示している他の吹き元，すなわち「但州，石州，佐州等之出灰吹銀」は，表 4-8での推計にあきらかなように，第 4 期から第 5 期以降，これまでの主力銀山であった佐渡の産銀が激減し，生野産銀はなお持ちこたえていたが，産銀絶対量

第4章　徳川時代の貨幣数量　117

が従来の佐渡におよぶべくもなく，二朱銀の主力鋳造源とはなりえなかった。このような事情から，文字銀「吹抜」は不可避であったと思われる。

　第5期末（1818年）の文字銀在高を52万貫目とする佐藤データに対して，表4-7は1807年ですでに38万貫目に減じていたことを示しているが，「銀座掛御用留」に依拠する田谷博吉は第5期末の文字銀在高は24万貫目であったという[27]。表4-7が示す時期以降，すなわち1808-18年に鋳造されたほぼ純銀で1両分が21.6匁になる安永二朱銀（約209万両）の吹き元を，もしすべて文字銀（品位46％）吹抜とすると，さらに約9万8千貫目を要したことになる。そうすると，表4-7における銀座年寄報告に依拠するかぎり，38万貫目－（24＋9.8）万貫目＝約4万貫目の，第5期末における行方が不明になる。推定の余地は薩州・対州渡特鋳銀への鋳潰しと長崎口流出銀であるが，19世紀初頭までのそれらのペースからして，わずか10年余に一気に4万貫目もあてられたとは考えがたい。なお民間において退蔵されていたのであろう。

　以上，第5期末の文字銀在高は，表4-7によれば約28万貫目，田谷によれば24万貫目となる。いずれにしても，佐藤データは半額ほどの下方修正を明白に余儀なくされよう。

　さらに田谷によれば，文政銀（草文銀ないし新文字銀）の在高についても，その吹立高22万貫目は文字銀回収高から鋳造されたものであり（だとすれば，文字銀17万貫目分に相当），その後文政銀は文政二朱銀・一朱銀の吹き元となり，また焼損も見込んで天保改鋳前の世上在高は14万貫目が見積もられるという[28]。佐藤データはここでも第6期の文政銀「吹抜」などを計上していないので，期末在高は8万貫目相違することになる。

　いま，佐藤データにおける安永二朱銀の改鋳高546万両の銀純分量を算定すると，この期に新鋳された文政二朱銀の総量にほぼ等しい12万貫目となる。このことは，同時に新鋳された文政一朱銀（純分量にして約9万6千貫目）に相当する分は他に鋳造源を求めなければならなかったことを示している。そして

27）田谷博吉『近世銀座の研究』（吉川弘文館，1963年）406頁。
28）同上，405頁。

118 第1部 貨幣流通から見る近世日本経済

さきにふれたように，文字銀残高の大半は文政銀に吹き直してしまっている。佐藤データのうち鋳造高は最も確定された数値であるから，このように考えると文政一朱銀の総額にあたるこの期の計数銀貨鋳造源としては，表4-8に示したように，年平均わずか1千貫目ほどの諸銀山よりの収納灰吹銀のほかは，文政銀を「吹抜」するほかなかったと思われる。

　以上のように，佐藤データは，金銀貨ともに新貨発行にともなう旧貨回収高を過大に評価する傾向があり，また少なくとも第5・6期について，文字銀・文政銀から安永二朱銀などの計数銀貨への期間途中の「吹抜」分を，貨幣在高算出のさいに二重計算していることがあきらかとなった。

5) 貨幣在高の修正推計

　以上でおこなった諸検討の結果をまとめると表4-9のようになる。

　佐藤データに対するおもな修正は，第2〜5期における金銀貨の海外流出高の修正，および第5・6期における文字銀・文政銀の二朱銀・一朱銀への「吹抜」高による各期末貨幣在高の修正である。この場合，たとえば元禄金流出高は，佐藤データの52万両に対し，せいぜい20万両としていて，差額32万両は第2期の金貨在高を上方修正するのみならず，第3期にくりこされるが，これは第3期末までに回収・改鋳された（すなわち，第3期改鋳高の上方修正による相殺）と考えている。第5・6期における秤量銀貨から計数銀貨への「吹抜」見落し分は，その額だけ下方修正すれば修正値が出る。

　表4-5において，第1期の金貨流出高を大幅に下方修正しているにもかかわらずここで在高を下方修正しないのは，佐藤データの慶長金鋳造高じたいが，その流出高と第2期における慶長金回収・改鋳高から逆算して推定されたもの[29]と考えられるからである。したがって，ここでは逆に慶長金鋳造高じた

---

29) 前掲新井白石はいわゆる「改貨議」において，慶長金の鋳造高じたいについては，海外流出高や元禄金への改鋳高等についての検討をおこなった後に，不明期間の流出高を独自に推定し，逆算して鋳造額を推計しているにすぎない（「白石建議」4，『日本経済大典』4，所収，128-129頁。また，前掲『図録 日本の貨幣』2，172頁，前掲『新稿両替年代記関鍵』資料篇，779-780頁）。

いが佐藤データの1,473万両から少なくとも250万両下方修正されることを留意しておこう[30]。

さらに，表4-3および4-4に示した1736年の後藤庄三郎と銀座年寄報告のデータに依拠して修正を加えた。すでに論じたように，たとえば慶長金のように第2期末（1710年）以降の在高を10万両とする佐藤データに対して，第4期末（1736年）の在高を100万両とする後藤データは，たんに第4期の在高だけでなく，第3期および第2期の慶長金在高についても上方修正を要求する。ここでは，佐藤データを裏づける史料はなく，データ作成年次がよ

表4-9 佐藤データの修正

		佐藤データ	暫定修正値
第1期	金　貨	10,627	10,627
	秤量銀貨	157	200
第2期	金　貨	13,830	15,050
	秤量銀貨	394	644
第3期	金　貨	12,100	13,570
	秤量銀貨	775	1,085
第4期	金　貨	9,038	10,838
	秤量銀貨	331	611
第5期	金　貨	18,984	19,114
	秤量銀貨	527	252
第6期	金　貨	23,699	23,699
	秤量銀貨	381	321

注) 1：単位は金貨千両，銀貨千目貫。千位以下を四捨五入。
　　 2：修正値は本章における金銀流出推計高，第5・6期の二朱銀・一朱銀「吹抜」高，および1736年銀座報告データに依拠した推計。

り当時の事情を反映していると思われる後藤データの方が実態に近いものと判断する。そうすると，佐藤データが第2，3期について見落としている在高が第5期以降どのように推移したかというあらたな問題が生じる。第4期末の1736年時点では，たしかに正徳・享保金銀貨については両データともほぼ一致しているが，宝永金銀以前にさかのぼるほど大きな相違が生じ，金銀在高に影響をおよぼすことになるからである。そこで，佐藤データの第4期までの見落し分は，約80年にわたる第5期間中になんらかの形で回収ないし鋳直され，第5期末以降の在高に影響を与えないものとして，ここでは処理した。佐藤データのように，宝永改鋳期以前の金銀貨がこの期にすべて回収・改鋳されたとは考えがたいが，若干は残存していたとしても多くは退蔵され，国内経済に大きく影響を与えるほどのものとは考えがたいであろう。

---

30) 本章表4-1の「後藤方」データにおいて，慶長金「吹立高」が「不詳」となっているのは，その鋳造高がもともと明確でないからである。

120　第Ⅰ部　貨幣流通から見る近世日本経済

　徳川期の貨幣数量にかんする以上のような検討結果を，佐藤データをもとに山口がすでにおこなっている時期区分と集計法に従って，表 4-9 の修正作業をもとに山口推計と対比したのが表 4-10 の「岩橋旧推計」である。その際，各期末の総貨幣量を知るため，山口と同様に金 1 両＝銀 60 匁という公定相場で金貨に換算して集計した[31]。また，新旧金銀貨集計の際，げんみつには良貨・悪貨間に存在した増歩に留意して在高を調整する必要があるが，しかし，各期末時における新金銀貨はおおむね 3 分の 2 以上占めている場合が多く，複雑な増歩計算による修正がかならずしも完全な流通実態を示しているとも言えない[32]ので，徳川全期の在高趨勢をとらえることを第一義としてあえて山口推計とおなじく同等に扱うこととした。

　ところで，おもに第 5 期以前の金銀在高について，さらなる修正を求める林定吉の見解[33]がある。そこでの基本的な考え方は，ここまでの検討であきらかになった佐藤データの「引替高」の問題点をより大きくとらえ，各時期の在高を確定する方法として「鋳造高（ないし前期在高）−（引替高＋海外流出高）」という計算式をとらず，可能なかぎり改鋳期前後の在高記録に依拠しようというものである。その立論の根拠として提示されたのは，これまで取り上げていなかった幕府勘定所に残る「計局秘録」に収載された 1843（天保 14）年調査の「新古通用金高」と「新古通用銀高」の二つの史料である。そこで記録された個々の金銀貨改鋳高を幕末期の記録である佐藤データと対比すると，たとえば元禄銀のように正徳期までにすべて引き替えられていたことになっているのが天保期にもまだ 10 万貫目残っていたり，天保期から幕末期に在高が約 300 万両のまま推移していたことになっていた文字（元文）金が天保当初にはまだ 500 万両近くあり，その後も少しずつ回収・改鋳されていたりしていたことがあきらかになる。要するに，佐藤データは古い時期ほど改鋳高を過大評価する

---

31) 金銀相場が公定相場からおおきく離れるのは，つぎの 3 期である（いずれも江戸相場，中井信彦編「近世相場一覧」『読史総覧』人物往来社，1966 年）。第 3 期末（73 匁）と第 7 期末（71 匁），第 8 期末（約 90 匁）。

32) 前掲山口和雄論文，77 頁。

33) 林定吉「江戸時代の金銀貨在高について」『中央史学』4，1981 年。

表 4-10 徳川期金銀貨数量の対比

（単位：金貨・計数銀貨は千両，秤量銀貨は千貫目）

期末年	貨幣類別	山口推計	金貨換算	岩橋旧推計	金貨換算	林推計	金貨換算	岩橋新推計	金貨換算
第1期 1695(元禄8)年	金貨	157	10,627	200	10,627	328	10,527	328	10,627
	秤量銀貨		2,618		3,333		5,305		5,467
	計		13,245		13,960		15,832		16,094
第2期 1710(宝永7)年	金貨	394	13,830	644	15,050	438	15,894	644	15,050
	秤量銀貨		6,570		10,755		7,480		10,755
	計		20,400		25,805		23,374		25,805
第3期 1714(正徳4)年	金貨	774	12,100	1,085	13,570	838	21,275	1,085	19,405
	秤量銀貨		12,958		18,120		11,559		18,120
	計		25,058		31,690		32,834		37,525
第4期 1736(元文1)年	金貨	331	9,038	611	10,838	307	9,409	611	10,838
	秤量銀貨		5,517		10,204		5,471		10,204
	計		14,555		21,042		14,880		21,042
第5期 1818(文政1)年	金貨	527	18,984	252	19,114	240	17,423	252	19,114
	秤量銀貨		8,780		4,208		3,898		4,208
	計数銀貨		5,933		5,933		5,933		5,933
	計		33,697		29,255		27,254		29,255
第6期 1832(天保3)年	金貨	381	23,699	321	23,699			321	23,699
	秤量銀貨		6,357		5,361				5,361
	計数銀貨		16,804		16,804				16,804
	計		46,860		45,864				45,864
第7期 1858(安政5)年	金貨	234	28,315	234	28,315			234	28,315
	秤量銀貨		3,902		3,902				3,902
	計数銀貨		20,536		20,536				20,536
	計		52,750		52,750				52,750
第8期 1869(明治2)年	金貨	211	74,821	211	74,321			211	74,321
	秤量銀貨		3,512		3,512				2,344
	計数銀貨		52,392		52,392				52,392
	計		130,724		130,224				129,057

注）秤量銀貨の両建て換算は全期とも60匁，新推計の8期のみ90匁とした。ただし林推計のみ，各期通用銀相場による。

傾向があり，可能なかぎり同時代の記録を求めて修正する必要を述べている。

ただし林推計にも難点があり，貨幣在高にかんする同時代記録がかならずしも十分には得られないなかで，個々の貨幣について時期別に在高を知るには相当な工夫を要することである。たとえば，1695（元禄8）年時点での慶長銀在

高は 327,772 貫目としているが，この在高はつぎのような手の込んだ計算法で導き出される。まず，1714（正徳 4）年に改鋳に携わった住友家の記録に慶長銀の回収・改鋳高が 289,980 貫目とある。また，銀座年寄記録に 1736（元文元）年慶長銀在高 20 万貫目とあるが，林はこの在高が多すぎるとして，享保銀が通用銀であった 1730（享保 15）年に出た「銀通用之法」から当時の慶長銀在高を算定する。すなわち，当時は良貨の享保銀が素材不足で供給過少の状況であったが，同品位の退蔵慶長銀を民間から放出させるべく，通用（享保）銀 500 目包みの際はそのなかに慶長銀 2 丁（43 匁×2）を取り混ぜること，すでに享保銀のみで 500 目包みとしている場合は，10 貫目のうち慶長銀 1 貫目を取り混ぜることが定められた。林は，この享保銀に対する慶長銀の 2 種の比率の中間の 1.55 割が当時の慶長銀在高であると仮定し，当時の享保銀在高（天保 14 年引替高）から算定した（243,820 貫目×0.155＝37,792 貫目）。この慶長銀在高とそれ以前に回収・改鋳した慶長銀 289,980 貫目を合計すれば，1695（元禄 8）年の在高 327,772 貫目となる[34]。この方法によれば，鋳造高や海外流出高があいまいでも，基本的に回収・改鋳高がわかれば在高がわかるという論理である。

元文元年銀座記録での慶長銀在高 20 万貫目はたしかに過多と思われ，それに代わる修正値推計法としてはきわめて巧妙と言わざるをえない。が，一方で林が明治初年に編集された記録（佐藤データ）よりも徳川期記録を尊重して算出すべしとの趣旨[35]を強調する割には，その分析方法は一貫性に欠ける。上述のような享保期の慶長銀在高を幕府通用令での割合のみから推定するのでは不十分で，ほぼ同時代の銀座記録を，概数とはいえ一方的に否定することもできないのではなかろうか。元禄改鋳以降の悪貨政策で，良貨の慶長銀は相当に退蔵されたことが予想され，度重なる幕府の増歩令によってもそれが民間から放出されない状況下での混合割合令だったから，その割合は相当に控えめであったことも想定されよう。林は，慶長銀の 1710（宝永 7）年，1714（正徳 4）

34）同上，62，65，67-70 頁。
35）同上，67 頁。

第4章　徳川時代の貨幣数量　123

年の在高は 1736（元文元）年の在高と同一であり，26 年間にわたりまったく回収されなかったという事態を推定しているが，まさにそれは，退蔵銀貨を放出するには不利な状況が継続していた証と考えることもできよう。

とはいえ，徳川期における金銀在高をうかがう同時代の史料は，現段階ではおおむね前節までで紹介したかぎりであり，基本的には佐藤データを手がかりにし，そこでの問題点を修正しつつより実態に近い貨幣在高を求めるほかないであろう。そのためにこれまで本章でおこなった推計（以下，岩橋推計と称す）を林推計と対比すると，表 4-10 のようになる。以下，大きな差異が生じている部分の検討をしよう。

まず第 1 期では 12.8 万貫目の差異があるが，その理由は岩橋推計が佐藤データをもとに，鋳造高から海外流出高修正値を除いて 20 万貫目を採用しているのに対し，林推計では正徳 2 年の白石「改貨議」と住友家記録に依拠して327,772 貫目としているためである。鋳造高 120 万貫目は多くの史料が一致しており，本章で検討したように流出高は 100 万貫目を下回ることはなさそうである。そうすると，元禄改鋳期の慶長銀在高が 20 万貫目を上回ることはありえないこととなる。しかし，海外流出高には幕府鋳造銀以外の灰吹銀や領国銀も含まれていた可能性は否定できない。新井白石「改貨議」や正徳期銀座記録で 30 万貫目近い在高が示されているのは，あきらかに慶長銀だけが流出したわけではなかったことを示す。したがって，第 1 期の銀貨在高については，きわめて不確定要素が強いが，流出銀に多くの幕府銀貨以外の灰吹銀等も含まれていたという想定のもと，より元禄改鋳期に近い記録にもとづく林推計による数値をここでは援用したい。

第 2 期の銀貨在高は岩橋推計の方が 20 万貫目ほど多い。その差の要因は，林推計が，元禄改鋳期に慶長銀が急速に回収され，宝永銀鋳造のため元禄銀とともに大半鋳直されたとしているのに対し，岩橋推計では，元文期銀座記録（表 4-4）における「世上在高」として，慶長銀と元禄銀がまだ合わせて 30 万貫目以上記録されていることを重視しているためである。とりわけ，概数の慶長銀在高はともかく，林が 1710（宝永 7）年に 85,217 貫目とする元禄銀は 26年後の銀座記録でもまだ 136,088 貫目と，5 万貫目多く残っており，第 2 期末

124　第Ⅰ部　貨幣流通から見る近世日本経済

にはさらに多く残っていた可能性すらある。慶長銀については 16 万貫目ほど
の差があるので，合わせて 20 万貫目ほどの差が生じているわけである。ここ
では第 1 期での推計手順にかんがみ，銀座記録の数値を重視して，岩橋推計
データのままとする。

　第 3 期は，銀貨と金貨に少なくない差が生じており，とくに金貨で著しく
なっている。佐藤データはすでに指摘したように，時期をさかのぼるほど旧貨
幣の新貨幣への鋳直し改鋳高を過大に（あるいは早期に）見積もる傾向があり，
たとえば慶長金の場合，元禄改鋳期に 99 ％ も回収され，在高は 1 ％ にも満た
ない 10 万両とされている。同様に元禄金も乾字金新鋳のために大半が回収・
改鋳され，第 3 期末には鋳造高の 1.5 ％ にあたるわずか 20 万両ほどしか残っ
ていなかったことになっている。しかし，白石「改貨議」によれば，林も紹介
しているように両金貨はまだ 800 万両余も残っていた[36]。このことが表 4-10
において林推計で在高を多く見積もった理由となっている。佐藤データの第 5
期以前の改鋳高過大見積もりについては岩橋推計でも先述のように指摘してい
るところであるが，第 3 期について岩橋推計では白石データの援用をおこなっ
ていなかったので，林の提言を受け入れたい[37]。

　第 3 期の銀貨は，第 2 期とおなじく，林推計では 1736 年銀座記録によらず
独自の推計法によっていて，慶長銀と元禄銀の回収・改鋳高を 20 万貫目ほど
過少に見積もったために生じた差である。前期と同様の理由でこれまでの推計
を修正していない。

　第 4 期は銀貨に大きな差がある。岩橋推計が 1736 年銀座記録における世上
在高合計から，同記録で欠落している海外流出高を差引いた数値を用いている
のに対し，林推計は 1843（天保 14）年勘定所記録をもとに幕府が回収・改鋳
した数値を推定し集計している。その際，銀座記録では慶長・元禄銀合わせて

36）前掲「改貨議」128-129 頁，および前掲林定吉論文，65, 70 頁。
37）前掲林定吉論文 72 頁では貨幣の品位調整をおこなって，第 3 期末金貨在高が 21,275 千
　　両となっているが，ここでは旧稿同様，また白石が集計議論するさいにもおこなってい
　　る名目単位での集計法に従って，同 70 頁に作表されている在高合計 1,941 万両を援用
　　する。

30万貫目以上の在高を示しているのに対し，林推計では両銀貨は7万貫目余にすぎないほか，享保銀の鋳造額が33万貫目あり，海外流出高はさきに検討したようにわずか3千貫目にすぎなかったにもかかわらず24万貫目とするなど過少見積もりをしており，その結果30万貫目余の差が生じている。ここではとりわけ同時代の銀座記録に在高が明示されていることから，岩橋推計の数値のままとする。

第5期は，金貨在高が林推計では岩橋推計より170万両（9％）ほど少なく，また銀貨は1.2万貫目（全体の5％未満）ほど少ないが，比較的差は少ない。金貨については林が大判について主として賞賜に使われ，貨幣的使用が少ないことから集計に際し省いている（ただし，その比率は金貨在高の2％未満）ことと，元禄〜享保金の在高が1843（天保14）年銀座記録の「世上在高」で合わせて200万両余確認できるのに，わずか2万両ほどの在高としているためである。銀貨も同様に，天保期に合わせて20万貫目余残っていたことが確認できるのに，慶長〜享保銀がすべて改鋳されていたとしており，銀座記録が援用されていない。ここでも岩橋推計に修正を求めるほどの提言とは認められず，さらなる修正はおこなっていない。

計数銀貨が多種発行される第6期以降については，在高記録がより正確度を増すためか，数値の差はほとんど認められないので，林は第6期以降の検討を省いている。

その結果，林推計による岩橋推計批判に対する要修正点は，正徳期の白石データをあらたに取り入れて考察した2点にとどまった。今後の未利用史料の発掘により，なお不正確な時期の在高が修正される可能性はあるが，現時点での徳川期金銀貨在高の推移は表4-10「岩橋新推計」に示したとおりである。

2　銭貨在高の推移

徳川期の銭貨鋳造量については，幕府金銀貨のように主として改鋳期別の流通残高ないし鋳造累計量を示す史料が得られない。幕末開港後については銭貨

126 第Ⅰ部 貨幣流通から見る近世日本経済

種別ごとに幕府残存の断片的史料にもとづいて明治初年に新政府がとりまとめた比較的詳細な記録が得られる。しかし，それ以前については，銭座ごとの鋳造能力と鋳造期間から個別に鋳造量を推計し，一定時期ごとの鋳造累計量を銭貨流通量とみなすほかない。銭貨鋳造は金銀貨の場合と異なって幕府の直接管理下ではなく委託請負関係でおこなわれた。しかも，銭座開設が多い時には元文─寛保（1736-44）期の 8 年間で判明するだけで 21 ヵ所確認でき（III, p. 244）[38]，いずれも全国にわたり公募された請負鋳造であったので，すべてについて鋳造量を把握するには多くの困難を伴う。このような状況下で日本銀行調査局編『図録 日本の貨幣』（以下，『図録』）2～4 巻は現在判明するかぎりの関連史料を渉猟し，鋳造所ごとの稼働期間と個々の鋳造量を推計している。

　しかし，それでもなお情報欠落のため推計を猶予したままである銭座もあり，それらは同時期の他銭座の鋳造能力を勘案しながら空白部分の推計をおこなうしかない。さらに，『図録』刊行後，推計の典拠となった史料にきわめて重要な誤りが発見された例もあり，大幅な補正を施さねばならない。以上をふまえ，つぎに鋳造時期の順をおって金銀貨の時期別在高に相応する銭貨在高を推計しよう。しかる後，その作業による近世各期の累計高を銭貨流通高とみなし，幕末期のそれら集積高と新政府による明治初年データとを対比させ，一定の補正を施したい。

1）近世前期の銭貨在高

　徳川幕府による最初の銭貨公鋳は 1636（寛永 13）年に始まる寛永通宝とされるが，これは慶長小判・丁銀の鋳造が始まった 1601（慶長 6）年よりはるかに遅れたものである。この間，小額貨幣を欠いていたように見えるが，基本的には前時代において基軸的貨幣であった中国からの渡来銭や私鋳銭が鐚銭として小額貨幣の役割を果たしていた。幕府は 1608（慶長 13）年に金貨と鐚銭の交換比率を定める布令を出し，翌年には金銀貨の交換比率も定めたので，実質

38）本節でとくに注記しない記述は，日本銀行調査局編『図録 日本の貨幣』2～4（東洋経済新報社，1973-74 年）に依拠している。とくに出典頁を必要とする場合は，本文該当箇所に巻数（II～IV）で示し，その後に頁数を示す。

第 4 章　徳川時代の貨幣数量　**127**

的に「三貨制度」は 1608 年に始まっていると言ってよい。この布令で銀 1 匁は銭 80 文とされたが，京都では前世紀末に 300 文前後，17 世紀に入り 150 文前後と銭安かつ不安定な銀銭相場であった。しかし 1605-6 年頃には 80 文前後の相場となり，その後寛永期に向け 50～60 文の水準で安定化していった[39]。いわば，あらたに市場に出回りつつあった慶長金銀貨を補完する銭貨として，前時代の鐚銭を新時代に取り込むことによって三貨制度が始まったのである。もとより幕府は早期に独自の銭貨鋳造をおこなうことを模索していて，すでに 1606 年頃に慶長通宝，1617（元和 3）年頃に元和通宝を鋳造したが，その出回り額はさほど大量ではなく，いずれも寛永通宝の鋳造・発行のための試鋳段階にとどまったとされる。

　寛永通宝発行後も鐚銭はただちには回収されず，併用された。当時の銭貨需要にあらたな寛永通宝のみでは対応できなかったためである。しかし，1668（寛文 8）年以降，いわゆる「新寛永」ないし「文銭」の大量発行後は鐚銭が通用停止の対象となり，摩耗も進んだために寛永通宝と等価での流通が不可能となった。さらに相当額が海外に銅材として輸出された。したがって，17 世紀後半以降は国内流通の銭貨は大半が公鋳銭貨であったと見てよいだろう。

　前述のように徳川期の銭貨公鋳は幕府直営ではなく，銭座を期間限定で設置し，その運営を民間業者や諸藩に委託して鋳造を進めた。1 鋳造所あたりの鋳銭能力はおおむね一定であったらしく，大量に銭貨を必要とする時は銭座を多く設置し，それが過剰気味になると当初の鋳造期限前であっても稼働を停止したようである。

　寛永期の鋳銭はまず 1636 年に江戸の浅草と芝，近江坂本，京都建仁寺，大坂の 5 ヵ所で銭座が設置され，ついで翌年水戸，仙台等，全国合わせて 8 つの藩に鋳銭所設置が委託された。さらに 1639（寛永 16）年には駿河にも銭座が追加されたが，この頃になると贋造銭も出回りだしたため，翌 40 年，銭座での鋳銭は停止となった。合わせて 14 ヵ所での寛永期の鋳銭量の記録はない。しかし，つぎの 1656（明暦 2）年に再開された明暦・万治期の鋳銭では江戸鳥

39）岩橋勝「江戸期貨幣制度のダイナミズム」（『金融研究』17-3，1998 年）61-62 頁。

128　第 I 部　貨幣流通から見る近世日本経済

越銭座と駿河沓谷村銭座での 4 年間の鋳造量の記録があり，それぞれ 30 万貫
文，20 万貫文であった（II，208 頁）。これを手がかりに寛永期の各銭座の年間
鋳銭量を推計し，稼働年数を乗じると寛永期の鋳銭量は 275 万貫文となる（II，
210 頁）。なお，寛文—天和（1661-84）期の鋳銭は江戸亀戸村 1 ヵ所のみの稼働
であったが，呉服師の後藤縫殿助や茶屋四郎二郎等 6 名が請負人となった強力
な経営陣であった。このため，1 銭座のみで 16 年間存続し，合わせて 197 万
貫文（年間平均 12 万貫文余）を鋳造したことが新井白石「折たく柴の記」に記
述されている。

　約 1 世紀にわたって安定流通した慶長金銀貨が，増鋳のための素材不足によ
りはじめて 17 世紀末に改鋳され，品位下落を余儀なくさせられたのに応じて，
銭貨も質を低下させた。いわゆる荻原銭と宝永通宝（十文銭）である。前者は
江戸と京都で 8 年ずつ鋳造された。年間 10 万貫文の鋳造が推定され，合わせ
て 160 万貫文となる（III，193 頁）。後者は京都七条銭座で荻原銭の鋳造が停止
された後，1708（宝永 5）年に引き続いて鋳造された。1 枚 10 文通用の，はじ
めての大銭であったが，重量が荻原銭の 3 倍強しかなかったため流通界ではき
わめて不評で，わずか 1 年間で鋳造停止となった。鋳造高は，請負人となった
京都糸割符商人の幕府への上納記録により，48 万貫文弱と見込まれる（III，
196 頁）。

　金銀貨が一時的に良貨主義に戻された正徳・享保期は，銭貨も良質な寛永通
宝に戻された。まず 1714（正徳 4）年から 5 年間にわたって，寛文期に請け
負った呉服師 6 名がふたたび江戸亀戸で耳白銭と称された銭貨を鋳造した。年
間 10 万貫文と推定される。ついで 1717（享保 2）年から 17 年余にわたり，幕
府直営で佐渡において銀山からの産銅を素材とした鋳銭が始まった。年間 1 万
貫文が目標とされた。同地での鋳銭は 1735（享保 20）年からは不足銅を近辺
の出羽・奥州から補充する約束のもと，年間 1 万貫文を鋳造することで相川町
人が請け負い，41 年まで 7 年間継続した。佐渡銭は合わせて 24 万貫文が見込
まれる。さらに享保期には江戸深川，京都七条，仙台石巻，大坂難波に銭座が
置かれ，鋳造能力と期間から推定して合わせて 160 万貫文がこの 4 座で鋳造さ
れた。正徳・享保期の鋳銭量は合わせて 234 万貫文が見込まれる[40]。

2) 近世後期の銭貨在高

　幕府は正徳・享保期の良貨政策から，元文期（1736-41）にふたたび金銀貨の品位を落として貨幣需要に見合う増鋳政策に転じたが，銭貨も同様の政策転換を免れなかった。具体的には，金銀貨の増鋳に見合う銭貨増鋳がおこなわれないと，相対的に銭貨不足が生じ，銭相場の騰貴で市場が混乱する。このため幕府は金銀貨の改鋳と並行して銭貨も増鋳することとし，広く全国的に銭貨鋳造請負者を募集した。1736年，江戸深川と小梅，山城鳥羽と伏見の4ヵ所に銭座を設置したのを手始めに，翌年には紀伊中之島，下野日光，江戸亀戸，出羽秋田の4ヵ所というように，1743（寛保3）年にいたる8年間で全国合わせて21ヵ所（1735年より稼働している佐渡銭座を含む）も設置した。しかも，年間鋳造額も大坂高津の20万貫文，江戸小梅および平野新田の各15万貫文，江戸深川および小名木川，出羽秋田，摂津加島の4ヵ所は各10万貫文というように，鋳銭規模の大きな銭座が多かった。この時期には銭座ごとの年間鋳造請負額が判明する所が多く，それぞれの鋳造期間によって銭座別の鋳造量を合計すると676万貫文にもなる（III, 244頁）。さらに鋳造額の不明な銭座についての推定額を加えると745万貫文にもなり[41]，享保末年までの銭貨鋳造累計額の8割近くになる量であった。元文改鋳の初期に騰貴した銭相場もようやく銭安となり，

---

40) 正徳・享保期の総鋳銭量について『図録 日本の貨幣』3, 245頁に概括されているデータでは合わせて268万貫文となっている。しかし，222-226頁における各銭座の鋳銭量推計についての説明では本書で説明したようになり，食い違いが生じる。そこで本書では各銭座集計の推計値を利用することとする。

41) 『図録』3が元文—延享期の銭座で鋳造額不明なままとしているのは，つぎの5座であるが，いずれも近傍の銭座の年間鋳造額と鋳造期間に準じてつぎのように推計した。①山城伏見（近傍の山城鳥羽横大路銭座と同様とみなし，50万貫文，ただし，「銅鉄2品」とあるので，それぞれ25万貫文ずつとした。）②下野日光（典拠の『銭録』に，請負期間が300日とあるので，当時の平均的な鋳造能力から5万貫文とした。銅銭のみとのことである。）③相模藤沢・吉田島（玄倉銅山の産銅を用いて2ヵ所で鋳銭。控えめに合わせて10万貫文と推計。）④甲斐横沢（鋳銭期間が半年ほどであることがあきらかであり，数万貫文ほどと推計。）なおこの期に長崎2ヵ所で銭座が稼働し，10貫文ほどが見込まれるが，いずれも貿易銭として流出したであろうから，この期の鋳銭量には算入していない。結果，『図録』3が不明として算入しなかった鋳銭量は約70万貫文となる。

130　第Ⅰ部　貨幣流通から見る近世日本経済

幕府は鋳造請負期間途中の銭座に対しても 1743 年に鋳造停止令を発するなどして，鋳造量を抑制する方向に転じた。

　元文期の銭貨鋳造で特徴的なことは，何よりも短期間に大量の銭貨供給ができたことであるが，それが可能となった主要因はこれまで素材として求めていた銅に代えて，鉄を用いるようになったことである。幕府が鉄銭鋳造に踏み切ったのは 1739（元文 4）年であるが，同年から鋳造の始まった江戸本所柳島銭座では 6 年間で鋳造された合計 30 万貫文，そして翌 40 年から稼働した江戸小名木川銭座でも 6 年間に鋳造された合計 60 万貫文のすべてが鉄銭だった。ただし 39 年以降に鋳造の始まった銭座でも，たとえば 5 年間の総鋳造額が 80 万貫文と推定される大坂高津銭座では鉄銭はまったく鋳造されなかったし，高津銭座の翌年に稼働の始まった下野足尾銭座でもすべて銅銭であった。この時期には長崎御用銅を確保するため鋳銭用の素材銅をできるだけ節約しつつも，銭貨はあくまで銅銭が主で，鉄銭は銭貨不足を補うための補助的な地位にあったことがわかる。このため当初は銅銭と鉄銭の間には 2〜5 ％ の価格差がついたと言われる[42] が，こののち鉄銭が銭貨の主流となるにつれて，両者間の歩合差は解消した。銭貨の名目貨幣化が成立したと言える。なお，この期の銅，鉄別の銭貨鋳造量は，『図録』によるかぎり銅銭 480 万貫文，鉄銭 265 万貫文と推計される。

　宝暦期（1751-63）にはまったく鋳銭がなかったので江戸を中心に次第に銭貨不足が生じ，明和期（1764-72）に入ると再度鋳銭が大規模に始まった。鉄銭とあらたに鋳造の始まった真鍮四文銭が大半であって，銅銭のみの鋳造は長崎銭座で貿易用に 23 万貫文[43]，また佐渡相川銭座で 6 万貫文弱であった。鉄銭は江戸亀戸で 9 年間に 226 万貫文，年間平均 25 万貫文というこれまでで最大の鋳銭規模だった。亀戸では別に 20 万貫文の銅銭も作られた。水戸や仙台でも合わせて 108 万貫文の鉄銭が鋳造された。西日本ではわずかに伏見でのみ

---

42)『図録』3，245 頁。

43) この長崎銭座鋳造銅銭は「阿蘭陀代り物其外渡銭の遣ひ方等」に用いられ，国内はもとより長崎市街にも還流する余地は少なかったようなので，ここでの鋳銭累計額には算入していない。

第 4 章 徳川時代の貨幣数量 **131**

鉄銭が鋳造されたが，鋳造額は 142 万貫文とまとまった量であった（III，266-270 頁）。

　四文銭は江戸深川十万坪銭座のみで鋳造された真鍮銭で，この期の他の銭座が 10 年未満で鋳造を停止させられているのに対し，同銭座は 1788（天明 8）年まで 21 年間にわたって稼働した。幕府の新種銭貨への思い入れがわかる。このためか鋳造額は，典拠とされている「貨幣秘録」に明示された，並銭（一文銭）に換算して 2,214 万貫文という巨額な鋳銭高がこれまで受け入れられてきた（III，267 頁）[44]。たしかに，それまでの江戸銭相場は，金銀貨改鋳直後に一時的に乱高下することがあっても，金 1 両につき銭 4 貫文という基準相場が維持され，明和期一文銭増鋳後の 3 年間も，銭相場は若干銭安に動いた程度であったが，四文銭鋳造が始まると，翌年には 1 両あたり 5 貫文の水準に達し，10 年後には 6 貫文にまで下落して，以降は幕末まで 6 貫文台で推移した。また大坂銭相場も銭 1 貫文あたり銀 15 匁前後の水準から，同じ期間に銀 10 匁前後の水準に変動した。つまり，四文銭は銭相場を構造的に，大幅に変動させるほどの発行だったことになる。

　それにしても，「貨幣秘録」に示された四文銭鋳造量は寛永期以後明和期までの銭貨鋳造の累計額約 1700 万貫文をはるかに超えるものであり，明和期一文銭と合計するならば前時代の銭貨流通量を一気に 2 倍半も増加させことになる。いかに銭貨不足が生じていたとはいえ，この増加率は異常であり，銭相場も 5 割以下に低落してしかるべきであった。このような疑念が生じていたなかで，安国良一は「貨幣秘録」を類本と照合し，他の関連史料からも傍証・検討した結果，同史料の記述は真鍮銭「総吹高五百五拾三万六千三百八拾貫弐百八文（枚）」の冒頭の数字「五百」が誤記されていて，真正値は 53 万貫文余（一文銭換算で 215 万貫文）であることをあきらかにした[45]。この修正により明和

---

44) 筆者は通説による四文銭鋳造量を一応受け入れながらも，あまりにそれが異常な数値であることについては疑念を提示し，検討が必要であることを表明しておいた（岩橋勝「近世銭相場の変動と地域比較——東日本を中心として」，『福岡大学商学論叢』40-3，1996 年，13 頁）。

45) 安国良一「寛永通宝真鍮四文銭の鋳造と流通」（『出土銭貨』21，2004 年）113-117 頁。

132　第 I 部　貨幣流通から見る近世日本経済

—天明期（1764-89）の銭貨増鋳は 42 ％の流通量増をもたらしたことがわかり，銭相場の変動結果に照らしてもより合理的に理解できるようになった。

　真鍮四文銭はこの後，文政期の金銀貨改鋳に 1，2 年遅れて 1821（文政 4）年より 5 年間増鋳された。その鋳造量は 7,970 万枚（一文銭換算で約 32 万貫文）であって，鋳銭累計量をわずか 1 ％余増やしたにすぎない。この期に金銀貨は 6 割近く増鋳され，いわゆる「インフレ的成長」[46] を引き起こす主要因となったが，二朱銀や一朱金などの小額金銀貨を大量に含んで鋳造されたので，銭貨に対する需要は相当に限定的であったのである。

　天保期（1830-44）の貨幣改鋳は文政期ほどではなかったが，それでも合わせて 15 ％の金銀貨が増鋳された。この期も 1832 年以降，二朱金が大量に鋳造され，流通したので，銭貨不足は生じなかった。むしろ幕府は天保通宝という 100 文通用の大銭（百文銭）を江戸橋場町で金座に請け負わせて 1835 年に新鋳し，6 年間で 397 万貫文を鋳造（IV，179 頁）させた。その後について『図録』には，1847（弘化 4）年に江戸橋場町で鋳造再開された記録がある（IV，195 頁）が，期間や鋳造量については明示しておらず，明治初年まで断続的に鋳造・発行されたとするにとどまっている。

　なお，鉄一文銭は単独で鋳造すると採算が合わないようになり，そのため金座に百文銭と抱き合わせで請け負わせた。記録によるかぎり 1 年余かけて 8 万貫文余の鋳造[47] にとどまり，1837（天保 8）年に中止された。そのためもあってか，鋳造益の大きいはずの天保通宝はのちの時期にくらべると，相当控えめな鋳造高にとどまった。

3）安政開国期以降の銭貨鋳造

　天保期までの貨幣鋳造は国内の経済状況や幕府の財政動向が主因であったが，

46）新保博『近世の物価と経済発展』（東洋経済新報社，1978 年）323 頁。

47）『図録』4，180 頁では鉄一文銭は 1835（天保 6）年 12 月より翌年 12 月までの間，5 万 8 千万貫文余鋳造した記録を紹介している。その後，翌 1837 年 3 月まで鋳造は持続したことが類推できるが，鋳造額の明記はない。ここでは直近の月別鋳銭記録 8 千貫文余が継続したとみなし，合わせて 8.4 万貫文と推計。

第 4 章　徳川時代の貨幣数量　**133**

安政期以降は国外からの影響を大きく受けることになる。国内外における貨幣素材の価値に大きな格差が生じていたためである。銭貨については，それは素材種別の選択と鋳造量に影響を与えることになった。

当時，銭貨払底が社会問題となっていたが，真に求められていたのはより小額の銭貨であったろう。真鍮四文銭については，橋場町で文政期とは若干成分比を変えて 1859（安政 6）年から 1 年間鋳造されている[48]。おおよそ 6 万貫文の鋳造量が見込まれる。最も払底していたのは一文銭で，鋳造経費が 3 倍にも達するため幕府はなかなか増鋳できないでいた。しかし，安政開国後の銅銭流出をおそれて国内の銅一文銭を歩増して交換回収するため，1859 年，赤字覚悟で鉄一文銭の増鋳に踏み切った。金座が請け負って，江戸郊外の小菅で 7 年半鋳造された。最初の 1 ヵ月で約 1 万貫文鋳造した記録（IV，236 頁）があるので，そのとおり継続したとすれば全期間で 90 万貫文ほどが見込まれる。しかし，『図録』には「金座秘記」関連部分が掲載され，鉄一文銭の鋳造額が 1862（文久 2）年 10 月までに「52 万 8750 貫文余」と示されており（IV，259 頁），1859（安政 6）年 10 月の鋳造開始以来，月平均約 1.5 万貫文となる。その後，1867（慶応 3）年 4 月まで鋳造が継続された（IV，236 頁）ことがあきらかなので，同じペースで鋳造されたとするとさらに約 65 貫文が市場に供給されたことになる。そこで，鉄一文銭は幕末期までに合わせて 120 万貫文が鋳造されたと推計する。

なお，鉄一文銭は，国内外での銅需要に対応するためにこのとき 211 万貫文余回収された銅一文銭と交換すべく，急遽鋳造が開始された（IV，237 および 259 頁）と言われるが，両一文銭の鋳造量および回収量を対比すればあきらかなように，鉄一文銭の鋳造量目標は達成されず，また多くは銅一文銭との交換というよりは，市場における小額貨幣不足に充てざるを得なかったことがわかる。銅一文銭との交換には多くは百文銭が充てられた。

開港後，小額銭貨不足がさらに深刻化し，それまで真鍮製のみであった四文

---

48)『図録』4，235-236 頁では 1857 年から 3 年間鋳造されたとしているが，前掲安国良一論文はその出典文献を検討し，安政期真鍮四文銭鋳造は 1 年間であるとした（118 頁）。ここでは安国説をとり，文政期四文銭鋳造量を基準として，6 万貫文と推計する。

134　第 I 部　貨幣流通から見る近世日本経済

銭について，1860（万延元）年末，幕府はついに鉄製の四文銭を銀座に命じて江戸深川と橋場町で鋳造し始めた。『図録』はその鋳造量を明示していないが，小型の銅四文銭である文久永宝の鋳造が同じ 2 吹所を含む金座・銀座で始まった 1862（文久 2）年末には鉄四文銭を停止している（IV，259-260 頁）ので，かりにさきの金座所管の小菅での鉄一文銭と同じ鋳造能力（年 18 万貫文＝1 億 8 千万枚）があったとすれば，深川，橋場両所合わせて延べ 4 年，約 7 億 2 千万枚（＝288 万貫文）が推計される。文久永宝は 1865 年までの 3 年で 8 億 9 千万枚が鋳造されたと言われる（IV，262 頁）ので，約 350 万貫文が計上される。

　額面の大きさから幕末期銭貨使用の中核を占めるようになる天保通宝については，さきにふれたように『図録』では開国以降の鋳造高があきらかにされていない。しかし，安国良一は金座関連の史料を博捜し，明治政府が調査した幕府時代の百文銭鋳造総額 4,209 万貫文余をベースとしてその推移をあきらかにした[49]。それによれば，まず 1835（天保 6）〜1862（文久 2）年に 2,398 万貫文が鋳造され，その後一時中断の後 1865（慶応元）〜1868（同 4）年にいずれも江戸鋳銭定座で 1,244 万貫文，また 1865（慶応元）〜1867（同 3）年に大坂難波銭座で 399 万貫文が鋳造された。天保期の鋳造額はさきに示したように 397 万貫文であったので，中断再開後の 1847（弘化 4）〜1862（文久 2）年の鋳造高は 2,001 万貫文となる。単純に年平均鋳造高を比較すると，天保期は 66 万貫文，弘化〜文久期は 133 万貫文，慶応期は 411 万貫文[50]であった。安国は，鋳造高が飛躍的に増加したことの状況証拠として，判明するかぎりの大坂銅座から江戸への地丁銅回送量をあきらかにしており，それによれば天保期では年間 3〜9 万斤，弘化〜安政期は 10 数〜50 万斤，万延〜文久期は 50〜330 万斤と着実に増加していた。それらがすべて天保通宝の銅材となったわけではないが，幕末にいたるほど鋳造ペースが上がったことは十分に推測できよう。なお，鋳造期間は不明だが，幕府が大砲を製造した際の鋳屑や火災で焼けた銅などか

49）以下は，2018 年 1 月開催の貨幣史研究会での安国良一「天保通宝の鋳造高について」報告資料による。

50）鋳造時期不明の「別廉」鋳造百文銭 168 万貫文は表 4-11 では慶応期に算入したが，ここでの計算では除外。

ら鋳造した百文銭が別に168万貫文あり，通常に供給された銅材と合計すると，上記の4,209万貫文となる。

このほか，1862年から佐渡で鋳造された鉄一文銭や，水戸藩や仙台藩などで領内通用を原則として鋳造された銭貨（一文銭，四文銭）も幕末期にかけて流通するようになった（Ⅳ，288-294頁）が，鋳造額は不明である。

また，薩摩藩が発行した琉球通宝はほとんど天保通宝と変わらず，上方でも通用するような事例もあったほか，高知，水戸，仙台，盛岡，会津等の諸藩でも多くは幕府の許可を得て天保通宝を鋳造した（Ⅳ，285-298頁）が，幕府管理の鋳銭量を凌駕するほどであったかどうかは不明である。ただし，額面に比し鋳銭コストの低い百文銭には，幕府の許可を得た鋳造量以上に増鋳される誘因があり，結果としての密鋳銭の出回りは幕末期には相当量が見込まれよう。

4) 明治初年銭貨在高データとの接合

以上，今日利用可能なかぎりの関連史料を駆使して時期別の銭貨鋳造状況を検討した『図録 日本の貨幣』での記述をもとに，その後の研究成果と不明部分には想定可能な数量を加算して近世の鋳造高を時期別に検討してきた。それらを集計すると，銭貨の在高は表4-11のように1868年までで6,563万貫文（慶応以前銭相場による金貨換算約1,000万両）となる。これを1873（明治6）年の政府による調査記録「旧貨幣表」[51]における幕末段階での銭貨在高の合計5,284万貫文[52]と対比すると少なくない差異があり，しかも個別の銭貨ごとの在高を対比するとさらに大きな差異が生じている。これをどう考えればよいだろうか。

これらのうち，銭貨額面総量の6割以上を占めた天保通宝については，「旧貨幣表」では総鋳造枚数を4億8480万枚余としているが，これには維新政府

---

51) 三井高維編『新稿 両替年代記関鍵』巻1資料篇（岩波書店，1933年）所収，789頁。作成者は，かねて金銀貨在高推計の典拠ともなったいわゆる「取調書」をも作成した佐藤忠三郎である。

52)「旧貨幣表」は明治8年段階での銭貨個別ごとの評価にもとづく銭貨在高が示されているので，ここでは額面通りの合計に換算してある。

136　第 I 部　貨幣流通から見る近世日本経済

表 4-11　銭貨鋳造量と在高の推移（1636-1868 年）

（単位：万貫文）

時期（年）	鋳造期間	鋳造量	在高（指数）
1636-40（寛永 13-17）	4 年間	275	275
1656-59（明暦 2-万治 2）	4 年間	50	325
1668-83（寛文 8-天和 3）	16 年間	197	522（　100）
1697-1708（元禄 10-宝永 5）	11 年間	208	730（　140）
1714-19（正徳 4-享保 4）	5 年間	50	780（　149）
1717-35（享保 2-20）	19 年間	184	964（　185）
1736-47（元文元-延享 4）	12 年間	銅 480	
		鉄 265	1,709（　327）
1765-81（明和 2-天明元）	16 年間	銅 26	
		鉄 476	
1768-88（明和 5-天明 8）	21 年間	*④215	2,426（　464）
1821-25（文政 4-8）	4 年間	④32	2,458（　471）
1835-37（天保 6-8）	2 年間	鉄①8	
1835-41（天保 6-12）	6 年間	百 397	2,863（　548）
1847-58（弘化 4-安政 5）	12 年間	*百 1,463	4,326（　829）
1859-60（安政 6-万延元）	1 年間	④6	
1859-67（安政 6-慶応 3）	8 年間	鉄①120	
1859-62（安政 6-文久 2）	4 年間	銅①－211	
		**銅①9	
	4 年間	*百 538	
～1867（～慶応 3）		④－190	
1860-62（万延元-文久 2）	2 年間	鉄④40	
1863-65（文久 3-慶応元）	3 年間	銅④350	
～1867（～慶応 3）		***鉄①－236	
1865-68（慶応元-4）	3 年間	*百 1,811	6,563（1,257）

典拠）日本銀行調査局編『図録 日本の貨幣』2～4（東洋経済新報社，1973-74 年）を
基本にし，佐藤忠三郎編「旧貨幣表」（三井高維編『新橋両替年代記関鍵』巻
一，資料篇，岩波書店，1933 年，789-790 頁），および弘化期以降の百文銭は
安国良一「天保通宝の鋳造について」（2018 年 1 月開催の貨幣史研究会報告資
料）を合わせて推計。

注）1：*印は，安国良一による修正値。**印は「再度世上へ散布」の量。***印は永年
摩耗量。

2：①，④，百はそれぞれ一文銭，四文銭，百文銭。明和期以前はすべて一文
銭。

3：銅，鉄は，それぞれ銅銭，鉄銭。

4：鋳造期間は，複数の鋳造所ある場合，開始と停止期の通算期間。また，開
始・停止月が判明する場合は，正味稼働期間。

5：鋳造量のうち，「－（マイナス）」数字は市場より回収，海外流出ないし摩耗
消失の量。

6：1847-58 年と 1859-62 年百文銭鋳造高は，1847-62 年鋳造高合計をもとに，
月別（閏月含む）で案分。また，鋳造期間不明の「別廉」百文銭計 168 万
貫文は，慶応期にまとめて算入。

による鋳造高も含まれているので，幕府管轄下（1868 年 4 月まで）では 4,209
万貫文となる。一方，『図録』での同期間の天保通宝鋳造高累計は 1 千万貫文
にも満たず[53]，「旧貨幣表」の数値があまりに過大に見える。しかし，さきに
ふれたように，銅材再利用での「別廉」鋳造高を含めた安国良一の推計高とは
明確に一致していて，公式鋳造高としては「旧貨幣表」の正確さが確かめられ
た。問題は，実際の市場において，幕府公式銭とは別に，密鋳天保通宝が大量
に出回っていたようであり，薩摩藩関連だけでも幕府鋳造分の半額近い推計が
ある[54]。同密鋳百文銭についてはほかに，水戸，仙台，会津，高知，盛岡，秋
田などの諸藩が知られている（IV，294-298 頁）。開国以降の金銀貨貶質化は周
知のとおりであるが，金銀貨に対する銭貨の相場下落[55]もそれを上回ってい
たことが知られており，これら密鋳百文銭の出回りもその一端を担っていたこ
とが想定できる。

　つぎに幕末期における一文銭在高について『図録』と「旧貨幣表」を対比検
討してみよう。

---

53) 『図録』データに主として依拠して推計した旧稿（岩橋勝「近世貨幣流通の日朝比較史
　　試論」『松山大学論集』17-2，2005 年）では，弘化期以降の百文銭鋳造がほとんど取り
　　上げられておらず，慶応期までのその鋳造累計高はわずか 647 万貫文にとどまっている。
　　ために本節でもって大幅に修正されている。
54) 薩摩藩の場合，幕許を得た琉球通宝のほか，合わせて密鋳した天保通宝を含めた文久 3
　　年からの 3 ヵ年鋳造額は 290 万両相当といわれる（久光重平『日本貨幣史概説』国書刊
　　行会，1996 年，154 頁）。これはおよそ 1,930 万貫文になり，混乱期の国内銭貨供給量
　　の異常さを示している。この鋳造高はいかにも過大に見られるが，明治 29 年末，天保
　　通宝を最終的に回収した際の総額が，幕府鋳造総高をはるかに超える 5 億 8,674 万枚余
　　であった（『図録』7，222-224 頁）。すべてが回収されたわけではなく，幕末維新期に
　　銅材として海外流出したり，民間で退蔵されたままのものも少なくなかったであろうか
　　ら，密鋳銭の多さが類推できよう。
55) 「旧貨幣表」につぎのような説明が含まれている。（前掲三井高維編書，793 頁）
　　　百文銭は天保 6 年銅貨の弁を謀りこれを造る。安政 6 年鋳造を増して銅小銭に代る。
　　万延 2 年幕府諸藩にて発行する紙幣を止め，百文銭を以て引換んとして多数を鋳る。
　　日々 30 万枚 1 ヶ月に及で銅尽其事行れず。紙幣を止むる能はず。而て数多の百文銭徒
　　らに世上に流布し，金銀貨と適度を失し，遂に銭貨の価低下す。天保 6 年始めて鋳造す
　　る時は 40 枚を以て旧貨 1 両に換，安政年間 60 枚を以て 1 両に換，万延増鋳以後百枚を
　　以て 1 両に換，今 125 枚を以て新貨 1 円に換る。

138 第 I 部　貨幣流通から見る近世日本経済

　「旧貨幣表」では，先述のように安政期以前に鋳造された銅一文銭はすべて
回収されて，文久銭鋳造素材や外国支払いに大半が充てられ，わずかに 9 万貫
文が国内市場に再「散布」されたとしている。ところが，『図録』での集計で
は，寛永期初鋳以来合わせて 964 万貫文が確認でき，幕末期にいつでも使用で
きる状態で民間の手もとに退蔵されていたことを示している[56]。そのうち 211
万貫文が回収されたとしてもなお未回収の 700 万貫文余を当時の在高に加えな
いわけには行かないであろう。

　また鉄一文銭については，『図録』の記述をもとに推計した元文期以降幕末
までの鋳造高は 869 万貫文であった。しかるに「旧貨幣表」では 633 万貫文で
あり，『図録』の推計は過大となっている。この差額 236 万貫文は，明和期の
鉄銭大量鋳造（1765〜）以前の元文―延享期（1736-48）の鉄銭鋳造高，265 万
貫文に近似している。鉄銭は銅銭にくらべ摩耗度がはるかに高く，ここでは鋳
造以来 100 年余を経過して幕末期までに 236 万貫文が流通界から姿を消したと
解釈したい[57]。

　さらに四文銭は，真鍮銭が明和期以降万延期までに 253 万貫文が見込まれた
が，「旧貨幣表」では額面高で 63 万貫文にとどまっている。ところで，『図録』
は参考データとして勝海舟編『吹塵録』に収録された銭貨鋳造量を掲載してお

56）幕末期の銅一文銭がどの程度流通ないし退蔵されていたか，まだ不詳な部分が多いが，
　　1864 年生じた 4 国連合艦隊下関砲撃事件の賠償金支払いの際，幕府が享保期以前に発
　　行の良質銅銭 50 万貫文の回収を翌年に急遽おこなっていることは興味深い。米英など
　　から要求された償金は合計 300 万ドルであったが，金座人記録によれば，そのうち金貨
　　（当時は天保小判）について国外からの評価が高かった「耳白銭（正徳・享保期銭貨）」
　　「大形銭（主に寛文期発行の良質銭）」も含めることが求められた。すなわち，「長州之
　　事ニ付，異人江銅小銭五拾万貫（文）御渡シニ可相成趣ニ而，夫故耳白幷大形之分撰出
　　シ可申由ニ有之」（慶応元年 10 月 27 日，永野家文書七，日本銀行貨幣博物館蔵）とあ
　　り，耳白銭と大形銭は合わせても発行総量 250 万貫文ほどであったので，良質銭ほど退蔵
　　されやすかったことを示している。ちなみに慶応初年において，これら良質銭には当時
　　の基準銭である鉄一文銭の 6 倍の交換価値が黙認されていたので，比較的すみやかに退
　　蔵良質銭が回収され，下関賠償金に充てられたのである。
57）鉄一文銭が幕末期に一挙に摩耗消失したとは考えがたく，文政期あたりより徐々に減額
　　したと想定するのが現実的であろうが，表 4-11 では安政期にいたる減額ペースははか
　　りがたいので，便宜的にここでは幕末期にまとめて消失と処理する。

り，そのうち「好事家の手録による」天保末年までの時期別各種銭貨データを示している。それらはいかにも断片的かつ根拠薄弱な数値のように見えるが，真鍮四文銭，鉄一文銭，そして百文銭については『図録』（IV，274-275頁）をもとにここで検討された推計値とほとんど差がなく[58]，当時の幕府内で記録された関連文書が典拠となっていることがわかる[59]。一方，明治初年時点での「旧貨幣表」データは，200年以上も遡る銅一文銭についてはともかく，100年以内の鋳造記録については大きな逸失はないであろう。

このように真鍮銭をめぐる二つの出典内容にともに誤りがないとすれば，この差額は安政期の銅銭回収の際，銅一文銭とともに真鍮銭も百文銭との交換対象になったことによる可能性が生じる。この推定は幕末時点で銅一文銭時価が10倍になり，真鍮四文銭が5倍になっていたことから裏づけられる。明確な記録は残されていないが，当時銅一文銭が大量に海外流出した状況下で，銅成分が7割前後含まれた真鍮銭も外国商人の買い付け対象になったことは十分想定できる。あわせて当時真鍮四文銭は，多くが退蔵されていた銅一文銭にくらべればはるかに多い割合で流通していたであろうから，その回収率も高くなったであろう。したがって，253万貫文鋳造された真鍮四文銭は，「旧貨幣表」が示すとおり，幕末期には4分の1しか残存していなかったものと解釈する。

精鉄四文銭は，『図録』からは288万貫文が見込まれたが，「旧貨幣表」では額面高で40万貫文にすぎない。この差額は，その鋳造額が不明であるため，江戸小菅での鉄一文銭の鋳造能力（月1万貫文）を鋳造期間（30ヵ月）に当てはめたことから過大評価が生じたものと考えられる。鋳造後数年も経過しない明治初年の記録に大きな誤りは考えにくいので，当時の幕府の意向にもかかわらず精鉄四文銭の鋳造が計画通りに進まなかったと見るべきであろう。そこで，

58）『海舟全集』3（改造社，1928年）287-288頁。ここで百文銭は397万貫文，真鍮銭は九六銭勘定で256万貫文（調銭勘定で246万貫文）となっており，ほとんど一致しているので，天保末年までの鋳造量は誤りないことが確かめられる。

59）唯一，「唐銅銭」（銅一文銭）については4,000万貫文としており，ここでの推計値480万貫文と大差が生じている。幕府内でも寛永―寛文期の正確な記録がなく，当事者のあいまいな推定で記録された可能性が高い。

140 第 I 部　貨幣流通から見る近世日本経済

幕末期の鉄四文銭の在高は「旧貨幣表」の 40 万貫文とする。

　なお，文久永宝については，『図録』にもとづく推計が 350 万貫文，「旧貨幣表」では 133.7 万貫文となっている。後者は 1 枚 15 文の評価であるので，額面 4 文で評価すれば 356 万貫文となり，ほとんど一致している。精鉄四文銭と異なり，文久永宝の記録が詳細であったため，明治初年のデータとほとんど乖離がなかったのであろう。

　以上の，「旧貨幣表」との対比検討による，現段階で最も信頼できる近世銭貨の鋳造推移を銭貨種別ごとに表 4-11 に示す。安政開国以降，急速に貨幣素材による差別化が進み，銭貨の同じ額面でも銅銭，真鍮銭と鉄銭では明確に評価の差が生じたことにより「旧貨幣表」では各種銭貨在高はこの評価額で明示されている[60]が，ここでは徳川全期を考察対象とし，金銀貨在高との対比評価の便宜もあり，あえて額面通りの在高で表示している。

　『図録　日本の貨幣』で詳しく検討された近世銭貨の増鋳動向を，明治初年に記録された「旧貨幣表」と対比検討した結果に，これまであきらかではなかった退蔵・消失銭貨や密鋳銭，密輸出銭の動向を加味すると，以下のようにまとめられよう。

　1）まず銅一文銭については「旧貨幣表」が大量の在高を見落としていることが明白である一方，『図録』の記述が百文銭については逆に幕末期の巨額鋳造高を見落としていることがあきらかとなった。銅一文銭は近世中期まではともかく，安政の開国以降，歩増し通用されるようになってようやく市場に出回るようになったと考えられるが，それ以前は多くが国内すみずみで商人や富農層の非常備蓄用に「退蔵」されていたことがうかがわれる[61]。その在高は「旧貨幣表」が示す 9.4 万貫文よりはるかに多く，1,268 万貫文であった。

60）銭貨種別ごとの歩増しに留意して幕末期銭貨供給高を推計した研究がすでに出されている（藤井典子「幕末期の貨幣供給：万延二分金・銭貨を中心に」『金融研究』35-2，2016 年）。

61）明治初年記録の銭貨歩増し情報により，幕末期においても同様割合の歩増しがおこなわれたような理解がされやすいが，慶応元年時点での鉄一文銭基準の相場で，銅一文銭がまだ 4 文（耳白銭・文銭は 6 文）と，のちの 10 文評価とくらべてまだ割安にとどまっており，退蔵銅銭が大量に出回る状況にはいたっていなかった。

第 4 章　徳川時代の貨幣数量　**141**

2）つぎに鉄一文銭については，『図録』の記述にもとづく推計では元文期の初鋳以降の累計高が 869 万貫文となるのに対し，「旧貨幣表」では 633 万貫文と差額が生じた。これは明和期の大量鋳造以前の累計高 265 万貫文に近似しており，銅銭にくらべて使用頻度のより高い鉄銭が摩耗消失したものと解釈でき，「旧貨幣表」データが実態に近いと判断できた。

3）真鍮四文銭については，開国以降の銅銭流出の対象となったという記述を目にすることは少なかった。しかし，ここでの両出典の対比では，累計鋳造額が 253 万貫文見込まれたのに対して幕末期在高はわずか 63 万貫文であった。同四文銭には銅が 7 割前後含まれており，そのために慶応元年の評価では銅一文銭に近い 3 倍の 12 文歩増し通用となっている。銅一文銭の大量流出のかげで真鍮銭も 190 万貫文が流出したと見なければならない[62]。ただしもう一つ，真鍮銭も素材としては銅銭に準じて評価されたから，開国期以降大量に鋳造された百文銭に鋳直された可能性が大きいが，いまのところ直接の手掛かりはなく今後の課題である。

4）『図録』からの情報で最も修正を要するのは，弘化期以降の百文銭の在高である。明治初年の巨額なその在高はこれまでにも知られていたが，その間の空白期の動向が安国良一によってあきらかにされた。とくに弘化―安政期と慶応期に銭貨在高構成を大きく変える増鋳がおこなわれた。

5）開国後の銅一文銭，真鍮四文銭の流出という状況下，幕府はより鋳造コストの安い精鉄四文銭の鋳造を計画したが，『図録』では 288 万貫文が見込まれた。しかし，「旧貨幣表」では額面高で 40 万貫文にすぎなかった。幕府の強い意向にもかかわらず，市場での受容拒絶などもあって計画通りには進まなかった，と解釈するほかないであろう。

6）以上のような比較検討の結果，慶応末年（1868）段階での銭貨在高は額面合計で 6,563 万貫文となる。これは当時の江戸の金銭相場（1 両＝約 9 貫文）で換算すると，約 730 万両[63]となる。しかもそのうち 64 ％ が百文銭（天保通

62）真鍮四文銭も退蔵され，銅一文銭同様に「旧貨幣表」が在高を見落としたと解釈することも可能であろう。ここでは両銭貨初鋳年に 100 年以上の時差があり，よりあたらしい真鍮銭の方が市場に出回る割合が多く，ために海外へも流出しやすかったと解釈する。

142　第 I 部　貨幣流通から見る近世日本経済

宝）であり，幕末期に急速に銭貨の主役の地位を占めるようになったことが知られる。

3　徳川期三貨流通量の推移──むすびにかえて

　この半世紀の間，徳川期の金銀貨については山口和雄が，銭貨については日本銀行調査局が，在高ないし鋳造量の動向の手がかりを示すまとまったデータをはじめて提供して以来，それらを補足したり部分的に修正したりする研究成果が出されてきた。その結果，明治初年段階で政府が調査した貨幣在高のデータを土台にして，時期をよりさかのぼらせ，利用可能なかぎりの同時代の関連史料をつき合わせることにより，近世経済の推移を反映していると考えられる三貨在高の変化を知ることができるようになったわけである。確認しておくなら，ここで「在高」というのは，鋳造高から海外流出したり，改鋳のため市場から回収されたりした高を差引いた，げんみつには流通残高のことであり，流通量そのものではない。その中には従前発行されて未回収のものや，商人の蔵の中で眠ったまま市場で機能していないものも一定量含まれることになる。しかし，徳川期ではこれら流通残高さえもより正確に知ることは政府統計が不在であった当時，およそ不可能であり，本書で検討したデータでもって流通量に代置するほかないであろう。その結果は表 4-12 のようにまとめられる。

　その際，流通量を統括するため銀貨・銭貨を両建てに換算したが，金銀相場は開国期まではすべて幕府公定相場（1 両＝60 匁）とした。元禄改鋳期のあと一時的に上下することはあったが，金銀相場はペリー来航（1853 年）までは比較的安定的に推移してきた。しかし，開国後は次第に銀安に転じ，慶応末年には地域差も拡大して 100 匁前後となったので，この時期のみ換算相場を江戸銀相場の 90 匁に替えた。ただし，この時期には秤量銀貨のシェアは金銀貨全体

63）後掲表 4-12 では，幕末期銭貨在高の両建て換算にさいし従前期との対比のため，あえて 6.5 貫文替えとしたので，両建て在高は 10,097 千両となっている。

第 4 章　徳川時代の貨幣数量　143

表 4-12　徳川期三貨流通量の推移

| 改鋳開始年 (年) | 幕府金銀貨流通残高 | | | | 幕府銭貨鋳造量 | | | 両建て (千両) |
	金貨 (千両)	計数銀貨 (千両)	秤量銀貨 (千両)	合計 (千両)	鋳造期間 (年)	鋳造量 (万貫文)	累計 (万貫文)	
(寛永)					1636-39	275	275	688
(明暦-万治)					1656-59	50	325	813
1695(元禄8)	10,627(66)		5,467(34)	16,094(100)	1668-83	197	522(100)	1,305
1710(宝永7)	15,050(58)		10,755(42)	25,805(100)	1697-1708	208	730(140)	1,825
1714(正徳4)	19,405(52)		18,120(48)	37,525(100)	1714-18	50	780(149)	1,950
1736(元文1)	10,838(52)		10,204(48)	21,042(100)	1717-35	184	964(185)	2,410
1771(明和8)	19,114(68)		8,600(32)	27,714(100)	1736-47	745	1,709(327)	4,273
1818(文政1)	19,114(66)	5,933(20)	4,208(14)	29,255(100)	1765-88	①502		4,043
						④215	2,426(464)	
1832(天保3)	23,699(52)	16,804(36)	5,361(12)	45,864(100)	1821-25	④32	2,458(471)	3,782
					1835-49	①8		
					1835-58	百 1,860	4,326(829)	6,655
1858(安政5)	28,315(54)	20,536(39)	3,902(7)	52,750(100)	1859-67	①-318		
						④206		
1869(明治2)	74,321(57)	52,392(41)	2,344(2)	129,057(100)		百 2,349	6,563(1,257)	10,097

典拠）岩橋勝「徳川時代の貨幣数量」（梅村又次ほか編『日本経済の発展』日本経済新聞社，1976年），同「近世貨幣経済の日朝比較史試論」（『松山大学論集』17-2，2005年）をそれぞれ改訂し，さらに安国良一「天保通宝の鋳造高について」2018年，を参照。

注）1：金銀貨流通量カッコ内は構成比率。
　　2：銭貨鋳造量カッコ内は寛文延宝期鋳銭累計量を 100 とする増加指数。
　　3：銭貨種別の略称はつぎのとおり。①；一文銭　　④；四文銭　　百；百文銭　　その他は一文銭
　　4：幕末期までに銅・鉄一文銭が差引き合わせて 318 万貫文海外流出ないし摩耗消失と推定。
　　5：両建て換算はつぎのとおり。秤量銀貨は 1858 年まで 60 匁，1869 年は 90 匁替え，銭貨は 1747 年まで 4 貫文，1765-88 年は 6 貫文，1821 年以降は 6.5 貫文。

の 2％以下にまで減少しており，換算相場いかんが影響をおよぼす部分はきわめて少ない。また，計数銀貨鋳造直前の流通量を確認するため，表 4-10 では表示のない 1771（明和 8）年の推計値を示した。

　銭貨は金銀貨にくらべると改鋳期以外でも変動幅が大きかった。それでも18 世紀中期までは公定相場の 1 両＝4 貫文を基準に変動しているので，元文改鋳後の混乱が落ち着く 1740 年代まではその公定相場で，18 世紀後半の銭貨増鋳による銭価急落期以降は 6 貫文，さらに銭価をやや落とした 19 世紀初頭以降は 6 貫 500 文とした。慶応末年には銭価は 10 貫文前後にまで下落したが，銀貨にくらべると開国後も幕府崩壊直前まで 6 貫文台の相場を維持しているので，この期のみあえて変更するということはしなかった。

144　第 I 部　貨幣流通から見る近世日本経済

　表 4-12 を一覧し，おおよそ三つの特徴をあげることができるであろう。

　第 1 点は，金貨が三貨のほぼ半分のシェアを占めつつ全期にわたって推移しており，幕府通貨の中核たる資格を示していること。とくに 18 世紀後半以降の計数銀貨の増大はそれ自体が補助的「金貨」の供給を意味し，これまでも言われているように，「金貨本位制」の浸透を示すものであった。そして，その動向が明治期の新貨条例における「円の誕生」に結末したことは説明を要しないであろう。

　第 2 点は，徳川期前半では金貨と対等な位置にあったと思われる秤量銀貨が，18 世紀後半の計数銀貨の増鋳発行以降，しだいに影を薄めてゆき，幕末期には金銀貨総量内で 2 ％ 以下の存在を示すにすぎない位置にいたっていること。この一方で，大坂や京都を中心とする上方地方や，西日本での広域的な銀建て取引は一向に減少せず，手形取引や帳簿取引（book credit）などの信用経済が拡大していたことを示唆する。

　第 3 点は，銭貨は一時的に過多に鋳造された時期もあるが，おおむね金銀貨の 1 割前後のシェアで推移していることが観取できる。そのなかでも，相対的に観察して，18 世紀後半期の銭貨鋳造量が金銀貨在高とくらべてもあきらかに過多であり，それが，公定銭相場である 1 両＝ 4 貫文の水準が急激に 6 貫文に下落した主要因であったことが明白となった。しかし，19 世紀に入ると，鋳造コスト高と銅材不足から，逆に銭貨需要に対応できないようになり，高額銭貨である天保通宝（百文銭）の増鋳でしのぐほかなかった。このことが全国各地で，限定された地域内流通の私札（銭札）が広範に発行・流通するようになる背景となったことが明白である。

第5章
近世の日本・中国・朝鮮における貨幣経済化

はじめに

　一国の近代移行期の経済発展には様々な準備条件が必要であるが，それらのうち貨幣制度の整備・確立は不可欠のインフラであろう。一般に近代的経済発展の基礎的条件として挙げられる国民所得や投資の増加率がいかに上昇しても，貨幣制度や信用制度が十分に整っていなければそれらが有効に機能することはきわめて困難であろう。さらに，制度化は政府活動の重要な機能であるが，それを受容する経済社会の状況によって制度の効果は大きく異ならざるを得ない。貨幣制度を例にとると，政府が，すでに前時代に長い時間をかけて定着している慣行を追認して導入し制度化する場合と，貨幣流通システムが未成熟な段階で一定の先進的貨幣制度をあえて強制的に定着化しようとする場合とでは，その効率性は著しく異ならざるを得ないであろう。

　本章はおなじ東アジアに位置しながら，前近代と近代以降で大きく他国への影響力を変転させた要因の一つとして，近世の貨幣流通の状況を日本，中国，朝鮮の3国について比較検討することを課題としている。周知のとおり，前近代における中国の影響力はたんに東アジアのみにとどまらず，東南アジアはもとより13-14世紀には中東や東欧にまで及んだ。とりわけ16-17世紀にはインドとともに，当時世界に存在した少なからざる割合の銀を飲み込むほどの経済発展をみせ，国内に蓄積された富は容易には費消し尽くせないほどのものであった。朝鮮は中国と地続きで隣接し，つねに大国中国の影響力下にありなが

146　第Ⅰ部　貨幣流通から見る近世日本経済

らも独自の外交力と文化力で民族の独立を多くの時期について全うしたのみならず，東アジアの辺境地・日本に高い文化・技術を伝達し，日本の政治・経済・文化の発展に寄与した。しかしながら，これら3国が近代の局面において，西欧勢力と対峙した際に大きく分岐したことは周知のとおりである。その分岐への転換は3国の「近世」の期間内においてすでに始まっていたであろう。その差異を確認するため，18世紀末の時点で3国の貨幣経済化を比較検討したい。

　3国の比較にあたり，中国は国土が広く，清代においてもその経済規模は日朝両国とくらべて格段の差があったから，ここでは比較対象として福建省を取り上げる。福建省（台湾を除く）は，面積は朝鮮半島の半分ほどしかないが，人口は18世紀末において李氏朝鮮にせまる1,400万人近くあった。そして日朝と同様に国土の地形が，華北平原や長江中下流平原地域のような平地が少なく，多くは山がちであるが，沿海部も多く含み，海外との交流による影響を受けて，経済的条件は比較的類似しているといってよい。中国国内の省別発展度では，江南デルタの中核となっている江蘇省や，東南アジア交易の窓口として発展した広東省には及ばないまでも，他の中国沿岸部よりは発展していた地域として，福建省は位置づけられるであろう。もとより，断片的なデータの得られるかぎり，中国全体の動向も垣間見てみよう。

　また，ここで「近世」とは，日本では江戸期であり，中国では清代が始まってからアヘン戦争や太平天国の乱でその基盤が弱体化する19世紀中期まで，朝鮮は1592年のいわゆる「壬辰倭乱」以後の李氏王朝後期[1]とする。ただし，その対比時期を18世紀末とするのは，どの国も「近世」体制が成熟し，近代に向けて一定の胎動ないし脱皮を始める頃であるからである。

　さらに本章で「貨幣経済化」とは，一国の経済が交換経済段階の度合いを進めて社会的分業を深化させたとき，交換手段である貨幣需要がおのずからたかまり，それに応じて政府が一定の枠組みのもとで鋳造した通貨が使用される状

---

1) ただし韓国歴史学界の通説を反映しているとみられる高等学校国定国史『韓国の高校歴史教科書』（翻訳版，明石書店，2006年）によれば，韓国内では李朝前期を「近世」とし，李朝後期は「近代社会の胎動期」と時期区分されている。

第 5 章 近世の日本・中国・朝鮮における貨幣経済化 **147**

況を意味している。ただし，おなじ貨幣需要でも主として遠隔地間取引で使用される金銀貨のような高額貨幣に対する場合と，局地内の庶民レベルで日常的に需要される小額貨幣とでは，「貨幣経済化」の意味は厳密には異なるであろう。歴史的には，まず遠隔地間取引の交換手段や価値保蔵手段として使用される高額貨幣が需要され，ついで庶民レベルの日常的な支払い手段として貨幣需要が高まった段階で小額貨幣が供給されるようになった[2]。つまり，J. R. ヒックスが BC 400 年頃のギリシャ経済を例として，「純粋に支払い手段」として実質価値以上で使用されるようになった，代用貨幣である青銅貨幣が現れた状況を「完全な貨幣経済」と称した[3]ように，たんに高額の大型金属貨幣が現れただけでは「貨幣経済化」したとは言えないわけである。したがって，本章では可能なかぎり，貨幣流通状況を高額貨幣と小額貨幣に分けて観察したい。

ところで，ある程度の経済統計が整備されるようになる近代社会と異なって，経済分析をおこなうための人口や生産，所得，貨幣量等の基礎的経済データがほとんど入手不可能な前近代の経済社会を数量的に分析しようとする試みが，近年ようやくより深く志向されつつある。そこで利用される基礎的データは多くは断片的，個別的であり，近代のそれに比べれば当然に精度は低いけれども，前近代経済社会の変動や構造的特徴を垣間見たり，地域間ないし国際比較したりする際にあらたな問題点を見出すための重要な手がかりが得られる有用な研究手段となる。

では，現在どれほどの関連データが利用できるかというと，いずれもつねにあらたな検討を重ねて修正が必要とされるレベルのデータであって，商品取引量のような集合的データに関しては推定すらも困難な状況である。しかし，わずかでも判明・使用できるかぎりの既存データから何らかの手がかりをつかみ，実像に少しずつ迫ることは可能であり，すでに日本と朝鮮については若干の見通しが得られている[4]。本章はそれに加えて，清代中国（福建）についてあら

---

2) 経済史における小額貨幣の意義については，岩橋勝「小額貨幣と経済発展」（『社会経済史学』57-2，1991 年），および T. J. Sargent and F. R. Velde, *The Big Problem of Small Change*, Princeton University Press, 2002 を参照。

3) J. R. ヒックス（新保博監訳）『経済史の理論』日本経済新聞社，1970 年。

148　第Ⅰ部　貨幣流通から見る近世日本経済

たに人口や貨幣流通量等を大胆に推計し，東アジア 3 国を共時的に比較して，それぞれの貨幣経済化の度合いを相対的に位置づけようとするものである。つまり，近世中国，日本，朝鮮 3 国の貨幣経済状況を観察するために，容易には分析が難しい研究環境のなかで，わずかでもそこに接近するための手がかりを見出すことが直接的な目的である。

1　3 国の貨幣制度と流通貨幣の推移

　貨幣の鋳造と利用に関して 3 国のいずれも，濃淡の差はあれ制度化をはかった。日本は金貨・銀貨・銅銭（後に真鍮銭・鉄銭も）の三貨制を採用したが，それらの地金市場を幕府が独占し，特定機関に委託鋳造させていたことが示すように，他の 2 国のような私鋳の余地はほとんどなかった。幕府金銀貨が全国におおむね出回った 17 世紀後期以降は，それまで大名領国内のみで流通していた金銀貨も姿を消し，大名領国内では幕府貨幣の代用通貨としての藩札発行が認められたにすぎない。通貨の利用についても基本的に幕府が三貨の交換比率を公定し，貨幣高権を発揮した。ただし，農村部では 18 世紀後期あたりまで土地取引の際も米で決済する地域が残るなど，近世前半は三貨が十分に浸透していないところでは物品貨幣の使用も根強く続いた。その一方，銀貨が主たる流通貨幣であった西日本のうち，大坂およびその近辺の問屋や商人の間では，今日の小切手に相当する振り手形や，銀行券に相当する預かり手形が正銀に代わって流通し，18 世紀末から進行する「銀目空位化」状況の下で支払い手段としての機能を果たした。

　清代中国では，明代より，銭貨需要に対応できる銅の欠乏もあって，納租や財政の基本が銭貨から銀に転換し，銀地金が一般取引の中核を占めた。ただし，制度的には銅銭（真鍮銭も含む）が制銭ないし法定通貨であって，事実上は銀

---

4)　岩橋勝「近世貨幣流通の日朝比較史試論」（『松山大学論集』17-2，2005 年）。ただし，その後の検討で若干の数値について本章では修正を加えている。なお，以下の本文で「旧稿」と称する。

第5章　近世の日本・中国・朝鮮における貨幣経済化　149

銭二貨制といえる。清代の紙幣（宝鈔）はその初期に発行されたものの，太平天国の乱（1851-64）までほとんど流通することはなかった[5]。銭貨については重量や，銅，鉛等の構成を定めて一定の政府機関で鋳造させて制銭としたが，銀については純分率不定の地金のままの流通を認めており，さらに粗悪で小型の私鋳銭も大量に出回り，銭貨不足に乗じて広く使用されたので，事実上，貨幣の制度化は図られていないに等しかった。

　朝鮮では，李氏朝鮮より前の高麗時代（936-1391）より，銀・銭貨の発行が意図されたが，銭貨の流通は実現にいたらず，せいぜい 12, 13 世紀に銀貨，1270 年代から 1350 年代までは元の紙幣が流通する程度であった[6]。日本銀の流入によって 17 世紀中葉に銀貨が主流となったが，1678 年から発行された常平通宝が 1690 年代には主な貨幣になった。18 世紀前半には日本銀の流入が激減し，かつそれまで流通していた銀は主に中国との交易用にあてられたので，国内では銀は低調となり，銅銭基軸体制が続いたと言える。銭貨鋳造は政府機関がおこなったが，私鋳銭もときに出回った。鋳造量や銭貨の大きさ，さらに銀銭比価は基本的に政府によって管理されていたので，制度化は図られていたと言ってよいであろう。ただし，国内での銭貨浸透はかならずしも十分ではなく，庶民レベルでは高麗時代いらい，物品貨幣としての米や布貨が根強く流通したといわれる[7]。その一方で，官撰正史や農村での日記を根拠として，常平通宝発行以来の 17 世紀後半に銭貨が急速に普及し，布貨を駆逐して農村の日常取引でも銅銭利用が拡大した，あるいは物々交換であっても銭貨が価値尺度の機能を果たし，取引差額を銭貨で決済したというように[8]，銭貨の果たした

---

5) ただし，民間では明末以来存在する銭荘が発行した銭票という兌換券ないし為替手形が代用貨幣として用いられたと言われるが，その流通量や使用範囲はあきらかでない。

6) 須川英徳「朝鮮前期の貨幣発行とその論理」（池享編『銭貨』青木書店，2001 年）187-188 頁。

7) 須川英徳「朝鮮時代の貨幣」（歴史学研究会編『越境する貨幣』青木書店，1999 年）78-83 頁。

8) 李憲昶（六反田豊・須川英徳監訳）『韓国経済通史』（法政大学出版局，2004 年）126-128 頁。李憲昶「農村財貨市場構造と変動：1841～1934」（『マッジルの農民たち ──韓国近世村落生活史』一潮閣，2001 年）109 頁。

150 第 I 部 貨幣流通から見る近世日本経済

役割をより高く評価する説もある。近世日本と同様に，交換手段としては 19
世紀までは物品貨幣が農村部で根強く利用され，全国的には銭貨が主流となっ
ていったと考えられる。楮貨はときに発行されもしたが，定着することはな
かった。また，18，19 世紀には為替手形に相当する「換」と，近世大坂を中
心に流通した振り手形に類似する「於音」という信用取引手段が，一部の大都
市商人を中心として使用されるようになり，おおむね 1,000 両以下の高額取引
で利用された[9]。

2 データの整備方法

1) 貨幣流通量

3 国の貨幣経済化を比較するための基本データは流通貨幣量であるが，その
構成は一様ではなかった。そこで総貨幣流通量を比較するため 3 国で唯一共通
する通貨である銭貨の単位に統一しよう。

まず日本については，第 4 章で，かつて日本銀行調査局が銭座による鋳造に
関してまとめた研究成果をもとに累計鋳造量を推計し，さらにその後の研究成
果を踏まえて，最新の流通在高を把握した。それによれば，18 世紀末におい
て 2,426 万貫文（金貨換算 377 万両[10]）であった。金銀貨については同章での検
討結果から，1800 年頃において，幕府鋳造の金貨流通量が 1,911 万両，18 世
紀後半期から新たに発行された金貨単位の計数銀貨が 593 万両，近世初期以来
流通した秤量銀貨が，金貨単位に換算して 421 万両，合計して 2,925 万両で
あった。

中国については，18 世紀末の福建省全体としての制銭流通量はまだ誰もあ
きらかにしていない。そこで，断片的ながら，制銭鋳造量にかんするデータと，
その原料となる雲南銅の使用可能量や日本からの輸入銅量等のデータから，お

---

9) 前掲李憲昶書，132-133 頁。
10) 本書第 3 章，表 3-1 における 1800 年江戸銭相場で換算。

およその流通量を推計してみよう[11]。

　福建省内での制銭鋳造は宝福局と宝台局の2局でおこなわれた。しかし，制銭鋳造額を示す記録はわずかに，乾隆初年（1740年前後）に福州の宝福局が4.8万貫文を鋳造し台湾軍兵の給与に充てたこと，乾隆20年代の宝福局の鋳銭能力が4.3万貫文であったこと，乾隆期後半の宝台局が毎年6万貫文を鋳造し銅48万斤を要したこと，といった程度にとどまる。この断片的データを基礎として，福建省が雲南から購入した原料銅量および日本からの輸入銅量の記録をもとに，1742-1800年の制銭鋳造総量を推計した結果は，500万貫文であった[12]。

　清代初期の貨幣は，明代中期に財政貨幣が銀に移行し，さらに16世紀以降日本やメキシコから大量の銀が流入したことから，銭貨流通が後退していた。しかし，銀流通が中心といっても小額貨幣としての銭貨需要は銀流通の拡大によって逆に増大し，私鋳銭をはびこらせる要因となり，乾隆期のいわゆる銭貴を招いた。その結果，清朝政府は各省に命じて，鋳銭局を設置し，全国的に大量の銭貨供給をおこなった。したがって福建省においても，とうぜん1742年以前において相当量の私鋳銭が出回っていたと言える。さらに清朝の制銭そのものは京師（北京）の中央政府下において17世紀中期より続いており，地方での鋳銭もおこなわれなかったわけではないので，福建省でもまったくなかったとは言えないであろうし，省外からもたらされたものもあろう。一方において，小額で重量のかさむ銭貨はいったん受容されるとそのまま退蔵されてしまう傾向も大であると言われ，京師や地方の鋳銭局はたえず一定量の制銭供給をおこなわなければならなかった。このため，鋳銭累計量から銭貨流通量を捉えるには，その退蔵量と私鋳銭や旧銭の流通量のバランスを勘案して判断する必要があるが，ここでは両者がおおむね相殺していた[13]とみなして，宝福，宝

11）以下，清朝中国の貨幣，人口，米生産高にかんする多くの中文文献情報の提供を李紅梅氏から得ている。もとより，引用責任は筆者にあることは言うまでもない。

12）李紅梅「清代福建省における経済発展と貨幣流通」（『松山大学論集』19-1，2007年）182頁。

13）王光越「試析乾隆時期的私鋳」（『歴史档案』1988.01）によれば，乾隆34（1769）年と

152　第Ⅰ部　貨幣流通から見る近世日本経済

台両鋳銭局の鋳造量累計をもって福建省の制銭流通量とする。

　また，中国では銭貨の使用量以上に銀両が使用された。その流通量がどれくらいのものかを知ることは，日本のように当局が一定の品位ないし重量をもって公鋳したわけではなく，地金のまま流通したこともあり，公的に記録される機会が皆無であったので，ほとんど不可能である。ただし，清代において国内で流通した銀の大半は，16〜17世紀の世界的産銀ブーム期以降に主として日本および新大陸から流入したものであるので，それらを積算・推計すれば概数を知ることはできる。もとよりこれまでおこなわれた諸推計には不一致な面が少なくないが，より確実とみなされる貿易ルート別の舶数と舶載量を基礎として諸情報を集積した小竹文夫『近世支那経済史』(1942) を典拠として湯浅赳男は，明初より清末までに 10,500 トン（うち，オランダが日本から持ち込んだ分が 3 割近く）が流入したという[14]。この推計には中国船による銀移入が含まれていないので，別に日本からの銀流出ルートである，長崎，対馬・朝鮮，薩摩・琉球の 3 方面について既存の推計データを検討すると，16 世紀末以降，流出が途絶える 19 世紀初頭までに，少なくとも 5,500 トンほどが見込まれた[15]。したがって，清代だけで 18 世紀末までに少なくとも合計 1 万トンが中国に流入したわけで，これはおよそ銀 2 億 7 千万両に相当する。1800 年頃の銀 1 両（＝37.30 グラム）はおよそ銭 1 貫文であったので，この流入銀額は銭 2 億 7 千万貫文相当となる。ここから，当時の全国推計人口を 3.5 億人として，

同 55（1790）年の 2 ヵ年において福建以外の 7 ないし 16 省で合わせて 2,603 万斤の小銭が回収された。これは制銭の 3 分の 1 くらいの重量で，合計すると 1 年分の制銭に相当する量という。私鋳銭がたえず大量に出回っていたわけではなく，制銭の大きさ（重量）や銅価，銭需要の動向いかんによっていたが，銀銭比価の基調はおおむね銭高であって，いかに制銭が供給され続けてもすべてが流通界に投ぜられたわけではなく，不足する部分が悪貨の私鋳銭で補われていたと考えられる。

14) 湯浅赳男『文明の血液——貨幣から見た世界史』（新評論，1988 年）352 頁。

15) 16 世紀以降，日本から中国へ流出した銀の総額を推計した研究はまだないが，時期ごとに個別の流出銀データを集計すると，16 世紀末より年 150 トンが 20 年間持続，その後 17 世紀中期まで 50 年間におよそ 50 トンずつ流出したあと，17 世紀末以降は長崎・対馬・薩摩ルートのいずれもおおいに減退した（小葉田淳『金銀貿易史の研究』法政大学出版局，1976 年，7 頁，および田代和生『近世日朝通交貿易史の研究』創文社，1981 年，345 頁，などから推計）。

第 5 章　近世の日本・中国・朝鮮における貨幣経済化　153

一人あたりの銀量を銭貨で換算すると 771 文となった。福建省においても，次項で推計する省内人口 1,382 万人が同じ割合で銀を保有していたとすると，合計 1,066 万両，銭の価値に換算して 1,066 万貫文分の銀在高が推定される。

　朝鮮の銭貨については，17 世紀末に若干の鋳造中断期があるが，1678 年から始まる常平通宝の鋳造所別鋳銭量を綿密に推計した李憲昶の考察[16]に依拠する。すなわち，記録に残りやすい鋳造所名，鋳造開始年月と中止年月，断片的に得られる鋳銭量情報から，時期別の鋳銭量を推定したものである。18 世紀末までにそれらの累計は 96.8 万貫文であった。なお，公鋳銭以外に，鋳造職人が公鋳銭量に応じて一定割合で私鋳する挟銭という慣行があり，それが18 世紀後期に 20 ％あった。ただし挟銭は，禁止された時期もあり[17]，つねに20 ％の供給があったのか疑わしいので，ここでは常平通宝の鋳造開始期より約 10 ％の挟銭が流通に際して付加されたと仮定し，18 世紀末の銭貨流通量を106 万貫文とする。また，銀貨については，1800 年前後にまったく流通していなかったともいえず，貨幣流通総量としては銭貨のせいぜい 2 割と仮定して，のちに日中 2 国と対比することとする。さらに，前述した布貨という物品貨幣もまだある程度流通していたようであるが，その流通量がどれほどのものか，まったく推測できない。

2)　人　口

　1800 年時点での日本人口を示す記録はないので，幕府が 6 年ごとに調査した庶民人口の総計と 1872 年に明治政府が初めて実施した全国人口統計（壬申戸籍）から類推するほかはない。幕府の庶民人口調査では武士・僧侶等の除外人口があり，その数は 400〜500 万人とされる。そうすると 1798 年時点で約 3千万人余の全国人口が見込まれる。一方，1872 年人口は 3,481 万人であったが，19 世紀前半の人口増加率[18]を勘案して，ここでは 3,056 万人とする。

---

16)　李憲昶「1678-1865 年間貨幣量と貨幣価値の推移」『経済史学』（韓国）27 号，1999 年。
17)　元裕漢『朝鮮後期貨幣史研究』（韓国研究院，1975 年）71-76 頁。
18)　18 世紀から 19 世紀初めにかけての日本人口は停滞しており，近代に向けての人口上昇は天保期（1830-44 年）以降とされ，その増加率は 1 ％弱であった（中村隆英『日本経

154　第 I 部　貨幣流通から見る近世日本経済

　中国前近代の人口データは，一般的にその出典となる典籍や地方志の信頼度が低いと言われるが，福建省にかんするかぎりその心配は少ないようである。清朝中期以降，一定の間隔をもって『福建通志』が編纂され，現在そのうちの 3 期について利用が可能である。また，この 20〜30 年間に編集された経済史統計によっても福建省内の 10 府 2 州別人口動向が数種推計され，それらを突き合わせることによりおおよその省全体人口の動向（ただし台湾府を除く）が把握できる[19]。あいにく 1800 年前後の人口はわからないが，1776 年は 9 府 2 州で 1,288 万人，1820 年では 1,476〜1,607 万人であった。19 世紀中期以降では華僑流出により人口推計の差異がより大きくなったが，18 世紀中期から 19 世紀初頭にかけては大きな差異はない。そこで，ここでは増加率をより低めに見積もって，1800 年前後の福建省人口は 1,382 万人としよう。

　朝鮮の人口については，これまで李朝政府の戸口調査による記録をもとに，1800 年に約 750 万人であったとされてきた。しかし，近年の検討によりこの数値には大幅な脱漏があると理解されている。李憲昶は，権泰煥らによる，脱漏幅は約 6 割との推計を基に，出産率・婚姻率・死亡率の動向等を勘案し，同年の推計人口を約 1,600 万人とした[20]。本章では旧稿に代えて，この数値を用いる。

3）米産高

　1800 年前後の日本における米産高に近い数値として石高があるが，知られているように石高の実体は米だけではなく農産高すべてを含むものと考えられ

　　　済（第 3 版）』東京大学出版会，1993 年，55 頁）。さらに，安政期コレラや震災による人口減も加味すると，1800 年時点では 3,200 万人ほどとなろう。しかしここでは，比較的低めに見積もられた鬼頭宏による推計（『人口から読む日本の歴史』講談社，2000 年，16-17 頁）に依拠する。

19）清代福建省の府州別人口統計で，過大に見積もられたかもしれないとみられる建寧府の嘉慶期（1820 年）と道光期（1829 年）の 2 データを除くと，18 世紀中期より 20 世紀初頭にいたる各府州人口に異常な動きは見られない。前掲李紅梅論文，159 頁参照。

20）李憲昶「植民地化以前の経済統計」（未定稿）2007 年。また，Hun-Chang Lee（李憲昶）2006, "When and how did Japan catch up with Korea ?" CEI Working Paper Series, No. 2006-15, Institute of Economic Research, Hitotsubashi University も参照。

第 5 章　近世の日本・中国・朝鮮における貨幣経済化　155

ている。このうちのどれほどを米が占めるのか，地域により区々であろう。石高は 17 世紀はともかく，以降は固定化したので，その後の「実収石高」が推計され，利用されている[21]。それによれば，1800 年頃でおおよそ 3,800 万石，1880 年頃で 4,680 万石であった。明治政府による農業統計は 1880 年頃よりようやく実態に近くなるが，米産高は 3,000 万石であった。この明治期における米産高／石高比率を 1800 年にあてはめ，2,500 万石という概数を使用する。

　つぎに中国についてみよう。18 世紀福建省の米（穀物）生産高の推計には，省内府州別の人口と食糧消費量を推計した王業鍵と林楓による研究[22]が利用可能である。そこでの米産高推計の際に前提となっている D. G. Perkins の仮説[23]は，18 世紀後半の農地単位面積あたり収量が基本的に不変で，農地面積も明末すなわち 17 世紀中期においてすでに開拓し尽くされ，さほど拡大しなかったとされている。

　しかし，『福建通志』によれば，乾隆期（1776 年）に 1,323 万畝あった「田地」は半世紀後の嘉慶期（1820 年）に 1,418 万畝に，約 7 ％増加しており，1 世紀で 10 数％は農地が拡大していたことになる。加えて，王業鍵が米産高推計の基礎としたのは人口と，一人あたり年間予測「糧食」消費量であった。後者は省内のいずれの地域も一人あたり 2.6 石（約 270 リットル，日本石で 1.5 石）と仮定されており，1800 年省内人口が 1,382 万人と推計されるので，同年米産高は 3,593 万石が見込まれる。ただし，この一人あたり推定消費量はあきらかに過大であり，しかもその「糧食」の内容は，およそ半分は雑穀ないし甘藷であって，とりわけ福建省では甘藷の割合が多かったとされる。葉煙草や甘蔗栽培とそれらの加工が展開した泉州・漳州では水田をそれらの耕作地に転換して，省外から米を輸入していたという。王業鍵は 1750 年において 160 万石が省外から移入されたと推計する。

21）中村哲『明治維新の基礎構造』（未来社，1968 年）168-170 頁。
22）王業鍵「十八世紀福建的糧食供需与糧価分析」（『中国社会経済史研究』1987 年第 2 期），および林楓「試析清末福建市場商品流通額」（『中国社会経済史研究』1998 年第 1 期）。
23）D. G. Perkins『中国農業的発展（1368-1968 年）』（上海訳文出版社，1984 年，中文版）20 頁。

王業鍵による「米産高」推計は，雑穀・甘藷を含めて 1750 年で 2,180 万石であるが，仮に米はその半分にすぎなかったとしても，福建全体の米産高は1,000 万石以上となる。生産された米の大半は各地域内の糧食として消費されたのであろう。そこで，ここでは 18 世紀末の福建省の米産高を 1,100 万石としておこう。清代中国における枡制において，1 升は約 1.0355 リットル[24] であったので，これを日本石に換算すると 632.8 万石となる。そこでこれをまるめて 630 万石としよう。

最後に朝鮮については，李憲昶がつぎのように推計している。すなわち，韓国で近年推計された 1910-14 年間の平均玄米生産量 1,200 万石（日本石）という数値[25]を基準とし，判明するかぎりの地域別米生産や地代の動向をもとに時期をさかのぼらせて勘案し，1800 年頃の米産高を約 1,000 万石とする。また，朝鮮総督府による 1910 年代の土地調査事業の実測値からさかのぼって推定した 1800 年頃の水田面積推計値の 140 万町歩，さらに，1800 年代の 1 結（＝約2.5 町歩）あたり平均米産高を 30 石（朝鮮石[26]）と記述する丁若鏞『牧民心書』からも，1,000 万石前後の米産高が推定され，妥当な数値であろう[27]。

4）米 価

通貨の価値を国別に比較するには，その購買力をもっておこなうのが適切であろう。ここでは米価を媒介項として用いる。日中朝 3 国における米消費の割合は，厳密には同一ではないが，他の国々と比較すれば，東アジアに位置するこれら 3 国でははるかに近接していると思われる。

日本については，江戸米価 1 石あたり金建て価格を 1800 年銭相場で換算すると，約 7,000 文となる[28]。中国福建米価については，1800 年前後が不明であ

24）呉承洛『中国度量衡史』（商務印書館，1937 年）71 頁。
25）金洛年編『韓国の経済成長』ソウル大学校出版部，2006 年。
26）当時の朝鮮における 1 石は，朝鮮枡で 1.5 斗，1 斗が日本の京枡で 0.3628 斗であった，つまり朝鮮 1 石は日本の京枡では 0.54 石であった。
27）前掲李憲昶「植民地化以前の経済統計」。
28）1800 年江戸米価は前後年に比べて若干高めとなっているので，前後 5 ヵ年平均の 1 石金1.10 両を，同年銭相場金 1 両につき 6,400 文で換算した。岩橋勝『近世日本物価史の研

第 5 章　近世の日本・中国・朝鮮における貨幣経済化　　**157**

るが，呉承明が作成した 17-19 世紀前半の米価のうち広東の動きが，1745-56
年の福建について明示した王業鍵によるデータと動き方も水準も近接している
ので，1796-1800 年の広東の米価平均，1.36 両／石を用いる。これは銀建て価
格なので，銀銭相場についてはより近接する江南 1800 年での銀 1 両＝銭 1,000
文を用いると，1 石につき 1,360 文となる[29]。また，朝鮮については，李憲昶
の考察から，市場価格と納税の際の代銭価により 1 石につき 5 両（500 文）[30] と
したが，都市と農村部では 2〜3 倍もの米価の格差が生じる場合もあった[31] よ
うで，留意が必要である。

　中国・朝鮮の米価の表示にあたっては，さらに日本石 1 石あたりに換算した。

3　貨幣経済化の 3 国比較

　前節で吟味検討した諸データは表 5-1 にまとめられている。

　まず 3 国に共通に流通していた銭貨を，主として小額取引用に使用していた
ものとしてみてみよう。鋳銭累計額をもってその流通総額としているが，ここ
から一人あたり銭額（A'/B）を求めて 3 国を対比してみる。ただし，3 国の銭
貨価値はそれぞれ異なっているので，比較のためにそれぞれの国の 1800 年米
価をもって実質化をはかり，日本の銭貨価値に換算してある。そうすると，日
本の 794 文に対して中国（福建）は 1,071 文もあり，逆に朝鮮は 500 文と最も
少なかった。

　　　究』大原新生社，1981 年）463 頁，および中井信彦編「近世相場一覧」（『読史総覧』人
　　　物往来社，1966 年）795 頁参照。
29) 以上，呉承明「18 与 19 世紀上葉的中国市場」（『中国的現代化：市場と社会』生活・読
　　　書・新知三聯書店，2001 年）表 10，および王業鍵「18 世紀福建的糧食供需与糧価分
　　　析」（中国社会経済史研究，1987 年 2 期）79 頁。
30) 李憲昶「粛宗―正祖朝（1678-1800 年間）米価の変動」『経済史学』21 号，1996 年。
31) 前掲李憲昶「植民地化以前の経済統計」，および李栄薫・朴二澤「農村米穀市場と全国
　　　的市場統合：1713-1937」（李栄薫編『数量経済史から再検討した朝鮮後期』ソウル大学
　　　校出版部，2004 年）附表 1，参照。

158　第 I 部　貨幣流通から見る近世日本経済

表 5-1　18 世紀末貨幣経済化：日中朝 3 国比較

	日本	中国（福建省）	朝鮮
鋳銭累計（A'）	2,426 万貫文	*⁴1,480 万貫文	*⁴800 万貫文
金銀貨在高	*¹2,925 万両	*²1,066 万両	
（日本銭に換算）	(18,808 万貫文)	(3,155 万貫文)	160 万貫文
貨幣総量（A）	21,234 万貫文	4,635 万貫文	960 万貫文
人口（B）	3,056 万人	1,382 万人	1,600 万人
米産高（日本石）（C'）	2,500 万石	630 万石	1,000 万石
（各国銭貨額換算）	(17,500 万貫文)	(1,490 万貫文)	(927 万貫文)
日本銭に換算（C）		4,410 万貫文	7,000 万貫文
C'/B	0.82 石	0.46 石	0.63 石
		*³(0.52 石)	
米価（「1 石」あたり）	7,000 文	*⁴1,360 文	*⁴500 文
（日本石 1 石あたりに換算）		*⁴(2,365 文)	*⁴(927 文)
銭貨価値倍率	1	2.96	7 55
A'/B	794 文	1,071 文	500 文
A/B（一人あたり貨幣量）	6,948 文	3,354 文	600 文
貨幣経済化指標（A/C）	1.21	1.05	0.14

注）＊1：金貨に換算。＊2：銀両推計値。＊3：移入米（日本石）を 92 万石加えた場合。
　　＊4：「米価」のみ各国の銭貨表示。それ以外の銭貨はすべて「日本銭」に換算された表示。

　ここで朝鮮の小額貨幣の推計は銭貨のみでおこなっているので，布貨の使用
比率を考慮する必要があるかもしれない。しかし朝鮮は日中両国と異なって，
この時期には銀の使用は少なく，銭貨が国内での高額取引でも多く使用されて
いたので，かりに布貨が銭貨流通量の一定割合で使用されていたとしても，銭
貨の高額取引宛て使用量が布貨の使用合計を下回るようなことはまずありえな
かっただろう。つまり，朝鮮で小額貨幣として使用された通貨は，ここで推計
した量を超えるものではなかったことが推定される。また，中国でも銭貨が高
額取引に使用された割合は日本より高かったと考えられるが，その比率がどの
程度のものかは推定が困難である。したがって，小額貨幣使用の指標としての
銭貨一人あたり使用額については，ここで推計した数値に依拠するかぎり，日
本を基準としたとき，中国は 35 ％ 多く，朝鮮は 40 ％ 弱少なかったとしてよ
い。
　ところで，日中間の一人あたり銭額の格差が少なからず生じていることに関
して，中国・福建省の銭貨鋳造累計を基本的に原料銅の調達可能量のみで推計

第5章　近世の日本・中国・朝鮮における貨幣経済化　**159**

しているので，それ自体の当否について疑義が向けられるかもしれない。そこで検証のため，中国京師（北京）で主として国家的需要のもとに鋳造された，宝泉局・宝源局における，清代順治期（1644〜）以降，乾隆期を経て嘉慶5（1800）年までの制銭量を推計[32]し，1800年頃の全国人口を3.5億人として一人あたり銭貨量を求めると，452文（日本銭に換算して1,338文）となった。これは福建省での一人あたり制銭鋳造累計量，362文に比較的近い。しかも雲南銅材の配分動向からみると，京師に6割，地方に4割であったと言われる[33]ので，全国規模でみた一人あたり銭貨流通量は，地方での鋳銭量が付加されて，さらに多かったとみられる。つまり，本章で推計した福建省の制銭量は過大ではなかったということになる。

　ここで流通貨幣量に高額貨幣を加えてみよう。すでに推計したように，日本では金貨と銀貨が流通しており，1800年頃で銭貨に換算して合計18,808万貫文が確認できた。中国は，銀両と海外から流入した銀元が見込め，その流通額は日本と比べてより概数にならざるをえないが，日本銭の価値に換算して3,155万貫文であった。朝鮮は，国内取引では銀はほとんど利用されなくなり，中国との交易にもっぱら使用されたと言われるが，大都市での家屋取引や国家物資を調達する貢人の権利として，一定量は使用されていたと思われる。しかし，その量がどれほどのものかまったく手がかりも得られないので，ここでは銭貨流通量のうちの2割前後で銀が使用されたと仮定して，日中両国と比較する。高額貨幣の流通量はたとえその使用頻度が限定的であっても，小額貨幣の流通総量と比べると多くカウントされるので，日中両国と比べてもけっして過大ではないであろう。

　そうすると，一人あたり貨幣量は（3国とも日本銭の価値に換算して）表示したように，日本が6,948文であったのに対して，中国はそのほぼ半額の3,354

---

32) 李紅梅「清代における銅銭鋳造量の推計」『松山大学論集』21-3，2009年。

33) 厳中平編著『清代雲南銅政考』（中華書局出版，1957年）81-84頁。また，王業鍵はアヘン戦争前の道光期についてであるが，銭貨鋳造量は地方と中央が半々であったという（王業鍵「中国近代貨幣与銀行的演進」『清代経済史論文集』稲郷出版社，2002年，193頁）。

160   第Ⅰ部　貨幣流通から見る近世日本経済

文にとどまっている。朝鮮は 600 文にすぎなかった。人口比でみると，朝鮮の
貨幣流通量は日本のおおむね 10 分の 1 前後でしかなかったことになる。小額
貨幣の銭貨を中心に見るかぎり，3 国の格差は 2～3 倍程度の範囲にとどまっ
ていたが，高額貨幣の 3 国での流通量に決定的な差異があり[34]，10 倍もの格
差が生じていることがわかる。このように流通貨幣量でみるかぎり，日本では
高額貨幣の比重がはるかに大きく，相対的に銭貨の役割は中国や朝鮮と比べる
と小さかったことになる[35]。このことは中朝の銭貨が高額取引でもより多く使
用されたのに対し，日本の銭貨が，「銭匁遣い」[36]地域におけるように高額取
引で用いられることはあったとしても，多くはもっぱら小額取引で用いられて
いたことを示すであろう。

　つぎに，3 国の貨幣流通量を一人あたりではなく，米産高との対比で観察し
てみよう。3 国の貨幣経済化の度合いを比較するためには，ほんらい各国内生

---

34) ここで福建省の一人あたり銀在高が日本よりも少ないとしているのは，前述のとおり，
　　清代中国全体の流入累計高を基準に推計した結果に依拠しているにすぎない。日本と福
　　建省のみで比較すれば，福建省廈門の海関記録によるかぎりかなりな銀流入が想定され，
　　かならずしも福建での銀流通が日本よりも少ないとは断言できない。たとえば，彭沢益
　　「清初四権関地点和貿易的考察」（『社会科学戦線』1984 年 3 期）によれば，乾隆期
　　(1736-95 年) に判明する 7 年分の関税収入だけでも 219 万両が確認できた（132 頁）。
　　かりに関税率を 5 ％とし，年間の関税収入を控えめに 20 万両と見積もっても，流入し
　　た輸出商品代価は 18 世紀のみでも 4 億両となる。それらの多くが銀元で流入し，少な
　　からず京師に送付されたと想定されるが，福建に滞留した銀量は表示した額より 10 倍
　　を超えることも想定される。これらの問題は，清代 18 世紀末までの銀流入高をさらに
　　精緻に推計することによって，なお検討されねばならない。
35) なお，小額貨幣としては，日本には別に藩札もあった。その額面の多くは銀 5 匁ないし
　　1 匁以下であり，発行枚数の大半をしめたが，10 匁以上の額面も発行枚数は少なくても，
　　藩札流通総量に占める比率は無視できない。藩札は 19 世紀に入ってからより多く発行
　　されるようになり，維新前後には総流通額の 20 ％近くを占めるほどとなったが，1800
　　年頃では金貨価値に換算してまだ 100 万両前後にすぎなかった。それでも銭貨に換算し
　　て 600 万貫文余の藩札が流通していたことが見込まれる。銀 10 匁以上の高額面の札が
　　仮に 3 分の 1 の 200 万貫文ほどあったとしても，銭貨の 10 数 ％余の小額貨幣が別に流
　　通していたことになる。中朝の高額貨幣と対比した日本の銭貨の相対的な流通量が少な
　　めであったことがあきらかになったが，藩札が小額貨幣である銭貨の補助的な役割を果
　　たしていたことがこの面からも証明できる。
36) 銭匁遣いについては，本書第 8 章および第 10 章を参照。

産高のうち自家消費に充てられないで非自給物資を得るために販売に回される物財の割合，すなわち商品化率がわかればよいわけであるが，そのようなデータを前近代に求めること自体がまず不可能である。そこで前近代において他の物財よりは生産高を比較的に推定しやすい米の産額と対比することとする。その際，基本的には，総生産高に占める米産高の比率は3国とも一定で，さらに米の商品化率も大差ないものと仮定しよう。そうすると，米産額に比して貨幣量が多ければ他の物財がより多く取引されて貨幣経済化が進んでいたと推定できるし，逆の場合はその進行はさほどでなかったことになるであろう。もちろん，現実には総生産高に占める米産高の割合や米の商品化率は3国で異なっていたであろう。実際，表示したように，年間一人あたり推定米消費量は日本の0.82石に対し，ともに日本石に換算して朝鮮は0.63石，中国（福建）は0.46石，移入米を加えても0.52石にすぎず，少なからざる格差があった。しかしこうした数量格差をふまえた上でも，貨幣流通量と米産高との比率を観察することにより，これまで数量的に概観することすらできなかった3国の貨幣経済化の差異をうかがうことが可能となるであろう。

　ところで，1800年頃，日朝に関しては「鎖国」ないし海禁政策をとっていたので，交易用の国外取引は僅少で，流通貨幣のほとんどは国内取引に使用されたと考えられる。福建は中国国内の省外との取引や国外との交易をも明代からおこなっていて，日朝に比べると経済が開放的であった。しかし，銭貨は新鋳銭がいったん地域内に流入すると，そのまま滞留して使用されやすく[37]，流出はほとんどなかったと思われる。銀両・銀元については国外も含めて省外への商品移出と，省外からの商品移入[38]がおおむねバランスしていたと仮定して考察を進めたい。すなわち，福建の主たる特産物である砂糖，煙草，茶葉が移出され，省内で不足する米と木綿が主として移入される構造であって，どちらかといえば出超気味で，流通銀両・銀元は増加傾向にあったものの，1800

---

37) 清朝乾隆期における銅銭のこのような具体的事情については，黒田明伸『中華帝国の構造と世界経済』（名古屋大学出版会，1994年）29-33頁に詳しい。

38) 清朝期福建の商品生産および流通の概況については，前掲李紅梅「清代福建省における経済発展と貨幣流通」170-181頁参照。

162　第 I 部　貨幣流通から見る近世日本経済

年頃にはそれほど大きなものではなかったと思われる。

　ここでも中朝両国の枡制と貨幣価値を日本のそれらを基準に調整し，米産高を日本石・日本銭の価値に換算して，比較がダイレクトにできるよう表示した。そうすると，貨幣総量／米生産高比率（A/C）は，日本が最も高く 1.21，ついで中国が 1.05 とわずかに日本より低く，朝鮮は 0.14 ときわめて貨幣流通量が少なかった。ここでは中国の米生産高を「糧食」の 50％ と仮定して推計したが，仮にその比率を 100％ とすると A/C は 1.05 から 0.53 余まで下がる。「糧食」における米の割合を多く評価すればするほど，ここで算定される貨幣流通量の比率は低くなり，中国はまさに日本と朝鮮の中位に位置する。つまり，3 国の貨幣経済化指標としている A/C の序列は変わることはない。

　朝鮮の一人あたり貨幣量は日本の 10 分の 1 程度であったが，米産高に対する貨幣量の比率（A/C）はわずか 0.14 であり，米の取引の多くが貨幣を媒介としない物々交換か，交換そのものも必要としない自給的消費，あるいは米産高の多くが王室ないし政府に一方的に貢納される割合が大きかったことを示唆する。本章で利用したソウル米価は地方と比べて 2，3 倍の高さを示すこともあったようであるので，仮に朝鮮全国の平均米価がソウルより 2 分の 1 低い水準であったとしても，A/C は 0.3 以下にとどまっていて，朝鮮の貨幣経済化が中国（福建）より未発達な程度にとどまっていたことは間違いない。

　なお，本章において貨幣経済化いかんの確認を，一人あたりの貨幣量と，米産高との対比という 2 方面で観察した結果にあまり差異がなかったことについて，当時の基本的に閉鎖的な経済体系の中では，米は人口サイズとほぼ比例的に生産されていたと考えられることから，当然と解釈することもできる。しかし，仮にそうであったとしても，人口と米生産という二つの観点からの，異なったデータによる分析結果がほぼ同様であったことは，本章の目標である 3 国の貨幣経済化の比較結果の妥当性を示すであろう。

第 5 章　近世の日本・中国・朝鮮における貨幣経済化　**163**

む　す　び

　本章では，日本，中国，朝鮮の 3 国における経済近代化の準備条件の整備状
況を，これまでまったく試みられたことのなかった貨幣流通面から，1800 年
前後で比較観察した。その際，3 国の比較に堪える貨幣流通量データを整備し，
あわせて人口と，生産量データの代理指標としての米生産高も推計した。とり
わけ中国については，これまで貨幣鋳造量や流通量を数量的に推計する試みは
まったくなく，本章で暫定的な推計を試みた。また，米の生産高についてもい
まだ概数の推計にとどまらざるをえず，それらを用いた分析結果は，今後に少
なからざる吟味・検討を必要としているが，現段階で 3 国の経済発展度を比較
するには最もあたらしい検討データを提供できたと言ってよいであろう。その
検討結果をまとめると，つぎのとおりである。

　1) 貨幣経済化は庶民レベルでの貨幣普及度いかんで観察可能と見ることも
できるので，3 国共通の小額貨幣である銭貨の一人あたり流通量を推計した結
果，3 国の銭貨を日本の銭貨価値に換算して比較すると，中国（1,071 文），日
本（794 文），朝鮮（500 文）の順で銭貨が多く使用されていた。銭貨の母国・
中国ではまだ当時十分な供給がおこなわれ，庶民レベルでの貨幣経済化も浸透
していたことがわかる。ただし，銭貨は中国や朝鮮では高額取引でも使用され
る割合が高く，逆に日本では当時出まわりつつあった二朱銀が銭貨機能を補
完[39]しつつあったため，いちがいに日本が中朝両国の中位にあったとは言え
ない。くわえて日本には当時，おおむね小額取引に使用されたとみられる藩
札・私札が少なくとも銭貨の 20 % 余は流通していた。高額取引の決済にあて
られた中国の銭貨量を除外すると，一人あたり小額貨幣流通量は日本が中国を
凌駕しつつあったことも想定に難くない。

　2) 3 国の高額貨幣である銀貨（日本ではさらに金貨）も含めて，一人あたり
総貨幣量で比較すると，日本は中国の約 2 倍（6,948 文）も流通しており，最

---

39) 計数銀貨である南鐐二朱銀の銭貨補完機能については，本書第 3 章参照。

も貨幣経済化が進んでいたことが判明した。これに対して，朝鮮は日本の 10
分の 1（600 文）の貨幣量にとどまった。中国では，高額貨幣である銀両（一部
地域では銀元も）にくらべて，通常の取引に銭貨がより多く使用され，文字通
り「銀銭二貨制」であったことがあらためて確認できる。唯一金貨が流通した
日本では，その割合が多かったこともあり，銭貨の総貨幣流通に占める比率が
きわめて小さかったことが，中朝 2 国との対比であきらかとなった[40]。

　3）3 国の米生産高を推計して，その産額との対比で総貨幣量をみると，日
本が最も多く 1.21，ついで中国（福建）が 1.05～0.53，朝鮮が 0.14 であった。
これらの数値だけでは，国内で取引される商品がどれほど貨幣を介在させてい
たのか，具体的な様相はただちにはつかみ難い。しかし，たとえば朝鮮の場合，
国内で流通していた貨幣量が米産額の 14％ にとどまっていたと言うことは，
米の多くは貨幣を介在させない自給的消費か，王室・役所への貢納にあてられ，
米以外の商品が取り引きされても，その量は限定的であったことを意味する。
逆に，貨幣経済化の面では，1800 年前後の日本は相対的にすでに中国を追い
越す水準に達していたことが推定できた。仮に米の商品化率を 30％ とすると，
残余の貨幣は他の取引に充てられたことになり，少なくとも米の総取引量の 3，
4 倍の価値に相当する商品・サービスが取り引きされていたことが見通される。

　以上のような 3 国の貨幣経済化の差異をもたらしたと思われる市場経済の具
体的な模様を，利用可能なかぎりの文献から垣間見てみよう。

　まず朝鮮について，近年の研究成果を反映しているとみられる李憲昶著[41]
によれば，17 世紀初めに大同法という貢納制が実施され，それまで納入して
いた多様な特産物を米・布に統一して農民に納めさせることになった。日本の
貢納制にたとえれば，古代の租庸調制から近世石高制に一気に転換させたよう

40）日本における銭貨の相対的な少なさは，近世後期の構造的な「銭貨不足」と同義である
　　が，にもかかわらず 3 国比較において日本の銭貨価値がきわめて低かったのは，小額貨
　　幣として銭貨以外に機能する小額計数貨幣や藩札・私札などが浸透し，流通していたこ
　　とを証明するものであろう。
41）前掲李憲昶『韓国経済通史』99，138，193，245 頁。

第5章　近世の日本・中国・朝鮮における貨幣経済化　　165

なものであった。これにより，各地の特産物を貢納用の米・布に交換するため，「場市」と言われる農村定期市の開催が促進されることとなった。その場市の数が地方別に1770年と1830，1911年についてわかるが，大きな変化はなかった。すでに飽和状態になっていて，定期市をより増加させるような取引需要が農民間でこの間なかったことを示す。19世紀はじめの場市での取引品目をみると，米，綿布，魚塩，牛，煙草，豆，麦，麻布の順となっていた。地域別の取引品目も判明するが，特定地域に特定品目が集中して取引されるようには見えず，基本的に農村での消費物資の取引が中心であった。

　朝鮮では都市市場や遠隔地間商業もある程度発達したが，都市化率は低く，富が形成されても集権的国家体制のもとソウルに集中したので，国内市場の成長に結びつくような商業的農業や農村工業の展開も制約された。

　つぎに中国について，今日，製茶で知られる福建省は，茶葉生産は清代前期には明代ほどには展開しておらず，産地も省北部にかぎられ，その需要が増加したのは中期以降に国外輸出が拡大してからだった。省内で地域的により広く展開していた商品作物は甘蔗と葉煙草であり，ついで藍・紅花や紙原料，苧麻などであった。工業では製陶，印刷，造船なども展開しており，アヘン流入による19世紀前半の急速な経済後退化前夜の繁栄を，福建省も謳歌していたとみられる。このことは，1793年にイギリス使節団が清朝政府に自国産品との交易拡大を促した際，乾隆帝が述べたつぎのような言葉が象徴している。「大使は自分の目で，中国には全てのものがあることを見ることができるだろう。朕は，新奇な物に何ら価値を置いていないし，汝の国の手工業製品を必要とはしない」[42]。

　明末清初におこなわれた海外交易の制限は1684年にはずされたが，生糸・絹織物・茶・陶磁器などの輸出品に対する対価の大半は銀であった。19世紀初期にかけて中国は世界の銀を飲み込んだといっても過言ではない。

　それに対して，ほぼ同時期に「鎖国」を敢行した徳川期日本は，開港は19

42）ロイド・E・イーストマン（上田信・深尾葉子訳）『中国の社会』（平凡社，1994年）174頁。

166　第Ⅰ部　貨幣流通から見る近世日本経済

世紀中期を待たねばならず，経済発展のための環境ははるかに悪化していたはずである。だが，知られているように，日本は 17 世紀初期の海外依存商品の大半を国産化するという形でその後の 2 世紀を歩むことになる。この点に関して，朝鮮で大同法が導入された際，貢納物が米・布に限定されたため，それまでの特産物納入のための適地適作システムが制約され，経済発展には支障となったはずである。同様に，近世日本の石高制でも米納が基本となり，作付制限もきびしかったので，農地の有効活用は相当制限された。にもかかわらず，近世初期に中国に大きく依存していた生糸・絹織物の生産が，幕末開港後の輸出品の中核商品になるほど成長したし，16 世紀まで庶民レベルではほとんど普及していなかった木綿は，「鎖国」下で十分に自給できるはどの発展を示した。

　日朝のこうした差異はどこから生じたものであろうか。福建省との間以上に両国間の自然条件の差異は小さかったと考えられるので，国家権力の専制性ないし分権性のいかん，また政府干渉の寛厳の度合いがさしあたりの要因と考えられよう。

　これに加えて，前近代東アジアの中国，朝鮮，日本における発展の度合いを，西ヨーロッパ地域も加えて商業発達の視点から比較史的に分析した李憲昶は，つぎのように東アジア 3 国が「近代にはいる過程で対極的な運命を迎えることとなった」と論じた。すなわち，前近代においては西ヨーロッパと東アジアは農業と商工業がともに発達し，文明的にも先進的であったが，商業発達の差異，とりわけ遠隔地流通と都市市場が発達した西ヨーロッパと日本が，封建制下の権力分割もあって商工業者の自律的活動と市場経済の発展をもたらした。これに対して，中国と朝鮮は周辺国との経済的競争を求める必要性が少なかったこともあって農村市場中心的な商業発達にとどまり，それまで相対的に進んでいた市場経済発展のダイナミズムを弱化させてしまったと言うのである[43]。このように，東アジアにおいて日本のみが非西欧国で唯一自生的な工業化に成功し

43）李憲昶「前近代商業に関する比較史的視点」（中村哲編『東アジア専制国家と社会・経済』青木書店，1993 年）221-248 頁。

た国だという理解が，とりわけ高度成長期以降に定着していると言ってよいが，古代以降，19世紀までに生じたこれら3国の相対位置の「逆転」がいつ，どのように進行したのか，今後検討を進める際に，本章での作業は一定の寄与を果たすことができるであろう。

　もとより，3国の比較史的な先行研究がきわめて乏しいなかで，本章の暫定的な見通しがどの程度検証に耐えるものか，今後，とりわけ関連する経済諸データを収集・整備することにより探求は持続されねばならない。

第 II 部

近世紙幣論

第6章
近世紙幣の流通実態

はじめに

　近世日本の正貨は幕府発行の金・銀・銭貨よりなるいわゆる三貨であるが，その代用貨幣として藩札・私札が流通した。本章ではこの藩札・私札を「近世紙幣」と総称して考察対象とする。これまで近世紙幣としては藩札を中心に議論される場合が多かったが，それは発行の史実として藩札がはるかに多く確認でき，とりわけ19世紀にはほぼ全国的に流通するようになったと理解されてきたことによる[1]。しかし近年，私札流通は，これまで議論されていた17世紀前半と19世紀に限定されず，藩札との関連のもとで使用される事例もあきらかにされるにつれて，両者を分けて考察するのではなく，各地域の貨幣需要の動向に注目しつつ相互の関連を検討する視角が求められるようになっている。そこで本章では，これまでの半世紀の研究動向をふまえつつ，近世紙幣について何がどこまであきらかにされたかを検討し，今後解明されるべき課題を提示したい。

---

1) 明治4年廃藩置県時調査による「244藩，14代官所，9旗本領」での札発行（日本銀行調査局編『図録 日本の貨幣』5，東洋経済新報社，1974年，117頁）という結果から，幕末期に向けておよそ8割の諸藩で藩札が流通していたというイメージが定着している。

1 近世紙幣の研究視角

　近世紙幣研究はこれまで二つの方向から進められてきた。一つは，古紙幣収集ブームにともなう，アカデミズムの枠をこえた民間における広範な研究である。それは大正末年から昭和10年代に広まり，戦中期の休止を経て，戦後40年代まで継続した。そこでの対象の中心は言うまでもなく各地に残存する藩札であるが，地域性を生かした歴史考証が不可欠であるため，個人・グループを問わず多くの古紙幣史研究家が増加する一方，かれらを読者対象とする図録や専門雑誌も刊行[2]された。近世においては程度の差はあれ幕府正貨が全国的に流通し，その現物自体には地域性がないのに対して，各地で発行される近世紙幣はそれぞれの社会経済的特性を帯び，多様性を当初から持たざるをえないため，これら個別紙幣の研究から得られるあたらしい知見も少なくない。さらに，収集家によっては全国的な紙幣の収集・鑑定を進め，そのコレクションが特定施設に収蔵，公開される場合もあり，情報の共有化も進んだ[3]。

　もう一つは，経済史的アプローチであり，昭和初年における日本経済史学界での封建社会解体過程の解明機運の高まりの中で生まれ，現在にいたるまで主流となっている。当初の主要な視点は近世封建社会の特質と推移であり，具体的には藩札も主要な考察対象の一部となるが，幕府諸藩の財政問題のあり方，

2）古銭も含む代表的専門誌として『貨幣』（隔月刊，日本貨幣協会，1957年〜現在），『ボナンザ』（月刊，ボナンザ社，1965-84年）などがあり，また地方貨幣史研究成果として，水原庄太郎『南部貨幣史』（南部貨幣研究会，1969年），百田米美編『図説 筑前（福岡・秋月）の藩札』（福岡地方史談話会，1980年）など，多数の地方貨幣史研究書が各地で刊行されている。自身の永年の収集・鑑定の蓄積をもとに，これら収集家の成果も取り込んだ集大成として，私家版『藩札』上下，『私札（お札）』をとりまとめた荒木豊三郎（三郎兵衛）『増訂 日本古紙幣類鑑』全3巻（思文閣出版，1972年）がある。

3）近世紙幣を最大に収集したといわれる銭幣館コレクション（現在，日本銀行貨幣博物館に収蔵）のほか，「日本実業史博物館」旧蔵の古紙幣コレクション（現在，国文学研究資料館蔵），安田コレクション（現在，東京大学経済学部に収蔵）などいずれも図録化や目録化もすすみ，安田コレクションはデータベース化されて映像公開もおこなわれている。なお，銭幣館コレクションのうち西日本・北陸地域の藩札約3000点の映像公開が2019年に開始され，今後対象地域の拡大が予定されている。

とりわけ対処法の一つとしてである。幕府の貨幣改鋳も財政政策の一手段として論じられたように，藩札の取り上げ方も諸藩の財政資金捻出の一方法として取り上げられた[4]。この視角は戦後の 1960 年代まで広く共有され，現在でも藩財政史を論じるさいの底流になっていると言ってよい。

　藩札を近世経済発展と関連づけ，主要な考察対象として議論を開始したのは作道洋太郎[5]である。そこでは，藩札を「信用通貨」と概念化したうえで，従前のような領主財政の一手段としてのみ扱うのではなく，札に対する信用のあり方いかんを問題とした。そのさい，近世の信用通貨には三つの類型があり，従前に議論されていた藩札は領主権力が行き届き，経済力もある領国型での国家信用にもとづくものであって，それに対応する商人信用主導で流通する特殊領国地域（飛地を典型とする）での藩札，さらには大坂およびその周縁部のような非領国地域で典型的に見られる手形が，段階的にあらわれるとした。藩札を発行する側からの成否論に偏らず，その流通構造にも目を向けた議論といえよう。

　作道の議論は近代にいたる信用通貨の生成過程をさぐるもので注目されるが，例証として挙げられたのは，藩札を発行した二百数十藩中，10 例にも満たず，説得性に課題を残した。こうした状況のなか，山口和雄は藩札流通の一般論をめざして 1980 年前後までの全国の関連する研究成果のサーベイを敢行し，地域・藩別に札の発行年と停止年，種類・額面，判明するかぎりでの札価動向とその要因などの全国的通観をおこなった[6]。当時，すでに山口主導・監修による日本銀行調査局編『図録 日本の貨幣』全 11 巻（東洋経済新報社，1972-76 年）の刊行が終了し，最も信頼しうる「古紙幣一覧」表（第 6 巻所収）も利用可能になっていたにもかかわらず，ほぼ同時期に，西日本を中心とした地域で

---

4) このような視角のもとでの代表的著作として，土屋喬雄『封建社会崩壊過程の研究』（弘文堂書房，1927 年）や黒正巌『封建社会の統制と闘争』（改造社，1928 年）がある。
5) 作道洋太郎『近世日本貨幣史』（弘文堂，1958 年），および『日本貨幣金融史の研究』（未来社，1961 年）。
6) 山口和雄「藩札史の地域別考察」（『社会経済史学』49-2，1983 年，『流通の経営史』日本経営史研究所，1989 年，に収録）。

174　第 II 部　近世紙幣論

「匁銭札（銭匁札)」が意外に広く流通していた史実があきらかになった[7]ため，同「一覧」を補足する意義もあったと思われる。

　山口の藩札研究におけるもう一つの貢献は，自身のおこなった地域別考察プロジェクトを拡大し，日本銀行金融研究所による委託研究として，1983 年，全国主要藩札の個別史料収集と研究プロジェクトを実現させたことである。これには全国 23 藩（地域）についてそれぞれ在地研究者が委託を受け，報告書を出した。多くはこれまでにあきらかにされている制度史的動向（流通仕法）を中心とする文献のサーベイにとどまり，山口が自身の論稿で意欲的にあきらかにしようとした各藩の発行高や兌換準備高，さらには札価の動向などの数量的情報については，史料的制約もあって山口と同じレベルであらたに提供されることはなかった。それでも『図録　日本の貨幣』5，6 巻で流通動向が紹介されている 20 藩にくわえ，あらたに 13 藩についてあきらかにされた意義は大きい[8]。

　近世紙幣のうち，地方町村や有力商家の発行する私札については 20 世紀末までは，近世初期より発行された山田羽書や畿内で 17 世紀中ごろまで流通していたいわゆる初期私札（木地屋銀札，江戸堀川人足札など）以外に，あらたな発行・流通事例はあらわれず，近世紙幣としては藩札が中心で，私札はそれが出まわらない期間や地域での補足的役割を果たしていたとみられるのが一般的であった。しかし近年になって，藩札前史としての私札の役割や，私札の地域通貨としての機能，さらには個別事例のあらたな掘り起こしを通して近世全般での私札流通を展望しようとする意欲的な研究も現れつつあり[9]，今後のそれ

---

7)「匁銭札」は「匁銭」ないし「銭匁」遣いにもとづいて発行される銭札である。当初は銀遣いにリンクして括られた緡銭の代用貨幣として発行されたが，実際には銭建で取引の単位や決済手段として用いられるようになった。匁銭慣行じたいは野口喜久雄や藤本隆士により九州北部・中部で 1960 年代より確認されていたが，後述のように，岩橋勝が隣接する長州藩領や土佐および伊予諸藩領はもとより，備中や播磨，丹後，南紀などでも確認でき，それらは「銭遣い」にもとづく使用慣行であることを提言したことにより，近世経済史のなかでは西南日本の一特殊慣行とみなせなくなりつつあった。

8) この委託研究の概要と，それを利用した研究成果については，鹿野嘉昭『藩札の経済学』（東洋経済新報社，2011 年）第 3 章を参照。

9) 前掲鹿野嘉昭書，第 1 章，千枝大志「近世における初期私札の実像」（『松山大学論集』

第 6 章　近世紙幣の流通実態　175

らの積み重ねが期待される。

2　藩札の流通実態をめぐる課題

　近世紙幣にかんしても『図録　日本の貨幣』は 1970 年代前半までの研究成果をおおむねふまえており，現在でも通説としての地位を占めているといってよい。すなわち，同図録は，戦前いらいの古紙幣学的研究と経済史的アプローチの両面の成果を集大成しており，今日藩札や私札を研究するさいの基本書となっている。本節では，その後に現れた研究動向を紹介しよう。

　まず藩札研究では，これまでの研究が供給サイド偏重であった反省もあり，需要サイド，具体的には流通実態にかんして諸方面からアプローチを試みるようになっている。その出発点は，日本銀行金融研究所において 1996 年 9 月に開催されたワークショップ「江戸時代における藩札の流通実態」である。ここでは前述の 23 藩の委託研究を中心に分析をくわえた鹿野嘉昭の報告と出席者による討論の記録から，その後の近世紙幣研究につらなる主要な論点を紹介しつつ課題を整理しよう[10]。

1）藩札発行の理由

　これまで藩札の発行は藩財政の困窮のためという理由が通説であったが，「幕藩体制下の貯蓄・投資バランスから考えると，藩財政の窮乏化と通貨不足は同じコインを表と裏からみたもの[11]」であるから，後者の通貨不足の面もあきらかにしなければならない。それに対して，幕府正貨がなぜ地方領国へ必要に応じて流入せず不足がちになるのか，また，通貨不足は藩財政とは無関係に民間での貯蓄不足により生じる場合もある，あるいは，通貨一般の不足ではな

　　24-4-2，2012 年），加藤慶一郎「近世における地域通貨──後期私札を中心に」（『近世史サマーフォーラム 2002 の記録』同実行委員会，2002 年）などを参照。
10）以下の議論の詳細は，前掲鹿野嘉昭書，第 3 章を参照。
11）前掲鹿野嘉昭書，39 頁。

176　第 II 部　近世紙幣論

く小額貨幣の不足が藩札の供給を求める場合もある，さらに，藩札がはじめて発行される 17 世紀前半期の契機として銀貨の大量海外流出があるのではないか，というような意見が出された。関連して，17 世紀に発行された藩札は幕府の貨幣高権に対する対抗措置として，領国通貨の系譜に属するものとして出てきたもので，いちがいに貨幣不足のためとのみ理解できないとの見解もあった。いずれにしても，先行研究での定説である，藩札発行理由がおもに財政窮乏によるもので，通貨不足によるものではないという理解を前提にしないで，正貨がなぜ地方に行きわたらないのか，そのメカニズムを解明するための視点はこれまで提起されていなかったものである。

2)　藩札の流通価値と正貨との関係

　委託研究において意外にあきらかにされなかったのが，各地藩札の流通価値の動向であった。委託研究とは別の先行研究によれば，たとえば名古屋藩のように引替打歩銀を徴収し，札の流通価値に対応した例はある。札の流通価値を確認するため藩府は近隣他藩との物価水準を調査し，それをもとに藩札の発行量を調整していた。ただし，近世後期に「銀目空位化」[12] が進行するが，そのさいには金銀相場にもとづいて，換算したうえで計数銀貨等の「金貨」で札の兌換をしたと考えられる。関連して，正貨との札交換は領内での専一流通の場合と混合流通の場合で異なったであろうが，はたして仕法通りにおこなわれたであろうか，との疑問に対しては，鹿野は，いずれの場合も領内の物流や札価維持のため，つねに努力せざるをえなかった，との見解を示すにとどめている。藩札が円滑に流通しているかどうかは札価にあらわれるから，その流通実態をあきらかにするには委託研究において何よりも札価動向を基本的に問うべきであった。

---

12)「銀目空位化」とは，18 世紀後半より幕府が秤量銀貨を鋳潰して二朱銀のような計数銀貨を大量に発行するようになった結果，大坂を中心とする西日本では銀建て取引は変わらず持続するが流通銀貨が不足し，時々の金銀相場を用い金貨で決済するようになった状況。1868 年 5 月，維新政府による「銀目廃止令」が出たが，その停止は永年慣行により数年以上，地域によっては 10 年近くを要した。

3) 藩札受容の背景

　正貨を使い慣れた一般庶民が最初に紙幣を交換手段として受容するには相当な抵抗があったはずである。また外国と比較すると，欧米諸国では政府紙幣は革命時や戦時期にはじめて発行される場合が多い。日本ではなぜ平時期に発行されて，受容がうまくいったのか，という疑問も出た。これに対しては，札受容の前から信用取引がおこなわれており，くわえて他国とことなる良質の紙が貨幣素材として用意でき，印刷技術も早くから確立・発展していたためではないかという参加者からの応答があった。さらに，ヨーロッパと比較して，民間の銀行制度がまだ発達しないなかで，私札的な性格の強い藩札が発行されたのはやはり理解がむずかしいという疑義も出た。これは近世両替商のあり方や，信用取引手段の形態分化にもかかわる問題であり，今後の検討にゆだねられた。

　以上のワークショップは，どちらかと言えば近世貨幣史をプロパーとしている研究者よりもその周辺の時代や分野を専攻する研究者が多い集まりで，「流通実態」を標榜しながら，「実態」論にかんしては貨幣金融論的な応答も多く，議論の掘り下げには一定の制約があった。しかし，藩札をより広い視角から検討したことにより，これまで自明とされていた「通貨不足」状況にも多様性のあることがあかるみにされ，今後の課題も具体化されたと言える。さらにその後約20年間における藩札史研究は一部を除いてさほど深化しているようにはみえないので，関連する課題をあらためて本書で明示する意義は失われていない。とりわけ大きな貢献は，鹿野が近世を3期に分けて33藩の藩札流通動向の経緯を作表したもので，後述のように，流通持続期間を検討すると長期間安定流通した藩が意外に少なかったということが判明した。

3　藩札の流通持続期間と流通基盤

1) 藩札流通持続期間について

　藩札流通に関心をもつ多くの研究者は，各藩札の初発年代にまず目が行き，幕府の流通許可期間満了後の更新届け出という史実を確認した後，明治初年に

178 第 II 部 近世紙幣論

たしかに新政府の藩札整理対象となっていることを見届ければ，その間，札価が下落して一時的に札騒動が起きることがあったとしても，江戸期を通してその藩領では札が主要な交換手段として流通していたと解釈しがちであろう。ところが，鹿野嘉昭は先述したように，日銀委託研究や『図録 日本の貨幣』収載の既存の研究成果を総括し，藩ごとに，初発以来明治初年にいたる，いわば藩札流通持続状況をまとめた。それらを簡約すれば，表 6-1 のとおりである[13]。

　周知のように，文献上からは備後福山藩札がわが国では最もはやく 1630（寛永 7）年に発行された。その後，越前福井藩が 1661（寛文元）年に発行を認められた後，1707（宝永 4）年に札遣い停止の幕令が出るまでに約 50 余の藩札が発行許可を得た。1730（享保 15）年に従前発行の藩札の復活が認められ，多くが再発行を試みたほか，その後新規の発行申請をおこなってあらたに許可を得た藩もあり，幕末期までに全国諸藩の約 8 割にあたる 244 藩で流通したとされる。

　鹿野は近世全期を三つに時期区分し，宝永札遣い禁令の出た 1707 年までを「初期」，その解禁令の出た 1730 年から享和期以前（～1804）を「中期」，より多く藩札が発行されるようになった文化期以降を「後期」とした。表 6-1 では，鹿野が類別した各期間内で，札発行後，一時的に札価が下がることがあっても持続的に流通できた場合は「○」，札価が下落し信用不安の中，かろうじて流通継続した場合は「△」，発行後，札価が下落してまもなく通用停止となった場合は「×」として区分けして抽出し，さらに各期間内で新札に切り替えをおこなった場合は，その後の状況が「⇒」の後にあらためて表示されている。表 6-1 により，この 33 藩における藩札流通の持続状況が一覧できる[14]。

　この表 6-1 を見ると，これまでの藩札史研究が与えるイメージとはかなり異なった「流通実態」が浮かび上がる。ひと言でいえば，17 世紀に初発の藩で

---

13) 以下本項の藩札流通状況の説明で注記のない部分は，すべて前掲鹿野嘉昭書，第 3-2 表による。

14) なお，33 藩のうち広島藩の支藩である三次藩は，本藩より早く寛文 9（1669）年以前に銀札を発行し，通用強制により札価が下落するも「初期」期間は持続的に流通した。しかし，1720 年に本藩にもどされ，消滅したので表示を除外した。

表 6-1 藩札流通の持続期間

藩　名	石高	初期 (1661-1707)	中期 (1730-1804)	後期 (1804-1868)
福　山	10	○　　　　*	△　　　　*	△　　　　*
福　井	32	○　　　　*	△　　　　*	△⇒○　　*
高　知	24	×⇒△	—	×
名古屋	62	×	○⇒△　　*	△⇒× & △　*
松　江	19	△　　　　*	×⇒△	◎　　　　*
鳥　取	33	×	×⇒×⇒○　*	△　　　　*
萩	37	△　　　　*	×⇒△　　*	◎　　　　*
小　倉	14	○　　　　*	不詳	△　　　　*
和歌山	56	○	×	△　　　　*
岡　山	28	○　　　　*	○　　　　*	◎⇒△　　*
徳　島	26	△　　　　*	△	不詳
久留米	21	×⇒△	×	×
津	28	不詳	○　　　　*	◎　　　　*
仙　台	63	×⇒×	×	◎⇒×　　*
尼　崎	4	○　　　　*	○　　　　*	△　　　　*
宇和島	10	○　　　　*	△　　　　*	△⇒◎　　*
会　津	23	×	—	—
富　山	10	△	△	△⇒×　　*
福　岡	52	△	×	◎　　　　*
広　島	40	○	○　　　　*	○⇒×　　*
秋　月	5	△	不詳	不詳
水　戸	35	○	—	—
熊　本	48	○	×⇒○　　*	◎　　　　*
丸　亀	5	○	△　　　　*	◎　　　　*
府　内	2	—	△　　　　*	△　　　　*
秋　田	21	—	×	○⇒△　　*
金　沢	103	—	×	◎　　　　*
弘　前	9	—	×	×
高　松	12	—	○⇒×　　*	×⇒◎　　*
姫　路	15	—	—	◎　　　　*
加　納	3	—	—	不詳⇒○
盛　岡	13	—	—	不詳⇒×　*

典拠）鹿野嘉昭『藩札の経済学』（東洋経済新報社，2011年）を一部補訂。
注）○；札価が一時的に下がることがあっても，持続的に流通。
　　△；札価下落，信用不安の中，かろうじて流通継続。
　　×；発行後，札価下落し，まもなく通用停止。
　　—；不流通。
　　*；札価いかんにかかわらず，10年以上流通持続。
　　◎；後期において10年以上安定的に流通。

180　第 II 部　近世紙幣論

幕末まで順調に流通が持続できたところはほとんど一つもなかった，ということである[15]。初発以来，比較的順調に流通した藩は，津，福井，岡山，尼崎，熊本，宇和島などの数藩にすぎない。とりわけ，宝永期の禁令前に札遣いがはじまっていたのに，享保期の解禁後 18 世紀末まで順調に流通を持続できた藩は，24 藩のうち 4 藩にすぎず，長期安定的に札遣いを持続することがいかに困難であったかを物語る。逆言すれば，多くは中途で藩札停止に追い込まれるか，仕法のやりくりを改善し，持続可能な方法を模索したことを表 6-1 はあらわしている。

　幕末維新期に 244 藩もの地域で藩札流通のなんらかの痕跡が残されていることをもって，西日本を中心に大半の地域で藩札が流通していたという観念はリセットされねばならない。たとえば，高知藩は初発が 1663（寛文 3）年ときわめて早期の発行グループに属するが，発行後わずか 8 か月で停止，40 年後の1703（元禄 16）年に 10 か年の期限付き許可を得てふたたび発行を試み，この際はまだ若干の期間持続したが，幕府禁令の出る 2 か月前に「諸事指支」をもって停止を余儀なくされた。享保解禁後 30 数年以降の明和，安永期に発行計画をたてた記録はあるが，藩札として再度発行を果たしたのはようやく幕末期の 1866（慶応 2）年であった。このときは領内産の砂糖を大坂で販売し，引受元の大坂商人と取り組んで藩札を発行したので，維新期にかけて大量発行が可能となった。ただし，領内における札遣いについては，城下はもとより佐川や宿毛などの各地で多種の私札が 19 世紀に入ると自然発生的に流通するようになっており[16]，そうした貨幣需給の状況が幕末期藩札の大量発行を可能とさせたともいえよう。いずれにしろ，早期のわずかな期間のみの藩札発行，その後の 160 年間もの空白期間を経ての幕末期の大量発行という史実のみをもって，

---

15) 表 6-1 を作成した鹿野は「（藩札が）円滑に流通していた事例もまた少なからずみられた」「各藩とも……多くの場合，藩札は円滑に流通していた」（鹿野書，75 頁）と，一定の条件下ではあるが短期・中期の局面の成功例に目を向けており，長期の局面におけるこのような持続的流通の評価はおこなっていない。

16) 岩橋勝「近世中後期土佐における貨幣流通」（『西南地域史研究』第 6 輯，1988 年）153-164 頁。

第6章　近世紙幣の流通実態　**181**

高知藩が「近世において藩札流通」した地域であるとする観念はむしろまった
く逆であって，上述のような実態を確認すればだれも支持しえないであろう。

　ところで，表6-1で3期にわかたれた各期間中，いったん通用停止となった
あと，ふたたび発行を試みる例が少なくない。周知のように，享保の解禁後，
宝永期以前には定まっていなかった通用期限について，幕府は20万石以上の
大名領は25年，その他は15年とし，期限満了後はあらためて申請するものと
された。流通を継続できた多くの藩は，少なくとも18世紀のかぎりこの幕令
を遵守し，期限満了後に更新を申請した事例は少なからず確認できる。いった
ん停止に追い込まれた藩でも，発行既得権を継続するため，その期にあえてあ
らためての発行申請をおこなった事例もある。さらに，天保期にかけて，幕府
は正貨である金銀銭貨の流通政策とのかかわりで，享保解禁後も諸藩に対し藩
札の統制をおこなうこともあった。とくに知られているのが，1759（宝暦9）
および1774（安永3）年の新規（いったん通用中絶した藩も含む）札遣い禁令，
1798（寛政10）年の米札新規発行禁止，1836（天保7）年の米・酒札などを
装った実質藩札を規制する幕令である。表6-1では，これら幕令に対応して新
札切り替えをおこなったような事例は，個別観察してもさほど多くなく，過半
は後述のように，領内貨幣需要に対応させる（多くが銭預り札）かたちでの切
り替えであった。

　鹿野が整理した作業から作成した表6-1から，藩札流通はどのような推移を
示したと読みとれるであろうか。典拠とされた『図録　日本の貨幣』と委託研
究報告をあらためて読み直し，鹿野が選別した「流通状況」に加えて3期それ
ぞれの期間内での持続状況をも観察してみた。その際，10年ないし5年間と
いうあらたな持続期間を設定して各藩札の状況を対比すると，10年以上持続
できた藩札（表中の＊印）は宝永期以前で24藩中わずか9藩，享保以降19世
紀初頭までで26藩中14藩となり，文化期以降（1804〜）では30藩中24藩で
あった。こうしてみると19世紀はたしかに「藩札の時代」ということができ
るが，しかしその間の状況を観察すると，10年以上持続していても札価が比
較的安定的に推移して「流通定着」したと評価できるのは，わずか12藩（表
6-1の◎）にすぎなかった。藩札は時とともに各藩領で主要な流通手段として

使用されるようになったことに誤りないが，しかしその実態は以上観察したようにきわめて限定された評価であったのである。藩札が文字通り幕府正貨並みに流通したと評価できるのは，ようやく19世紀に入ってから一部の藩領にすぎなかった。

2) 札流通を支えた基盤

　前項で見たように，藩札は近世においておおむねどの藩でも発行が試みられ，どこかの時点で実際にその8割が発行にこぎつけたが，その史実と相当期間以上にわたり流通を持続できていたかという問題との間には大きなギャップがあった。これまで広く観念されていたほどには，藩札が持続的に流通してはいなかったことが確かめられたからである。関連して，その流通を支えた条件にかんして，従来，大名領主による強制的通用力か，あるいは商人信用によって裏づけられる兌換力かという，藩札研究史上の基本的課題がある。しかし，この二つに限定して議論するのでは近世紙幣の本質は把握できないように思われる。近年の近世紙幣をめぐる事例研究の多くは，これまで重視してきた供給サイドの問題にとらわれず，需要サイド，すなわち紙幣を受容する地域の状況をより明るみに出しつつあるからである。

　近世紙幣が安定流通するためには，基本的には札価が低落しないよう，発行者が過剰発行に留意するという側面はこれまでも了解されている。藩札停止に追い込まれる事情の多くは，発行理由の多くが財政的なものであるため，どうしても兌換準備金をこえる発行量に傾きがちであった。そうした誘因に耐えて，適正発行量を保持した事例はまれであったが，近年，佐賀藩[17] や後述の熊本藩のように，一時的に札価が暴落したり，券面価額と乖離したりすることがあっても供給量を調整し，領内のより安定的な取引手段の維持のためのガヴァナンス（統治）を発揮した具体例が紹介されつつある。さらに，西日本の多くで観察できる，銀札として発行され流通していた藩札が，伊予松山藩のように

---

17) 伊藤昭弘「佐賀藩における紙幣発行」（『佐賀大学経済論集』45-6，2013年）および同「幕末佐賀藩の銀札について」（青木歳幸編『佐賀学Ⅱ　佐賀の歴史・文化・環境』岩田書院，2014年，前論文とも伊藤昭弘『藩財政再考』清文堂，2014年に収録）。

領内の銭遣いに合わせざるをえなくなり，銭匁札として実質的に銭札化することにより安定流通したケースや，銀札としての発行を断念し，あらためて銭預り札として領内需要に対応した紙幣供給政策に転じた熊本藩のケースもある。さらには，藩札価値が下落しても，通貨不足のためやむなく領内で継続使用せざるをえなかった岡山藩[18]のようなケースも確認できる。

　この30年程の間，藩札の持続的流通の要因として，それまで主流であった領主による強制力ないし商人信用にかわって，国産専売や産物会所政策を指摘する議論が定説となりつつある[19]。産物会所政策は商人の持つノウハウと藩府の後ろ立てとを合体したもので，領主権力と商人信用を分けて議論するよりも説得力があるばかりでなく，現実に藩札が生産資金や決済手段として使用されるかぎり札価の維持にも貢献したから，持続的要因として十分に支持を広げている。しかし，産物会所政策と藩札流通との関係についての議論は古く戦前期よりあり[20]，しかも近世全期について諸藩産物会所の動向を調査した吉永昭によれば，数万石以上の大名領では幕末までに大半がなんらかの産物会所を設置していた[21]。とうぜんに表6-1に掲出している藩札発行藩で産物会所を置かなかった藩は皆無であった。つまり，産物会所の所在じたいが札流通に貢献する

---

18) 丸山真人は黒正巌による岡山藩札研究成果に依りつつ，17世紀後半に初発以来その流通がほぼ持続した史実をもって，途中急激な札価下落はあってもそれなりに安定していたのでは，という評価をし，その根拠として藩札が地域通貨としての役割を求められたことにあるとする（「藩札の地域通貨としての意義——岡山藩の藩札を事例として」，東京大学『社会科学紀要』46，1996年，9頁）。なお，丸山はとくに指摘していないが，岡山藩札の場合，17世紀後半の初発いらいの発行額面が18世紀末まで銀1匁以下の小額札であり，19世紀に入りようやく10匁札が登場してくる。当初から財政的要因が強ければ，10匁以上の高額札が発行されても不思議ではないが，領内でより需要の多かったであろう小額札主体の藩札政策を継続したことも，岡山藩札が長期間持続できた要因のひとつになろう。

19) 西川俊作・天野雅敏「諸藩の産業と経済政策」（新保博・斎藤修編『近代成長の胎動』岩波書店，1989年），木原溥幸『近世讃岐の藩財政と国産統制』（渓水社，2009年），伊藤昭弘『藩財政再考』（清文堂，2014年），など。

20) 堀江保蔵『我が国近世の専売制度』（日本評論社，1933年），土屋喬雄『封建社会崩壊過程の研究』（弘文堂書房，1927年）。

21) 吉永昭『近世の専売制度』（吉川弘文館，1973年）巻末の「産物会所仕法一覧表」。

184 第II部 近世紙幣論

わけではなく，その政策の中身が問題であった。

それでは藩札が持続的に安定流通できた要因は何であっただろうか。

19世紀も半ばに差しかかると，小額貨幣不足が全国的により深刻となったが，古賀康士が紹介した備中非領国地域の多種紙幣混合流通の事例[22]は，通貨不足が「悪貨」であっても授受させ流通持続させることもあるという典型であろう。すなわち，一橋氏は備中国南部3郡に1827（文政10）年より3万3千石余の所領を得ていたが，幕府に近い関係のため新規に出された紙幣禁令を遵守しており，その結果として近隣の他領紙幣が大量に流入・使用されていた。1857（安政4）年の記録によれば，この地域の特産物である綿作やその加工，さらには肥料購入などに関連して大量の貨幣需要があるが，それらのすべてに他領の銀札が用いられた。同時期には近隣34もの発行主体から出された173種の札が流入しており，すでにその半分以上が「潰れ札」として流通停止となっていた。しかも，流通札のうちでも岡山藩（松平内蔵頭領）札のように当初「銀1匁」と交換できた1匁札が，3年前の1854年には銭7文へと減価し，前年の1856年にはさらに1文まで下がって，「潰れ札」寸前となっていた。

このように，領内独自に札を発行できない場合，きわめて信用不安のある他領札であっても日常取引で授受を余儀なくせざるほどの貨幣不足が当時生じていたことが判明する。こうした状況の場合，領内有力者が中心となり，いわゆる私札を発行するケースが多いが，古賀が紹介したケースは，幕府禁令にもかかわらず一橋領独自の札を発行することを領主に訴願するための添付資料であるため，幕府正貨の流通や減価度合いの低い優良札の存在には多く触れていないことも想定される。それにしても，札流通を支える条件として，こうした貨幣需要サイドの事情にも視野を広げるべきであることが知られる。

備中の事例は藩札流通にかんするもう一つ重要な背景を浮き彫りにしている。それは，備中が非領国地域であったから諸藩札は幕府正貨との並行流通もできたのに，正貨供給がきわめて不十分であったろうことである。もし正貨が潤沢

---

22) 古賀康士「安政四年の紙幣目録──幕末期備中一橋領の通貨事情」『岡山地方史研究』116，2009年。

に出まわっておれば信用不安のある他領札を地域住民が使用する必要はなかっただろう。正貨が地方に十分出まわらないメカニズムはあらためて検討する必要があるが，多種私札流通が確認できている播州も含めて，藩札・私札を流通（使用）せざるをえない状況も持続的札流通の基本的要因と言えよう。

4　近世私札の流通実態

1）流通実態のつかみがたい私札

　紙幣は一般に近代以降の政府発行のものを観念しやすいが，前近代においては地方政府が発行したほか，流通地域をかぎって民間の信用力で発行され，使用されたことは周知のとおりである。わが国近世に即して言えば，前者は藩札であり，後者は私札と通称される。

　私札に関しては，わが国近世の札遣いの原型となる伊勢地方の山田羽書を例外として，おおくが残存の私札券面の情報を手掛かりとした形態的分類にとどまる研究水準である。1970年代までの貨幣史研究をほぼ集大成した日本銀行調査局編『図録　日本の貨幣』では，藩札との関わりも意識した私札の小括が第6巻でおこなわれているが，そこではつぎのように概述されている。

> 古私札類の多く（伊勢射和・松坂方面の羽書や摂津・和泉方面の古札など）は，寛文以降藩札の盛行にともない，……一時姿を消すこととなった。しかるに江戸中期以降，とくに文化・文政期になると，久しく中絶していた私札類がふたたび登場し，……安政以後，幕府や諸藩の威信低下がいちじるしくなるにつれ，私札の流通はますます増大して行った。（同上書，131頁）

　ここでは私札は，貨幣需要に対して藩札を補完する役割を果たすのみならず，幕末期にかけて藩札にとって代わって紙幣としての地位を確立したかのようなイメージでとらえられている。たしかにそうであろうか。藩札自体も，19世紀は「藩札の時代」[23]と言われてその役割を増すのみならず，近年の推計によれば，藩札発行高は19世紀初頭を基準として天保期に3.5倍，安政期に6.6倍，

186　第 II 部　近世紙幣論

明治初年には 30 倍と急速に増加した[24]。残存私札のうち券面に発行時期が明示されたものを観察すると，後述するようにたしかに 19 世紀初頭以降の私札は幕末に向け各地で多種発行されてゆくのがわかるが，けっして藩札をしのぐほどのものとも断定できない。

　発行仕法や流通統制にかんする記録の残りやすい藩札に比べ，札本体しか手掛かりにできない場合の多い私札の流通実態を知ることは，けっして容易ではない。そもそも札価が保持される健全な私札は，基本的にはすべて兌換され，発行元で消却されるから，後世に残ることはない。多く残存するから大量に「流通した」と理解されやすいが，実態はむしろ逆であろう。同様に考えれば，残存私札がかならずしも多くは確認できない 18 世紀後期について，発行・流通自体もなかったとは断定できない。後章で検討する熊本・松江両藩領のように，藩札・私札が補完的，あるいは高額札・小額札としてすみ分けするように並立流通する場合もあり，私札の流通実態は多様であった。

2）私札研究の依拠資料

　近世私札の流通実態を概観しようとする場合，まずは依拠すべきデータの問題がある。私札を地域別かつ発行主体の種別に分類整理した一覧表として，すでに日本銀行調査局編『図録　日本の貨幣』11 に所収の「古紙幣一覧（2）」（以下，「日銀データ」と称する）と，国立史料館編『江戸時代の紙幣』（東京大学出版会，1993 年）に所収の「古紙幣目録」（以下，「史料館データ」と称する）が今日利用できる。両者とも発行主体として，寺社，公家，町村，宿場（駅），鉱山，私人（その他を含む）に分けているが，寺社・公家札は発行者の権威を背景として信用を強化している側面があるので，藩札・旗本札に性格はより近いと言える。

　史料館データは国立史料館が収蔵する「日本実業史博物館旧蔵古紙幣目録」を編成したものであるので，とうぜん近世私札を網羅したものではない。ただ

23）新保博・斎藤修編『近代成長の胎動』（岩波書店，1989 年）32 頁。
24）前掲鹿野嘉昭書，188 頁。

し，同博物館設立の中心的人物であった渋沢敬三にとって古紙幣コレクション
は片手間のものではなく，二つの系統の蒐集家から購入したものであることが
あきらかで，収集範囲に限界はあるが相当なまとまりはあると認められよう[25]。
これに対して日銀データは，戦前期に貨幣関係コレクションでは日本一とも世
界一とも目された田中銭幣館の膨大な資料を中核とする日銀貨幣博物館の収蔵
物によるので，網羅性ははるかに高いと思われる。私札は年不詳のものが多い
が，日銀データでは，明治初年のものも含めて 2 千数百件が収録されている。
なお，件数の数え方は，時期と発行者ないし引受人が同一であれば多種の額面
が発行されていても同じ 1 件として扱うこととする。

　一方，収蔵目録ではなく，今日国内で所在が確認できる私札を可能なかぎり
収録・編成した資料として，荒木三郎兵衛編・発行『お札』（1968 年，旧『私
札』1959 年の改訂版，以下「荒木データ」と称する）が利用できる。収録された
私札はおよそ 3 千数百件あり，あきらかに日銀データよりも多い。同書「緒
言」によれば日本銀行収蔵の札も参照のうえ編成されたと明示しているが，地
域を限定して比較するとかならずしもそうではない。日銀データの方は 10 年
近く後に編集されているので，荒木データがほぼ包含されているかというと，
そのような推定も当てはまらない。たとえば嘉永期以前に限定して，豊前につ
いて見ると，日銀データに収録されているのに荒木データにないものが 2 件，
その逆に荒木データにあるのに日銀データに収録されていないものが 5 件もあ
る。また，私札の多かった備中について見ると，同じく嘉永期以前に荒木デー
タでは 25 件確認できるが，日銀データと合致するのは 12 件にすぎない。逆に
日銀データにあるのに荒木データに収録されていないものが 6 件あった。

　このように，ともに現存する私札の大半が収録されていると思われる二つの
資料で見逃しがたい差異が生じているのは，多くの私札は発行時期の明示がな
く，取扱者の蓄積された情報により時期の推定がおこなわれ，どちらかと言え
ば荒木データの方でより多くの時期確認がおこなわれたものと思われる。たと
えば，初期畿内私札の代表例の一つとして取り上げられることの多い和泉堺の

---

25) 鶴岡実枝子「江戸時代の紙幣 解説」（前掲国立史料館編書）vii–viii 頁。

188　第 II 部　近世紙幣論

夕雲開・木地屋銀札が，荒木データでは「元和 8〜10 年」としているのに対し，日銀データでは「寅極月朔日」と示すにとどめ，発行年の推定を避けていることが象徴的である。

　ここで私札を取り上げるのは藩札との関わりを検討するためであり，より多くの時期別・地域別の流通事例が得たい。そのためには収録件数が多く，推定を含めたものであっても発行時期情報の多い方がいっそう実態に接近可能だと考えられるので，ここでは荒木データに依拠することとする。荒木データにない事例を日銀データから付加する方法もあるが，両データに採取される際の私札券面の読み取り方によっては同一の札が重複して利用されるケースも懸念されるので，あえて補完的な利用はおこなわないこととする。

3）私札の流通動向

　全国的に私札が出回るようになる安政期（1854〜）以前の動向を示すため，本章末に嘉永期までの私札発行状況一覧を別表 6-1 に掲示し，それにより地域別時期別状況を概括したものが表 6-2 である。安政期以降については，たとえば，嘉永期までわずか 1 件しか確認できなかった山城国内の私札はその後明治初年までの間に 198 件も年代判明のものが確認できるようになる。また同様に，嘉永期以前に 25 件出回っていた播磨では安政期以降 165 件，嘉永期以前に 13 件であった大和では 140 件が明治初年までにあらたに発行された。ただし，すべての地域の私札が開国後同様のペースで急増したわけではなく，おなじ畿内でも河内や和泉では安政以降それぞれ 3 件および 26 件しか確認できないし，播磨と並んで嘉永期以前に 25 件と比較的多く確認できた備中では安政期以降はわずか 13 件[26]にとどまっている。

　荒木データによるかぎり，嘉永期以前に確認できる私札の発行件数は，全国合わせても 178 件にすぎない。それほど近世の私札は発行時期が明示されるこ

26）ただし，地元研究者による整理では，安政期以降明治初年にいたる間の備中私札と思われる件数は 28 件であった（原三正『岡山の貨幣』，（以下，「原データ」と称する）日本文教出版，1973 年，98-153 頁）。このように，地域の事情により明るい研究者にかかれば件数は増加する傾向がある。

第6章　近世紙幣の流通実態　189

表6-2　私札の時期別，地域別分布（嘉永期以前，初発件数）

地域区分	I 慶長 (1596-)〜寛永	II 正保 (1644-)〜貞享	III 元禄 (1688-)〜享保	IV 元文 (1736-)〜寛延	V 宝暦 (1751-)〜寛政	VI 文化 (1804-)	VII 文政 (1818-)	VIII 天保 (1830-)	IX 弘化 (1844-)	X 嘉永 (1848-)	計
A　五畿内	4	4	4	3	4	3	3	5	1	4	35
B　伊勢・三河・近江・紀伊	10	3				3	4	2			22
C　羽前・佐渡・越中		1	1				2	1			5
D　丹波・但馬・出雲・石見					1	1	3	4	2	2	13
E　播磨					1	6	6	4	2	6	25
F　備中			6			1		3	4	11	25
G　山陽・四国（播磨・備中・土佐除く）			1		1		1	2	1	5	11
H　土佐						10		10			21
I　九州						2	2	9	1	7	21
計	14	8	11	3	7	26	22	40	11	35	178

典拠）荒木三郎兵衛編・発行『お札』改訂版，1968年。

とが少ないとも言える。逆言すれば，残存する時期不明な私札のうちに嘉永期以前のものが少なからず含まれていることはあきらかであるが，そのような点を意識しつつ表6-2を評価する必要がある。

　まず全国を9地域に分けて観察すると，18世紀末までの私札発行は畿内と伊勢地方を除いて，他の地方ではほとんど流通することがなかったように見える。すなわち，畿内ではすでに元和年間（1615-23）より大坂の江戸堀や堺の夕雲開で小額銀貨不足に対応するため1匁以下の銀札が商人たちにより発行され，大和や摂津地方でも散発的に発行が認められる。とくに大和の吉野地方では近世を通じて「御免銀札」なるものが流通していた。この地方は一時的に高取藩や津藩に属するところもあったが多くは幕領で，南都代官の許可を受け，組合方式で札価を維持した[27]。18世紀末までは財政的要因から発行される藩札が多いなかで，小額通貨不足を理由に幕末期まで長期間，私札が流通したことは注目に値する。大和では，時期は限定されるが，高市郡今井町や宇智郡野

27）荒木三郎兵衛『お札』20-23頁。

原郷でも私札が確認できる。

摂津でも，大和ほど長期継続した流通例は確認できないが，大坂三郷内をはじめ，平野，今津，名塩，中山寺，多田等，大和以上に各地で拡散的に流通していたことを推定させる。荒木データでは採取されていないが，摂津西部では尼崎藩領で寛永期から私札発行の事例があり，川辺郡伊丹でも寛文期に私札発行が確認できる[28]ので，畿内における 17 世紀の私札流通は相当に活発であったとみられる。

畿内の初期私札の先駆けとなったと言われる，伊勢地方のいわゆる羽書類も 17 世紀初頭に山田，宇治，射和，松阪，丹生など南部地域を中心に相当の流通事例を見ることができる。額面は銀 1 匁を基本として，5 分，3 分，2 分の小額札のほか，近世後期には事例の少ない 8 分，7 分，6 分，4 分というような端数額面札が 17 世紀前半に散見される。それらの多くは幕府貨幣の統一政策がようやく完成されたと言われる寛文期（1661-73）ころより姿を消していった[29]ので，相応の小額通貨不足が生じていたことがあきらかになる。また，羽書類は使用の初期には商人が必要に応じて自由に発行したと思われるが，伊勢地方で広域的に流通するようになると幕府の管理を受けるようになる。山田羽書の場合，少なくとも寛永期には会合という地域集団である自治機関が発行主体となり，間接的に山田奉行の管理下におかれていた。したがって，「私札」という個別私人の自由発行というイメージとはやや離れ，組合をなして共同管理する形態であった。鳥羽藩領であった射和の町の羽書は，一般の藩札同様に 1707（宝永 4）年の札流通の停止を幕府から命じられた際，この地域で累増していたと思われる偽札との引き替えを余儀なくされ，倒産する商家も相当あった[30]と言われるので，領主権力の一定の関与が適切な札流通に必要であったことを示しているであろう。つまり，領主権力に対する評価はこれまで札通用の強制力の面に多く関心が向けられてきたが，札流通に伴うさまざまな障害，たとえば偽札や兌換不能に陥りやすい過剰発行等に対する取り締まりを

28）作道洋太郎『日本貨幣金融史の研究』（未来社，1961 年）35-37 頁。

29）『図録 日本の貨幣』2，304 頁。

30）同上，306-307 頁。

第6章　近世紙幣の流通実態　191

在地の奉行・代官や藩府がおこなうかどうかは，札流通の円滑性に大きな影響
を与える。これらは貨幣政策にかかわる一種のガヴァナンス（統治）というべ
きものであろう。山田羽書の場合，近世を通じて流通した史実の評価を，神宮
地域に対する「保護」と理解するよりも，適切な流通環境を維持するための統
治がおこなわれたと解釈すべきであろう。

　17, 18世紀の私札発行は畿内と伊勢地方に限定され，他の地方ではほとん
ど事例がないように見えるなかで，元禄―享保期の備中の6件はやや目立つ。
わずか6件と無視することも可能な事例数であるが，たまたま利用できる地元
研究者による収集整理によれば，元禄・享保の年号が確認できる札は少なくと
も18件もあった[31]。しかも，荒木データでは事例のなかった元文期以降につ
いても，元文―寛延期に9件，宝暦―寛政期に8件の発行事例を見ることがで
きる。これらのうち，たとえば「享保15年」と明示のあるもののうち，「元文
6年改印」ないし「安政改印」された岡田藩領の吉備郡真備町内流通札もあり，
かならずしも券面に表示された通りの年号のままに古いとは断定できないもの
も混じっている可能性がある[32]。それにしても，18世紀末にかけて備中国内
で断絶することなく各地で札が発行され，19世紀も持続して，嘉永期までに
判明するかぎり合計67件も確認できることは，荒木データで事例が明示され
ているのは氷山の一角であって，私札がこれまで考えられていた以上に広範に
流通していたことを示唆する。

　19世紀に入ると，あきらかに全国各地で私札流通が見られるようになるが，
一様ではなかった。表6-2を見ても，東日本の大半で事例を見出すことは19
世紀でも困難である。C地域（羽前・佐渡・越中）の17世紀の2事例は佐渡と
いう鉱山地特有の事情によるものであり，19世紀の3事例は越中2件，羽前1
件と散発的であった。しかし西日本では備中の例であきらかなように，荒木
データの背景には相当な潜在的事例が想定でき，19世紀（嘉永期まで）19件の

31）前掲『岡山の貨幣』98-153頁。
32）本書第7章の伊予松山藩札の事例で示したように，「宝暦12年」明示の札面に「大蔵省
　　改」朱印押捺の各額面札が多く残存しており，券面表示の年はかならずしも発行年を示
　　すものではなかった。

背後には少なくとも32件の事例を原データから見出すことができる。とくに目立つのは播磨の19世紀の24件で，急速に小額通貨需要が生じたことを示唆する。また，18世紀まで皆無であった多くの地方のうち，九州は豊前，豊後を中心として広く流通するようになった。四国では土佐が目立っているが，これは土佐藩では藩札の発行計画は立てられても17世紀や18世紀初頭の失敗にこりて実行に移されず，一方，高知城下周辺域で讃岐や伊予に通じる街道筋に沿った長岡，吾川，高岡郡内で自然発生的に多くの私札が使用されるようになった[33]ためである。藩札と私札の相互関連を示す好例になる。

　先にふれたように安政期以降，西日本を中心に広域的に私札が流通するようになった。もっとも地域により大きな差異があり，嘉永期までわずか1件しか発行事例が確認できなかった山城では，安政期以降明治初年までの間に一挙に198件もあらたな私札を見ることができる一方，17世紀より持続的に流通していた備中では，嘉永期まで25件が確認できるのに，安政期以降はわずか13件にとどまっている。しかし，3千数百件を収録している荒木データによるかぎり，全国的には発行年不詳のものが大半を占め，その多くが幕末維新期に発行されたと推察されるので，嘉永期までの発行時期判明私札の累計件数178件を基準とすれば一挙に20倍ほどの流通拡大が進行したことが見込まれよう。その一方で，備中における原データとの対比からあきらかなように，荒木データはたまたま収集家の手許に残存したものの集積であり，近世初期の畿内や伊勢地方の衆目を集める私札類を例外として，多くは収集家の手に渡る前に各地でうずもれたまま消滅する運命にあったであろう。

　記録に残されない，以上のような状況を考慮すると，近世紙幣の検討は，これまでの藩札の方に目が注がれる傾きを是正すべきであるように思われる。藩札よりもはるかに残存する機会の少ない私札が，とりわけ時期をさかのぼるほど目にすることができないことをもって，発行・流通の事実も無視に値するとみなすことは控えねばならない。

---

33)『図録 日本の貨幣』5，301-303頁，および前掲岩橋勝「近世中後期土佐における貨幣流通」158-159頁。

5 小額貨幣不足打開のための藩札・私札のコラボレーション

　近世後期の貨幣不足はとりわけ小額貨幣で深刻化しており，秤量貨幣を鋳潰して吹き替えた計数銀貨の増鋳によってある程度はまかなったが，その最小額面である「1朱」（銀貨で約4匁余，銭貨で約400文に相当）以下は，銭貨か藩札ないし私札を利用するほかなかった。第2章や第4章で貨幣種別ごとの在高推移を示したが，小額貨幣の中核となる銭貨の三貨全体に占める構成比率は，庶民の貨幣経済化がまだ進展していなかった17世紀末はともかくとして，18世紀前半期以降，横ばいないし低落気味であった。銭貨不足に対して幕府は，18世紀後半期以降，一文銭の素材を銅から，鋳造コストの割安な鉄に替えたり，四文銭や天保通宝（100文通用）の新鋳でしのごうとしたりしたが，けっして十分な成果は得られなかった。最後の手段として紙幣（藩札・私札）が期待されたわけである。

　もちろん，一定の取引慣行が成立している商人間では為替手形の使用や帳簿決済をおこない，さらに全国的規模の巨額取引をおこなう大坂市中内外では，振り手形や預り手形等，今日の小切手や銀行券に類似した紙券が使用されるようになり，相当な正貨の節約ができた。しかし，一般庶民の貨幣需要は当初は臨時かつ散発的であり，小額の幕府正貨である銭貨が求められた。局地的にそれらの需要があり，まだ制度的に銭貨鋳造も実施されていなかった近世初期の伊勢地方や畿内の都市・在郷町で，私札が発生してくるのはきわめて自然な事象だったと言えるだろう。

　ただし，17世紀中期以降は，幕府鋳造の銭貨がある程度出回るようになったこともあり，神宮域で特殊な保護策がなされた山田羽書を除いて，私札の流通はほとんど記録から姿を消すようになった。私札の流通範囲は藩札よりはるかに狭く，兌換性が高かったので，残存する事例がもともと少ないこともあろう。それでも18世紀末期より19世紀に向けての西日本を中心に，私札が群生するようになった。基本的には幕府通貨の供給不足が要因であるが，その代用貨幣としての藩札の多くが過剰発行により価値不安定になりやすいことが，私

札群生化の直接的な要因である場合が多かったと見られる。

　このように，幕末期に向けて藩札の流通破綻を補う形で群生してくる私札の中には，藩政府の経済政策に取り込まれて，事実上藩札と変わらない機能を果たす事例や，私札の性格は失わないまでも，領内の主要な交換・支払い手段として機能するにいたったものもあった。詳しくは第8・9章で後述するが，前者の事例が九州の熊本藩における銭預り札であり，後者の事例が山陰の出雲松江藩における連判札である。

　熊本藩の銭預り札は，18世紀後半，銭貨不足のため領内で自然発生的に出回り始めた銭札である。熊本藩は18世紀初頭から，数度にわたり藩札（銀札）の発行を試みたが一般領民の使用貨幣は多く銭貨であったので，小額の銀札であっても，使用に不便だったのである。このため，領内有力商人等を発行元とする銭預り札が広く使用されるようになり，藩府はその規制に乗り出した。記録に初めて銭預り札が現れるのは1778（安永7）年で，発行者によっては銭貨との兌換請求に応じないため領内で混乱が生じる場合もあり，藩府がいつでも現銭と交換するよう促す「達」が2月に発せられている。しかも，混乱が生じないよう銭預り発行を差し止めるようにとの一部からの要請に対して，藩府は「左候てハ極々致迷惑者多有之由相聞候」と，現銭に代わる札使用の意義を説いている。

　1786（天明6）年になると，藩府は同様の銭預り札を藩独自の機関を設置して発行し，流通策を進めていった。しかし，札の額面が銭50目から1貫目と高額で，一般領民には平時に使用することの少ない，いわば領主経済ないし大口取引用の札であった。当然，領民には浸透せず，1年間も経たずに通用停止となっている。数年後，今度は領内の通貨需要状況を調べた結果なのか，当初は10目〜1貫目，ついで小額札の「小預」（額面5匁〜2分）を追加して，御銀所銭預り計3,500貫目を発行した。くわえて18世紀中期までの銀札発行の失敗に懲りて，銭預り札の現銭交換と札発行量に厳しく留意したので，一時的に札の価値が下落することはあっても，以降，廃藩置県のおこなわれた1871年まで持続的に流通した。私札では当然に求められる，兌換性の保持に努めたことと，領内で需要の強い小額札の供給に留意したことが，熊本藩の銭預り札流

第6章　近世紙幣の流通実態　　195

通政策の成功要因と言える。

　出雲松江藩の連判札は，城下町である松江の商人が家屋敷を担保（家質）として19世紀初めから発行した，比較的高額の銭札である。札の価値が不動産で担保されているのみならず，複数の有力商人が連帯保証人として連判したので，「連判札」と言われる。札1枚ごとに通し番号を付けていたので，手書きの札ではあるが，偽造防止と信用強化に役立った。半年ないし1年間の償還期限が明示されていたので，その間，不特定多数の商人の手を転々流通していたものと思われる。一方，松江藩札は1675年より銀札として初めて発行されて以来，一時的な中断はあり，けっして順調でもなかったが，明治初年まで流通した。熊本藩に比べれば19世紀以降も藩札流通が継続していたのに，私札である連判札が主要通貨の座を占めるようになったのは，1767（明和4）年に始まる藩政改革の一環として札座の廃止（＝銀札通用停止）がおこなわれ，札価不安定ながらも使用していた銀札に代わるものが求められた結果と考えられよう。

　連判札の原型となる「預り書」や「預切手」は，18世紀後半の藩札停止の期間中にそれに代わるものとして，城下商人の間で必要に応じて発行され，使用されるようになった。しかし，それらは振出人の債務不履行というモラルハザードを伴っており，藩府も介入せざるを得なくなった。藩府は連判札も規制の対象としたが，とりわけ家質保証のある連判札については19世紀初頭にその発行・流通を認めるようになると，次第に城下町以外の領内でも使用されるようになった。連判札は額面の多くが，一貫文，二貫文と比較的高額であったのに対し，藩札は百文以下の小額銭札で，棲み分けがおこなわれたことが特徴である。藩札発行事例の多くに照らすと，より高額の私札を補完する形で小額の藩札を発行するのは異例と言える。それほど連判札がすでに定着しており，そうした現状に対応して需要のある小額札の供給に藩府がとどまったことが，その後の松江藩札の流通政策の成功要因と考えられる。なお連判札は，藩の支配機構の末端に連なる町年寄や，村会所が振り出し元になる場合もあったが，主流は民間の商人振出であって，藩札ではなく私札と言える。

　熊本藩ではもともと私札であった銭預り札が次第に藩政府の貨幣政策に取り

込まれて，結局のところ藩札化した一方，松江藩の連判札は小額面の藩札と最後まで棲み分けて，私札として流通したという違いはある。しかし，多くの藩が過剰発行などの要因で藩札価値を下落させざるを得なかったり，流通停止となったりする中で，二つの藩が領内主要通貨を混乱させることなく推移できたのは，いかに貨幣不足でその需要が高まっていたとしても，紙幣安定流通の基本である兌換性ないし札価の維持に留意したためであった。いわば私札の基本条件を，藩札への取り込みないし藩札との連携に際して踏襲する努力をおこなったことが注目に値する。

　従来，藩札の本質をめぐる論争の一方である「政府紙幣説」は，短期的には領主的強権でもってその流通を保持できたかもしれないが，長期的には領主権力の弱化とともに札に対する信用を失い，多くの藩で持続的流通ができなかったので，本章での考察のかぎり破綻をきたしていると言える。しかし，だからといって近世領主権力の存在が無意味であると解釈するのは正しくない。近世領主権力は近代国家権力により接近し，いわゆる近代経済社会における「政府の役割」機能を少しずつ具備するようになっていた。幕末に近づくにつれていわゆる政府的役割である貨幣流通秩序の維持と言うような，適切な統治の度合いを強めて行く藩も増えていった。19世紀中葉ともなると，諸藩はもはや財政的要因のみからの藩札発行とその流通維持は不可能となり，私札では当然に要求される兌換性と札価の維持を具備せざるを得なくなっている一方，藩札流通が不安定な地域ではもともと「私的」に発行された私札が公共財として安定的に流通するような，領主権力による一定の規制が必要になっていたのである。いわば，藩札と私札のコラボレーションの好例が熊本・松江両藩の札流通政策ではなかったかと考えられる。

6　近代紙幣への日中比較──むすびにかえて

　近世紙幣がいかにして発生し，どのような需要に応じて流通したのか，あるいは一部でイメージされているように国内すみずみで広く流通していたのかに

ついて，おもな先行研究によりながらサーベイをおこなった。その要点はつぎのとおりである。

1）古い研究史をもつ藩札について今日求められる課題は，たんに藩財政窮乏打開の事例として，あるいは信用貨幣生成の理論化のための素材としてあつかうだけでなく，まずは可能なかぎり多くの藩について具体的な流通実態を究明することである。その際，とりわけ発行量や札価動向のような数量的情報を整備しつつ，幕府正貨の利用可能状況に注目しながら藩札の持続的流通期間を確認しておくことが基本的に求められることがあきらかとなった。

2）幕末維新期に全国8割前後の藩で藩札が発行されていたという記録をもって，近世後期には西日本の大半で藩札が流通していたというイメージが定着している。しかし，具体的な流通状況のわかる32藩について観察すると，持続的に10年以上まがりなりにも流通していた藩数の確認できるのは17世紀でわずか9藩，18世紀に14藩，そして19世紀に入ると24藩と増加した。幕末期に向けてたしかに着実に藩札流通は広がりを見せているが，19世紀について札価が一時的に下落することがあっても10年よりもさらに長期の持続的流通を確認できるのは12藩と半減した。19世紀が「藩札の時代」というイメージは，いったんリセットされねばならない。

3）藩札が持続的に流通できた要因として，近年は産物会所政策との関連をあげる理解が定着しているが，幕末期までに多くの藩がその設置を試みており，失敗例も藩札同様に多いので，藩札流通の十分条件とは認定できない。逆に，他領札のような信用不安な札であっても一定地域内で流通が継続する事例も確認できる。産物会所運営は大坂銀主が中核となり，藩財政運営を委託される事例も少なくないので，領外で換金された国産物代金は領国の生産者たちに最終的に支払われるべきであるにもかかわらず，領外での財政支出と相殺されてしまって，領国に還流するとはかぎらない。ために領国内で貨幣不足が恒常的に生じる事例も少なくなかった。藩札発行はこうした正貨不足が基本的要因としてあったことも推察でき，領内で正貨に代わる流通手段が必要とされざるをえない状況が意外に広く生じていた。

4）券面記載の年号が判明する私札を概括すると，17世紀初頭の伊勢および

198　第Ⅱ部　近世紙幣論

畿内での流通が確認できるが，同世紀後半に藩札が諸藩で出回り始めると伊勢以外はほとんど消え，その後は諸藩経済力が減退して藩札の信用力も落ちてくる 1850 年代から西日本各地で一挙に多く流通するようになったとみられている。これは残存する私札の観察によるだけの評価であって，実際には幕府正貨が十分に行き届いていなかったり，一定の信用力のある藩札が流通していなかったりする地域では時期のいかんによらず，貨幣需要のある際には自然発生的に地域内の特定有力者を札元として発行されたと考えられる。私札研究は藩札にくらべるとまだきわめて立ち遅れており，さきの定説のような先入観にとらわれないで，残存私札にかかわらず地域ごとの商家帳簿のような個別取引分析にまで立ち入って実際に使用された流通手段を見きわめる地道な作業が求められている。

　5）藩札が健常に流通していない地域で私札が発行されやすいという先行研究での指摘はけっして誤りではないが，いかにも私札が藩札の補足的流通手段とみられやすくなっている。私札の流通範囲は通常限定されているが，それは札元の信用力のおよぶ範囲にとどまらざるをえないからである。前近代の地域内有力者は信用保持が優先順位の高いパフォーマンスとなっている場合がおおく，ために札価が下落するほどの過剰発行は自制されたと考えられる。このような私札の自制性と藩札固有の広域流通性とがコラボレーションして発行され，さほど札価を下落させることのなかった熊本藩札や松江藩連判札のような事例もあり，18 世紀後半以降には私札が藩札の信用力強化に寄与する場合もあった。近現代における財政と貨幣発行権の分離の源泉と見ることもでき，藩札と私札との関係性についても今後検討をふかめる必要があろう。

　以上のように近世日本の紙幣流通が進展したとすれば，国家的な紙幣流通という史実でははるかに歴史の古い中国が，その後なぜ経済発展を進め，近代の局面でヨーロッパ経済の支配に対抗することができなくなったのか，あらためて問われなければならない。元朝期に帝国内全域で通用するようになった紙幣は，前代の宋朝期において，領域を限り成立していた，塩を中心とする生活必需品といつでも交換できるシステムを，国営規模に広げたことが成功要因で

第6章　近世紙幣の流通実態　199

あった[34]。しかし，元帝国を駆逐した明朝は覇権獲得後まもない1375年「大明通行宝鈔」を発行し紙幣政策を踏襲したが，元朝の鈔価維持システムの重要な一環としての各種専売制度，とくに塩法と鈔制のリンクが欠如していた[35]。交換商品の裏づけのない不換紙幣は，半世紀も持たず流通界から消えることとなる。また，納税手段が銀となり，絹・生糸に対する海外からの需要拡大による銀流入により，銭貨供給は停滞した。

　清朝期に入っても主要貨幣は明代と変わらず銀両・銅銭併用体制が継続した。わずかに，清朝の本拠地が北京に移って間もない1651年に「順治鈔貫」という紙幣が発行されたが，10年で通用停止となった。この後，清朝での紙幣は1853年の「戸部官票」と「大清宝鈔」の発行まで200年近く空白が生じることになる。地方での紙幣も「官銭局」の設立により，ようやく出回るようになった。しかし，日本と比べ，清朝政府の紙幣は財政および軍事上の必要から発行され，市場の要請から貨幣需要にこたえるものではなかった。

　一方で中国の民間サイドでは，商業的必要から日本と同様にすでに清代以前より私札のようなものが出回り，19世紀に入るといっそう盛んになったとされる[36]。信用システムも前代から貸付業務をおこなう質屋（「典舗」「当舗」）や銀銭両替業務をおこなう「銭荘」が存在し，随時に現金との兌換が可能な「銭票」「銀票」が使用されたほか，他所での支払命令書である「会票」も発行されて，資金移動手段となった[37]。いずれも経済発展による貨幣需要への対応と見られる。

　中国でも政府紙幣はとかく乱発され，信用低下により流通停止となったが，民間銭荘などから発行される紙幣は多種流通した。日本の私札に相当するそれらの紙幣については，同様にまだ不明な部分が多いが，銭荘の経営上の問題のため信用不安が生じる場合もあった。日本と大きく異なるのは，それらの私札

---

34) J. ジェルネ（栗本一男訳）『中国近世の百万都市』（平凡社，1990年）90-91頁。
35) 濱島淳俊「明代前期の社会と経済」（松丸道雄ほか編『中国史4 明・清』山川出版社，1999年）124-129頁。明朝において塩法とリンクしたのは，軍政にとどまったという。
36) 戴建兵『中国銭票』中華書局，2001年。
37) 前掲濱島淳俊論文，474-475頁。

200　第 II 部　近世紙幣論

をうまく統治し，政府紙幣の流通体系に取り込む事例が清朝期にはなかった点
である。近世日本の藩札流通のない時期に，地域によっては私札が少なからず
流通していたことは十分に想定されるが，そのさい熊本藩や松江藩のように藩
府が私札の安定流通のための相応の監察をおこなっていた事例が確認でき，こ
れは一種の統治と言えよう。この差異が，近代的貨幣金融体制確立への両国の
分岐点になったように思われる[38]。

　私札は常に兌換性が要求された。人的，地縁的信用の重視される前近代にお
いては，過剰発行というような失態によりいったん信用を失えば，いかに事後
的に経済的にカバーして補償してもそれを取り戻すことは難しい。私札発行で
は，そうした基本遵守が厳しく求められたであろう。19 世紀に入ると藩札の
より長期持続的な流通がみられるようになったことが確認できるが，その藩札
管理において，私札の基本的条件も導入することが貨幣政策の要になったと思
われる。そして近代社会における貨幣金融政策においても，このような紙幣流
通の基本は常に要請されていると言えよう。

38）本節に関連して，2011 年 9 月に河北師範大学（おもに戴建兵教授）と山西財経大学
　（張亜蘭教授）で実施した聴取調査記録（岩橋勝「決済の前提となる近世通貨システム
　の日中比較——中国 2 大学での聴き取り調査記録」，平成 20〜23 年度科学研究費補助金，
　基盤研究（B）研究成果報告書（代表者，加藤慶一郎）『日本における近代通貨システ
　ムへの移行の世界史的意義——「決済」の視点から』2012 年）を参照。

別表 6-1 近世の私札発行（嘉永期以前，時期明確なもののみ）

国名	年	発行者・発行地	名称・備考	引替元	種別・額面	引用頁
山城	嘉永 6	近江屋		丹州菟原出張近江屋万右衛門	銀札 1 分，1 文目	p. 85
大和	寛永 5	下市町・吉野郡		吐田屋九郎兵衛・与左衛門	銀札 2 分	p. 95
	寛永 11	今井町・高市郡		小物屋長兵衛他	銀札 1 匁，5 分	p. 96
	寛延 3	竜門・吉野郡	御免銀札	油屋又兵衛，辻本孫兵衛	銀札 1 匁	p. 93
	寛延 4	新木村・十市郡	郡山藩領	大西甚太郎	銀札 1 匁，3 分，2 分	p. 116
	宝暦 2	上町組・下市町	御免銀札	喜多屋新九郎，藤兵衛	銀札 1 匁	p. 93-4
	宝暦 8	野原郷・宇智郡	御免銀札	森久，銀札会所	銀札 1 匁	p. 95
	明和 9	主として吉野郡各町村	御免銀札	広屋治郎右衛門他多数	銀札 1 匁，5 分，1 分	p. 90-5
	文化 7	立野村，竜門・吉野郡	御免銀札	板屋久治，油屋又兵衛他	銀札 1 匁	p. 93
	文化 9	六田組・吉野郡	御免銀札	内屋市左衛門	銀札 1 匁，2 分	p. 92
	文政 8	竜門・吉野郡	御免銀札	銀札会所	銀札 1 匁	p. 93
	天保 11	竜門・吉野郡	御免銀札	藤田屋喜兵衛他多数	銀札 1 匁	p. 93-4
	嘉永 3	橋尾村・吉野郡	御免銀札	竹森屋弥右衛門	銀札 1 匁	p. 91
	嘉永 5	上市組，左曾邑・吉野郡	御免銀札	嶋屋孫右衛門他多数	銀札 1 匁，5 分	p. 92-3
河内	元禄 3	久宝寺・中河内郡		金九郎	銀札 1 匁	p. 122
	元禄 12	寺内	東組・西組	米屋小兵衛	丁銀 5 分	p. 121
	享保 16	碓井・南河内郡古市		駒谷庄兵衛	銀札 2 分	p. 122
	寛政	真蓮寺・南河内郡古市	九条殿寄付手形	谷源左衛門	銀札	p. 121
和泉	元和 8-10	夕雲開・堺百舌鳥村		木地屋・筒井氏	銀札 1 匁，5 分，3 分，2 分	p. 126
	天保 6	免古地善右衛門・堺		紀州御掛屋	銀札 10 匁，5 匁，1 匁，5 分	p. 126
	天保 10	北組総会所	堺櫛屋町	勘定所掛	銀札 2 匁，1 匁	p. 126
摂津	元和 3	江戸堀・大坂	人足切手	桔梗屋，紀伊国屋	銀札 1 匁	p. 134
	慶安頃	平野庄・大坂		大黒屋治兵衛他	丁銀 1 匁〜2 分 計 6 種	p. 147
	寛文 7	平野町・大坂		綿袋屋弥兵衛他	銀札 1 匁	p. 147
	延宝頃	今津・武庫郡		倉屋・干鰯屋	銀札 1 匁	p. 126
	延宝 6	熊野屋彦太郎・大坂			銀札 1 匁	p. 133
	正徳 3	平野庄・大坂		分銅屋，帯屋他	銀札 1 匁	p. 147
	元文 2	平野郷・大坂		末吉治郎兵衛他	丁銀 1 匁，5 分，3 分，2 分	p. 147

202　第Ⅱ部　近世紙幣論

国名	年	発行者・発行地	名称・備考	引替元	種別・額面	引用頁
	文化 13	名塩・有馬郡			土 1 荷	p. 144
	文政 6	名塩・有馬郡			日雇 1 人	p. 144
	文政 13	炭屋吉兵衛			銭札 1 貫文	p. 148
	天保 2	結場		武田儀右衛門	銀札 1 匁	p. 148
	天保	多田・能勢郡		役所	銀札 1 匁	p. 134
	弘化 3	名塩・有馬郡			日用 1 人	p. 144
	嘉永 2	中山寺・川辺郡		宿・柳屋九兵衛	傘提灯札，御泊切手	p. 128
	嘉永 7	住吉神社・大坂		社領引替所他	銀札 1 匁	p. 148
伊勢	慶長・元和	山田古端書・伊勢		山田大路長右他	丁銀 1 匁〜2 分	p. 155
	慶長・元和	宇治古端書・伊勢		梅屋彦兵衛他	丁銀 1 匁，5 分	p. 155
	寛永元	射和羽書・飯南郡		富山長左衛門	銀札 1 匁，9 分，5 分	p. 150
	寛永	丹生・多気郡	梅屋	長井宗右衛門他	銀札 1 匁，2 分	p. 150
	寛永	中嶋久兵衛・射和村			銀札 1 匁	p. 153
	寛永	布屋豊右衛門・射和村			丁銀 7 分	p. 153
	寛永頃	白子町・河芸郡		長嶋屋兵右衛門	銀札 2 分	p. 153
	寛永	紺田与四郎・飯南郡神山村			銀札 1 匁〜2 分	p. 154
	寛永 10	松阪羽書・飯南郡		はりや九兵衛他	丁銀 1 匁〜4 分	p. 154
	元和 10	札野札・飯南郡射和		札野宗次兵衛他	丁銀 1 匁〜3 分	p. 153
	正保 2	一身田・河芸郡		高田倉順造	銀札 1 匁	p. 150
	正保 3	松阪羽書・飯南郡		雲出倉七郎左衛門	丁銀 1 匁，8 分，6 分	p. 154
	延宝 5〜幕末	山田羽書・伊勢			銀札 1 匁他多数多種	p. 156-7
三河	文化 5	永良郷・幡豆郡		河合重吉	納米 25 表	p. 189
	文化 14	岡嶋・幡豆郡		平野	1 人，6 分，4 分	p. 186
	文化 14	永良郷・幡豆郡		岡本清蔵	納米 25 表	p. 189
	文政 4	西尾・幡豆郡	春米札	横町・松阪屋吉助	春米 1 人，半人	p. 184
	文政 4	岡嶋・幡豆郡		平野		p. 186
	天保 8	西尾・幡豆郡	春米札		春米 1 人，半人，2 分半	p. 184
	天保 8	岡嶋・幡豆郡		平野	半人，2 分半	p. 186
近江	文政 2	西塩津・伊香郡	駄賃切手		銀札 1 匁	p. 204
羽前	天保 13	米沢		免許町・鰻屋伊七	うなぎ 1 本	p. 232
佐渡	正保 4	佐渡	大火のため発行		印銀札	p. 261
	元禄 14	佐渡		奉行所	銀札	p. 261
越中	文政 11	砺波・砺波郡		竹村屋・和泉村十右衛門	銭札 500 文〜100 文	p. 236

第6章　近世紙幣の流通実態　203

国名	年	発行者・発行地	名称・備考	引替元	種別・額面	引用頁
	文政12	太郎丸・上新川郡		清次郎	銭100文	p. 257
丹波	嘉永2	上杉・何鹿郡		藤田久左衛門	銀30匁, 1匁, 5分	p. 267
	嘉永7	朝阪・氷上郡		山下亀造酒造所	銀5匁, 1匁	p. 269
但馬	宝暦6	浜坂・美方郡		小五郎	銭500文, 200文	p. 276
	文政6	和田山会所・朝来郡	郡中用	紙屋十太夫	銭1匁	p. 278
	文政	城崎	温泉通用		銭札100文	p. 286
	文政	杉原・城崎郡	酒切手		銭5匁, 1匁	p. 290
	天保3	津居山・城崎郡	納屋融通券	魚市場	鯖券1銭, 鰈券 5銭等	p. 283
出雲	文化8	広瀬・能義郡	鉄山札ヵ	原屋太平	銭100銅, 30銅, 20銅	p. 299
	天保8	野尻・簸川郡稗 原村	書札日用賃	牛尾屋	銭100文, 30文, 20文	p. 297
	天保8	広瀬・能義郡	書札 新町	鍛冶屋	銭100文, 30文, 20文	p. 300
石見	天保15	那賀久代村		藤井屋	正銭8文, 5文, 3文, 2文	p. 302
	弘化3	家野村	駄賃札	鉄山所太右衛門	銭札100文	p. 301
	弘化4	大浦谷		蔵宿文右衛門	丁持銭20文	p. 301
播磨	寛政7	富岡村	普請切手		銭1匁	p. 309
	文化2	網干町・揖保郡	浜切手	嘉兵衛	銭札20目	p. 333
	文化10	網干町・揖保郡		黒崎種吉	銭札1匁, 1匁6分, 1分5厘	p. 333
	文化11	網干町・揖保郡		嘉兵衛	銭札10匁	p. 333
	文化11	網干町・揖保郡		岡崎堀吉	銭札20目, 10匁, 5匁, 1匁	p. 333
	文化12	五十波伝之助		万伝	銭1匁	p. 304
	文化12	船場本徳寺・姫路		勘定役所	銭札1匁	p. 347
	文政2	富田村・加東郡	酒預切手	綿屋治右衛門, 小林栄太郎	銀10匁, 銭札1匁, 5分	p. 309
	文政5	下徳久村・佐用郡	酒預切手	表屋, 上津表屋 会所	銀1匁	p. 342
	文政8	山之里・赤穂郡			銀1匁	p. 327
	文政8	舟越山・宍粟郡	職人賃銭切手	勘定会所	銭札1文目	p. 329
	文政8	明福寺・赤穂郡	銭手形	納所	銭札8厘, 5厘	p. 337
	文政8	三日月村・佐用郡		酒屋弥三郎	生酒1升	p. 339
	天保7	岸田村・宍粟郡		太郎佐衛門他	銀札1匁～1分, 銭札1匁～2分	p. 337
	天保12	原邑・宍粟郡	駄賃札	西谷屋宇平	銭札1匁預, 3分預	p. 307
	天保12	鍵掛山・宍粟郡		山内通用元場	銀5分, 1分	p. 315
	天保15	安積村・宍粟郡	駄賃切手	サカヤ, ミハヤシ	銭札1匁	p. 334
	弘化2	伊津浦・揖保郡	魚代預	枡屋利左衛門	銀1匁, 3分, 2分	p. 305
	弘化4	鍵掛山・宍粟郡			銀10匁	p. 315

国名	年	発行者・発行地	名称・備考	引替元	種別・額面	引用頁
	嘉永5	美渡村		吉楽山	銀5分預	p. 346
	嘉永7	大谷山・加東郡	境内修復切手	引替所	銭50匁, 10匁, 5匁, 1匁	p. 311
	嘉永	久米村・加東郡		酒屋弥兵衛	銀1匁, 5分	p. 325
	嘉永	槇村・美嚢郡		大塚権右衛門	銀1匁, 5分	p. 328
	嘉永	福井町・美嚢郡			銀1匁, 5分	p. 329
	嘉永	網干町・揖保郡		網孫	銀2分	p. 333
美作	寛政6	勝間田駅・勝田郡	油切手	油重	銀札1分	p. 351
	嘉永元	美谷山	鉱山札		増代100文～5文	p. 350
備中	元禄16	笠岡・小田郡	御年貢米切手		銀札1匁	p. 360
	享保15	河辺駅・吉備郡		塩屋・津屋・油屋	銀札1匁	p. 358
	享保17	大内	摂州溝杭札		銀札1匁～5厘	p. 357
	享保	大内田・都窪郡		大黒屋	酒札4厘, 3厘	p. 358
	享保	横嶋村・小田郡		加賀屋	銀1匁, 5分, 3分	p. 361
	文化12	蓮嶋西浦・浅口郡	生魚切手	四方屋佐四郎	銀札1匁	p. 363
	天保4	上市組・阿哲郡		小山屋	5厘預	p. 359
	天保4	山田・吉備郡	日雇切手	出張引替所	札1分	p. 366
	天保12	小坂部・知行所	銅山用	松本屋	増価9分, 5分	p. 370
	弘化4	蓮嶋西浦・浅口郡	生魚切手	富嶋屋	銀札1匁～5厘, 銭札5厘	p. 363
	弘化4	宮内・吉備郡		布屋, 備前屋, 大津屋	銀札1匁預	p. 372
	弘化	総社町・吉備郡	社領引替	宮内札会所	銀札1匁	p. 363
	弘化	中嶋		新屋, 板屋, 宮崎屋, 菱屋	1分	p. 364
	嘉永元	砦部・上房郡	倉敷代官領	中屋	銀札1分, 5厘	p. 371
	嘉永元	宮内・吉備郡	浜野		1分, 5厘, 4厘, 3厘	p. 372
	嘉永3	倉敷町・都窪郡	倉敷代官	会所	銀札1匁	p. 365
	嘉永3	倉見			銀札2分	p. 366
	嘉永3	始終村	山内通用	上原山	増賞1匁預り	p. 375
	嘉永5	鳥羽・都窪郡	倉敷代官支配	喜多や	札1分, 5厘	p. 356
	嘉永6	片塚村・後月郡	二条殿免許	多和	銭札1分	p. 360
	嘉永7	宮内・吉備郡	吉備津宮領	藤井	銀札5分, 4分	p. 371
	嘉永7	始終村	山内通用		増賞1匁預	p. 375
	嘉永	笠岡・小田郡	油切手・幕領	鞆屋	銀札2分, 1分	p. 359
	嘉永	笠岡・小田郡	御蔵元切手・幕領	中嶋屋	銀札2分	p. 359
備後	元禄頃	福山修理役所	修繕札	鍵屋, 鉄屋, 吉井や, 若狭や	銀札1匁	p. 378
	天保5	東城蔵役所・比婆郡		大阪屋九右衛門	米札1斗, 2升, 1升	p. 376
	嘉永4	有木・神石郡		甲屋	5分切, 1分切	p. 378

第6章　近世紙幣の流通実態　205

国名	年	発行者・発行地	名称・備考	引替元	種別・額面	引用頁
	嘉永	小奴可・比婆郡		甲屋	札1分	p. 377
周防	天保5	大野・熊毛郡			札銀8分～2分	p. 380
紀伊	文政12	根来・那賀郡		辻本総兵衛他	銀札1匁～2分	p. 381
讃岐	嘉永7	波之浦・木田郡	砂糖会所		銀札1分	p. 385
伊予	文政～嘉永6	松山		道後村吟右衛門	10匁	p. 388
	弘化元	川下村・温泉郡		多田信嘉世	日雇3分預	p. 390
	嘉永元	卯之町・東宇和郡		糀屋酒店	酒1升5合～1合	p. 394
土佐	文化12	伊野町・吾川郡		枡屋熊八	八銭10匁	p. 396
	文化13	伊野町・吾川郡	赤札	高岡屋久次右衛門	10匁	p. 396
	文化13	伊野町・吾川郡	赤札	高岡屋銀兵衛	八銭10匁, 1匁	p. 396
	文化13	高知本町		あらむらや利三郎	八銭2匁	p. 398
	文化13	浦戸町・吾川郡		貸本屋三右衛門	八十文銭2匁	p. 398
	文化13	浦戸町・吾川郡		枡屋三右衛門	八銭2匁	p. 398
	文化13	種﨑・長岡郡		高岡屋久次右衛門・新右衛門	八銭10匁	p. 401
	文化14	高知朝倉町		下田屋勘之丞	八十文銭10匁	p. 398
	文化15	高知		木綿屋権兵衛	八銭10匁	p. 398
	文化15	新川町・吾川郡		木屋与右衛門	八銭2匁	p. 400
	文政13	高知新市町		あまかさや	八銭10匁	p. 398
	天保2	森・土佐郡		田井屋重五郎	八銭5分	p. 402
	天保4	伊野町・吾川郡		出来屋伊之助	八銭1匁	p. 396
	天保7	櫔原・高岡郡		明神弥平	八銭5分	p. 396
	天保9	半山郷・高岡郡		半山郷問屋相良文左衛門	銀札2匁, 1匁	p. 397
	天保10	櫔原・高岡郡		西村和助	八銭5分	p. 396
	天保11	半山郷・高岡郡		酒屋	八銭1匁	p. 397
	天保11	本山町・長岡郡		亀屋清左衛門	八銭1匁	p. 402
	天保12	津野山・高岡郡	赤札	小田屋民蔵	八銭1匁	p. 399
	天保13	本山町・長岡郡	預手形	阪本屋喜三郎	八銭1匁	p. 402
	天保14	半山郷・高岡郡	為替手形	半山郷問屋相良文左衛門	八銭1匁	p. 397
筑前	天保11	酒屋仲間		東屋, 小野屋, 天満や, 大瀬や	酒5号預	p. 404
筑後	天保14	権田村・筑城郡		米屋	銭50文	p. 407
	嘉永3	藤木・遠賀郡	触限通用	副田二三太	丁銭500文, 2貫文, 3貫文	p. 407
	嘉永4	本城・遠賀郡	触限通用	銀主中	丁銭40文, 200文	p. 407
豊前	文化元	宇佐神宮		政屋	七銭札5分～2分	p. 408
	天保6	行事村・京都郡		飴屋	札1匁預～2分預, 銀札10匁～2分	p. 410
	天保14	宇佐神宮		銀会所	七銭札10匁～3分	p. 408

206　第 II 部　近世紙幣論

国名	年	発行者・発行地	名称・備考	引替元	種別・額面	引用頁
	天保 14	小倉領大橋		行事金銀引替所	銭札 200 文〜20 文	p. 410
	天保	小倉・企救郡		新屋	2 分	p. 410
	弘化 2	八屋村・筑上郡		米屋	丁銭 50 文	p. 408
	嘉永元	宇佐神宮		神領役所	七銭 5 匁, 5 分	p. 408
	嘉永 2	英彦山・田川郡		書替会所	銭札 500 文〜30 文	p. 410
	嘉永 6	宇佐神宮		神領役所	六四銭 10 匁, 5 匁, 1 匁	p. 408
	嘉永	宇佐神宮	預切手	神領預	八銭札 10 匁	p. 408
豊後	文政 4	別府・速見郡		政田屋・米屋	五銭札 5 銭, 5 分	p. 412
	天保 3	速見	預切手		米 5 升	p. 411
	天保 3	中依・速見郡		預会所	米札 1 斗, 5 升	p. 412
	天保 7	真玉・西国東郡	永胡麻札		銀札 10 匁〜2 分	p. 413
	嘉永 6	真玉・西国東郡	開地切手		七銭 2 分	p. 413
肥前	文化	長崎地方		両替所	銀 2 匁, 1 匁, 5 分	p. 416
	文政 12	有田・西松浦郡		加嶋屋	銀 100 目, 50 目, 30 目	p. 417

典拠）荒木三郎兵衛編・発行『お札』改訂版, 1968 年。
注）1：発行年明確なもののみ, 国別に採取。
　　2：同上書所収のいわゆる長沢用所札, 盛岡札, 富山預り手形, 長崎会所札は, 背景に領主権力があり, 「私札」的性格を欠いているとみなして, 本表では除外した。

第7章
伊予松山藩札流通と銭匁勘定

はじめに

　近世において藩当局による強制通用力のみでは藩札の流通を維持できなく，国産品を専売制化し，領外から幕府正貨を獲得する方策と結びつけて藩札流通をはかるという理解が，今日では共有されている[1]。日本銀行金融研究所が1980年代におこなった藩札流通にかんする委託研究報告等にもとづく33藩の事例を分析した鹿野嘉昭は，藩札流通の円滑化に必要な方策を専売制実施のみにとどめないで，つぎの3点が重要とした。①十分な兌換準備，②有力商人の信用利用，③藩財政から藩札発行を切りはなし，弾力的発行ができるよう有力商人に委託する[2]。これらのいずれにも共通するのは，藩札に対する領民からの一般的な信頼である。

　しかし，前章で述べたように，個別具体的に観察すると，多くの事例は「流通途絶の歴史」と言ってもよいほどの実態であり，成功した事例の多くは19世紀も半ばにさしかかるほど幕末期に近づいた時期のものであった。しかも，上述のような産物会所方式以外で藩札が円滑化する例もあり，なお事例の積み重ねが求められている。

　本章で紹介するのは，藩札を受容する領内の貨幣需要に合わせる形で藩札流

---

1) その代表例として，西川俊作・天野雅敏「諸藩の産業と経済政策」（新保博・斎藤修編『近代成長の胎動』岩波書店，1989年）がある。
2) 鹿野嘉昭『藩札の経済学』（東洋経済新報社，2011年）第3章。

208　第 II 部　近世紙幣論

通政策をすすめた松山藩の事例である。近世伊予は，中予の松山領（1635 年以降，松平（久松）氏 15 万石），南予の宇和島領（1615 年以降，伊達氏 10 万石）のほか 6 藩領と幕領が錯綜していた。土佐とともに後述するような銭匁遣いがおこなわれていたことはこれまでもある程度知られているが，その詳細はあきらかでない。またその内実の固定化経路は一様ではないが，おおむね所領内では一定であったので，個々の所領ごとの観察が必要となる。そこで，松山藩領の貨幣流通事情をあきらかにしつつ，藩札流通円滑化の推移を検討しよう。

1　松山藩の藩札流通政策

松山藩札の初出は宝永元（1704）年 12 月，幕府より許可を得，翌 2 年 6 月から発行された銀札で，額面の種類は 10 匁，5 匁，1 匁〜1 分（この間の内訳は不明）であった[3]。しかし数年をへずして，周知の幕府札遣い禁令が出され，松山藩では宝永 5 年正月晦日をもって「札銀引替相止」めとなった[4]。享保 15（1730）年の札遣い解禁により，同藩でも 11 月，ただちに宝永時の銀札発行体制を再興させた。この時の「札場定書」によれば[5]，

　一銭遣之儀，九厘迄者正銭通用いたし，壹分以上ハ其札を可用事
　　　　附，何拾文と有之銭遣之時ハ，其時之相場を以札ニ而取遣いたし，半銭
　　　　ニハ正銭を可用，銭高之取扱御停止之事

とあって，他の多くの銀札での藩札発行地域と同様に，最低額面銀札に相当する銭額以上の取引では銀札の専一通用とし，銭建て取引であっても時々の銭相場で換算して銀札を用い，端数処理の場合にのみ正銭使用を認めた。藩札発行に際し，領内に対する松山藩の姿勢は，領内とりわけ民間における基準貨幣が何であろうと，藩札（＝銀札）を単一の交換手段とし，流通貨幣たらしめんと

3）『愛媛県編年史』第 7（1972 年）208-209 頁。
4）同上，223 頁。
5）同上，381-382 頁。

第7章　伊予松山藩札流通と銭匁勘定　209

するものであったことがうかがえる。つまり，この定書によるかぎり，藩札としての銀札は，少なくとも領内が銀遣いであったから発行されたわけではないことが判明する。

このののち，3年後の享保18年12月，松山藩は「旧札」を「加印札」と引き替えている[6]。15年発行銀札が過剰発行となったのか，市中では銀札相場が正銀10匁に対して銀札50〜150匁にもなったことをもって，旧札100匁につき加印札15匁で引き替えが開始された。さらに，同20年10月25日，松山藩勘定所から家中に触渡された通達によれば[7]，

> 此度銀札為引替，郷町札所持之者共に銀少々宛御借付之事ニ候，依之員数御
> 改有之候，御家中ニおゐても銀札所持之面々組合候而成共，又ハ人別ニ而成
> 共，札之員数書付，札場所江御差出可有候，郷町ニ准，追而御沙汰可有之候 (ママ)

とあり，藩当局が銀札の過剰発行に留意しながら，銀札の円滑な流通を期待していることがうかがえる。このことは，同年12月18日の勘定所通達[8]によれば，札改めは結局翌年春以降に延期され，郷町・家中に対して札所持の者に札100目に付き銀20目ずつ貸し付けていることからわかる。つまり，この貸付銀は銀札の信用保持をねらったものと見ることができよう。

松山藩札がこの後，延享期（1744-47）にいたる間に継続流通していたことを示す直接の手がかりは得られないが，元文5（1740）年3月27日の藩通達[9]によれば，少なくともこの頃はまだ流通していたことがうかがえる。すなわち，

> 一先達而追々相触候銭遣之儀，文銀相場を以取遣可有之処，今以七拾五銭之
> 相場を用ひ，又は何百何十文と相極，其外色々相場を立商売致候段相聞，
> 甚以不届之至候，向後急度相改，其時々相場を以何匁何分と相立可致商売

---

6) 同上，449-450頁。
7) 同上，470頁。
8) この勘定所通達は，同上470頁には「10月18日」に触れられたとしているが，前後の通達内容から，ここでは景浦勉校訂『松山藩法令集』（近藤出版社，1978年）142頁の「12月18日」をとる。
9) 前掲『愛媛県編年史』第7，522頁。

候，且又右銀立之銭数を以弐匁括といたし，今に用来候由相聞候，此以後
ハ文銀立之相場を以弐匁括といたし通用可有之候

この通達は一見，銭相場の基準を享保銀から元文銀に切り替えることを命じ
ただけのように見えるが，この元文改鋳時におなじ銀札を発行していた宇和島
藩では，元文元年5月28日，つぎのような措置を講じた[10]。

一今度新金吹替被仰出候ニ付，只今迄御領分ニて鳥目相場七十二文替に而通
用致来候銀札，六月十日切ニ札座ニ而引替，此間相触候鳥目四十八文之通
用札，六月十五日ゟ前躰通用候様及相談……

すなわち，享保銀から元文銀への銀相場切下げにともない，銀札相場も従来
の三分の二の価値に切下げるというものである。もっとも，同年11月下旬に
いたっても「文字銀少も入込不申，市中の通用難渋の趣粗相聞候」[11]という状
況で，当分の間は従前通り72文替えとなった。こうした新銀貨の地方への浸
透の遅れが旧慣行の継続を許した。そして，元文5年までには新銀貨が伊予地
方にも十分出回るようになり，さきの松山藩令のような通達が出されたものと
思われる。

さきの松山藩令によれば，享保銀は1匁＝銭75文の公定相場であったこと
が知られるが，さらに，「何百何十文と相極」める取引を禁ずる，つまり，最
低銀札額面以上の銭建て取引を禁じ，銀建て取引を強制する藩の姿勢から，ま
だ「銀札」が流通していたことがうかがわれるのである。また，通達中の「弐
匁括」というのは，銀1匁相当額の銭量を2匁分まとめて1緡として使用し
たもので，藩当局はこの「壱匁」あたりの銭量を元文銀1匁相当量とすること
を命じたのである。ただし，その銭量は固定化しておらず，銀銭相場の変動に
応じて1緡の銭量を差し替える「変動銭匁」遣いの段階であった。

享保15年に再発行された松山藩札は15年期限をもって幕府から許可されて
いた。その期限にあたる延享元（1744）年の翌年正月には，「先年被仰付候銀

---

10) 同上，475頁。
11) 同上，476頁。

第7章　伊予松山藩札流通と銭匁勘定　　**211**

札通用之儀，年数去歳切ニ相済候，依之引替等可被仰付候処，御支配向今以御難渋ニ有之候ニ付，少々御甘出来候ハヽ追々引替可被仰付候」[12]とあって，少なくとも途中の享保末年に引替がおこなわれているが，幕府向けには同一仕法で満期まで流通していたことが判明する。この後，引替元銀不足のため，通用が若干延長されたらしい。この後に銀札通用を幕府に出願した際の宝暦13 (1763) 年記録によれば，同期出願内容は旧札切替ではなく，新規銀札発行であった[13]。したがって，延享末年以降の10数年間は藩札発行はなかったものと思われる。

　松山藩が宝暦12年秋に幕府に出願して許可された新規銀札は，翌13年11月より引替が開始され，翌12月より銀札専一通用となった。この時の主な規定はつぎのとおりである[14]。

　一此度御領分札遣ニ被仰付候，来ル廿三日ゟ札引替相始候間，来月朔日ゟ通
　　用可致候，依之同八日より正金銀通用堅御停止之事
　一金銀者当時迄之通日々相場之高下可有之，銀札ハ左之通相場相定候，尤相
　　場高下ニ随，札相場相改可申，尤内ニ而私之相場相立候義堅停止之事
　　　銀札壱匁ニ付　　六拾文
　一銭遣之儀壱分九厘迄ハ正銭致通用，弐分以上ハ銀札を可用事
　　但何拾文と有之銭遣之時者，其所之相場を以札ニ而取遣致，半銭ニ者正銭
　　を可用，尤高札ニ而価安キ品調候節は小札ニ釣遣，是又半銭ニハ正銭之釣
　　取遣可致，弐分以上之銭取遣御停止之事

　上を享保期銀札とくらべて特徴的なことは，「相場高下ニ随，札相場相改可申」と原則を示す一方で，「銀札壱匁ニ付　六拾文」と基準札相場が公定明示されたことと，最低額面が2分となり，したがって銀2分（＝銭12文）未満相当の取引には銭遣いが認められたことである。札1匁がなぜ60文とされたかについては，当時の大坂銭相場が銀1匁につき65文前後[15]であり，さきに見

---

12) 同上，575頁。
13) 同上，第8 (1974年)，11頁。
14) 前掲『松山藩法令集』206-207頁。

212 第Ⅱ部 近世紙幣論

た享保銀札1匁＝75文遣いの相場も，おおよそ当時の銭相場を反映していた
と見られるので，松山地方が銀安銭高すぎる面は否み得ないが，おおよその松
山地方銭相場を基準として決められたと考えられる[16]。

　いずれにしろ，宝暦13年末からあらたに発行された松山藩札は，当面は1
匁＝銭60文と価値が公定されていたものの，銭相場の変動に応じて札1匁の
銭量も変動することが約束された，まぎれもない「銀札」であった。ところが，
明和4（1767）年2月，従来の10匁札・5匁札のみ新銀札と引き替えとなった
さいの通達[17]を見ると，宝暦末年発行の藩札がはたして「銀札」として機能
していたか，おおいに疑わしめる文言が多く見られる。すなわち，

　　一只今迄通用之拾匁・五匁札之分此度新銀札被仰付，壱匁札以下只今迄之通
　　　六拾文銭札ニ通用之事
　　一只今迄拾匁・五匁札を以此度之新銀札引替之節，当時之銀相場を以通用，
　　　六拾文之余は足之歩取之引替候事
　　一正銀銭を以新銀札ニ引替候節，正銀百目ニ新銀札百目壱匁相渡候事（ママ）
　　一新銀札を以正銀銭引替之節，引替歩当時迄之通百目ニ付弐匁取之事
　　　　但新銀札を以銭引替出入之節，銀札場銭相場を以相渡候事（後略，下線
　　　　部引用者，以下同様）

　まず，第1条によれば，従来流通していた10匁札から2分札のうち，1匁
札以下の4種（1匁，5分，3分，2分）[18]は従前通りの通用となった。これらは
当初発行時の1匁＝60文という相場が固定したままで流通しており，もとも
と銀札として発行されていたものが，すでに「銭札」（銭匁札）に変じていた
ことが明白である。しかし，第2条から，新銀札と旧10匁札・5匁札の引替
にあたっては「当時之銀相場」を用い，旧札を1匁＝60文で換算した後に不

15）新保博『近世の物価と経済発展』（東洋経済新報社，1978年）171頁より算定。
16）宝暦13年の松山銭相場はあきらかでないが，後述の「裁許帳」によれば，すでに（変
　　動）銭匁勘定がはじまっており，同年には60文銭勘定となった可能性が高い。
17）前掲『松山藩法令集』226頁。
18）荒木豊三郎『増訂 日本古紙幣類鑑』中巻（思文閣出版，1972年）287頁。

第7章 伊予松山藩札流通と銭匁勘定　**213**

足分の銭量に相当する旧札を加えて交換したことが判明する。旧札が宝暦末年の規定通り「(銭) 相場高下ニ随, 札相場相改」めておれば, 通達のような「足之歩取之引替」は不要であったわけである。なお, 新「銀札」は第3〜4条により, 正銀にリンクした文字通りの銀札であることがあきらかである。

　以上により宝暦末年発行の松山藩札は, 10匁札から2分札にいたるまで, 当初は「銀札」として発行されたものの, その後の銭相場変動にかかわらず額面1匁＝銭60文とする「銭匁札」に転じ, 明和4年までには藩当局によっても「60文銭札」として公認されざるを得なくなっていたことが明確になった。

　この後の松山藩札流通事情を見よう。宝暦12年の新規藩札発行公許のあと15年を経過した安永5 (1776) 年7月19日, つぎのような通達[19] が出た。

　一御領分銀札通用之儀, 去ル宝暦十二午年公辺江御伺相済, 翌未歳ゟ通用被
　　仰付候処, 右年限当申歳ニ而相済候ニ付, 又々通用之儀先達而公辺江御窺
　　有之, 引続来酉歳ゟ十五年之間銀札通用被仰出候ニ付, 左之通被付候
　一唯今迄之通用銀札相痛候ニ付, 此度十匁札ゟ弐分札迄不残引替被仰付候ニ
　　付, 左之通日限之間無滞銀札場所江差出新札ニ引替可申事 (後略)

　これによれば, 明和4年に10匁・5匁銀札を新規引替しているにもかかわらず, 宝暦12年より通用を許可された藩札が, 幕府への届け出どおりに15年間, 10匁札より2分札まで「銀札」として流通していた。さきに見たように, 少なくとも1匁札以下は銭札化していたにもかかわらず, 幕府への発行許可出願は「銀札」としておこなわれていたのである。

　さらにその15年後の寛政3 (1791) 年9月29日, 新札への引替が領内に通達された[20]。すなわち, 「当時迄通用之銭札相損候ニ付, 此度百目札ゟ弐分札

---

19) 前掲『松山藩法令集』261頁。なお, 斎藤正直編『松山領波止浜町　町方覚』(1977年) 42頁にも在方向けの同趣旨通達が収載されている。

20) 前掲『松山藩法令集』300頁。『愛媛県編年史』第8, 224頁には「当時迄之通之銀札相損候ニ付, 此度百目札より弐分札まて不残新銀札ニ相成……」とあるが, 翌10月24日の通達では「新銭札引替之儀, 先達而当月切ニ被仰付有之候得ハ……」と, 混乱が見られ, ここでも『松山藩法令集』の方をとる。

214 第Ⅱ部 近世紙幣論

迄不残新札ニ相成，……且又当時迄通用銭札段数之外ニ，此度五拾目札相増通
用」となった。この通達内容を安永期のものと比較すると，3点で変化が認め
られる。第1は，藩札引替の領内への布達にあたり，従来のように「銀札」で
はなく，文字通り「銭札」と表現されていること，第2は，安永期までは最高
額面10匁であった藩札が，以降寛政期までの間に100匁という高額札の発行
をみるにいたっていること，第3は，あらたに50匁札の発行もなされること
になったことである。

　明和4年以降，銭匁札とは別に発行された銀札がその後どうなったか。以降
の藩札にかかわる諸通達では「銀札」と「銭札」とが区別なく用いられ，すべ
ての「銀札」が寛政期までに「銭匁札」化したかのようにみられる。ところが，
文政13（天保元，1830）年5月の御触[21]によれば，「当時通用銭札百目ゟ弐分
札迄惣新札ニ相成……夫々引替目印之ため加印有之，引替被仰付」たにもかか
わらず，「銀札之分は此度加印無之ニ付，引替無之事」と銭札と銀札とは明確
に区別されており，まだ銀札が銭札と併行して流通していたことが判明する。
しかし，次節に示すように松山藩領では寛政期以降「60文札」建て勘定がふ
えており，「銭匁札」遣いが一般化していったとみられるので，銀札が残存し
ていたとしてもその割合は極少であり，藩府―藩士間のような，従来も銀遣い
で推移していた取引間にかぎられていたのではなかったかと考えられる。

　いずれにしろ，安永〜寛政期の間に，松山藩札は100（匁）×60文＝銭6貫
文という高額銭札も発行，流通するにいたり，領内での「60文銭遣い」定着
にささえられて，明治初年まで途絶することなくその流通政策が展開されるに
いたったのである。

2　松山藩領における銭匁遣い

　以上のような松山藩札の流通政策の推移をふまえて，領内における銭匁札の

21）前掲『愛媛県編年史』第9，1974年，83頁。

第 7 章　伊予松山藩札流通と銭匁勘定　**215**

流通状況および銭遣いの実態をみてみよう。

　領内で銭匁遣いの確認を史料上最もさかのぼりうるのは，管見によるかぎり，宝暦 10（1760）年であった。松山町会所記録「裁許帳」によれば，同年後半に「62 文銭」「66 文銭」勘定が複数回散見される[22]。当時はまだ「変動銭匁」勘定の時期であったが，そうした勘定法の兆候はさらに 30 年ほど前に確認できる。すなわち，松山城下郊外の古三津村「御用日記」によれば，享保 13（1728）年山札銀割当て分が村民からの徴収時には銀 1 匁＝78 文であったのに，村から藩府への上納時には 80 文に相場変動したため，差額 2 文分を追加徴収することとなった[23]。これは当時，良貨政策のもと，銀貨不足のため銀建ての山札銀を銭貨で納入したために生じたのであるが，まさに銭匁勘定移行の事情を示すものと言える。

　ついで，明和 5（1768）年 12 月 20 日付の「松山大年寄役所記録」に「一御礼銀町内高　銭札壱貫九百七拾九匁五分　右当番所江差出シ請取来ル」[24]とある。もともと「御礼銀」として，城下町家の役高を基準として賦課されたものを 2 分以上は札専一通用につき札で上納したものである。ただし，この期「札」流通の記録はあっても，まだ「銭札」と明記されることはなかった。

　さらに，おなじ「大年寄役所記録」の同 7 年 7 月 20 日の項に，「米相場六十文札七十八匁位，……米相場も又々上り上米六札八拾六匁，麦七五四十八匁」[25]とあって，「六十文札」が明確に示されるにいたる。「麦七五」とは，「六十文札」のほか「七五文札」もあったかのような感をあたえる。これは前述のように，享保から元文期にかけて「七五銭」の相場，すなわち 1 匁＝75 文とする銭勘定が民間でおこなわれていて[26]，これを禁ずる藩令が出たが，ここでの「七五」勘定は銀 1 匁あたりの銭相場を示したもので[27]，「六十」が銭勘定

22）『松山市史料集』4，1984 年，747，753，755，756 頁。

23）『松山市史』2，1993 年，438 頁。

24）前掲『愛媛県編年史』第 8，46 頁。

25）同上，80 頁。

26）この 75 文銭遣い慣行が，松山藩領に接した大洲藩領郡中地域でも幕末期まで根強く残っていたのかもしれない（『愛媛県史』近世下，1987 年，653 頁参照）。

27）この期の伊予地方銭相場は判明しないが，大坂銭相場は明和 5 年まで 65 文前後で安定

216　第 II 部　近世紙幣論

表 7-1　藩主家督祝入用銀醵出内訳（文化 6 年）

醵出者	醵出銀	銀換算
町　　　方	銀　1,117.75 匁	1,117.75　(22.6)
三 津 町 方	銀　　600 匁	600　　(12.0)
同　　　役	銀札 3,500 匁	1,953　　(39.4)
町奉行所被下金	金　　20 両	1,288　　(26.0)
計		4,958.75　(100.0)

典拠）『愛媛県編年史』第 8（1974 年），374 頁。
　注）銀換算は大坂銭相場，金相場を用いた。

をあらわすのに対して銀目勘定を区分したものであろう。したがって，この期にはまだ「六十文札」が領内取引の一般的基準とはなっていないと言える。

さらにくだって，明和 8 年 11 月 19 日，米価下落による家中救済のため，藩府は「御家中暮渡之分……瀬戸内江御売米直段を以，代銭札渡り被仰付候」[28] となった。ただし，同 4 年 7 月におなじ家中救済の意図をもって藩府が家中に貸付をおこなったさいは「知行百石ニ付，<u>銀札</u>弐百五拾目」[29] となっており，おなじ 60 文銭札であっても公的には銀札名称を用いることもあったことがうかがわれる。この後，家中に対する救済貸付や給付が，安永 9（1780），文化 6（1809），同 10 年などに認められるが[30]，いずれも「銭札」で給された。

松山藩札発行にあたっては，他藩と同様に「正金銀通用堅御停止」となったが，松山藩の場合は「貸借質物等之儀，正銀銭を以取引勝手次第之事，但銀札通用以後者，銀札を以取引致候共相対次第之事」（宝暦 13 年 11 月）[31] と，金融関係取引については札価変動によるトラブルを回避するためか，正銀銭建て取引の余地を認めている。このように，同藩の札遣いに対する姿勢は不完全なものであったが，いま文化 6（1809）年 9 月に藩主定通の家督相続にあたり，「（城下大年寄）八蔵屋与一左衛門，此度御家督御歓出府惣代被仰付候ニ付入用銀」を示すと表 7-1 のとおりである。これによれば銭札での醵出は全体の約 4

───────────

　していた水準が，安永期にかけて 100 文前後まで下落してゆく過程にあり，同 7 年約 71 文，同 8 年約 75 文であった（前掲新保博書，171 頁）から，この期に伊予地方で 75 文の銭相場がたてられていたと推定するのはけっして困難ではない。
28）前掲『愛媛県編年史』第 9，91 頁。
29）同上，29-30 頁。もっとも，『松山叢談』第二（1936 年）238 頁における同文の箇所は「銀札」ではなく「銭札」とある。
30）前掲『愛媛県編年史』第 8，125，375，および 398 頁。
31）同上，13 頁。

第 7 章　伊予松山藩札流通と銭匁勘定　　**217**

割にすぎず，しかも八蔵屋の同役からの分のみである。町奉行からの下付金は
ともかくとして，城下や三津町方からの醵金がすべて銀貨であったことは注目
される。

　ところが文政 3（1820）年正月，松山「町方御貯銀」として金 1 千両を町奉
行に預託することとなったが，そのさいに銭札換算相場がつぎのように示され
た[32]。

　　　　覚
一金千両者
　　但壱両ニ付六拾文銭札百拾弐匁五分六厘四毛
　　右者町奉行所貯銀之内，納置所如件

　これは奉行所へ「納置」いたのは金貨だが，町方で扱っている通貨は 60 文
銭札であり，それを金貨に替えた（1 両＝6,754 文）ことを示している。した
がって，少なくともこの期には 60 文銭札は城下へも相当に浸透したものと見
てよいだろう。

　一方，在方における銭札の浸透状況を見てみよう。野間郡別府村庄屋幸左衛
門が，明和 9（1772）年 3 月から文化 5（1808）年 10 月にわたって，村政の断
面を備忘的に書きとどめた「別府村永々万覚書」のうちで，村入用として支出
した費目と内容のあらましを示すと表 7-2 のとおりである[33]。これによれば，
60 文銭建て勘定の初出は安永 4 年であって，同年以前には同 3 年 7 月の山守
等への「包銀」としての「札」30 匁の計上があるが，これ以外の 4 件はすべ
て銀ないし金，米となっている。同「万覚書」での 60 文銭以外の出費記録は，
安永 4 年以降はわずか 5 件のみで，うち 3 件は代官所から村民への形式化され
た下付金としての鳥目（銭）であって，大半が銭匁札遣い化されたと言ってよ
いだろう。これは，高札場や社堂など，村の共用施設の普請費用が安永初年に
はまだ正銀建てで支出されていたのに，同種費用が安永 6 年以降，まったく

32）同上，464-465 頁。
33）越智郡大西町（現今治市）星浦，越智久栄氏蔵文書。以下引用する若干の文書について，
　　愛媛県史編さんのために調査・編集された写真・コピーを借覧する機会を得た。

218　第 II 部　近世紙幣論

表7-2　野間郡別府村村入用（安永2年—文化3年）

年　月	金額	記事
安永 2. 6	銀 12 匁 6 分ト 米 2 升 6 合	高札場屋根普請
〃　 3. 3	銀 94 匁 75 ト 米 5 斗 1 升	大日堂建替
〃　 3. 6	銀 36 匁	松葉 432 束代受取
〃　 3. 7	札 30 匁	山御手代・山守等へ包銀
〃　 3.	金 100 疋	年貢納方出精褒美として庄屋へ
〃　 4.	銀 5,400 目	松御林種子木五歩伐り上納
〃　 4.	200 目	雑木根払引請銀
〃　 6.	1,400 目	国恩寺普請入用
〃　 8. 8	50 目	〃　畳表替代
〃　 10. 3	287.02 匁	松葉売方ニ付喧嘩治療代
〃　 10	290 目	大師堂立替代
天明元	269.33 匁	神楽舞具代銀 160 目分
〃　 2.	鳥目 1 貫文	年貢皆済祝儀として受取
〃　 3.	銀札 5 分 5 厘	新植松場所運上 1 ヵ年分
〃　 6.	10 匁	穢多盗賊番給 1 ヵ年分
〃　 6. 9	鳥目 500 文	組頭出精相勤褒美
〃　 6.12	168 匁	国恩寺あみだ仏修理代
〃　 7.	300 目	寺方役人中廻勤入用
〃　 8. 5	100 目	国恩寺住持へ村方より餞別
寛政元. 7	60 目	巡見使付添支度料として庄屋受取
〃　 2. 4	150 目	荒神社屋根葺替
〃　 3. 7	15 匁	氏神かんこ・太鼓はり替
〃　 3. 8	91.3 匁	氏神みす代・大太鼓はり替
〃　 4. 2	120 目	高野山上蔵院へ日許料
〃　 4. 7	36.96 匁	寺観音緞帳錦
〃　 5.11	397.62 匁	国恩寺半鐘銀 231 匁分
〃　 6	41 匁	氏神ちどり・小太鼓はり替
〃　 6. 閏 11	40 目	国恩寺住持へ餞別
〃　 7. 8	182.82 匁	八幡宮修理代
〃　 7. 9	24 匁	地蔵尊再興
〃　 8. 7	432.54 匁	大日堂大日如来再興金 3 両 2 朱分
〃　 12. 7	321 匁	舞具足修繕
〃	308.23 匁	八幡神殿修繕
享和元. 7	64 匁	氏神大太鼓はり替
〃	50 目	帳たんす 1 つ
〃　 元 .12	220.32 匁	若宮社建替
〃　 2. 2	200 目	社人大学大夫上京ニ付餞別
〃　 2.12	84.5 匁	八幡鳥居額新調
文化 3.10	鳥目 800 文	組頭および農業出精者へ褒美
〃　 3.11	10 匁	石鉄山宿坊屋根葺替

典拠）越智郡大西町星浦，越智久栄氏蔵文書「別府村永々万覚書」。
　注）「金額」欄で金・銀等の明示のないものは，すべて「六銭」ないし「六〇」建て。

「六銭」建てとなっていることから判明する。

これら別府村における村入用の一例を示そう[34]。

　　　　国恩寺はんしやう之覚
　　　　寛政五丑年十一月於京都相調申ゟ，種子村円福寺上京之節相頼申ゟ
六銭ニ〆　三百九拾七匁六分弐厘
　　　　　　　内
弐百六匁八分六厘　　　弥三太夫ゟ寄進，銀百弐拾目五分之分
六拾三匁四分九厘　　　寺宮請料之心当テ村方ニ廻リ物有之内ニ而相償
弐拾目　　　　　　　　泰山房寄進
弐拾目　　　　　　　　幸左衛門寄進
八拾七匁弐分七厘　　　村方人別寄進
　　　　　〆

　これは寛政5（1793）年，村内の弥三太夫というものが「半施主」となって国恩寺半鐘を寄進したときの記録である。弥三太夫が代銀の約半額を負担し，残額代銀を当時の銭相場（銀1匁＝銭103文）で換算し，60文銭勘定で割賦している。また，天明元（1781）年，別府村が隣村の星浦村と共同で神楽用舞具を広島から新調したさいも，代銀160目を当時の銭相場101文に換算し，「六十文通用ニ〆弐百六拾九匁三分三リ」を両村で二分し，負担している[35]。このように，松山藩領外取引は当然のことながら銀建てで取引し，領内での取引はすべて銭匁建て，授受される通貨も銭匁札であった。

　つぎに農民相互の取引を2例示そう。

【A】永代ニ売渡申田地之事[36]
一　弐畝廿壱歩
　右之通永代ニ売渡代銭百目慥請取申所実正ニ御座ゟ，右田地ニ付末々迄何等

34）前掲越智久栄氏蔵文書。
35）前掲越智久栄氏蔵文書。
36）越智郡大西町（現今治市）紺原，井手温良氏蔵文書。県史編さん室調査コピーを借覧。

220　第 II 部　近世紙幣論

之申分無御座い，為後日証文仍而如件

　　寛政四年子十一月　　　　　　　売主　　金　次

　　　　久　七　殿

【B】借用証文之事[37]

一　三貫目也　　亥極月元銭也，利年中三歩定
　　　松札

右之通慥ニ御札借用申処実正也，為質物こも田弐地三反拾七歩之田地書入置

申所明白也，為後日仍而如件

　　　文政十年亥極月日　　　借り主　宮脇村

　　　　　　　　　　　　　　四郎右衛門㊞
　　　　　　　　　　　　　　　　　　（カ）

　　　　越智友蔵殿

　史料 A における土地取引は，野間郡紺原村における正銭で 6 貫文（100 目×
60 文），金約 1 両の小規模な取引例であるが，史料 B における前述別府村越智
家が田地書入で札 3 貫目を貸付けたケースは，銭 180 貫文（3,000 目×60 文），
金にして約 30 両もの大口取引であった。越智家にはすでに寛政 11 年 12 月に
1 反 8 畝の田地を銭 2 貫 100 目で取得したことを示す証文[38]も残存しており，
すでに寛政期には土地取引のような大口取引でも 60 文銭札が通貨として用い
られるにいたったことが判明する。

　銭匁札の領内浸透は，たとえば文政 7（1824）年閏 8 月に藩府が郷町へ御用
銀米を命じた際，松山城下への割り当てが 5ヵ年合計で銭札 600 貫目（金約 6
千両）もまとめてなされており，少なくとも文政期には町方民間の流通貨幣が
銭匁札であることを藩府が前提（認識）して割り当てていることがわかる。さ
らに，野間郡県村庄屋越智家の嘉永 5（1852）年「万覚帳」[39]によれば，年間家
計支出，合計銭 3 貫 200 目余のすべてが銭匁建てで記帳され，部分的に正銭建
ての支出があっても銭匁勘定に換算してある。また，明治 5（1872）年県村の

37）前掲越智久栄氏蔵文書。
38）前掲越智久栄氏蔵文書。
39）越智三渓・斎藤正直編『県村庄屋越智家史料』（1975 年，自家出版）78-89 頁。

第 7 章　伊予松山藩札流通と銭匁勘定　　221

表7-3　松山藩銭匁札相場（嘉永 5 年）

月　日	支出額 （匁.分.厘）	記事	札 1 匁相場
7.13	1.0.0	綿打賃 260 目，100 目ニ付 20 文	52 文
7.18	11.0.8	大豆 7 升，1 升ニ付 95 文	60 文
8. 5	0.4.5	花 3 把，1 把ニ付 9 文	60 文
8.26	0.7.3	綿打賃 220 目，100 目ニ付 20 文	60 文
9.24	1.5.0	「九年保」30，1 つ 3 文	60 文
11.26	5.0.0	蠟燭・ぬか・菓子等町払 300 文	60 文

典拠）越智三渓・斎藤正直編『県村庄屋越智家史料』（1975 年）83-86 頁。

「村入用附込帳」[40] によれば，年間銭 12 貫匁余がいぜんとして銭匁勘定となっている。

　以上のように宝暦末年より銭匁札化された松山藩札は，従前の銀札とは異なり，減価しなかったかどうかが注目されるが，断片的史料からではあるものの，幕末まで銭 1 匁＝60 文の札価を維持したようである。たとえば，銭匁建ての記帳となっていた前述の県村庄屋越智家「万覚帳」では，嘉永 5 年支出記録のうち銭建て値段を銭匁に換算した事例が表 7-3 のように 6 件認められる[41] が，誤記と思われる 1 件を除きすべて 60 文銭遣いとなっている。

　また，大洲藩領伊予郡郡中湊町の塩屋手控記録のうち，安政 4（1857）年 12 月 15 日の項につぎのようにある。すなわち，「操本網大漁鰶売払三万五千四百十五疋，拾弐文かへ，代松札七貫八拾三匁，小屋宗助組買，此時町浜中江少々さいとして進上仕候」[42]。これは郡中で水揚げされた三万五千疋余の 鰶（このしろ）を 1 疋銭 12 文で売払い，小屋宗助組が松山札 7 貫匁余で買ったことを示しているが，この換算はちょうど 1 匁＝60 文になる（35,415×12 文÷7,083 文＝60 文）。この期においても，松山藩札がまったく減価することなく使用されていたこと

---

40) 同上，10-12 頁。
41) 同上，83-86 頁。7 月 13 日のみ，なぜ 52 文相場になるのかは不明（綿打賃単価が 100 目につき 20 文ではなく，「23 文」の誤記かもしれない）。なお，依拠文献には 7 月 18 日分「11 匁 8 分，大豆 7 升，1 升に付 95 文」とあるが，検算すると「11 匁 8 厘」の誤植と思われる。
42) 堀井恭弌編『塩屋記録抄』（伊予市教育委員会，1978 年）10 頁。

がわかる。しかも，近接しているとは言え，大洲藩領の一部でも通用していた事例として注目に値する。

幕末・維新期における松山藩札の推移を判明するかぎり見ておこう。

まず，安政2（1855）年，和気郡堀江村の利三郎は田畑2町2反7畝12歩（高24石余）と居宅・土蔵各1軒を引当として，銭札3貫500目（金約30両分）を藩府から借用している[43]。用途はあきらかでないが，親類が請け人となり，万一の支障のさいは村役人が引当質物の処分をおこなう，としていることから，借受人が返済できない場合にも備えた借用であることがうかがわれる。また，万延元（1860）年，豊後臼杵の船が興居島沖で荒波にあって破船となり，堀江村に漂着したさい，船具などが100目で入札され，対価が村方から同船船頭に銭札で支払われた[44]。領外のものへも松山藩札が支払い手段として用いられた事例として注目されるが，それほどに領内通貨として正貨ではなく藩札が一般的に流通していたことを示唆する。難破船の船頭はみずからの責任において，領内引替所で正貨に引き替えてから臼杵に帰ることになったであろう。さらに同年，温泉郡湯山村では山村のため年貢米の一部に代えて炭や薪で上納することが認められていたが，そのさいの換算相場がこの期の物価高騰で継続困難となり，従来の薪炭現物での納入ではなく，銭札ないし「買入手形」での納入となった[45]。その手形を買い入れるさいの値段も銭札で表示されており，領内における価格標準として藩札が用いられていたことがわかる。

明治期に入っても，松山藩札は領内で変わらずに標準通貨となっている。

明治2（1869）年9月，和気郡大庄屋役をつとめた門屋家は郡内の酒値段調査を命じられたが，その報告書によると新浜村では「一　弐拾五匁　御銘壱升ニ付現銀売之分」であった。銘酒1升が銀25匁であったように見える。ところが近接する古三津村では「一　御銘　壱升ニ付　代壱貫五百六拾文」とあり，9月9日までは1貫500文であったとの但し書きが添えられていた[46]。銘酒1

---

43)「他郡ゟ堀江浦出船船揚控」（『松山市史料集』，以下『史料集』と略称，第5巻，1983年）776頁。

44) 同上，798-801頁。

45)「湯之山村諸御用記」（同上，第6巻，1985年）884頁。

第 7 章　伊予松山藩札流通と銭匁勘定　　223

升の値段が銀 25 匁というのは，動乱期の時代とは言え，いかにも高すぎる。
新浜村値段が銀匁ではなく，18 世紀後期以来定着している 60 文銭建てとする
と，銭文換算ではまさに 1 貫 500 文となる（25 匁×60 文）。新浜村での「現銀
売」とは銀遣いの意味ではなく，現銭売りの意味であった。

　では，この銭匁勘定は文字通りの現銭であったのか，あるいは 60 文銭札で
あったろうか。松山藩札発行にかんする藩府側の情報が得られないが，維新後
においても領内のすみずみで銭札が使用されていた記録は少なからず目にする
ことができる。たとえば，明治 2 年 11 月，古三津村の儀平は酒造株や居宅・
土蔵を引当に 200 貫目の「六拾文銭札」を 2 年期限で借用している[47]。これは
金 1000 両ほどの規模になる大口の金融であり，そうした取引の基準貨幣にか
かわらず松山藩札が減価せず使用されていたことがあきらかである。

　この後，翌 3 年 10 月，新浜村浪次が古三津村に所有の新田 1 反を「六拾文
銭札」15 貫 550 目で同村清兵衛に売渡している[48]ほか，同 7 年 1 月には松山
藩が慶応元（1865）年に和気郡福角村から銭札 13 貫 140 目を借用した債務を
松山県が金 65 円 70 銭と評価し，公債証書 50 円と残額を現金で償還してお
り[49]，藩府および廃藩置県後に行政事務を継承した県当局が藩札（銭札）の価
値を減価せず認定している[50]ことが確認できる。

　以上，松山藩札が 60 文銭札として幕末から明治初年にかけての間も領内の
基準貨幣として使用されていたであろうことを垣間見た。それらはたんに現金，
現銭の補助的手段として使用されるのではなく，領民間における一般的取引手
段，藩府の領内からの起債，田畑売買の価値尺度，領民の貸借などの場面で

46）「和気郡巳九月分諸御用日記」（『史料集』第 5 巻）340 頁。
47）「古三津村巳歳御用日記」（『史料集』第 6 巻）591 頁。
48）「古三津村庄屋御用日記」（『史料集』第 6 巻）669 頁。
49）「戌歳堀江村諸御用記」（『史料集』第 5 巻）736 頁。
50）ここでの銭札 13 貫 140 目は 60 文銭評価で銭 788 貫 400 文となるが，これが 65 円 70 銭
　　に換算されているので，1 円＝12 貫文だったことになる。明治 2 年 7 月布告により，金
　　1 両＝10 貫文通用が政府により明示されたが，じっさいには時相場に任せざるを得ず，
　　大阪では同 2〜4 年に 14 貫文以上まで銭相場が下がることもあり，12 貫文前後で推移
　　した（三井高維編『新稿両替年代記』巻 2，考証篇，岩波書店，1933 年，361 頁）。

224 第 II 部 近世紙幣論

60文銭札が日常的に流通していた。このため，領内における米価表示は当初銀建てであったが，藩札浸透により，天明（1781-1789）頃より銭匁札建て表示に変わり[51]，とうぜんに藩内の「匁」建て商品価格や取引内容も，その内実は60文銭建てで示されるようになった。

3　藩札価格維持の要因──むすびにかえて

　宝永元（1704）年から銀札として発行された松山藩札は，当初より一定額以上の銭貨による取引での代用貨幣として民間に供給されたが，18世紀に発行のおおくの他地域藩札と同様，享保─元文期までは過剰発行のためか，円滑な流通は持続できなかった。ところが，宝暦13（1763）年に新規発行となった「銀札」以降は，明治初年まで途絶することなく流通していたことが確認できた。ただし，その間，松山藩札がまったく札価下落がなかったわけではない。伊予地方経済圏にあって松山藩が中核的位置にあったこともあり，松山藩札は境界部を中心に周辺の他領へも影響するようになった[52]。たとえば，嘉永7（1854）年小松藩領で，松山札が「狂乱」しているので領民が小松藩札を正貨と引き替えようとする動きが多くなっている，との記録[53]も確認できる。東予地域ではこのように，西条，今治，小松に加え，飛地のあった松山藩札も混合流通していたので，19世紀初頭あたりにはこれらの札価の急激な変動を調整するため，地域内の各藩領町役人が協議の場をもうけ，各藩札間の「銀歩」を定めていた[54]。

51）『松山市史』2，近世編（1993年）443-449頁。
52）前述（注42）のように，安政4（1857）年に郡中で水揚げされた鰹を松山札で支払ったことが記されている。また，松山藩は幕領の川之江地方を預地として支配していたので，西条藩や今治藩飛地と入り組み地の多い東予でも他藩札と混合して松山藩札が流通していた。
53）「（小松藩）会所日記繰出」（『愛媛県史』資料編近世上，1984年）575頁。
54）「小松藩会所日記」（同上）484頁。また，安国良一『日本近世貨幣史の研究』思文閣出版，2016年，第4章も参照。

第7章　伊予松山藩札流通と銭匁勘定　　225

このように，一時的に札価下落を招くことがあっても，18世紀後半より松山藩札が流通を持続し，領内の基準貨幣の位置をたもつことができた要因として，つぎの2点をあげることができよう。①伊予地方における貨幣，とりわけ農村部で需要される小額貨幣の不足，ついで②当初，銀札として発行された松山藩札を領内では「銭代りの札」として受容したのに対し，藩当局があえて当初方針を強制せず，銭匁札化を容認したこと，である。

　第一の点については，たとえば松山藩領野間郡紺原村の井手（久八郎・久七）家に残る，享保19（1734）年から寛政4（1792）年の間の，18件の土地取引証文[55]をみると，寛政初年以前の取引はすべて「代米」建て（1俵～250俵）で，貨幣で土地が評価されたのは寛政4年に2畝21歩の田地を「代銭百目」で買取った1件のみであった。松山藩領に隣接する大洲藩領伊予郡上野村の金融関連記録によれば，安永—天明期（1772-1789）の村貸，頼母子，賃金等の記帳がすべて米建てでおこなわれており，銀貨はもとより銭貨すら一般的に流通していなかったような状況を示している[56]。上野村の場合，当時幕府領[57]であった明和6（1769）年に奉行役人が滞在したさいの経費は大半銭建てで計上され，一方，村民同士の貸借である頼母子は文化期でも米建てであったので，銭貨不足を米で補完していたというのが実情であろう。そうしたなか，19世紀に入り，多くは銭匁札建てに移行して行った。藩当局による「銀札」流通強制の有無にかかわらず，銭貨不足を結果として補うことになる藩札としての銭匁札の広範な供給は，領民によりむしろ歓迎されたのではないかと思われる。

　第二の点については，状況証拠しか明示できない。その一つは，松山藩の場合，享保末年発行の「銀札」は過剰発行のゆえもあったが，流通政策に失敗したのに対し，宝暦末年以降の銭匁札はほとんどスムーズに幕末まで流通し，明治初年に円が定着するまでの移行期にも基準貨幣としての役割を果たしていた

55）愛媛県史編さん室調査コピー史料を借覧。
56）国文学研究資料館蔵，伊予郡上野村玉井家文書「安永八年ゟ年々算用座大差引帳　上野村」。
57）もともと大洲藩領であった上野村は，享保6～安永9年の間は松山藩預地となっていた。ために，19世紀に入って，大洲藩札と松山藩札が混在して使用されている。

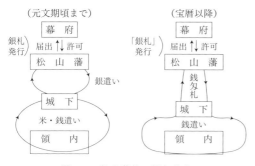

図7-1 松山藩札の銭匁札化

すること認知せざるをえなくなり，藩府内でも藩士への救済貸付等に「銭匁札」が用いられるようになって，銭匁勘定が浸透していった。しかも，ほんらい小額貨幣としての機能をもっていた銭匁札が領内での基準貨幣としての地位を占めるや，寛政期までには100目札（銭6貫文）や50目札という高額札を銀札ではなく銭匁札として発行することを余儀なくされたのも，これら領内における銭遣い慣行を前提とした貨幣需要の反映とみることができる。

これらの事情を図示すると，図7-1のとおりである。元文期ころまでに領内民間における銭遣い慣行を無視して発行された銀札は円滑に流通しえず，延享期ころには途絶した。しかし，宝暦末年より発行された松山藩札は，銭相場変動とともに正銀にリンクする「銀札」の形態をとっていたが，当初より銭遣いとの関連が明確にされており，銭相場変動にかかわらず1匁＝60文とする銭匁札となるや，貨幣の不足しがちな民間，とりわけ農村へも深く浸透するにいたった。しかし，幕府に対してはあくまで「銀札」発行の形で届け出，許可を得ており，周知の天保13年幕府による諸藩札発行高調査にさいして，松山藩は「銀札高四千八百六拾六貫八百八拾目」[58]と報告しているのである。こうして，幕府に対しては銀札発行をよそおいながら，領内に対しては実質的に銭札として機能する銭匁札が，近世後期に長期安定して流通するようになるのである。

---

58)『愛媛県編年史』9, 187頁。

第7章　伊予松山藩札流通と銭匁勘定　　227

　松山藩札は，維新政府が藩札整理にさいし継承した総額が，控えめに見積もっても39万8千円余あり[59]，天保期以降およそ16倍も増加流通したことになる[60]。19世紀に入ってからの松山藩札政策の動向はほとんどあきらかでないが，これほどの増札をおこなったにもかかわらず，いちじるしい札価下落を示したり，兌換停止のため騒動が生じたりしたというような記録は管見のかぎり見当たらない。松山藩領では専売制を導入できるような高松藩の砂糖や姫路藩の木綿などのみるべき国産物も展開しておらず，にもかかわらず藩札流通を持続できたのは，宝暦の藩札発行体制確立後は少なくとも領内の貨幣需要に対応するかぎりでの札供給量に藩府がつとめていたためと理解するほかない。

　松山藩札が宝暦期以降，おおきな制度的変更をくわえることなく発行されていたひとつの証左として，明治初年の藩札整理にいたるまで，札のデザインがまったく変更されることなく使用されていることがあげられる。残存する松山藩札は券面に「宝暦12（1762）年」と記入された額面100匁から2分札の，全10種が幕末期までに流通したが，少なくとも明和7（1770）年（額面100目，50目の大形札をあらたに発行），および安永5（1776）年と天保8（1837）年（いずれもこれらの年に幕府に発行許可を求めた）に発行年を表示する機会があったにもかかわらず，これらの年が記された札は存在しない。それどころか，明和期以前には発行されていなかった100目札の券面には，他の額面同様「宝暦12年」が印刷されているのである[61]。以上により，松山藩札は宝暦期の発行以降，必要なさいには適宜幕府に対して届け出をしながら，発行・流通体制を基本的に変えることなく，領内の貨幣需要に対応しつつ，幕末維新期まで流通しえたことが推察しえた。

59）「新貨幣旧藩製造楮幣価格比較表」（『法規分類大全』第1編紙幣3，また，前掲鹿野嘉昭書241頁）。
60）天保期発行在高を円換算すると（4,866貫目余×60文÷12貫文），24,334円となる。
61）その実物は，『図録 日本の貨幣』5，68頁に掲示されている。

第8章

藩札信用獲得の一条件
──熊本藩領を事例として──

はじめに

　これまでの近世貨幣史研究は，通説的な金遣い・銀遣い二択的理解，制度史的貨幣改鋳・藩札発行理解，領主政策意図の成否いかんを吟味するための貨幣流通実態把握に傾きがちであって，地域や時期に応じて異なった様相をみせていた貨幣需給事情をふまえた流通実態を掘り下げ，それとの関連を分析する視角に乏しかった。たとえば，本章で対象とする18世紀後半以降に熊本藩領で展開した，いわゆる銭匁勘定の実態はこれまでけっして十分にあきらかになっているとは言えないが，民間で自然発生的に使用されるようになった「銭預り」と，それを取り込む形であらたに18世紀末より流通し，領内に浸透して行った，実質的に藩札として流通することになる藩府発行の銭預りとの関連は，銭匁勘定に対する理解が不十分なためあきらかでなかった。

　さらに，同藩では貢米貨幣納や家中渡米などの換算価格基準として銀建て「御双場」が元禄元（1688）年より定められていたが，安永5（1776）年以降，「銭」100目あたり御双場が併記されるようになった。銀建て米価と比較すると銭建て価格の方が時とともに高く表示されて行くので，この「銭」は銭札として発行された藩札が減価したことによる併記と解釈されやすい。しかし，同藩の藩札発行史をひもとくと，延享3（1746）年まで数度発行が試みられたがいずれも短期間で失敗し，以降同藩におけるいわゆる「藩札」は途絶えてし

230　第Ⅱ部　近世紙幣論

まっている。では，銀建てと異なるこの「銭」100目あたり御双場は何であったか。なぜ併記が必要とされたか，まだ解明にはいたっていない。

　熊本藩札は天保13（1832）年の幕府による「諸国銀札発行高調査」のさいには，調査対象となっていない。銀札としての熊本藩札は90年近く途絶えているので当然なことではあるが，当時すでに相当量の藩府発行「銭預り」が出まわっていた。そして，明治初年の藩札整理のための発行高調査のさいは，明治政府が引き継ぐべき藩札債務として199万円余が計上され，それは金沢，和歌山，山口，徳島諸藩のような同債務が100万円をこえる大藩を上まわって，最高額の発行残高を記録している[1]。18世紀末にはじめて銭匁札として民間にならい発行された熊本藩札は，1820年代より若干減価してゆくが，明治初年までまったく途絶することなく流通した。銀札として発行された多くの藩札が，19世紀に入ってもしばしば札騒動に直面せざるを得ない状況のなか，熊本藩札の事例は伊予松山藩札と同様，領内の貨幣需給に連関させた発行政策例として注目に値するであろう。そこで，本章では領内の貨幣流通状況を可能なかぎりあきらかにしつつ，熊本藩の「銭預り」が民間で自然発生的に流通するようになった「銭預り」に代わって，どのように領内の主流通貨幣になりえたかをあきらかにしたい。

1　熊本藩札と銭預り

　松本寿三郎『熊本藩における藩札の史料収集と研究』[2]によれば，熊本藩札は宝永元（1704）年にはじめて銀札として発行され，同4年の幕府による札遣い停止令の際，いったん現銭と交換され，回収された。3年余の間，それなりに領内で流通したように見られるが，発行直後の同元年銀札建て米価が「銀札百目ニ付米一俵（3斗5升）」と，正銀建ての「御双場」銀百目あたり1.5石[3]

　1）鹿野嘉昭『藩札の経済学』（東洋経済新報社，2012年）233頁。
　2）日本銀行金融研究所委託研究報告 No. 3（1）1990年。以下，とくに注記のない熊本藩札の事実関係にかんする記述は同報告（以下，「報告」と略称）による。

の 4 倍以上にもなっており，同 4 年末の回収の際には銀札 1 貫目が現銀 250 匁引き換えとなったことからも，けっして順調とは言えないことが類推できる。

享保 15 (1730) 年の幕府による藩札解禁令の際，熊本藩はすぐには再発行できず，同 18 年 4 月にようやく銀札通用を再開した。しかし，その直後から札の減価がはじまり，同年末に 3 割引き，翌年 2 月には 7 割引きという急激な下落ぶりであった。藩府は村方百姓中から請負証文をとって通用の強制をはかったが，結局同 20 年 1 月にいったん通用休止となった。同年 11 月に通用を再開したものの，元文改鋳による新旧銀貨引き換えに伴う混乱も加わり，元文元 (1736) 年 9 月，順調な藩札流通は一度も見られないまま藩府は通用政策を断念した。延享 3 (1746) 年 2 月になおも銀札発行を敢行するが，4 か月で通用停止に追い込まれ，銀札流通を熊本藩府が試みることはこの後二度となかった。このように熊本藩では藩府の執拗な努力にもかかわらず，銀札は一度も定着しないで推移したと言ってよいであろう。

一方，領内では「銭預り」と称せられた一種の私札が 18 世紀後半に出回るようになり，現銭引き換えをめぐって紛議も生じたので，安永 7 (1778) 年 2 月に藩府はつぎのような達を出した。

近年売買物代少し銭高ニて候得は，銭預りを以取遣いたし候，是ハ畢竟人馬之費を厭，一統勝手宜処より自然と致流行候，然上ハ現銭同前ニ付預り出し候ハ、，右銭高ハ引除置，昼夜不限預り何方よりニても参次第早速銭相渡筈候処，五・三年以来間々空躰之預りヲ取替置，色々入組及難渋候ニ至，銘々不埒之恐レも不顧，毎度御難題ヶ間敷儀願出甚不届之至候，依之一統銭預差止候様可及達候得とも，左候てハ極々致迷惑者多有之由相聞候条，以来銭預り出し候ハ、，早速引除置，不限昼夜受取後聊無滞様相心得，相互随分手堅入念可申候[4]

---

3) 岩橋勝「近世中後期肥後米価格変動の地域比較」（大阪歴史学会編『近世社会の成立と崩壊』吉川弘文館，1976 年）95 頁。

4) 細川藩政史研究会編・刊『熊本藩町政史料』（以下，『町政史料』と略称）第 1 巻（1985 年）378 頁。

232　第 II 部　近世紙幣論

　この達は，銭貨で決済する取引に「銭預り」という紙券が使用されるように
なっていて，数年前から現銭の裏づけのないものも出回り，紛議が生じている。
それらの使用を差し止めてしまっては領内の取引が成り立たなくなるであろう
から，銭預りを発券する者は当初より応分の現銭を手元に置いておき，引き替
え請求があればいつでも現銭を渡せるように，という趣旨である。冒頭の「少
し銭高」というのは，後に触れるように，熊本藩領内の銭匁内実がこれまで
「銀匁」とほぼ同価値であったのが，この頃より「1 匁 = 70 文」に固定化し，
現実の銀銭相場と乖離し始めたため，銭匁表示の価格が銀匁表示よりも高く
なったことを意味している。

　この時期の史料をさかのぼって領内における「銭預り」流通の存否を確かめ
ることは今のところできない。しかし，少なくともこの史料からつぎのような
領内における通貨流通事情が想定される。すなわち，①安永期に「空躰之預
り」さえも授受されるほどの現銭不足が生じていたこと，②宝永—延享期に藩
府が苦労した藩札価値の維持にかかわるような，「銭預り」価値の下落は生じ
ていないこと，③「銀預り」ではなく，「銭預り」がけっこう円滑に流通し，
当然に取引は「銭建て」でおこなわれていたこと，④少なくともこの時点まで
は，その発行・流通に藩府がまったく関与していなかったこと，などである。

　民間におけるこのような自然発生的な紙券の流通を認識した藩府は，自身発
行による銭預りも流通させ，実質的な藩札としようと考えるにいたった。天明
6（1786）年 10 月における銀銭預会所の設置と預手形の発行がそれである。民
間における銭預りでは紛議が生じやすく，会所発行の預りならば藩府がバック
におり，藩への上納の際も使用できて便宜である，というのが領民への説明で
あった。いわば民間での銭預り通用に便乗し，会所発行の預りとそれらを取り
換える意図さえ感じられる。そうした意図が領内に伝わったためか，翌 7 年 4
月，会所預りが不融通となり，わずか半年で同会所は廃止となった[5]。

　延享期までの藩札発行の際に発揮した執拗さをもって，藩府は一度の失敗で

---

5)『新熊本市史』（以下，『市史』と略称）史料編第 4 巻近世 II（1996 年）775-776 頁，お
　よび『市史』通史編第 3 巻近世 I（2001 年）786-788 頁。

第 8 章　藩札信用獲得の一条件　　233

ひるまず，民間で需要のある銭預りの発行を寛政 4（1792）年にふたたび試み
た。その際，つぎのような達を出している。

　此度御試銭千貫目程之御勝手当格別被備置，御銀所ニ者右之高を拾匁・弐拾
　目・参拾目・五拾目・百目・壱貫目之段分斤之預被置，現銭も預りも現ニ打
　混差引仕，預望之ケ所江相渡，勿論諸上納ニ被立下，且右預を差出，銭引替
　ハ望出次第相渡（同年 8 月達帳）[6]

　御銀所銭納之儀，……銭ニ善悪有之候故懸目軽重不同も有之，目数足り不足
　強チ懸目を以決定も難相成，其上銭之取扱頻々ニ有之候得は猶以破銭も出来，
　是迄御費も多，且町在之諸上納銭納方之難渋，……向後一統便利之ため小預
　を被備置，諸渡方之内預を望候ハヽ現銭同様即座々々渡方被仰付，勿論追て
　銭引替受取度分ハ是又早速々々現銭ニ引替被渡下，町在より之諸上納ニも右
　預を以被立下筈候事（同年 10 月御達）[7]

　同年 10 月の達では，領民が藩府への銭納の際，現銭では割れや摩耗等によ
り「善銭」「悪銭」が生じ，その枚数を確認するため重量でもって計測するの
も不正確である。そこで「小預」を発行し，現銭同様に使用すれば相互に便利
である。現銭引替の不安に対しては，町在のどこでも，いつでも交換できる体
制を作る，というものであった。発行銭預り量について，8 月の達帳では，と
りあえず 1 千貫目の現銭を勝手方で用意し，これを引替原資として 10 匁から
1 貫目にいたる 6 種の額面の銭預りを発行し，現銭と引き換えるとしている。
この時点では 10 匁未満の小額銭預りは考慮されていない。同達帳での最小額
面である銭 10 匁は 700 文（1 匁の内実 70 文×10 匁）に相当し，領内庶民が日
常的に必要とする小額通貨とはとても言えない。
　藩府は 8 月以降，領内の通貨需要状況を調べ，あるいは領民の意向を聞きい
れたものか，最終的に同年 10 月に発行された銭預りは 10 匁未満について額面
5 匁，2 匁 5 分，1 匁，5 分，2 分（14 文に相当）の「小預」を増やし，あらた

　6）「報告」61 頁。
　7）藩法研究会編『藩法集 7　熊本藩』（創文社，1966 年）702 頁。

234　第Ⅱ部　近世紙幣論

に 40 匁預りも加えて，計 12 種となった。また現銭準備高は 125 貫目にとどまり，御銀所預りは総額 3,500 貫目を発行した。この際の 2 匁 5 分札の表面を見ると，たとえば「よ　七百九拾壱」というように記号と番号が 1 枚ごとに記入され，小額銭預りが大量に発行されたことがあきらかである[8]。このように，熊本藩は宝永―延享期の数度にわたる藩札（銀札）発行政策の失敗にもかかわらず，銭預りに関しては先行する民間での使用慣行を踏襲，とりわけ「小預」を大量に発行したことで，明治初年までほとんど停滞することなく流通することとなる。

　ただし銭預り流通はまったく順調ということでもなく，過度な量の発行と偽預り流通に対しては相応の対策がとられた。まず偽預り対策としては体裁と紙質の定期的な改定，銭預り価値下落に対しては相応の引替現銭準備をおこなっている。

　最初の銭預り全面的改定は享和元（1801）年におこなわれ，偽預り対策として紙質を変え，黄色の雁皮紙とした。その際，注目されることは 30 目以上の預りは円滑に交換されたが，20 目以下は日常的に使用されていたため，とくに需要の多い 5 匁と 2 匁 5 分預りは引き替えを猶予したことである。それほど現銭が不足し，小額通貨の需要が大きかったことを示している。さらなる贋作対策としては文化元（1804）年，紙質はそのままで精巧な獅子の印を使用し始めた。加えて，高額預りで贋作が多いことが判明したので，高額預りは 100 目のみを残し，50 目以下と小額の預りは使用度合いも少ないこともあって，同 10 年までに 10 目と 2 匁 5 分のみを残して順次使用中止とされたようである。

　銭預りの価値維持策としては，過度な発行を抑制し，つねに一定の現銭準備を心がけていたようである[9]。享和 2 年現在において，少なくとも「小預」に

---

8)「報告」35-36 頁。

9)「報告」38 頁では，この期の御銀所預りが「現銀銭の裏付けなしに発行され」「貨幣価値は金・銀に比して低く評価された」とし，寛政 10 年には「金 1 両 93-4 匁（銭）」「銀 1 匁 108-9 文」となったと解説されている。銀銭相場の 109 文はともかくとして，金 1 両が（銭）94 匁はいかにも銭安にみえる。たしかに，ここではあたかも金 1 両が銭 94 匁，すなわち 94×109＝10,246 文との換算となって，当時の全国的金銭相場 1 両＝6 貫 300 文前後にくらべて銭安である。しかし，そもそもここでの「銭 94 匁」とは 1 匁＝

第 8 章　藩札信用獲得の一条件　**235**

表 8-1　熊本藩銭預り発行高内訳（文化 8 年 9 月現在）

預り種別	銭高	枚数	1 枚あたり銭匁額
御銀所預り振出高	16,595 貫 500 目	*150 万 4,126 枚	11 匁 03
同　　追々焼捨	4,167 貫 090 目	8 万 7,839 枚	47 匁 44
同　　当時通用	12,428 貫 410 目	141 万 6,287 枚	8 匁 77
鶴崎御銀所預り	3,124 貫 453 匁 9 分	146 万 6,193 枚	2 匁 13
小物成方預り	1,302 貫 910 目		
櫨方預り	1,700 貫 000 目	9 万 2,040 枚	18 匁 47
御郡方預り	2,759 貫 000 目	10 万 2,900 枚	26 匁 81
計	21,314 貫 773 匁 9 分		

典拠）『新熊本市史』通史編第 3 巻近世 I（2001 年）794 頁，より作成。
注）*原典では「150 万 0,126 枚」とあるが，誤植とみなし訂正した。

ついては毎月 3 回の現銭引き替え定日を設定し，引き替え現銭不足とみるや「預潰し」と称して領内から広く寸志金を募り，その代金に銭預りがあてられたので，過剰な預りが回収される結果となった。

　寛政 4（1792）年以降の藩府のこのような対応が藩発行の銭預りに対する不安を解消したものか，文化 5（1808）年には豊後飛地の鶴崎地域で 2 匁 5 分，1 匁 5 分の 2 種銭預り，翌 6 年には「櫨方銭預り」が新たに発行され，小物成方でも御銀所銭預りとは別種の預りを出すにいたった。同 8 年現在の発行高内訳は表 8-1 のとおりである。これによれば，当時すでに 1 万 6 千貫目余発行していた御銀所預りは発行枚数にして 6 ％弱の分が回収され，「焼捨」されていた。残りの流通分の枚数と額面総高を対比してみると，焼捨分が 1 枚あたり 47.44 匁となり，きわめて高額であったのに対し，流通分 1 枚の平均額は 8.77 匁とはるかに少額であった。したがって，焼捨分は使い古され，摩耗したものが回収されたように見えるが，上記のように高額預りは 100 目以外を意図的に回収したものであったことが知られる。同様に櫨方や御郡方預りはそれぞれ 1 枚あたり 18.47 匁，26.81 匁となり，あきらかにより高額であった。小物成方預り

---

　70 文という熊本藩内での銭匁勘定であって，銭文換算すると 6,580 文（94×70）となり，全国相場に比してけっして大きく下落しているとは言えないのである。こうした通貨流通実態を適切に把握理解するためにも，本章のような検討作業が不可欠であろう。

表8-2　熊本藩銭預り発行高内訳（天保年間）

預り種別	*銭高	此金
御銀所預り振出高	16,596貫500目	16万5,960両
平準方預り	11,556貫700目	11万5,567両
久住出会所預り	20,160貫目	20万1,600両
鶴崎御銀所預り	500貫目	5,000両
小物成方預り	1,098貫目	1万0,980両
櫨方預り	5,149貫250目	5万1,492両2歩
計	59,595貫950目	59万5,599両2歩

典拠）『新熊本市史』通史編第3巻近世I，798頁，より作成。
注）*原典では「銀」高として表示しているが，「此金」高で換算すると1両は銀100目となってしまう。「銭」高ならば1両＝銭7貫目の換算となり，実際にあり得た相場となるので，ここでは「銭高」とした。

の発行枚数は不明だが，御銀所預りが領内の一般的な流通貨幣需要に対応して発行され，使用されたのに対して，これら3種の預りは国産物である櫨の領内取引や小物成その他の藩への納入手段として，ある程度まとまった銭額で使用されるものであったことが平均預り額の差となっているとみられる。これに対し，飛地の鶴崎発行分の平均銭額は2.13匁と，あきらかに領民の日常的な通貨として使用しやすい小額預りであったことが判明する。

　この後，文政初（1818～）年に引き替え用現銭不足もあって，一時的に銭預り価値が下落することもあったが，天保期には表8-2のように，あらたに「平準方」および領内東北部を対象とする「久住出会所」の2種銭預りも流通するようになっている。この期の流通枚数は判明しないが，発行高を文化期と比べると総額が約6万貫目と，2.8倍に増えている。半分以上を新規の平準方と久住出会所預りが占め，熊本城下やその近辺で使用される御銀所預りはさほど増加していない。むしろ鶴崎預りは大きく84％も減少し，小物成方預りも若干だが16％の減少となっている。逆に櫨方は3倍も増加しており，あきらかに櫨の生産・流通が増加し，その際の使用通貨としての需要が伸びたことを示していよう。藩府が現銭裏づけのある櫨方等の預りは相応量の発行に踏み切ったが，日常的な小額通貨代用預りに対しては過剰発行に相当留意していた[10]こ

10）享和2（1802）年に小預りの現銭引き替えを毎月3回実施する措置をおこなった際，現銭不足は明白となった。その際，藩府は在方へは1反あたり1升～1升5合，町方へは間口1間あたり5匁の割合で3年間，寸志金を課した（『市史』通史編第3巻近世I，2001年，791頁）。また，西甚左衛門というものが同年より「御預消方」富興行を企画して藩から認可され，まず川尻と高橋で，ついで植木町，佐賀関，宇土，鶴崎など文

とが類推できるであろう。

熊本藩銭預りは実質，藩札と言ってもよいが，天保期幕府による藩札流通高調査[11]の際，銭預りについては報告していない。しかし，明治4（1871）年以降の藩札整理の際はつぎのような処理をおこなっており，実質的に藩札として扱われたことを示している。すなわち，明治4年7月時点で522,961貫目の流通高があり，銭預り1匁（70文）札は新貨5厘，1貫目札は新貨5円と換算された[12]。流通枚数は22,356,102枚であって，銭預り1枚あたり約23.4匁となる。文政期以降にふたたび1貫目，100目，50目などの高額札を増発したことがうかがわれる。それにしても，それほどの高額札が出回っていても平均額面が20数匁であったことは，主な使用銭預りが数匁以下の小額札であったことがわかる。ちなみに，飛地の豊後鶴崎では明治4年時点で，10匁〜2分にわたる5種銭預りが計1万貫目流通しており，1枚あたり額面は3.4匁と，文化期とさほど変わらず小額札がより多く使用されていた[13]。

また，寛政4年以降に御銀所預りが領内に広く出回るようになった後，民間で発行・使用された銭預りがどのようになったか，史料的に確認することは困難である。わずかに寛政9（1797）年，「町家銭預」りに関して「安永七年達」，すなわち銭預りを発行するものは常に引き替え現銭を準備しておくこと，それを受け取る者は相手の身代をよく確認しておくことという趣旨の通達をあらためて出している[14]。このことは藩による銭預り発行によって町家銭預りの発行・流通に特段の規制は加えられなかったことを示している。さらに，町家銭

化9（1812）年まで領内に拡大していった。多い年で17興行も実施し，この11年間の余銭（収益）合計1,016貫831匁4分5厘を藩に上納している（『市史』史料編第4巻近世II，1996年，826-827頁）。さらに，文政10年以降に藩内で続いた凶作による財政困窮に対処するため，天保元（1830）年5月から御銀所預りを毎月10〜20貫目ずつ藩府が自ら引上げ，「潰し方」とした（『市史』通史編第3巻，797-798頁）。

11）天保13年12月「諸家銀札高書付幷米札遣有之場所書付」（『日本財政経済史料』第2巻，小宮山書店，1971年，860-872頁）。

12）大蔵省編『大日本貨幣史』第4巻（歴史図書社，1969年）622-623頁。

13）同上。ただし，明治初年には鶴崎では銭1匁＝100文替えの調銭扱いとなっていたので，70文銭換算では約4.9匁となり，本藩領内とさほど変わらなかったものと思われる。

14）『町政史料』第2巻（1989年）119-120頁。

238　第 II 部　近世紙幣論

表 8-3　熊本「銭」相場

（単位：熊本・京都とも銀 1 匁ニ文，%）

年	熊本	京都	京都/熊本	年	熊本	京都	京都/熊本	年	熊本	京都	京都/熊本
1776(安永 5)	82	88	107	1807(文化 4)	107	109	102	1838(天保 9)	122	112	92
1777(安永 6)	90	93	103	1808(文化 5)	109	108	99	1839(天保 10)	122	113	93
1778(安永 7)	95	96	101	1809(文化 6)	109	108	99	1840(天保 11)	122	111	91
1779(安永 8)	100	100	100	1810(文化 7)	108	107	99	1841(天保 12)	125	110	88
1780(安永 9)	98	101	103	1811(文化 8)	109	107	98	1842(天保 13)	123	106	86
1781(天明元)	100	105	105	1812(文化 9)	109	108	99	1843(天保 14)	125	102	82
1782(天明 2)	111	106	95	1813(文化 10)	113	107	95	1844(弘化元)	124	100	81
1783(天明 3)	105	103	98	1814(文化 11)	113	108	96	1845(弘化 2)	125	100	80
1784(天明 4)	104	103	99	1815(文化 12)	113	110	97	1846(弘化 3)	125	100	80
1785(天明 5)	102	103	101	1816(文化 13)	113	110	97	1847(弘化 4)	123	100	81
1786(天明 6)	112	110	98	1817(文化 14)	111	112	100	1848(嘉永元)	124	100	81
1787(天明 7)	106	105	99	1818(文政元)	113	112	99	1849(嘉永 2)	127	100	78
1788(天明 8)	102	103	101	1819(文政 2)	118	112	95	1850(嘉永 3)	128	104	81
1789(寛政元)	102	102	100	1820(文政 3)	121	112	92	1851(嘉永 4)	128	108	84
1790(寛政 2)	102	103	101	1821(文政 4)	118	112	95	1852(嘉永 5)	127	104	82
1791(寛政 3)	105	102	97	1822(文政 5)	113	112	99	1853(嘉永 6)	126	102	81
1792(寛政 4)	97	104	107	1823(文政 6)	113	111	98	1854(安政元)	125	101	81
1793(寛政 5)	101	105	104	1824(文政 7)	113	109	96	1855(安政 2)	120	96	80
1794(寛政 6)	99	104	105	1825(文政 8)	114	103	90	1856(安政 3)	116	96	83
1795(寛政 7)	100	104	104	1826(文政 9)	116	106	91	1857(安政 4)	114	95	83
1796(寛政 8)	102	104	102	1827(文政 10)	117	105	90	1858(安政 5)	114	95	83
1797(寛政 9)	104	106	102	1828(文政 11)	123	109	86	1859(安政 6)	114	94	82
1798(寛政 10)	104	107	103	1829(文政 12)	123	109	88	1860(万延元)	109	92	85
1799(寛政 11)	105	105	100	1830(天保元)	132	106	80	1861(文久元)	100	86	86
1800(寛政 12)	106	105	99	1831(天保 2)	137	107	78	1862(文久 2)	94	83	88
1801(享和元)	109	107	98	1832(天保 3)	134	107	79	1863(文久 3)	93	79	85
1802(享和 2)	106	106	100	1833(天保 4)	128	108	84	1864(元治元)	92	71	77
1803(享和 3)	107	106	99	1834(天保 5)	130	110	84	1865(慶応元)	92	73	79
1804(文化元)	109	107	98	1835(天保 6)	129	109	84	1866(慶応 2)	92	88	96
1805(文化 2)	105	111	106	1836(天保 7)	125	111	89	1867(慶応 3)	101	90	89
1806(文化 3)	109	109	100	1837(天保 8)	125	111	89				

典拠）熊本は細川家文書「度支年譜」，天保 10 年以降は「元禄以来御双場扣」（松本寿三郎・城後尚年編『肥後藩農村史料』一，1958 年，所収）の銀・銭建て米双場から算出。および，松本雅明監修『肥後読史総覧』鶴屋百貨店，1983 年，1804-1805 頁。
京都銭相場は，中井信彦編「近世相場一覧」（『読史総覧』人物往来社，1966 年）。

預りについての記事が管見のかぎり見られなくなることから，それらは御銀所銭預りをはじめとする藩府発行の預りに巧妙に入れ替わっていったものと思われる。

また，藩府の発行した銭預りがその額面価値を維持し続け得たかどうかにかんしては，すでに別稿[15]で検討したように文政期中頃まではおおむね価値を維持できたようであるが，文政末年以降は幕末にいたるまで，藩府の札価維持のための努力にもかかわらず一定幅の減価が生じたようである。表8-3は各年「御双場」における「銀」「銭」両表示から熊本「銭」相場を算定したものである。これをより長期について銭相場の利用できる京都と比較すると，安永期から文政7年まではその較差が10％内に収まっている。ところがそれ以降の両地較差は10〜20％に拡大して推移した。あきらかに構造的な較差といってよいであろう。ところが，後掲の表8-4において文政期以降10年ほどについて判明する年の熊本「銭相場」と対応させて見ると，表8-3における熊本「銭」相場はほとんど一致している。銀貨と現銭との両替相場において，高額取引でも銭遣いである熊本の方が，銀遣いではあるが日常的な小口取引や銀建て決済の端数処理においては銭貨を用いる上方よりも構造的に銭安であったとは理解しがたい。後掲表8-4の熊本「銭相場」とは，少なくとも文政期以降はあきらかに銭預り（現銭ではなく）の銀貨に対する相場と考えなければならないであろう。

2　熊本藩領の取引価値基準と銭匁内実

熊本藩領において18世紀中期より一般化してくる銭匁勘定が，そもそも銀遣いなのか銭遣いなのか，地元研究者の間でも明確な理解がなされていたわけではない。藩領外の取引（江戸藩邸費用とのからみで金遣いか銀遣いである藩財政を含む）は相応の額以上であることから，西日本の場合理念型として銀遣いと見られてきたので，銭X匁という表示は銀X匁相当の銭量と理解されがちであった[16]。しかし，熊本藩で元禄期より領内の標準米相場として毎年決定され

15）岩橋勝「近世西日本銭相場推計の困難性——熊本藩領を例として」『統計』60-6，2009年。
16）森田誠一「銭遣い・目銭について」（『日本歴史』423号，1983年）47頁。

240　第 II 部　近世紙幣論

た御双場は銀 100 目あたり米量で表示されたが，安永 5（1776）年より銀表示と並行して「銭 100 目」あたりの表示も明示されるようになった。しかも，両表示は少しずつ乖離し，「銭」建ての方がしだいに上昇して行ったので，ここでの「銭」表示米価は藩札としての銭札がしだいに価値下落し，ために銀建て米価と乖離して行ったと解釈するのがより自然である[17]。

　しかし，前節で検討したように安永期に熊本藩札は流通しておらず，しかも実質藩札として領内を流通するようになる銭預りが藩府の手ではじめて発行されたのは寛政 4（1792）年であった。民間での必要から自然発生的に使用されるようになった銭預りはすでに安永期には流通していたが，藩府の決定する標準米価にあえて民間で使用する一種の私的手形による表示を銀建てに併記するのは不自然である。こうした疑問を解決するには，この銭匁遣い表示の実態をあきらかにしなければならないだろう。そもそも安永期より藩府は領内での標準米価をなぜ銀建てと「銭」建てに併記しなければならなくなったのだろうか。以下，領内で一般的には銀建て・銀遣いとみられる取引や資産価値表示の際の貨幣が，時期的にどのようであったか，史料で確認できるかぎり観察しよう。

　まず 17 世紀後半にわずかに確認できる貨幣授受の記録を見るかぎり，銀遣いが普通であって，銭匁遣いは見出しがたい。たとえば，近世後期になると統治や藩士にかかわる領内費用であっても関連表示は 70 文銭が一般的となるが，貞享 5（1688）年の「奉公人給銀」は江戸詰め同様，「御国」勤めも銀建てであった[18]。すなわち，槍持，中間，草履取などの給銀は年額 90〜200 目であったが，一日あたり支給額も明示してある。最少支給額の国元の小者の場合，年額は銀 90 目とそれなりにまとまっているが，一日あたりは 2 分 5 厘であった。このころは元禄改鋳の直前期であり，実際に銀貨で支払われたかどうかはともかく，給銀計算の基準が銀貨であったことは誤りない。

　また，熊本城下から南東に 8 km 離れた上益城郡沼山津村で観察できる売券

17）前掲岩橋勝「近世中後期肥後米価格変動の地域比較」111 頁。また，同「近世後期西南地域における貨幣流通」（秀村選三編『西南地域史研究』第 2 輯，1978 年）204 頁も参照。

18）『市史』史料編第 4 巻，292-293 頁。

第 8 章　藩札信用獲得の一条件　　**241**

類によれば，たとえば貞享 2（1685）年同村源七が四郎兵衛に永代売渡した下田 2 反の代価は「銀」195 匁，宝永 2（1705）年同村介次郎が四郎兵衛に田畠 1 反 2 畝 6 歩を質地に出した際の代価は「代銀」88 匁 7 分，享保 18（1733）年同村権右衛門が弥冨藤三郎に差し入れた質地証文は「代銀」61 匁 5 分と米 7 斗，宝暦元（1751）年に同村夫右衛門が同藤三郎に差し入れた質地証文は「代米」37 俵であったが，実際は 1 俵 18 匁 1 分替えで代銀 669 匁 7 分にて支払われた。残存売券のかぎり，代銭取引がはじめて確認できるのは明和 7（1770）年同村権次郎が甚四郎に 2 反 3 畝の畠を永代譲渡した際の「銭」394 匁 6 分と「粟」3 石 1 斗 7 升 8 合という記録であって，意外に遅くまで銀建て取引や米・粟の現物決済が残っていた[19]。

　さらに，熊本城下で元禄 4（1691）年に備後表売買の記録がある[20]。藩士の堀部家が御畳奉行から畳 25 枚を買い入れたものであるが，代銀 42 匁 5 分と，銀建て取引であった。町方相互の取引ではないから銀建てのように見えるが，単価は 1 枚あたり銀 1 匁 7 分と小額であり，銭建てであっても違和感のない取引である。やはり当時はまだ銀遣いが一般的であったと解釈すべきであろう。

　他の地域でも多く観察できるが，元禄改鋳以降，元文期にいたる約半世紀間，銀銭相場の記録が多く見られるようになる。この西日本で一般的な現象は何を意味するであろうか。

　熊本藩の場合，元禄改鋳による銀貨品位の下落は当然に銀銭相場に影響を与えた。まず，熊本町方では改鋳直前に銀 1 匁＝銭 74〜76 文であったのを，1 匁＝70 文と改定するよう町奉行所に要請した。その結果は判明しないが，元禄金銀を基本的に慶長金銀と同価値で流通させようとする幕府の意図もあって，藩府は安易に町方商人たちの要請を受け入れられなかったと思われる。むしろ逆に元禄 16（1703）年，元禄金の改悪率が元禄銀より大きかったためか元禄銀の相対評価が上昇し，その波及で大坂をはじめとする九州地域の銀銭相場は76〜80 文と高くなった。町方も周辺の相場動向には耐えがたかったと思われ，

---

19)『市史』史料編第 5 巻近世 III（1998 年）696-701 頁。
20)『市史』史料編第 4 巻，315 頁。

242　第 II 部　近世紙幣論

同年 11 月，町奉行が示した 80 文相場を受け入れざるを得なくなっている[21]。

　その後，3 度にわたる銀貨悪鋳は元禄銀品位の 66 ％ から四ッ宝銀の 20 ％ にまで低落し，銭貨の増鋳も試みられたが，最終的に銀銭相場は 1 匁＝20 文前後にまでいたった。この間，熊本藩当局はつねに周辺諸国の相場を調査し，領内相場が大きく乖離しないよう心がけていたことが知られる[22]。こうした混乱は正徳・享保期の良貨政策によっても解決されず，元文元（1736）年のより市場実態に応じた貨幣改鋳，すなわち貨幣の品位にとらわれないで市場の需要に応じた貨幣増鋳により終息する[23]。全国的に，各地で散見されるそれまでのこまめな銀銭相場記録は，以降さほど観察できなくなるのである。このことは何を意味するであろうか。

　銀銭相場記録自体が急激に減少したことは，少なくとも銀銭を両替（交換）する機会が減少したことを意味するであろう。17 世紀の領内民間での取引記録がほとんど不明であるため確言は難しいが，領外取引にかかわる領主や商人は全国的通貨である金銀貨を取引基準として使用したのに対し，17 世紀末までは領内民間取引はまだ現物か米を交換手段とする程度であっただろう。元禄期ころより，小額取引に不可欠な銭貨を利用する庶民レベルでの取引がようやく拡大してくると，それまでの主流通貨幣である銀貨との交換率がつねに領内で関心事となってくる。とりわけ近国での急激な銀銭相場変動により，領内でも大きな関心が寄せられたであろう。藩府も領内取引でそれらの相場変動をめぐっての紛議が生じないよう，こまめに近国相場を調査しながら標準相場を示す必要があったわけである。

21）『市史』史料編第 4 巻，750-751 頁。
22）『市史』史料編第 4 巻，752-754 頁。
23）元文期貨幣改鋳による供給増加が当時の通貨不足をどのように解決したか，その前後で比較してみると，金銀貨は正徳・享保期流通残高を基準として元文―文政期は 39 ％ 増，小額貨幣の銭貨は元文・延享期 12 年間の増鋳によりそれ以前の鋳銭累計高を基準として 77 ％ も増えた。銭貨の文政改鋳期にいたる増加率は元文初年を基準として 2.5 倍にも上り，金銀貨に比べていかに銭貨の増鋳が著しかったかがわかる（岩橋勝「徳川時代の貨幣数量」梅村又次ほか『日本経済の発展』日本経済新聞社，1976 年，258 頁，および同「近世貨幣流通の日朝比較史試論」『松山大学論集』17-2，2005 年，82 頁）。

第 8 章　藩札信用獲得の一条件　243

　それにしても元文改鋳以降，熊本藩領内でなぜ銀銭両替を多く必要としないような状況が生じたのであろうか。基本的には金銀貨に比べて銭貨供給の度合いが大きく，台頭する庶民経済の発展に応じて銭貨が主要に使用されるようになったことが類推できよう。元文改鋳期までは西日本の多くで基本貨幣として使用される銀貨が，銭貨不足のためより小額な取引でも銭貨と混合して使用されたであろう。銀貨と銭貨が混合使用されれば，当然つねに両貨の交換率が求められ，こまめな標準相場通達が必要であったわけである。ところが，銭貨のより潤沢な出回りが庶民レベルでの取引において本来の小口取引の基本であった銭建てに収束して行き，より大口の取引でも銭建て・銭遣いをおこなうようになったと考えられる。このような状況変化が銭匁遣い成立・定着の要因となったのではなかろうか。

　このことを熊本藩領についてみてみよう。民間で自然発生的に使用されるようになった銭預りを藩府がはじめて発行した寛政 4（1792）年には，すでに 70 文銭勘定が領内で定着していた。当時の領内銀銭相場は銀 1 匁＝銭 100 文（表 8-4 参照）となっており，あきらかに 70 文銭勘定がその時期以前にはじまっていることを示している。そして，その慣行は明治初年まで領内で広範に存在していた。ではいつ頃よりはじまったのであろうか。

　そもそも，銀 1 匁＝銭 70 文という相場は，近世前期に幕府が意図した三貨公定交換比率である金 1 両＝銀 50 匁＝銭 4,000 文（銀 1 匁＝銭 80 文）と，元禄改鋳ころまでに定着しつつあった金 1 両＝銀 60 匁＝銭 4,000 文（銀 1 匁＝銭 67 文）というあらたな標準相場の間にある。したがって，銭貨増鋳により上記標準相場が銭貨のみ下落し，一気に金 1 両＝銀 60 匁＝銭 6,000 文となった 1770 年代（明和末―安永期）までには 70 文銭勘定が定着していたと考えねばならない。

　熊本藩領における銀銭相場記録については，表 8-4 のように元禄以降についておおよその動向が紹介されている。これによると，元禄改鋳後宝永期までと，元文改鋳後安永初年までの間に，一時的に 10 文くらいずつ上下することはあっても，70 文銭遣いが基準となっておこなわれていたとみて誤りないようにみえる。しかし，正徳〜元文初年の銀貨改鋳混乱期や安永期以降の構造的銭

244　第II部　近世紙幣論

表8-4　熊本藩領銀銭相場

(銀1匁＝文)

年	銭相場	年	銭相場	年	銭相場
1695(元禄8)	70~80	1739(元文4)	70	1785(天明5)	106
1696(元禄9)	60~70	1740(元文5)	70	1786(天明6)	108~110
1697(元禄10)	60~66	1741(寛保元)	54	1788(天明8)	103~106
1700(元禄13)	70~80	1742(寛保2)	60~	1789(寛政元)	101~103
1702(元禄15)	70	1753(宝暦3)	76.5	1790(寛政2)	105
1703(元禄16)	70~80	1755(宝暦5)	66	1792(寛政4)	100~101
1704(宝永元)	75	1758(宝暦8)	68	1794(寛政6)	101~108
1705(宝永2)	80	1759(宝暦9)	69~76	1795(寛政7)	101~101.5
1707(宝永4)	80	1760(宝暦10)	69	1796(寛政8)	102~107
1708(宝永5)	60~74	1761(宝暦11)	65	1797(寛政9)	108~109
1709(宝永6)	74	1762(宝暦12)	67	1800(寛政12)	110
1710(宝永7)	60~74	1763(宝暦13)	63	1801(享和元)	114~129
1711(正徳元)	50~64	1764(明和元)	61~64	1804(文化元)	108
1712(正徳2)	40~60	1765(明和2)	62~65	1805(文化2)	113
1713(正徳3)	40~44	1766(明和3)	63~67	1815(文化12)	123~124
1714(正徳4)	36~42	1767(明和4)	65~66.5	1816(文化13)	112
1716(享保元)	48	1768(明和5)	63.6~66	1818(文政元)	112
1717(享保2)	36~44	1770(明和7)	68~74.5	1820(文政3)	125
1718(享保3)	28~44	1771(明和8)	71.5~73.5	1821(文政4)	124~125
1719(享保4)	28	1772(安永元)	74.5~77.5	1836(天保7)	125~126
1720(享保5)	20~24	1773(安永2)	76~78.5	1838(天保9)	121.5~122.5
1721(享保6)	18~72	1774(安永3)	74~85.5	1841(天保12)	125~128
1731(享保16)	84	1775(安永4)	78~81	1842(天保13)	119.3~125
1732(享保17)	80~86	1776(安永5)	82~92	1843(天保14)	121.4~131
1733(享保18)	80	1777(安永6)	91~98.5	1844(弘化元)	122.8~127
1736(元文元)	80	1778(安永7)	98.5~99.8	1845(弘化2)	121.7~126
1737(元文2)	80	1783(天明3)	100~102.5		
1738(元文3)	70~80	1784(天明4)	101~102.3		

典拠）『新熊本市史』通史編第3巻近世I，764頁〔ただし寛保元年のみ『熊本藩町政史料』第
　　1巻，64頁〕，および『嶋屋日記』33-237頁。
　注）寛保元年は「文銀」建て。原表に注記はないが，正徳年間～享保6年は宝永・四ツ宝銀
　　建て，元文5年までは享保銀建てと思われる。

貨下落期にはあきらかに大きな乖離が生じている。実際，これらの時期につい
て知られる銭遣いに関する領内での記録をみると，「70文遣い」の文言があっ
ても一時的な取引標準相場であることがわかる。以下，若干の事例を示そう。
　「70文銭」遣いで現在確認できるかぎりの最もさかのぼれる記録は，上益城
郡矢部郷浜町の下田家に残された質地証文において，元文4（1739）年に入佐

村藤介から5年季で得た畠価格が「七拾文銭替 銭七拾目」と記されているものであり，続いて延享3（1746）年11月に「七拾文銭替 銭六拾七匁九分」とある[24]。ただし，下田家土地取得証文において，この時期にすべてが70文銭勘定に統一されているわけではなく，たんに「銭」と記載される場合はたとえば「銭六貫五百拾二文」というように，「文」表示であるので，銭匁勘定がこの期に併記されはじめていることを示すであろう。

　熊本城下においては，寛保元（1741）年11月，相撲芝居興行を出願する者が「七十文銭壱貫目」を上納して受理されている。さらに，同年12月，藩主婚礼祝いとして座頭達が「七十文銭ニ〆 百二十九貫（匁）」を差し出している。ところが翌年7月に差し出した祝銀「九枚（387匁）」は「七拾文銭の処，六拾文銭ニテ相渡」している。城下でもまだ銭匁遣いは定着したとは言えず，翌寛保3年2月，つぎのような沙汰が奉行所から出されている[25]。

　一御国中銭遣之儀，去戌年（寛保2）正月より之双場ハ壱匁六十文ニテ候，
　　然処下方ニテハ先年以来壱匁七十文遣之双場ヲ内証ニテ相究置，上之御格
　　之双場と違両様ニ致通用如何候，然共文銀遣得斗折合候迄ハ其通ニ見合被
　　置候へども最早文銀一式之通用候条，向後ハ七十銭を以商売仕儀堅不致，
　　六十文銭ニテ諸色之直段相究候様，被仰付候間有其沙汰候，以上
　　　　　　二月六日　　　　　　　　　　　　　　　　　　　奉行所

　表8-4によれば，寛保2年相場が60文ないしそれ以上であったことはわかるが，前年は54文と銭高であった[26]。上の奉行所沙汰によれば，藩府は文銀（元文銀）がすでに十分出回っていることを以て，享保銀よりも品位の低い文銀（1匁）を基準とした銭相場（60文）に応じて銭遣いをおこなうよう意図していたのに対し，民間では70文遣いで取引を継続する傾向が根強かったこと

---

24) 森田誠一「在町における商業資本展開の一形態」（森田誠一編『肥後細川藩の研究』名著出版，1974年）258-259頁。
25) 以上，『町政史料』第1巻，65-68頁。なお，「銀一枚」は通例43匁として勘定される。
26) 表8-4に示したように，『市史』通史編では採録されていないが，『町政史料』第1巻によれば，寛保元年5月相場は54文であった（64頁）。

246　第Ⅱ部　近世紙幣論

がわかる。では，この 70 文銭相場が享保銀を基準としたものかというと，か
ならずしもそうではなかったようである。表 8-4 から判明するように，享保銀
が 70 文遣いであったのは，元文改鋳が始まり，新銀が十分に出回って享保銀
と切り替わるまでの 3 年ほどにすぎなかったのである。享保銀はむしろ 80 文
遣いが基準であったというべきであり，上の沙汰は民間において定着しつつ
あった 70 文遣いを牽制するものととらえるべきであろう。

　70 文銭遣いを藩府が結局は公認せざるをえないようになるのは以下に示す
ように安永期であるが，それ以前の事例を民間相互の取引で多く求めることは
容易ではない。しかし，現在の宇土市域にある吉見久右衛門家が明和 2（1765）
年 6 月に新宅築造した際のつぎのような記録は，城下以外の地域ではたしかに
広範に 70 文銭遣いが定着していた一例であろうことを示す。当時の領内銭相
場は表 8-4 であきらかなように 64 文前後であった。ここでの「壱貫三百五拾
目」とあるのは銀 1,350 目ではなく，銭相場の変動にかかわらず，銭 94 貫 500
文（＝70×1,350）を意味する，銭建て価額を示しているのである。

　　材木竹釘縄，家根葺大工左官，家根葺手伝人諸賄方造用
　　　　七十文銭　壱貫三百五拾目程[27]

　また，菊池郡の在町隈府町の商家である嶋屋の日記によれば，明和 2 年正月
「是ゟ先七十文銭に相究記」とあり，それまで銀銭相場がひんぱんに変動のつ
ど諸相場とともに記録していたのを，同年より 70 文銭遣いに統一することを
記している[28]。このことは 70 文銭への固定化が藩府通達の有無にかかわらず，
民間で自生的に進んでいたことを示す。

　以上のように，銭遣いについて領内で銀建てを基本とし，あくまで銀銭相場
変動に応じて「壱匁」の内実をその都度変更する藩府と，銭建てを基本として
いるため「銭壱匁」の内実を 70 文で固定化して取引しようとする町在領民と
の二重構造が，18 世紀後半に入り鮮明化してきた。このような状況が藩当局

27）「寛保元酉年ヨリ代々記録」（『宇土市史研究』第 12 号，宇土市教育委員会，1991 年）
　　98 頁。
28）花岡興輝編『嶋屋日記』（菊池市史編纂委員会，1987 年）53 頁。

による「御双場」における「銀」「銭」併記を必然化させたものと考えられる。その御双場併記を開始した安永5（1776）年11月，藩勘定奉行が郡役人に通達した記録[29]から，従前の銀銭をめぐるやりとりもある程度類推ができる。

　まず，それまで年貢銀納等で標準相場となる御双場は銀建てのみで毎年通達されていたが，「当年御米双場之儀銀子高値有之，例年之趣ニて銀銭釣合不申候」と「諸取立七拾文銭を以取計候分之御米双場」は「銭百目壱石五斗宛」，「御年貢銀納之御米双場并銀子を以被渡下候分，御取立共」「銀百目壱石七斗五升宛」となった。藩府が年貢銀等の70文銭での納入を公認した早期の事例といえる。その契機は銀高によって銀納の場合と銭納の場合で釣合いが取れなくなったという。つまり，従前は銀建て表示の御双場であっても銭貨での納入が容認されていたことになる。

　では安永5年以前に銀銭相場変動に対してどのように藩府が対処してきたのであろうか。同年の銭相場は，表8-4からわかるように，銀1匁につき銭80文前後の水準から100文前後までの銀高銭安水準に急激に移行しつつあった。それ以前でも御双場が制定された元禄8年以降，銀貨改鋳により銭相場は大きく変動した。銀貨で年貢銀等が納入される場合は問題はないが，農民が銭貨で納入する際はどのようにこの相場変動に対処したであろうか。さきの「記録」によれば「歩銭」で調整したという。このことは暗黙に標準銭相場があり，少なくとも銭貨が増鋳されつつあった元文期以降，それはすでに領内で定着しつつあった70文銭であったことは誤りないであろう。たんに農民が銭納を望むだけなら，そのつどの銭相場で換算して，銀建て納入額に等しい銭額を納入すればよかったわけである。「歩銭」を用いたということは定額の銀銭相場を設定していたことにほかならなく，それは少なくとも元文期には領内民間取引で確認できる70文銭であった。

　ちなみに，はじめて御双場が銀銭併記された安永5年の「御米双場」から銀銭相場を逆算すると，銀1匁＝銭81.68文であった[30]。この相場は，同年の上

29）以下，『市史』史料編第4巻，700-701頁。

30）御双場1石あたり銭額は100×70÷1.5＝4,667文，銀額は100÷1.75＝57.14匁。したがって，銀1匁＝銭81.68文（4,667÷57.14）。

方の京都銭相場 85.7〜89.9 文にくらべて銭高ではあるが，上方の方がこの時期早めに銀高が進行していた[31]ので，熊本藩領で十分に成立していた銀銭相場と言える。さらに同年，豊後飛地の鶴崎・野津原では銀建て御双場しか提示されていなかったが，年貢銀納の場合は「銀・銭勝手次第上納」が認められ，その際，「三歩宛之歩銭相添上納」となった。しかし肥後本藩領内については，この後に銀・銭両相場が明示されることにより，「銭を以上納仕候分ハ……歩銭相添候ニ者及申間敷」となった。つまり，安永 5 年以前の御双場は銀建てのみで示されたが，70 文銭遣いを基準として，銭相場がそれと乖離する場合はそのつど歩銭，すなわち銀 1 匁＝銭 70 文との差額を「歩銭」として調整していたことがわかる。そうした意味で，それまでの御双場は銭貨で授受されたとしても銀建て勘定であったことになる。

こうして熊本藩領内における銭遣いの進展は，ついに藩への納入銀や藩士生活における基準貨幣としてまで銀貨にとって代わるようになった。御双場は銀・銭併記となったが，事実上は銭建て表示が基本となったようで，明治初年にかけての上納，支払，資産評価等で銭匁遣いが一般的となったのである。それらの動向について若干の事例を以下示そう。

① 安永 4 (1775) 年 11 月，熊本城下町方に御樽代 10 両の割賦負担が命じられ，御町中間高 3,471 間 4 勺 2 才 2 弗分について「銀」43 匁となった。当時の銭相場は 80 文であったので，これを 70 文銭に換算し，「代銭」49 匁 1 分 4 厘の割賦上納となった（『町政史料』第 1 巻，365 頁）。

② 天明 2 (1782) 年 9 月，玉名郡海辺筋破損に付，明俵 12,133 俵分の代銭 1 貫 213 匁 3 分を下げ渡され，修復のための明俵を調達した（同上，414 頁）。

③ 天明 2 年 12 月，米価高騰し，「他国之直段ニ引合不申，来秋新米出来迄之内」3 斗 5 升につき銭 36 匁までの範囲での売買を認める達が出た（同上，418 頁）。

④ 天明 7 年 6 月，当国米価はまだ下値の方で，大坂は 70 文銭で 1 俵

31）中井信彦編「近世相場一覧」（『読史総覧』人物往来社，1966 年）793 頁参照。

第 8 章 藩札信用獲得の一条件 249

93〜94 匁，江戸は 230〜240 目にもなるとの情報がある（同上，490 頁）。

⑤ 寛政 11（1799）年 8 月，2 年前の本丸御屋形焼失のため領内への「御用銀」調達。その際，八代町内では 11 町人から「銭」125 貫目を調達（『八代市史』近世史料編 1，1989 年，344-345 頁）。

⑥ 文化 10（1813）年正月，飽田郡内在住の下級武士田中為右衛門が米 35 石を抵当に銭 2 貫目を借用（『北部町史』1979 年，475-476 頁）。

⑦ 文化 11 年，知行 400 石以下の藩士 1 年間暮し方見積もりが，米と銭匁建て勘定（『市史』史料編第 4 巻，227-234 頁）。

⑧ 文政 8（1825）年着手の菊池川五斗橋建設費に銭 2 貫 800 目，夫数 1,570 人余を要した（蓑田勝彦「江戸後期熊本藩領における備前石工の活動」『熊本大学日本史研究室からの洞察』熊本出版文化会館，2005 年，258 頁）。

⑨ 文政 9 年，飽田郡でおこなわれた中島新地開発および江湖修築総額として，（銭）752 貫 507 匁要した（松本寿三郎『熊本近世史についての十三章』細川藩政史研究会，2004 年，149-150 頁）。

⑩ 天保 11（1840）年，銭塘手永 20 町村海辺新地築立にて合計銭 1,016 貫008 匁余を要す（同上，155 頁）。

⑪ 嘉永 7（1854）年 4 月，熊本藩の宇土支藩は，異国船渡来で物入り多く，本藩より金 3 千両を借用していたが，渡し方は金貨と代銭の半分ずつ，利銭計算はすべて銭匁建てだった（『新宇土市史』資料編第 3 巻，2004 年，386-390 頁）。

⑫ 安政 4（1857）年 3 月，菊池郡椎持村庄屋高木熊太が村内石橋掛け替え代として，銭 70 目寄付（熊本女子大学郷土文化研究所編『熊本県史料集成』第 9 巻，日本談義社，1954 年，15 頁）。

⑬ 明治 8（1875）年，熊本藩士であった森家家来がしばしば借銭をしており，その証文によればつぎのように銭匁建て（熊本県立図書館蔵，森家文書No. 31）。

　　　　拝借銭覚

　一銭壱貫目也　　但シ毎月利銭相納申候事

　　　右之銭辻慥ニ拝借仕候事

明治八年　　　　　　　　　　　　　　　御長家
亥八月　　　　　　　　　　　　　　　志田利平
森　御上様

⑭ 明治 11 年，元藩士堀部家の年間家計収支記録がすべて銭匁建て（収入計 134 貫 321 匁 8 分）（『市史』第 4 巻史料編，330–331 頁）。

まず①は米にかんする御双場の銀銭両建て併記に先だって，たしかに領内で藩府側の銀建て，民間の 70 文銭建てが並行していたことを示すものである。「御樽代拾両」と，儀礼として金建てでの上納が慣行化されていたものが，賦課にあたっては銀建てで表示され，上納の実際は 70 文銭建てというように複雑な手続きを経ている。しかし，藩府も天明期以降は領民に対する賦課や米取引等にかんする通達には②～⑤のように銭匁建てのみとなり，銀建てはほとんど稀となった。さらに銀遣いであった武士の家計や貸借も⑥，⑦のように銭匁建てとなる。①の事例と異なり，当初より銭匁建てなので，銀銭相場の変動にかかわらず「歩銭」を計上することもない。一方，⑧，⑨，⑩，⑫のように領内での橋建設や土木勘定はすべて銭匁建てであった。⑪のように，本藩と支藩の間でのやり取りでさえ，銀建てではなく銭匁建てが用いられている。このような江戸期における 100 年以上の慣行は明治期にいたっても根強く残り，明治 8 年での武家内借用証文（⑬）や，銭預り札がすでにほとんど回収されたと推測される明治 11 年の元藩士家計収支記録（⑭）も銭匁建てであった。

以上の事例は，銭匁勘定が藩札流通を契機に利用されるようになるのか，あるいは藩札発行に先だって銭匁遣いが民間で慣行化していたのかという，これまで確定できていない問題の理解に対して一定の方向性を与えることになろう。すなわち，熊本藩では寛政 4（1792）年の藩府による初めての銭匁表示の実質的な藩札（銭預り）発行以前に 70 文銭勘定が先行していたのであり，民間におけるその慣行がそれまで失敗続きであった（銀建ての）藩札発行を銭札化させることによって，比較的円滑に流通させることに貢献したのである。そうした強固な価値表示慣行が維新政府による幣制改革をも容易に浸透させ得ないほどの力をもっていたことを，明治 11 年にいたっても銭匁遣い記録が残っていることから類推できよう。

3　熊本藩領内流通貨幣の実態

　これまでの観察によって，熊本藩領では少なくとも近世後期には70文銭遣いが領民と藩府との間はもとより，藩士の家計にも浸透していたことがあきらかとなった。しかし，だからといって領内ですべての取引が銭貨であったということを意味しない。町方・農村庶民の日常的な小口の取引規模ならばともかく，高額の質地金融や土地取引，さらに小口をまとめて藩府に上納する金額となれば，とても銭貨のみで決済できるものではない。しかも，銭貨自体けっして潤沢に市場に供給されていたわけではなかった。取引の基準としては銭貨が70文遣いで用いられたけれども，現実に授受された貨幣はけっこう多様であったのである。

　たとえば，天保13（1842）年9月，城下新桶屋町の清助が所持する家屋敷を組頭の茂作に「代銭4貫目」で譲渡した[32]。その際の証文によれば，「譲渡代銭慥ニ請取申候」と明記されているが，この期に流通している銭貨で総額が最も軽量となる天保百文銭（重量約5.5匁）で代銭が授受されたとして，重量は57.75 kg（4,000目×70文×5.5匁×3.75 g÷100）となり，通常の携行はまず不可能である。総銭額が最もかさ張る鉄一文銭（重量約0.8匁）で全額授受されたとすると，重量は840 kg（4,000目×70文×0.8匁×3.75 g）にもなって，じつに米10数俵分に相当する。このように銭遣い地域では流通貨幣も銭貨が主要に使用されたと考えることは困難である[33]。では，流通貨幣はどのように推移したのであろうか。

　元禄改鋳前後までは，前節でふれたように銀貨と銭貨が混合併用されていたであろう。だからこそ，急激な銀貨改鋳期には，藩府によるきめ細かな銀銭標準相場の通達が領内でのより円滑な取引維持に必要であった。最もドラス

---

32)『市史』史料編第4巻，106頁。

33) このことは銭貨供給の面からも，現在確認できる幕府を中心とする銭貨発行データを突き合わせて検討するだけでも，流通面では銭貨はあくまで小口や端数処理用の貨幣であったことが類推できる。

ティックな銀貨改鋳となった四ッ宝銀（品位 20％）から正徳・享保銀（同 80 ％）に移行する，正徳末年から享保初年の時期はより安定した価値を持つ銭貨に対する需要が高まった。江戸・上方よりも地方では新貨幣の出回りが相当に遅れたようで，熊本地方で「新銀」が用いられるようになる享保 6（1721）年までは四ッ宝銀が基本銀貨で，その 1 匁は 18 文にまで低落した。

　相対的に銭貨は高騰したとはいえ，銀建て物価の高騰が並行したので「頃日，銭別而払底ニ罷成」[34] 20 文遣いとなった。同年閏 7 月には「町方銭少ク相成，少之買物のつりなとにも小玉銀を遣」[35] うようになっている。小玉銀は丁銀よりも小型で，数匁前後の重量と観念されやすいが，実際は 1 匁未満の小粒なのも少なくなかった[36]ので，こうした時期にはおおいに使用されたと思われる。

　いずれにしろ熊本藩領内において，元文期以降は従前のような銀銭併用から銭貨使用に収束して行ったようである。安永 7 年 10 月の町奉行のつぎのような記録は，相当な高額でも銭貨が使用されていたことを類推させる。

> 町在より両御銀所へ相納候御米穀代・両替其外諸上納銭へ欠銭改様之儀ニ付てハ，先年以来度々及達，尤近年鉄銭多相成候ニ付てハ，五拾目壱把ニて懸目拾七斤七合五勺ニて候ニ付……[37]

　ここで「五拾目壱把」とは 70 文銭を 1 匁として，その 50 目（50×70＝3,500 文）の重量が 17 斤余（17.75×160 匁×3.75 g ＝10.65 kg）となるという意味である。一般に銭 1 匁という時，70 文銭ならば銭貨 70 枚を紐で通した緡銭であって，50 目ならば緡銭が 50 個，それをまとめて 1 把としたことになる。しかし，1 緡ごとに枚数を改めるのは相当に面倒であるため，1 緡につき 70 枚あるべきところ，「欠銭」すなわち，枚数不足もあったようである。このため，元文期

34）『市史』史料編第 4 巻，753 頁。
35）同上，755 頁。
36）岩橋勝「近世の貨幣・信用」（桜井英治・中西聡編『流通経済史』山川出版社，2004 年）435 頁。
37）『町政史料』第 1 巻，383 頁。

以降増加した鉄銭の場合，枚数改めに代えて総量の重さを検査したことを上の記録は示している。さらに，「銭壱把」という銭量は 70 文銭の場合 10.65 kg となり，人がおおむね持ち運べる限度の重量であったことがわかる[38]。

　このように銭 50 目前後までは現銭が授受される場合が多かったことが推測できるが，当然ながらより高額な取引決済では銭貨はきわめて不便であったから，第 2 節で見たような銭預りがより多く使用されるようになった。藩札（銀札）ではつねに過剰発行による札価下落の不安があって円滑な流通は定着しなかったが，町在の有力者が発行するため，いつでも現銭に交換できる銭預りは，銭貨需要の高まりに応じて，流通量が 18 世紀中期以降拡大して行ったと考えられる。それらの自然発生的な銭預りの流通自体を藩府は黙認せざるを得ず，そればかりか前述の通り天明 6 年に銀銭預会所[39]を設置して，その円滑な流通に関与するまでにいたっている。

　こうした民間における銭預り流通拡大に乗じて，それまでに実施した銀札による藩札発行政策を転換し，寛政 4 (1792) 年，藩府も銭預りを初めて発行し，以降領内での主要な流通貨幣となる。もちろん，民間においても偽の預りや，額面を書き換えた預りも出現したが，おおむね信用度は高かったので，藩府も引替え現銭の確保には相当な対処を強いられることとなった。たとえば，大坂表からの「現銭御取下」を積極的に図ったり，「於町在脇々之難渋をかへり見す，過分之現銭を囲置又ハ現銭払底之勢ニ乗じ彼是と一己之利益を計候様之儀」[40]，すなわち領内での銭貨不足に乗じて利益をむさぼろうとする者を取り締まったりした。それでもすでにふれたように，過剰発行に傾きがちとなり，領民からの銭預り献上を求める「預潰し」をおこない，その価値維持に腐心したのである。

　銭預り流通量が拡大すれば当然，一定量の現銭も調達・確保されねばならな

---

38) なお，前掲『嶋屋日記』によれば，安永 2 年，隈町惣庄屋で「鳥目 700 目」を盗難された記録がある（95 頁）。当時すでに領内で，70 文を 1 緡とするかたちで銭貨が保蔵，授受されていたことを物語る。
39) 『市史』史料編第 4 巻，775-776 頁。
40) 『町政史料』第 2 巻，181 および 183-184 頁。

254　第II部　近世紙幣論

い。しかし 19 世紀にはいると銭貨不足はより深刻になった。享和元（1801）
年 7 月，4 年前に焼失した筆頭家老松井氏の居城である八代城本丸を再建する
に際し，八代町方は現銭 130 貫目余を上納することとなったが，「近来現銭
極々無多事手ニ入兼候得共，大切成御作事御用諸手ニ手配仕候て，漸々御用之
筋無滞上納仕候」[41]と，その現銭調達に苦労したことが記録されている。同年
5 月，熊本町方では「町中ニて現銭所持いたし居候ものハ何程位迄ハ差出可申
との儀，員数早々書出」[42]すよう通達が出された。あくまで御銀所預り引替用
の現銭確保のため町方で不当に銭貨を囲置く者がいないかを調査するもので
あって，正貨そのものの欠乏によるものではない。領内の遊休銭貨を極力引き
出させ，銀貨と引替えさせようとする藩府が領内外での銭貨不足に困窮してい
た実態が見てとれる。

　このためもあってか，文化 6（1809）年 12 月，「小玉銀大坂より御取下，甲
斐岩三郎・松田甚十郎へ引受被仰付候間，両替屋共右両人之内へ申談代銭差出
申受，御家中便利ニ相成候」[43]と，現銭が確保できぬなら小玉銀を大坂から調
達し，それを城下両替屋に銭貨と引替えさせて，家中だけでも銭貨不足を緩和
させようとした。熊本藩領内における日常取引が，武士層においてもいかに銭
建てを基本とするようになっていたかが判明する。

　熊本藩領における小額貨幣不足は，他領ではあまり見ることのできない現象
を引き起こした。一つは，隣接する豊後岡（竹田）藩の藩札が藩領南東部にお
いて日常的に流通するようになったことである。岡藩札は明和 9（1772）年 8
月から銀札として発行されたが，当初より 1 匁を銭 70 文遣い[44]とされたので，

41）「御町会所古記之内書抜」上（松井家文書研究会編『八代市史』近世史料編 1，1989 年）
　　364 頁。
42）『町政史料』第 2 巻，181 頁。
43）同上，331 頁。
44）『竹田市史』中巻，1984 年，269 頁。岡藩札のより詳細な流通実態については，地元関
　　連諸文献を調査してもあまりあきらかでない。残存する藩札表面から，明和末年以降は
　　寛政 11 年〜文政期と天保 2 年の時期に「銀札」が発行されており，天保 14 年より「七
　　銭」，すなわち 70 文銭札がはじめて確認できる（『図録 日本の貨幣』6，1975 年，巻末
　　「古紙幣一覧」73 頁）。しかし，熊本藩当局は文化 6 年時点で岡藩札が領内に「弐千貫
　　（匁）位」は入り込んでいるであろうと認識（前掲『熊本藩における藩札の史料収集と

第8章 藩札信用獲得の一条件　255

その後の銀相場上昇にもかかわらず札価は銭匁札として固定化したようである。
岡城下の竹田商人の商業圏は豊後西南部のみならず，藩境を越えて広がりがみ
られたので，隣接する熊本藩領[45]や日向延岡藩高千穂地方[46]でも岡藩札が使
用されるようになり，実質的に熊本藩内でも銭預りと同様に受け入れられるよ
うになった。それは阿蘇東南部のみでなく，熊本城下でも使用されることもあ
り，藩府はその流入防止策に着手しなければならないほどであった[47]。にもか
かわらず，たとえば高千穂郷に隣接する清和村仏原（現蘇陽町）の藤岡家文書
によれば，天保期借家代銭が「岡六拾目」とか「岡四拾目」と表示[48]されて
いたように，岡藩札が基準貨幣となって広く浸透していた[49]。

　もう一つは，基本的に自国内のみでの流通用に鋳造され，供給されていた仙
台通宝が「他所者」の手により熊本領内で使用されるようになったことである。
文化4（1807）年10月12日の「惣月行司記録書抜」によればつぎのような記
述がある。

　仙台通宝銭通用難叶儀ニ候処，近来他所者申合仙台通宝取入姦曲之致方を以

　　研究』63頁）している。すでに70文銭遣いが定着している熊本藩領に他領銀札が受容
　　され，流通するとは考えがたいので，岡藩札は明和末年発行当初より70文銭札として
　　岡藩領で受容され，従前から70文銭遣いが慣行化されていた周辺地域でも使用される
　　ようになったと理解すべきであろう。

45）熊本藩領への岡藩札流入は，御銀所預りを発行する以前の天明期にはすでに見られた
　　（前掲『熊本藩における藩札の史料収集と研究』49頁）ようで，藩領域東部の通貨不足
　　が岡藩札の流入を促したとみられる。

46）延岡藩高千穂地方は延岡城下の地続きではあるが，阿蘇山南東の熊本藩領や豊後竹田藩
　　領に隣接し，古くより一つのゆるやかな経済圏が成立していたようである。3藩の規制
　　も届きにくく，このためか高千穂地方では地域内の貨幣需要に対応して3藩札が混合流
　　通する余地があったのであろう。その際，主として地域内で使用されるのは正銭との引
　　替え便宜性の高い岡藩札であった（『宮崎県史』通史編近世上，2000年，349頁）。

47）『市史』史料編第4巻，776-777頁。

48）『蘇陽町誌』資料編，1996年，173頁。

49）このように岡藩札が藩境を越えて日常的に使用されたのは，現銭引替えに対する不安が
　　他藩札よりも小さかったためにほかならない。ただし，維新期の岡藩札評価は他藩札と
　　比べてさほど高いとも言えず，藩札整理期の他の豊後諸藩札とほぼ同水準の銭札10貫
　　文＝83銭3厘であった（前掲『蘇陽町誌』資料編，229頁，および『図録 日本の貨幣』
　　7，232頁，参照）。

256 第 II 部 近世紙幣論

於町在御銀所引替等之取組いたす候様子ニ相聞，不届之至ニ付右体之取組堅
致間敷旨，委細御達有之候[50]

　仙台通宝は天明 4（1784）年，仙台藩が幕許を得て領内限りの通用として発
行した鉄銭である。しかし全国的な銭貨不足のためか，しだいに領外へも持ち
出され，通用するようになった。すでに文化 3 年 4 月，仙台藩領外での使用を
禁ずる幕府触書が出されており[51]，翌年あたりにははるか西方の九州西部地域
にも出回るようになったのであろう。ただし，熊本藩領内にかんするかぎり，
それが岡藩札ほど大量に流入したわけではなく，現銭不足がそれらの異種貨幣
をも用いざるをえなかった当時の通貨流通事情を類推できればここでは十分で
あろう。

　近世後期，とりわけ 19 世紀の西日本では秤量貨幣としての銀貨はますます
姿を消し，代わって南鐐二朱銀に代表される計数銀貨や品位の低い小額金貨が
決済時に多く使用されるようになった。しかし，熊本領内でそうした流通貨幣
の変化を多く目にすることはできない。すでにこれまでに垣間見たように，18
世紀後半には 70 文銭遣いの経済が定着し，基本的に銭預りが流通貨幣として
授受されたとはいえ，最終的な決済を銭貨ですべておこなうことは重量の点で
も，また何よりも銭貨供給そのものが決定的に追いつかず，不可能であった。
にもかかわらず管見におよぶかぎりの高額金融取引で，決済を金銀貨でおこ
なったことを注記した証文類は確認できない[52]。

　それでは熊本藩領では，通常取引は 70 文銭の銭預りが授受されるとしても，
最終的に正貨で決済する際にも正銭が授受されたかというと，やはりそうした

50）『町政史料』第 2 巻，282 頁。

51）『図録　日本の貨幣』4，1973 年，313-315 頁。ただし，仙台通宝の総鋳造量は 30 万貫文
　　余（316 頁）とされており，明和―安永期に江戸や京都，水戸等で集中的に鋳造された
　　鉄銭の総額，約 507 万貫文（275 頁）に比べれば，当時の銭貨不足を大きく緩和したと
　　も思えない。

52）18 世紀末より 19 世紀にかけての熊本藩領金融取引例を紹介している『市史』史料編第
　　4 巻（778-850 頁）を見るかぎり，数十匁前後の取引ならばともかく，数十貫目や百貫
　　目を超えるような銭匁建て取引もすべて銭貨（銭預り）で決済されたように解釈せざる
　　をえない史料文表記となっている。

事実は想定し難い。実際の決済記録でまだ確認はできないが，若干の状況証拠を示すことはできる。

　まず，天明 3（1783）年，城下上町の者が「銀子」1 貫目を持ち逃げして捕まった記録がある[53]。城下では藩府による銭預りはまだ発行されていないが，民間でのそれは相当に出回っていた時期であり，この銀子は商人が決済用に保有していたものであろう。また，同 8 年には城内の櫨方御蔵が破られ，金 2,500 両が盗まれた[54]。この金貨は国産の櫨を領外に販売して得た代価と思われ，藩庫に納められて領外支払いにも充てられる一方，当然に国内買付用にも使用されるものであろう。

　さらに，宇土支藩は嘉永 7（1854）年 4 月，異国船渡来のための物入り多費用をもって本藩から 2 回に分け，金 3 千両を借用した。この時，1,500 両は 1両＝116 匁 8 分替えで「正金渡り」，残り 1,500 両は 116 匁 3 分替えで「代銭渡り」であった[55]。この代銭は当然に銭預りで貸し渡されたであろうし，利銭計算もすべて銭匁建てであった。

　以上のように，19 世紀には正銀はほとんど見られなくなり，小額取引での決済は銭貨が使用されたものの，一定額以上の現金決済では銭匁建てであっても金貨が使用されたものとみられる。

4　銭匁遣い化と銭預り定着の要因——むすびにかえて

　18 世紀後半以降，西日本の多くの藩では正貨である銀貨に代わる藩札が発行されるようになり，過剰発行のためしばしば札価下落に直面しながらも流通量は拡大し，19 世紀半ばには全国大半の藩領でその流通が見られるようになったとされる。その際，熊本藩領で展開した，18 世紀前半における銀札としての藩札発行の試みとその失敗，同世紀中期における民間で自然発生的に出

53）前掲『嶋屋日記』389 頁。
54）同上，186 頁。
55）『新宇土市史』資料編第 3 巻，2004 年，386-390 頁。

258　第 II 部　近世紙幣論

表 8-5　熊本藩領の札遣い年表

年	事　　項
宝永元（1704）	はじめて藩札（銀札）発行。札価すぐに 8 割以上も減価。
宝永 4（1707）	札遣い停止の幕令。札額面の 4 分の 1 で現銀と交換・回収。
享保 15（1730）	札遣い解禁の幕令出るも，すぐには再発行せず。
享保 18（1733）	4 月，銀札通用再開。年末の札価 3 割引き，翌年 2 月 7 割引き。
享保 20（1735）	1 月いったん通用休止。11 月，通用再開。
元文元（1736）	9 月，藩札通用政策断念。
延享 3（1746）	2 月，なおも銀札発行を敢行，しかし 4 か月後，通用停止。以降，銀札流通は途絶。
18 世紀後半	銭預りが町在有力者を発行人として出回りはじめる。
安永 7（1778）	2 月，藩府，民間通用の「銭預り」につき，いつでも現銭と交換できるよう通達。
天明 6（1786）	10 月，藩府，銀銭預会所設置し，預手形を新規に発行。額面は 50〜1 貫目と高額。
天明 7（1787）	4 月，同上会所廃止。預手形通用停止。
寛政 4（1792）	10 月，藩府，御銀所銭預り 3,500 貫目発行。現銭準備高は 125 貫目。小額面札中心。
享和元（1801）	銭預りの偽札対策として，紙質変更。
享和 2（1802）	「小預」兌換策として，毎月 3 回の現銭引替え日設定。領内から広く寸志金を募り，引替え準備。
同	「御領為消方」富興行の領内開催開始，文化 9 年までに 1 千貫目余を藩府に上納。
文化元（1804）	偽札多いことから，100 目以外の高額面札廃止。小額札は同 10 年までに 10 目，2 匁 5 分のみ。
文化 5（1808）	豊後飛地・鶴崎で，2 匁 5 分，1 匁 5 分の銭預り新規に発行。
文化 6（1809）	櫨方銭預り，小物成方で御銀所銭預りとは別種の預りを新規に発行。
文化 8（1811）	9 月現在，領内諸機関発行の諸預り札通用高計，21,314 貫目余。
天保元（1830）	5 月，藩府，御銀所預りを毎月 10〜20 貫目ずつ引き上げて「潰し方」実施。
天保年間	あらたに，平準方，久住出会所の 2 種銭預りも発行され，合計 59,595 貫目余（金約 60 万両）。
明治 4（1871）	7 月，藩札整理対象として，銭預り 52 万 2,961 貫目計上，1 匁（70 文）札は新貨 5 厘と交換。

　まわった銭預りとその領内浸透，同世紀末期における藩府による銭預り発行と民間銭預りとの代替，そしてその後の藩府発行銭預りの領内浸透という経路を観察すると，これまで注目していなかった藩札流通の基本条件が浮かび上がってくる。以下要約し，その要因を検討しよう（表 8-5 参照）。

　まず，17 世紀の熊本藩領における基準貨幣は領外取引で一般的な銀貨であったが，それは基本的には銭貨が不可欠の領内庶民経済が未だささほど活発でなかったためで，農村では米を中心とした物品貨幣による取引も一般的であったと思われる。しかし，元禄期にいたる領内貨幣経済や貢納における貨幣納の拡大は次第に貨幣需要を呼び起こし，主として領主層の銀遣いと庶民層の銭遣

いをリンクさせるための銀銭標準相場が必要となった。

　元禄―元文期の約40年間，銀貨は6度にわたる改鋳が続き，銀銭相場は大きく変動した。このため，より価値の安定している銭貨建て取引が，高額取引においても西日本を中心に拡大して行ったと考えられる。その際，領外取引や従前の領主層を中心とする取引で一般的である銀遣いとリンクさせる便宜から，一定量の銭貨を緡銭として括り，「1匁」と勘定する，いわゆる銭匁勘定，銭匁遣いが自ずと慣行化された。熊本藩の場合は70文銭遣いが享保期頃までに定着化したようで，それはおおよその標準的な銀銭相場をもとに成立したようである。70文銭遣い取引の際，決済のつど，時々の実際銀銭相場で調整し，差額をいわゆる「歩差し」ないし「歩銭」として授受すれば，表面は銭遣いのように見えても実質，銀遣いに近い。ただし，そのような事例も皆無ではないが，多くは70文銭遣いのままの決済による取引が一般化して行ったようである。それは，民間同士の取引から，藩府―民間での貨幣授受，そして藩士家計の場にも浸透して行った。

　そうした動きを制度的に促進したのが，藩内の標準米価表示としての「御双場」における銀・銭両建て併記の開始（安永期）であった。さらに，民間における一種の銭札である「銭預り」が広く領内で使用されるようになり，その流れに乗じて発行された藩府による「銭預り」の領内浸透も全藩的な70文銭遣いの一般化に拍車をかけた。この藩府発行による銭預りは幕末期にかけて，実質的に藩札化して行くが，18世紀初頭よりしばしば発行が試みられた熊本藩札とは一線を画すものであった。

　宝永期から延享期まで熊本藩が数度発行を試み，定着を図ったが，ことごとく失敗した藩札はすべて銀札であった。ところが，安永期には民間に出まわっていた銭預りを模して寛政期に藩府が発行した70文銭札は当然，銭札であり，しかも当初から藩札としてではなく，文字通りの現銭代用の札として民間での発行仕法をモデルとしていたので，いつでもどこでも現銭と引替え可能という縛りがあった。藩府はともすれば陥りがちな過剰発行という麻薬的方策を極力回避する努力をはらい，少なくとも発行開始以来の30年ほどの間，この札はほとんど札価下落を招くことなく領内に受容された。さすがに文政期以降，札

価は 10〜20％ほどの下落を余儀なくされたが，他藩と比較すれば流通停止にいたるほどの大きな混乱はなく，領内で明治初年にいたるまで 70 年以上にわたって使用され続けた意義は大きい。

　このような熊本藩領における銭預り流通の成功要因は，民間における 70 文銭慣行が早期に定着していたこと，しかし領内経済発展に見合う銭貨供給が十分におこなわれず，そのために代用貨幣としての需要が大きかったこと，そして最大の定着要因は，藩府があらたな発行当初，銭預り流通に際して十分な現銭交換体制を構築し，領民の信用を獲得したことにあると思われる。従前より領内有力者の連名で流通していた銭預りは，藩府発行の銭預り浸透により漸次引き上げ回収されていったと考えられるが，領民にとっては民間発行の銭預りとさほど区別なく使用されるようになり，そうした 70 文銭遣い慣行は藩札整理がほぼ終了したとされる明治 11 年頃まで熊本地方で継続されることとなった。

　最後に，19 世紀，とりわけ幕末期にかけて全国的に決済手段としての貨幣は，西日本でも金貨が主流となっていった。そうすると，流通界からほとんど姿を消した銀貨に代わって主流通貨幣となった金貨が，熊本藩で銭預りに代わって使用されるようになっても不思議ではないはずである。しかし，金貨は銀貨以上に高額貨幣であり，小額の金札が西日本で発行されることはなかった。それほど銭貨の小額貨幣としての機能は普遍性を持つにいたり，一見，銀遣いに見える銭匁勘定が多くの地域で浸透していったのである。

　藩札発行政策の視点から見ると，熊本藩は民間で先行していた銭預り浸透に乗じた，一種の疑似藩札である独自の銭預りを過剰発行に留意しながら領内に流通させたことが成功要因となるが，この事例にこそ近世貨幣経済のダイナミズムが集約されているように思われる。すなわち，経済発展による民間での貨幣需要の高まり，にもかかわらず小額貨幣の過少供給，それに乗じた藩札過剰供給と流通行き詰まり，より信用度の高い民間独自の，自然発生的な銭預り発券・流通，それに乗じた藩府の銭預り新規発行と民間銭預りとの融合化，そしてよりきびしい銭預り供給額抑制政策……。これら一連の動向が 18 世紀後半以降の貨幣経済を安定化させえた大きな要因であろう。

第9章

出雲松江藩札と連判札

──藩札と私札のコラボレーション──

はじめに

　近隣を銀遣いの鳥取藩領や石見の天領・諸藩領に囲まれていたにもかかわらず，なぜか出雲のみ高額取引でも「銭遣い」[1]であったことは，意外にこれまでさほど意識されていない。三貨制度下における近世貨幣の流通実態がきわめて多様であったことは，近年ようやく認識されつつあり，「金遣い」「銀遣い」という単純な二択的解釈を排して，地域の実態観察を個別に進めていく必要がある。各地域の取引基準貨幣が何であったかは経済行為の最も基本的な部分であり，三貨の相場変動や信用取引の決済に関連しているのみならず，国内市場の統合度を検討する際の大きな要素をなすからである。

　松江藩の貨幣流通のありかたについては，主として『松江市誌』（1941年）を典拠として，すでにつぎのような観察事実を概括している[2]。すなわち，

①　延宝3（1675）年以降天明7（1787）年まで銀札が合わせて3回発行された。しかし，安定・長期流通とは言えず，しばしば札騒動に見舞われ，

---

1) ここで「銭遣い」とは，取引に際して銭貨を基準としていることを意味し，たんに授受される貨幣として銭貨が「遣われる」ことのみを意味しない。いわゆる「銭建て」取引で，決済の際に支払い手段として金貨や銀貨が使用される場合も「銭遣い」の意味に含まれる。

2) 岩橋勝「徳川後期の『銭遣い』について」（『三田学会雑誌』73-3，1980年）81-83頁。

札の償還や加印札との交換等をおこなった。それでも銭不足のためか，札価下落したままで断続的に使用され，明和4（1767）年の新札切替時には1匁＝60文通用のところ，20文にまで下落し，通用停止に追い込まれた。

② 17年後の天明4（1784）年，三たびめの銀札が発行され，その額面は5匁〜2分の4種であった。同7年，100文，30文，20文の銭札が発行されると銀札はいったん停止となり，寛政元（1789）年にあらたに2分，3分，「1分」[3]の銀札通用令が出された。以降，銭札と銀札が混合流通した。

③ 天明頃より松江城下で使用が始まった「連判札」（額面1〜3貫文が中心）は，明治初年にかけ大量に流通したとされる。

④ 明和頃（1760年代）の松江藩借財先の銀銭実質比率は，銀建て36％，銭建て64％というように，藩財政で銭貨の占める比率が高かった。

⑤ 弘化4（1847）年松江藩が領内から調達した御用金額内訳が，金銀での調達（すべて城下）は13％，銭貨での調達は86％（大半が城下以外の「十郡」より）と，大半銭貨（このうち最高額寄金者は鉄山師・田部家による2万2千貫文）であった。

　ここでつぎのような事項が課題となる。すなわち，①松江藩領では近世初頭から「銭遣い」が基本だったのか。②銭貨が取引基準貨幣のみならず，交換手段としても流通貨幣として使用されたのか。③ある程度は交換手段として使用されたとして，そのような大量の銭貨をどのように調達したのか。④天明期頃より領内で使用が広まったとされる連判札は実質的に藩札とみなされる一方，明治初年のいわゆる藩札処分に際してはあくまで私札として処理されたともいわれる。18世紀末以降の藩札と連判札はどのような関連にあったか。

　以上のうち，松江藩では連判札と通常の藩札とが併行して使用された地域であり，これは全国的にも稀なケースであった。そこでの両者の関連と，ともに

───────────

3）『松江市誌』360頁にはたしかに「銀1分札」がこの期に出された記述になっている。しかし，この1分札は「1匁札」の誤植であって，天明7年に初めて発行した銭札の幕府向けダミーであったと推測される。当時，銀1匁＝銭100文であって，銀札1匁，3分，2分は実質，銭札100文，30文，20文と同値であるからである。

流通できた事情を中心に掘り下げて分析しよう。

1 松江藩領内流通貨幣の実態

すでに観察したように，近世中期以降の松江藩財政では銭貨の比重が小さく
なく，城下以外の農村・山間部である，いわゆる「十郡」[4]からの調達資金は
金銀貨ではなく，銭貨が基本となっていた。いかにも郡部の経済規模が小さく，
小口取引に便宜な銭貨が流通貨幣の中心であったから，御用金等も銭建てで
あったようにみられる。たしかに，弘化4（1847）年に藩府が領内から御用金
を調達した際は，「十郡」からの寄金者747人すべてが銭貨で応じており，そ
の総額は32万8千貫文余であった。しかし，1人平均額は440貫文と，けっ
して小口の額ではなかった。しかも農山村部で最高寄金額は2万2千貫文で
あって，鉄山師田部家ほか1名の2口もあった。これは城下での最高額寄金者
1,300両（銭貨換算で9,687貫文）よりもはるかに高額であった。

このように松江藩領では城下で金銀貨が使用されることはあっても，藩領全
体では銭貨が主要な貨幣であったため，藩財政における銭建て収支の比率も
けっして小さくなかった。では近世初頭から銭建て経済が主流であったのであ
ろうか。以下，判明するかぎりの史料からその推移を探ってみよう。

まず，松江城下での家屋敷売券を見てみよう。近世を通じて町役人を務めた
瀧川伝右衛門家には中期までの4通の同家集積売券[5]が残っているが，つぎの
ように取得金額はいずれも銀建てであった。

慶長17（1612）年3月　矢島常穏宅　　　　間口8間半　銀1貫550目

元和7（1621）年3月　　天王寺屋清三郎宅　間口5間　　銀1貫200目

4）「十郡」とは，島根・秋鹿・意宇（以上3郡は，「八束郡」を経て現在松江市に編入），
楯縫・出雲・神門（以上3郡は，「簸川郡」を経て現在出雲市に編入），能義，大原，仁
多，飯石の10郡。合わせて，松江城下に対する郡部を総称して用いられた。

5）『松江市誌』44-48頁。

万治元（1658）年 12 月　近江屋多右衛門宅　間口 8 間半　丁銀 5 貫目

元禄 11（1698）年 12 月　扇屋善四郎宅　　　間口 2 間半　札丁銀 1 貫 600 目

　ここで注目すべきは，家屋敷の取引価額が銀建てであったということ以外に，同じ銀表示でも，「銀」「丁銀」「札丁銀」と 3 種に使い分けられていることである。はじめの 2 例は単に「銀」とのみあるが，これは幕府正貨である丁銀が地方へはまだ十分に出回らず，逆に大森銀山に近く，いわゆる「領国銀」が丁銀よりも多く使用されていたためであると考えられる。この領国銀は早いところでは寛文期（1661-73）以前に，大部分は元禄期（1688-1704）までに廃止された[6]。したがって，第 3，4 例の「丁銀」「札丁銀」は取引基準のみならず，実際に丁銀や藩札でもって家屋敷代が支払われたことを意味している。

　農村部での近世前期売券はほとんど見ることができないが，明和 4（1767）年に大原郡三代村の年寄・庄屋が連名で近傍の山崎村太郎兵衛から 1 年間，年利 1 割 8 歩で銀 1 貫目を借用[7]しているように，銀遣いであった。しかし，同郡の旧加茂町域で寛政期以降判明する借用証文はすべて銭建て[8]となっており，少なくとも 18 世紀末以降は銭建てが主流となったようである。

　一般に藩財政関連等の，領主サイド項目は金・銀遣いで表示されることが多い中，松江藩領では銭建て表示の比率が近世中期以降目立った。このような収税や財政収支計算が近世前期ではどうであっただろうか。まず初期の小物成賦課事例として，寛永 12（1635）年の島根郡美保関浦の場合が判明しており，「山手役」が銀 50 目，「地銭」が 254 匁，「大舟役」が 60 目，「小舟役」が 50 目と，すべて銀建てであった[9]。前時代からの遺制と考えられる銭貨で賦課されるべき浦方の宅地税が，他の税目同様に銀で賦課されているのは，当時流通貨幣としても銀貨が主流であったものと考えられる。さらに，寛文 2（1662）

　6）榎本宗次『近世領国貨幣研究序説』（東洋書院，1977 年）70 頁，および小葉田淳『日本の貨幣』（至文堂，1966 年）126 頁。

　7）中村季高『加茂町史考』資料篇（加茂町史考頒布会，1956 年）262 頁。

　8）たとえば『加茂町史考』資料編，112 頁。なお，加茂町は現在，雲南市に併合されている。

　9）勝田勝年編『美保関町史料』（美保関町，1979 年）132 頁。

年，松江藩士岸崎佐久治「免法記」によれば，水田における糠・藁・畳・薦・綿銀等が米高で算定されたものの貨幣換算に際し，「米一俵ニ付丁銀十五匁」[10] というように銀貨が使用されている。個別項目の賦課額は小口であるので，銭建ての方が便宜であると思われるが，当時領内では銀遣いが基本となっていたのであろう。さきの美保関浦では正徳4（1714）年に酒造を営む2名が運上を上納した記録[11] が残っているが，それぞれ234匁，117匁と小口ではなかったこともあって，丁銀での納入であった。

　寛文12（1672）年「御成稼目録」[12] によれば，当年の収納米が16万420石余，貨幣収納が「鉄買立銀」401貫目余と「御国中小物成」104貫目余を含む，銀552貫目余があった。銀建てでの収入は米換算で1万2千石余と，米納額の8％にも満たなかったが，米以外の収入はすべて銀建てで計上してあり，藩財政での銭貨の役割はまだゼロに等しい。また，延享5（1748）年，藩府は要用銀「至極差閊」をもって領内から銀400貫目（銭貨換算で約3万貫文に相当）を調達借用することになった。これは前記の藩府年間貨幣収納額と比べても相当な負担と言えるが，主として大庄屋格の十郡「下郡」が出銀を請け負い，返済は月利1.7％で年賦米とされた。この際，すべて銀貨で調達されたような記述であるが，元銀の但し書きとして「銀銭札銀取合」とあった。つまり実際に調達されたのは，銀貨，銭貨，札銀の3種があったわけである[13]。その内訳は判明しないが，18世紀中期にかけて銀貨に代わり銭貨が流通貨幣として大きな役割を果たしつつあったことを示唆している。この400貫目要用銀調達の3年後に企画された「銭泉府仕法」では，すべて銭建てに切り替わることになった。

　宝暦元（1751）年に銭貨10万貫文を領内から調達し，12年間で運用して藩財政資金を得ようとする上記仕法では，すべて銭建て計算であった。調達規模が小口であったためにすべて銭建て計算となったように見えるが，当時のおおよその銀銭相場（銀1匁＝74文）[14] で換算して銀1,350貫匁余に相当する。3年

---

10)　小野武夫編『近世地方経済史料』第6巻，439頁。
11)　『美保関町史料』314頁。
12)　『新修島根県史』史料篇2，近世上（島根県，1965年）164-168頁。
13)　『新修島根県史』史料篇2，近世上，349-350頁。

266　第 II 部　近世紙幣論

表 9-1　小豆沢家金融証文の基準貨幣

（件数）

時期	米	銀（うち札銀）	銭	計
1672（寛文 12）-1683（天和 3）	10	1	1	12
1685（貞享 2）-1710（宝永 7）	*17	15（7）		32
1711（正徳 1）-1728（享保 13）	5	6	13	24
1729（享保 14）-1739（元文 4）	4	1（1）	19	24
1741（寛保 1）-1759（宝暦 9）	8	1	9	18
1811（文化 8）-1867（慶応 3）	1		19	20
計	45	24（8）	61	130

典拠）『宍道町史料目録』II，宍道町史編集委員会，2002 年。
注）*種麦 1 件を含む。

前の要用銀調達の 3 倍余であり，藩府内で銭貨に比重を移さざるをえないような事情が生じたとしか理解できない。その事情とは銀貨の払底であった。

享保 19（1734）年，松江藩は隠岐後鳥羽院御陵の修復を命じられ，銀 2 貫 556 匁 1 分を要した。その際，「上納銀差立之儀，銀払底之処故，一匁ニ付八拾五文にして銭も差出候付，右御入用都而銭払之儀，其故二貫五百五拾匁余之分，銭ニ而二百拾七貫二百六拾八文……受取置」くと，銀建てで勘定しながら，銀不足のために実際の支払いは銭貨でおこなわれたことがあきらかである。また，この際の用材として同年 8 月，島前美田村榎浦浜に入津した北国船に積載された 8 寸角 2 間の槙 1 本を銀 34 匁で買い付けたが，支払いは 1 匁 80 文替えで銭払いであった[15]。このようにもともと銀遣いであったところで銀不足のため銭貨が決済に際し利用されつつあったことが明確である。

つぎに民間での流通貨幣を見てみよう。近世前半期の動向はなかなか知りがたいが，意宇郡下郡を務め，18 世紀を最盛期として奥出雲産鉄の中継宿や廻船・酒造業を営んだ小豆沢家に残る土地売券や貸借証文[16]からは 17 世紀後半からの動向がおおまかにわかり，そこでの取引基準貨幣を表 9-1 にまとめた。これによれば，まず 17 世紀は金融取引の基本は米が主流となっていて，銀・銭貨は稀であったことがわかる。これは年貢未進が多くの貸借契機となるため

14）中井信彦編「近世相場一覧」（『読史総覧』人物往来社，1966 年）791 頁。
15）『島根県史』第 9 巻，1930 年，385-388 頁。
16）『宍道町史料目録』II（宍道町史編集委員会，2002 年）6-41 頁。

でもあったが，一方で米は，とりわけ農村部では18世紀中期にいたるまで貨幣的な役割を果たしていた[17]ことにもよる。ついで，17世紀末にかけてはまず銀貨が取引基準として使用される比率が高まっており，それに伴い，領内で流通し始めた札銀も用いられた。しかし，18世紀に入ると急速に銭貨が使用されるようになり，19世紀ではほとんど銭貨のみとなった。幕府正貨の動向のみについてみると，当初から銭貨が使用されていたわけではなく，まず米に代わって銀貨が使用され，ついで享保末年あたりより銀に代わって銭貨が主流となっていったと言える。

　小豆沢家文書では，同家が19世紀に入ると家業経営が苦しくなったとされているためか，金融取引の頻度が少なくなった。そこで同家とも取引があり，酒造，運輸，木綿商等を営んだ大蔵屋田中家文書に残る，享和元 (1801) 年以降幕末期までの貸借証文86件[18]を見てみよう。そうすると，大半の81件が銭建てでの取引であり，わずかに金建てが4件（天保7, 15年，弘化2, 3年）と，米建てが1件（弘化2年）あった。宍道湖に面した意宇郡農村部では，前世紀までは米や銀貨が取引基準となることがあっても，19世紀に入ると銭建て取引が一般的になったと言えよう。

　また，同じ意宇郡内の大谷村戸谷家文書のうち，一種の手控書である明和7 (1770) 年「代々日記留帳」[19]によれば，明和6年7月「割留山卸代」として「銭拾六貫文」，「松谷山代」として「銭八貫文」が計上され，翌年2月には「本物田地帰り証文」として「銭五拾六貫五百文」の10ヵ年切売券が記録されている。同家記録は延享4 (1747) 年から銀銭出入が判明するが，当初は不祝儀時費用の記録[20]で，小口であるため当然銭建てであった。しかし，不動産売買や抵当物件のような高額取引の基準貨幣が銭建てとなっており，表9-1で

17）たとえば，国文学研究資料館蔵戸谷家文書（45C 文書），No. 7，安永7年「(意宇郡) 大谷村諸借用幷志儀質高」のうち「売渡申畑之事」によれば，同8年5月同村の勘四郎が戸谷家に畑1畝歩を米2石1斗1升で売り渡している。ただし，この期になるとおおむね「代銭」での取引が多かった。

18）前掲『宍道町史料目録』II，119-128 頁。

19）国文学研究資料館蔵（45C 文書），No. 100。

20）同上，No. 127，延享4年5月「戸谷金八相果候ニ附御悔帳」。

268 第 II 部 近世紙幣論

表 9-2 安部家貸付の基準貨幣
(件数)

年	銀	金	銭	銀札
安永 5 (1776)	15		18	
安永 6 (1777)	21		21	
安永 7 (1778)	27		13	
安永 8 (1779)	26		27	
安永 9 (1780)	17		17	
安永 10 (1781)	19		14	
天明 9 (1789)	19		13	
寛政 5 (1793)	51		39	
文化 13 (1816)	29		110	3
天保 3 (1832)	60	12	66	
嘉永 6 (1853)	0		109	

典拠) 安永 5〜10「万貸方帳」, 天明 9 年「銀銭貸方留帳」, 寛政 5 年「銀銭貸方人別留帳」, 文化 13・天保 3・嘉永 6 年「貸方帳」。

は空白であった 18 世紀後半において, 米や銀貨よりも銭貨がこの地域で急速に浸透して行ったことが類推できよう。

さらに意宇郡の南側に隣接する大原郡大東町で質屋を営んでいた木村家でも, 18 世紀後半から銀銭出入が判明[21]するが, 農民たちの小口の質草を扱ったこともあり, 当初より銭建てであった。しかし月〆の置質残高が最高で 360 貫文(寛政 5 年)にもなるほどの営業規模になっても, すべて銭建てで記帳された。また, 同家が諸方に掛け出した「志儀」(頼母子)の 1 回あたり掛け銭は 10 貫文前後(最高額で 30 貫文)あったほか, 大東町の町年寄として記録した文政 13 (1830) 年 5 月「年々売券質入証文控」によれば, 1 件あたり取引ではおおむね 100〜300 貫文の質物が多く, 1,100 貫文の高額取引(同年 11 月)もあった。近世後期には, ここでも銭遣いが基本となっていたと言える。

以上のように, 松江藩領内の民間での取引は 18 世紀末までには多くが銭建て取引に移行して行ったことが判明するが, 例外もあった。大原郡のさらに南に隣接する仁多郡稲田村で金融業を営んだ安部家文書では, 安永 5 (1776) 年以降の貸方記録[22]が利用できるが, まず安永期についての基準貨幣をみると表 9-2 のように銀貨と銭貨が並行していた。貸し付け対象は近郷農村農民であって, 貸し付け規模は安永 5 年で見ると, 1 件あたり銀建て貸し付けが平均 600 匁 5 分, 銭建てが同 11 貫 350 文であった。当時の銀銭相場で換算すると

---

21) 国文学研究資料館蔵 (28F 文書), No. 31, 明和 7 年「年々質勘定帳」。なお, 同家「質留牒」のうち, 嘉永 2 (1849) 年の 1 年間すべての質取引を翻刻・紹介した, 原島陽一「幕末期の質屋史料」『史料館研究紀要』第 5 号, 文部省史料館, 1972 年, が利用可能である。

22) 国文学研究資料館蔵 (38B 文書), No. 1, 安永 5 年,「万貸方帳」他。

第9章　出雲松江藩札と連判札　269

銀建て分では 52 貫 800 文にも相当し，あきらかに高額取引で銀建て，小額で
銭建てだったことがわかる。ただし，銀貸しでも数十匁や 100 目前後の場合も
ある一方，銭貸しの際に 67 貫文（銀換算，約 760 匁）や 26 貫文（同，約 300
匁）というように，銀貸しの平均額以上や小口貸付額（200 匁以下が 10 件余）
に相当する額もあり，取引基準貨幣は当事者同士の便宜で決定されたようであ
る。

　この後，同家貸し付けは寛政 5（1793）年においても銀建て 51 件，銭建て
39 件と，銀遣いは減少していない。そして天保 3（1832）年になると銀貨 60
件，銭貨 66 件に加えて金建て 12 件が記録されたあと，嘉永 6（1853）年によ
うやくすべて銭建てのみの記録となる。これらの貨幣種別は，当然に証文額面
で書きつけられ，返済の際には銀銭相場の変動にかかわらず計上された貨幣で
決済することが求められたはずである。すなわち，銀建てで貸し付けた貸銀を，
もし銭貨で決済しようとする場合，返済時の銀銭相場で換算して，あくまで銀
建て額を基準に返銀したであろう。

　とはいえ，これまで知られているように，18 世紀には急速に流通銀貨は減
少した[23]ので，松江藩領における銀建て金融の持続は，あくまで基準貨幣の
それであって，決済時に使用された貨幣とは別と考えなければならない。実際，
表 9-2 において天保 3 年には銀建て 60 件のほかに金建て 12 件があったが，授
受された貨幣は金貨（計数銀貨）であった。たとえば，安部家が廣島屋伝兵衛
に天保 12 年 12 月 5 日「銀三貫目」を貸し付けた後，翌年 2 月 26 日に「金拾
両貸」，同 9 月 25 日に「金三拾両，内弐朱拾五両，壱朱拾五両ヲ以入」，12 月
23 日に「金弐拾両，但南鐐百六十ヲ以貸」というように，実際にやり取りさ
れた貨幣は南鐐二朱銀や一朱銀など，小額計数銀貨であった。ただし，換算に
際しては当時の相場「両六十匁八分」が用いられ，銀建て計算は貫かれてい
た[24]。

　ところで，より山間地に位置する安部家では銀遣いが 19 世紀中期まで銭遣

23）岩橋勝「近世の貨幣・信用」（桜井英治・中西聡編『流通経済史』山川出版社，2002
　　年）445 頁。
24）前掲安部家文書，No. 41，天保 3 年「貸方帳」。

いに並行して確認できるが，松江藩領全体としては18世紀末までにはおおむね銭遣いが一般化したことが以上であきらかとなった。安部家で見たように，銀遣いと言いながら，実際は小額の計数銀貨，すなわち範疇としては「金貨」が流通するようになったことが垣間見られる。では松江藩でより一般的になる銭遣いのもとで，流通貨幣としては何が用いられたのであろうか。このような基本的な実態をうかがえる史料はきわめて限定されるが，これまで利用した領内民間取引記録にわずかに残る文言から類推してみよう。

さきに例示した大東町木村家では年々の資産有高を毎年の「勘定牒」に記してあったが，たとえば文政12（1829）年正月現在ではつぎのようであった。

　　一銭壱貫三百九十六文　　　　　　丑大晦日店有銭
　　一同三百六十六貫三百九十三文　　丑大晦日切改蔵ニ有金銀子銀札連判類
　　　　　　　　　　　　　　　　　　〆高[25]

これによれば，店先にはわずかに銭貨が1貫文余あるのみで，貨幣資産は大半が蔵内に保管されていた。残念ながらその内訳は不明だが，金貨，銀貨，銀札，そして後述の連判札の類[26]であって，銭貨が含まれているようには見えない。しかし，すべて銭建てで計上されている。店先有銭がいかにも少額だが，ちなみに翌13年大晦日は9貫5文と，質屋業にふさわしい量とはいえない銭有高であった。質取引は大半銭建てでおこなっているので，やはり取引基準と実際授受される貨幣とは異なっていたものと考えられる。

ただし，さきほどの同家「年々勘定牒」で個別の土地売券文面を見ると，天保3年正月の項で，「当卯十一月新庄村ニ而仁和寺村定三郎殿より田畑買請候代銭を以」330貫文を，また「当卯四月飯田村ニ而養加村佐太郎殿より田畑買請候，代銭を以」326貫170文を支払っている。さらにこの記録の後，「銭拾貫文」を正銭を以て「内方」へ渡したとある。木村家では店先には当面必要な

25）前掲木村家文書，No. 36，文政13年「年々勘定牒」。

26）同上史料，天保4年大晦日には蔵に「銭三百六十六貫七十文」があり，その構成は「金子・銀札・連判預り・広札等」であって，広島藩札まで流入使用されていたことは注目される。

額しか正貨を保管せず，まとまった現銭や金銀貨はそのつど蔵に置き，「内方」分として別置していたものと思われる。それにしても取り引きされている銭額に比べて銭貨保有額は少なく[27]，銭遣いと言いながら当時すでに金貨や藩札・連判札類が多く授受されるようになっていたことを類推させる。

　以上観察したように，松江藩領では17世紀においては近隣地域と同じ銀遣いが基本であったと思われるが，18世紀に入り銀貨が払底してくると，取引基準としても，また流通手段としても銭貨が主要に用いられるようになった。藩財政では当初より金銀貨が基準貨幣であったが，財政赤字を補塡するための領内からの調達資金が銭貨で納入されることから，藩府の収支計算まで銭貨建てでおこなわれるようになったと考えられる。領内民間では，当初米遣いの地域もあったが，多くは銀遣いであって，18世紀中期までに次第に銭遣いに移行して行った。ただし，取引基準貨幣と流通手段とはかならずしも同一ではなく，19世紀に入ると銭建て取引であっても，決済手段としては金貨（計数銀貨）や札銀（ないし連判札類）が使用されるようになっていったと推定される。

　それにしても，金銀貨に相当する貨幣量に匹敵する銭貨がどのように調達されたのか，あらたな疑問が生じることになる。正銭需要を補う有効な手段が藩札ないし連判札類であるが，それらがどのように，いかほどの数量流通していたのか，以下うかがってみよう。

---

27) このことに関連して，木村家文政13年「年々勘定牒」のうち，同12年の項で，「銭八十五貫二百六十四文」を「丑年中内方より店江かり，尤是迄之振り合出入差引ニ而金入ニ成分計立来候処，当年ハ一先内方之正銭不残入ニ致シ置，先ニ而出シ致シ置」との但し書きのあった後，一定額取引の記帳の但し書きで「内　銭四十四貫五百拾八文　正銭を以内方江相渡ス，委細前ニ有」とある。これら一連の事情は，大東町近辺では19世紀初めに銭建て取引が基本であったにもかかわらず，決済時に金貨のやり取りが増え，店先での現銭有高を記帳通りに処理するため「内方」にある正銭を流用していたこと，そして一定取引で正銭が店先に入るつど内方に戻す，というような面倒な会計処理をおこなっていたことがうかがわれる。さらにこれに関連し，「天保四巳正月，内方ト店ト辰年差引」の中で銭40貫文を「正銭を以内方江相渡」し，天保5年正月には銭40貫文を「内方より正銭を以入」れている。

272 第II部 近世紙幣論

2 松江藩領内札遣いの実態

松江藩札の制度史的情報については前述の『松江市誌』(1941) に比較的ま
とまった説明があるが，領内の流通実態についてはこれまで『松江市誌』記述
以上に詳しい研究成果は得られていない[28]。同『市誌』以外の県内で刊行され
た地方市誌類には若干，札遣いに触れた記述もあるが，領民がそれらをどのよ
うに受け入れ，使用したかについてはほとんどあきらかでなく，あらためて第
1次史料から解明するほかはない状況である。

松江藩札は延宝3 (1675) 年に財政難のため初めて発行されたとされる[29]。
額面はこの期のものとしては，銀5匁，1匁，5分，3分，2分，1分のものが
残存，確認できる[30]。他藩にくらべると当初より比較的小額面のものが多く，
城下を中心に通貨不足も背景としてあったことが推測される。このためか減価
しながらも宝永4 (1707) 年の札遣い停止令の時期まで藩札が流通していたこ
とがあきらかである。すなわち，貞享2 (1685) 年には打歩が生じ，翌年には
諸色値段が10倍にもなって札騒動が始まった。元禄元 (1688) 年には諸上納
銀に札銀を混ぜて使用するようとの藩令[31] が出ている。さらに同10年2月，
2年前より札銀の出回りが減少しているので，金・銀・銭貨と取り交ぜ使用す
るようとの達が出された。にもかかわらず，同年末には2割の札歩が生じてお
り，宝永2年にはそれは3，4割から10割にも及んだという[32]。このように，
札流通はけっして順調ではなかったにもかかわらず，多くの藩のように流通そ

---

28) 松江藩札を個別に正面から研究対象とした成果として，日本銀行金融研究所委託研究報
告 No. 1 (2)『松江藩における藩札の史料収集と研究』(1991年) が利用可能であるが，
これはおおむね『松江市誌』収載関連情報の要約にとどまっている。

29) 『松江市誌』117頁。以下，特に注記のない同藩札情報の典拠は同書による。

30) 荒木三郎兵衛『藩札』下巻 (改訂版，1966年) 29頁。なお，同書はすべてを「延宝2
年」発行としているが，松江藩札の場合，延宝札の年代確定には諸説があるようで，利
用できる確定情報はまだない (日本銀行調査局編『図録 日本の貨幣2』東洋経済新報
社，1973年，106頁参照)。

31) 『島根県史』第9巻 (1930年) 267頁。

32) 『松江市誌』168-169頁。

第9章　出雲松江藩札と連判札　273

のものが途絶することなく，松江藩では継続していたことが確認できる。

　享保 15 (1730) 年札遣い解禁令が出ると，5 匁，1 匁，3 分，2 分の 4 種銀札が合わせて 2,500 貫匁[33] 発行された。札銀 1 匁は銭 80 文と定められ，領内は札銀専一流通ではあったが，最低額面が 2 分であったことから，銭 15 文以下は通用勝手次第となった。札銀と銭貨の交換相場が固定化されたかどうかは不明だが，延宝期より小額札が中核となっており，事実上，松江藩札は銭貨代わりの通貨として領内に受容されたことが，比較的継続して流通した要因と考えられよう。

　この後，享保 16 年の財政危機と翌年の虫害凶作により札価は 3 分の 1 にまで下落し，札騒動を惹起することもあった。しかし，部分的な札の償還，郡部下郡（大庄屋）・組頭組織を活用した札の強制貸付，加印札への切り替え等のさまざまな手段を講じ[34]，一時的に札通用を停止することがあっても断続的に札流通はみられたようである。すなわち，まず流通事実にかんする明確な根拠はないが，残存する松江藩札に「元文」印押捺のものが複数あり[35]，これらは享保札の加印札とみられる。さらに，延享元 (1744) 年に銀札がふたたび使用され，同 3 年には銀銭通用を停止して札専一通用令が出され，寛延 2 (1749) 年にはふたたび銀札と正貨併用に戻している (206 頁)。その後『松江市誌』には具体的な札流通にかんする記述はないが，宝暦 11 年 (1761) に札座が存在していたこと (247 頁)，明和元 (1764) 年，札座運営を十郡下郡に任すこととし，これに伴い，札座元備として郷中へ 650 貫文，町中へ 350 貫文調達させたことがあきらかである (267-268 頁)。明和 4 年 4 月，再々度札専一通用令が出されるも空札が多く出まわり，同 9 月，札座廃止，銀札通用停止となった (300-301 頁)。しかし，国老朝日丹波による藩政改革終了とともに，天明 3 年 9 月札座が復興され，翌年 4 月に札通用が再開された (359-360 頁)。この際の

---

33) 同上，179 頁。同頁にはこの銀額のカッコ書きとして「銭 40 万貫文」とあるが，このままでは札 1 匁＝銭 160 文となり，「銭 20 万貫文」の誤記か，同書 937 頁に記述の『松平定安公伝』依拠による明治初年銀銭相場で換算したものと思われる。

34) 同上，181，182，184 頁。

35) 前掲『図録 日本の貨幣 5』1974 年，102 頁。

274　第 II 部　近世紙幣論

額面は銀 5 匁，1 匁，3 分，2 分の 4 種で，享保期再開時と同じであった。このことは時折り銀札流通の中断はあっても，つねにそれが必要とされる状況，つまり藩府側の財政的理由のみでなく，領内における小額貨幣需要が潜在的にあったことが，度重なる札価下落にもかかわらず何度も流通再開が図られた要因と見られる。

　札流通に関連して注目されるのは，実質的に小額通貨として用いられていた銀札に代わって，天明 7（1787）年 8 月に初めて銭札（100 文札）が出され，同年 10 月には銀札を停止して，20 文および 30 文札もあらたに発行したことである。この際，銀 1 匁は銭 100 文とされていた[36]ので，20 文，30 文札はそれぞれ銀 2 分，3 分と同価だったことになる。その 2 年後の寛政元（1789）年に 5 匁札以外の 3 種小額銀札通用が令せられたが，後述のように幕府への出願上，天明 7 年発行後の銭札を銀札と言い換えるためであったと思われる。

　その後，文政 7（1824）年，銭 1 貫文札と 500 文札が楮幣方から発行された[37]。その典拠となっている『松平定安公伝』によれば，この 2 種銭札は合わせて 225 万貫文余発行されたという[38]。くわえて同時期に幕府に届け出た正規発行分，計銀 2,500 貫目とは別枠で，慶応 3 年までに銀 1 匁，3 分，2 分の 3 種合計銀 1 万 3 千貫目余が「臨時発行」されたとされる[39]。この期の銭札といい，小額銀札といい，「臨時発行」という名目であるのは，明治初年の藩札整理のさい，享保期いらいの幕府からの発行認可高 2,500 貫目を基準としていたためと思われる。ために，それ以上の増発行をすべて「臨時発行」として勘定し，実質銭札として発行していながら，幕府向けには「銀 1 匁＝銭 100 文」換算で銀札扱いとしたわけである。したがって，文政期に小額銀札と同時に発行された「銭札」は，1 貫文札が「10 匁」，500 文札が「5 匁」札として処理されたのであろう。つまり，文政 7 年以降の松江藩札は表面上は銀札をよそおう実

36）『松江市誌』360 頁。
37）同上，939 頁。
38）私家版（松平直亮発行），1934 年，431 頁（以下『公伝』）。松平定安は廃藩置県直前の藩知事であり，同公伝記載の銭札類発行数値はいずれも明治初年時点での評価であろう。
39）同上，937 頁。

第9章　出雲松江藩札と連判札　**275**

表9-3　松江藩領の札遣い年表

年	事　項
延宝3（1675）	はじめて藩札（銀札）を発行。
貞享2（1685）	藩札に打歩生じ，翌年諸色値段10倍，札騒動。
元禄元（1688）	諸上納銀に銀札を混ぜて使用すべしとの藩令。
元禄10（1697）	銀札を金・銀・銭と取混ぜ使用令。年末に2割の札歩。
宝永2（1705）	銀札打歩3,4割から10割に及ぶ。
宝永4（1707）	札遣い停止の幕令。
享保15（1730）	札遣い解禁の幕令。5匁〜2分の4種，計2,500貫匁発行。
享保16（1731）	銀札10〜20割の打歩生じる。しばしば札騒動。その後，停止か。
享保17（1732）	10月，銀札回収開始。
元文元（1736）〜	この頃「元文」加印札使用開始。
延享元（1744）	9月，銀札「再用」令。（幕府への認可更新ナラン）
延享3（1746）	10月，銀銭通用停止，札専一通用令。
寛延2（1749）	銀貨，銀札併用を許容。
宝暦11（1761）	札座を御側役次座が兼任。銀札通用，銭払底。
明和元（1764）	札座運営を十都下郡に委託。元備として郷中・城下より計1千貫文調達。
明和4（1767）	4月，札専一通用令。9月，札座廃止，銀札通用停止。（藩政改革の一環）
天明3（1783）	9月，札座復興，翌年4月，銀札通用再開（享保体制）。
天明4（1784）	1月，「預り書」の相対授受以外の転々流通を禁ず。
天明7（1787）	8月，はじめて銭札（100文，のち，30文・20文も）発行，10月，銀札通用停止。
寛政元（1789）	1月，「預り書」・「預切手」類の発行を禁ず。
同	10月，小額銀札（1匁，3分，2分）発行令。銀札1匁＝銭100文遣い。
文化5（1808）	「連判札」発行を許可。こののち明治初年にかけ広範に発行・流通。
文政7（1824）	楮幣方が1貫文，500文の銭札を臨時発行。慶応3年までに計銀1万3千貫目余相当。
天保9（1838）	金銀銭札交，札通用，銀札1匁＝銭100文通用。
天保13（1842）	幕府藩札発行高調査，松江藩は銀札2,500貫目，天保6年より15ヵ年季。
安政5（1858）	この頃までに城下25名町年寄に家質有無にかかわらず，連判札発行認可。
明治2（1869）	10月，翌年9月にかけて217万7千貫文の銭札と400万貫文の銭預りを新発行。
明治4（1871）	7月，旧藩札回収のための金札との交換率提示。
明治6（1873）	3月，旧藩札の新貨との交換事業開始。
明治7（1874）	9月，連判札引替え終了。以後は廃札となる。
明治8（1875）	12月，藩札回収事業終了。

典拠）『松江市誌』（1941年），『出雲市誌』（1951年），荒木三郎兵衛『藩札』下巻（改訂版，1966年）。

質銭札である100文，30文，20文の3種と，銭札としては高額である500文
と1貫文の合わせて5種が幕末維新期まで流通したことになる。

　戦前に刊行された『松江市誌』は，表9-3にまとめたように，当時としては
相当に詳しく松江藩札の，とりわけ制度的動向を記述していて便利ではあるが，
流通実態についてはあくまで藩府側の史料から説明されているため，不明な点

276　第II部　近世紙幣論

が多い。たとえば，延宝3年の最初の藩札発行以降，宝永4年の札遣い停止令
までを第1期，享保15年の札遣い解禁以降，明和期の御立派改革による銀札
停止までを第2期，天明3年の札座復興とその後の銀札・銭札併用期を第3期
と概括しているが，少なくとも銀札流通に関してはそれぞれの期間内において
相当な不連続があり，とても順調な流通とは言えなかった。それぞれの期間内
において藩札がどのように使用されていたかを示す民間サイドの史料は，容易
には多く利用できないが，以下判明するかぎり観察してみよう。

　まず第1期内において，さきに見たように，元禄元（1688）年「従来諸上納
銀は白銀納なりしも，当年九月よりは札銀を以て御銀奉行へ納むる事と
な」[40]ったように，延宝3（1675）年以降の藩札は打歩が生じ，札価が下落しな
がらも藩府の流通促進政策により途絶はしていなかったことが確認できる。第
2期では，延享4（1747）年に意宇郡大谷村戸谷家で銀札使用の記録がある。
享保末年にはしばしば札騒動が起こり，いったん札が回収された後，元文期に
加印札が新たに出回ったらしいことは確認できているが，実際に領内で流通し
ていたかどうかは不明なままであった。戸谷家文書によれば，この年同家で不
幸があり，その葬儀にかかわる経費記録が詳細に判明する。それによれば，同
家への香典は小口であるため銭貨20〜50文，まれに100文であったが，若干
名から「札一匁」で受領している。葬儀で世話になった三つのお寺にはそれぞ
れ1貫500文，1貫200文，600文の布施を渡しており，銀札の授受は例外的
であったことがわかる。それでも銀25匁の「位肺（牌）代」が「此札銀廿六
匁壱分ト壱文」と記されたほか，「座頭」への払銭200文が「札銀ニ而弐匁八
分六厘」となっている。これら一連の記録により，当時銀札1匁は70文の価
値をもち，正銀に対する打歩は4.4％，1匁あたり3文と，まだきわめて僅か
であったことが判明する[41]。元文加印札は相当に領内に浸透していたことが知
られる。

　戸谷家の布施や香典関係を記録した他の期の貨幣種別を観察すると，寺への

40）『島根県史』第9巻，267頁。
41）前掲戸谷家文書（45C），No. 127，延享4年5月「戸谷金八相果候ニ附御悔帳」。

第9章　出雲松江藩札と連判札　277

布施は安永6（1777）年に1貫500文と白米2升，寛政元（1789）年に1貫200文および1貫文，800文とあり，他の経費もすべて銭建てであった[42]。明和期藩政改革の一環として銀札停止中の安永期に札遣い記録が無いのは当然として，札座を復興し4種の銀札が出回ったとされる第3期にあたる寛政元年にも記録が無いのはどうしてであろうか。実は同家でこの期にまったく札遣い記録が無いわけではなく，さきに利用した安永7年「大谷村諸借用幷志儀質高」[43]に若干の銀札授受の記録がある。同史料には天明6年までの志儀（頼母子）と差し入れられた質地の記帳がなされている。その中に天明5年5月大谷村新助が田地1反6畝21歩を代銭60貫340文で売り渡したが，そのさい，「銀札拾四匁五分」を天明3年暮「拝借」し，同7年までに返上納する旨の文言がある。この表現は，天明3年にあらたに復活した銀札流通が領民サイドではけっして期待されたものではなく，藩府より強制的に貸し付けられ，やむなく保持されていることを示すであろう。同史料には同様な記載が天明6年にかけて約10件もあり，銀札が通貨としては機能せず，実際取引では銭貨が使用されていたことを意味する。藩札として銭札がはじめて発行された天明7年8月以降，形式的には銀札が流通し続けたようにみえるが，寛政元年あらたに発行した1匁，3分，2分の3種銀札から判断されるように，それらは実質的に銭札であって，藩府の兌換信用性があるかぎり領内で使用されたと考えられる。

　19世紀に入ってからの松江藩領における銀札流通の動向を見ておこう。

　さきに表9-2で示したように，仁多郡稲田村安部家の文化13（1816）年正月現在の債権簿には3件の銀札貸があった。全体が142件中での取引であり，ごく稀な事例であったと言える。それにしても領内ではほとんど授受されることがなかった札での貸借が，なぜおこなわれたのだろうか。それらのうち，1件は商人貸で1貫500目，1件は寺社，1件は農村貸でそれぞれ100目であった。当時，銀建てでの貸借は200目前後の比較的小口の額もあったが，多くは1貫目以上であり，この商人貸はさほど高額とも言えない。一方，「銀札100目」

42）同上，No. 126，安永6年「祖母死去砌香典帳」，No. 129，寛政元年「おきミ不幸之節諸事留帳」。

43）注17参照。

278　第Ⅱ部　近世紙幣論

という貸付は，同じ史料の巻頭に「相場覚」が記録されており，札1匁は105文[44]であったので，銭換算で10貫500文であり，この額も銭建て貸付け水準からみればむしろ平均的な額であった。当時，銀札はまだ札価がきわめて安定しており，藩札でも上納可能な藩府への納入に必要な資金を借用したものと思われる。

　この後，同家の前述天保3（1832）年「貸方帳」によれば，同年中の銀銭相場が1匁に付き108文から113文と変動していたにもかかわらず，「札1匁」は141文と固定していた[45]。いわゆる銀紙の開きは，文化13（1816）年がわずか2.3％であったが，16年後には21.6％と，10倍近くも拡大，すなわち銀札の価値が下落したことになる。さらに同家の嘉永6（1853）年「貸方帳」では22.4％と，わずかだが拡大した[46]。しかし，表9-2で確認できるように，安部家で取引した金融は，すでにすべて銭建てであった。ただし，授受される「銭貨」の中に藩府が発行した銭札が混入している可能性は否定できない。

　以上，簡単に見たように，松江藩領で銀札が支配的に流通した痕跡を確認することは困難であった。にもかかわらず，減価しながらも限られた場ではそれが使用されていたことも否定できず，その場とは藩府への支払い・納入や，領民間の儀礼上のやり取りであったと思われる。たとえば，前述戸谷家の明和7年「代々日記留帳」[47]によれば，慶応元（1865）年に意宇郡内で難渋者に尽くした者への祝儀として，7人に「銀札二匁」，4人に「酒切手一斤」（「但代銭百九拾文之分」が3人，「百六拾文之分」が1人）が与えられている。この期の銀札1匁の銭量は不明だが，ごく稀に祝儀的にそれが使用された例と言えよう。ま

---

44) 同史料の「子年中相場覚」によれば，同年月別銀・札相場が示されており，「銀」は年間を通して109文から106文と変動しているが，「札」については105文と一定なままであった。この「札」が銀札なのか銭札なのかは不明だが，その価値が105文と一定だったことは，いずれにかかわらず「札1匁」が「銭105文」と同値，すなわち銭貨として使用されたことを示唆している。

45) 注24参照，「辰年中役所相場覚」。なお，ここで「札1匁＝141文」とは，「141文分の銀札」が銀1匁と同価という意味である。このように，「銀札」と称しながら，実質は銭札扱いであったわけである。

46) 前掲安部家文書，No. 57。

47) 前掲戸谷家文書，No. 100。

第 9 章　出雲松江藩札と連判札　279

た，前節で大東町木村家での事例のなかに見たように，取引額面が19世紀に入り銭貨表示が一般的になるとともに，流通貨幣は小額金貨（計数銀貨を含む）や銀札，連判札等が混在して使用されるようになった。それらのなかには広島藩札や鳥取藩札[48]も一部使用された形跡があり，通貨のあり方は相当に多様性・柔軟性がみられる。それほどに通貨不足が深刻であり，一方，藩札の信用保持も不十分であったことを示すであろう。

　なお，いわゆる「松江藩札」が明治初年の藩札処分にあたりどのように取り扱われたかを確認することは，近世後期の「藩札」動向を知るうえで重要であろう。というのは，これまで見たように，松江藩札は早期より発行され，しかし領内で十分に浸透して順調に流通したとはとても言えないにもかかわらず，他藩にくらべると「銀札」自体は幕末期までにまったく途絶するということもないまま推移したという特徴をもっているからである。

　幕末期までの出雲松江藩札の発行量としては，天保13（1842）年に幕府が全国的に調査を実施した際の報告高2,500貫目が知られている[49]。ところがこの期の調査高は実態とはかなり離れた数値が記録されていて，松江藩の場合，享保15年の札遣い解禁令の際に申請された発行高が，その後15年ごとの許可期限更新時にそのまま踏襲された。つまり，領内の札騒動等，藩札流通の一時的停止が断続していたにもかかわらず，発行権益を維持するため幕府に対しては継続的に流通しているように対処されていたのである。たとえば，先に見たように，藩府が天明7年，銀札をとどめてあらたに銭札をはじめて発行したが，

48）木村家で広島藩札も使用されていたことは注26の通りであるが，先に紹介した仁多郡安部家の文化13年「貸方帳」には銀銭札相場動向の記事中，「当札」すなわち出雲（松江）藩札に並んで「伯札」，すなわち因幡・伯耆両国を領有する鳥取藩札の相場も併記されていた。ちなみに，伯札相場は1匁に付き，出雲と同価の105文であったが，年半ばより104文となった。

　なお，文政3年松江城下での盗難記録によれば，備後からの旅行者は「芸州札」3匁，出雲飯石郡赤名からの3人は広瀬札3貫文，「当札」（松江藩札）を合わせて4匁6分，「伯札」（鳥取藩札）1匁，銭100文，小玉銀合わせて50匁1分，丁銀35匁7分の盗難があった（『松江市誌』683頁）。旅行者の支払いにあたり，銀銭正貨はともかく，近辺藩札が混合通用していたことがうかがわれる。

49）大蔵省編『日本財政経済史料』第2巻（財政経済学会，1924年）860-872頁。

280　第II部　近世紙幣論

表9-4　松江藩発行銀札高内訳（明治3年6月現在）

A　正規発行分　享保15年～

額　面	発行額	*発行枚数	*枚数比率
1匁札	2,317 貫 000 目	2,317,000 枚	76.10 %
3分札	112 貫 800 目	376,000 枚	12.40 %
2分札	70 貫 200 目	351,000 枚	11.50 %
計	2,500 貫 000 目	3,044,000 枚	100.00 %

B　臨時発行分　文政7～慶応3年

額　面	発行額	*発行枚数	*枚数比率
1匁札	12,726 貫 783 匁	12,726,783 枚	87.20 %
3分札	216 貫 717 匁	722,390 枚	5.00 %
2分札	227 貫 783 匁	1,138,915 枚	7.80 %
計	**13,170 貫 863 匁	14,588,088 枚	100.00 %

典拠）『松江市誌』936-937 頁。
注）* 額面，発行額より算定。
　　** 合計額は原文の通り。

表面上は「銀札」の体裁を維持する方策をとった（とらざるをえなかった）理由もこのような事情によるものであろう。

　明治3（1870）年6月，松江藩が新政府大蔵省に報告した享保15年以後の藩札発行額は表9-4の通りであった。これによれば，享保期許可額2,500貫目は文政6（1823）年までは守られていたようで，額面は1匁，3分，2分の3種のみであった。そして文政7年より，幕府届け出額とは別枠の「臨時発行」をおこなった。どのような事情で増発が可能となったかについて『松江市誌』は詳しくは記していないが，領内の小額貨幣不足と財政事情によるものであろう。その発行額は慶応3（1867）年までに正規発行分の5倍を超える1万3千貫目余となっている。額面がまったく同じ3種に限定されていることから，領内でとくに区分はされず流通したとみられる[50]。さらに前述のように，同時期に別枠で1貫文と500文の銭札2種が合わせて225万貫文，幕末期までに発行され

50）注目されるのは，正規発行，臨時発行とも「銀」1匁札の発行量が突出していたことである。この動向は享和2（1802）年但馬出石藩の事情と近似しており，明治初年に報告された松江藩の札発行額が相当に流通実態を反映していたことを示唆する（前掲岩橋勝「近世の貨幣・信用」447頁）。

た。かりに銀1匁＝銭100文で換算すればこの銭札は22,500貫目となり，松江藩札としては19世紀半ばにかけて，合計3万8千貫目ほどが流通していたことになる。

松江藩は明治2年10月よりの1年間のみで217万7千貫文（当時の銀銭換算基準，1匁＝200文を用いると，銀1万885貫匁に相当）の銭札と400万貫文（同，銀2万貫目）の銭預りを発行[51]したことがあきらかであり，この1年間の発行高と比較すると，幕末期までに発行した藩札高はけっこう抑制的であり，けっして過剰発行という状況ではなかったことが知られよう。

3　連判札の発行と流通

松江藩では，前節で観察した藩札のほか，18世紀後半より「預り書」「預切手」あるいは「連判札」と称する一種の銭札が民間で使用され始め，幕末・明治初年にかけて領内で流通した。そして発行元の財力が確かであり，複数の保証人が明記されていたので，藩札以上に信用をもち，事実上，藩札と区別が困難なほどの通貨としての役割を果たしたと評価されることが多い[52]。

松江藩内で一般に「連判札」と称せられるものは，札座管理のもと主として銀札形態で発行される藩札に対置されるものを総称することが多い。しかし，複数保証人による「連判」とは異なる個人発行の預り書や，複数保証人によるものであっても事実上藩札と変わらない，藩の支配機構にくみする大庄屋（与頭）や掛屋などが発行人になるものも混合して流通していた。それぞれに性格は異なっており，あらかじめこれらの定義を明確化しておこう。

厳密に「連判札」と言えるのは，藩府の許可あるなしにかかわらず複数の民間人が家屋敷等を抵当（家質）に入れて，一定額の銭貨量（多くは1貫文，ないし2貫文）を記載した証券であって，発券当初より不特定多数の間で半年ない

---

51)『松江市誌』934および938頁。
52) たとえば，荒木三郎兵衛『藩札』下（改訂版，自家出版，1966年）29-44頁，および前掲『図録 日本の貨幣』5, 1974年，270頁。

し１年間の償還期限をもって授受されることを意図したものである。券面に１枚ずつ通し番号を記入することが一般であったので偽造防止に役立ち，発行者の家質や知名度に加え，その記入が札１枚ごとの信用を厚く保証することとなった。

「預り差紙」あるいは「預り書」「預り切手」，ないし単に「預り」と称したものは本来特定当事者同士でのみやり取りされる証券である。文字通り，預け銭ないし一定量の債権を細分化し，流動性を与えたものであるが，現銭支払いの裏づけがあいまいであるためとかくトラブルが生じがちであり，当局取り締まりの対象となることが多かった。ただし，それらが明治初年まで領内通貨として安定的に流通することになる連判札の原型になったことは誤りない。

藩札以外の紙券が松江城下で流通しはじめた最初は，史料的に確認できるかぎり明和４（1767）年銀札通用停止令以降，遅くとも天明初年までの時期で，商人間で自然発生的にまず「預り差紙」というものを使用しはじめた[53]ようである。その紙券の形式や使われ方はまったく不明だが，通貨不足の不便さを解消するため，取引当事者の間で決済を先送りする一種の手形をやり取りするうち，債権者が手元にあるその差紙を自身の債務弁済のため他の取引相手（債権者）に手渡すという行為からはじまったものと考えられる。預り差紙の使用禁止を当局が発したのが明確で，最もさかのぼれるのは天明８（1788）年だが，翌寛政元年にはつぎのような触書を町奉行が発している[54]。

　近年町家之者，金銀銭為取遣預切手ヲ仕出，其切手ヲ以請取，先方へ罷越候テモ又々切手ヲ以令渡方，正金銀銭受取候儀遅滞ニ相成，及差支候趣相聞へ候，左候テハ小身之者迄モ，不相応ノ預切手ヲモ仕出候様相成，不実之商売モ相成候道ニ付，先年モ停止之旨申触置候処，今以猥之趣相聞へ不埒之至リニ候，依之此度ヨリ左之通殿り合相立令取引候
　一町家之者相互ニ預リ書ヲ仕出候儀，稠敷停止之事
　　　但，諸役所並家中ニテ，金銀銭町家ヨリ難取越訳有之，預リ書ニシテ遣

53）『松江市誌』360頁。
54）同上，360-361頁。

候様相望候節ハ，預リ書仕出シ可申候，右預リ書令持参候ハハ預置候金
　銀銭引替可相渡候，其節又差紙相渡候儀ハ，堅不相成事
一諸役所並御家中寺社郷町之者ヨリ取立，銭ヲ預リ置，追々元銭ノ内ヘ差紙
　ヲ出シ，払方申遣候分ハ，其預リ主ノ宅ニ於テ，速ニ正金銀銭ヲ以可相渡
　事
　但，預リ仕出候節，差紙ヲ以払方有之候ハハ，難渡シト書記シ相渡候様
　申置，其受取主不参候ハハ，相渡間敷事

　これによれば，預切手と預り書，預り差紙の３種は同一ではなく，とくに町
家の者が相対で正貨の代わりに紙面に金額を明示するのみで通貨として使用す
る「預り書」が強く規制されていたことがわかる。これに対し，取引関係で生
じた一定の債権を担保として発券する「預切手」や，諸役所・家中・寺社が郷
中からまとまった銭貨を預かり，その正貨を元銭として一定額面の紙券を発行
する「預り差紙」は一回限り使用として認められていたことがうかがわれる。
預り差紙は民間ではなく，より公的な主体が発行元となっているため，一種の
銀行券のような性格をもって転々流通しうるように見られるが，上記触書のかぎ
ぎり，差紙を受け取った者は速やかに発券元で正貨と交換すること，また差紙
を受け取ったもの以外への正貨支払いをおこなわないよう求められている。た
だし，そのように差紙を一回限り使用とするなら，わざわざ正銭を預った後に
差紙で支払う意義が減殺することとなり，この触書は相当に表面的なもので
あったことが知られる。
　この触書の５年前の天明４年正月にも家中が商人等へ払出す「預り」を決済
する際，正銭や銀札でおこなうべきで，あらたに「小切手」を払出すことのな
いよう藩府が触れている[55]。この触れは，前述したように，前年の９月に札座
が再興され，16年振りに銀札を流通させる方針が出された直後のものであっ
た。藩札がまったく流通しない状況下では領内の通貨不足が様々な形態の紙券
を発生させ，代用通貨として使用されていたことがあきらかである。

---

55) 同上，361-362頁。

284　第II部　近世紙幣論

　さらに19世紀に入り，いわゆる連判札の発行が文化5（1808）年に松江城下町人に認められた。従前の「預り」と異なるのは，預り発行人が当初銭3千貫文ずつ家質を書入れしておき，それを有力町家3，4軒で連帯保証をすることによって札の信用度を確かなものとさせたことである。これら連帯保証人が「頭取質地改」となり，発行者を1名に限定することにより札の信頼度を高めさせた。そのためか，「頭取改一名預り」とも称したようである。この呼称はより一般的な呼称である「連判札」とともに，明治初年まで使用された。発行能力ある町家は当時城下に30余家あり，すべての券面に通し番号を記入したので偽造されにくくされていた。ただ，その一方で，当時「内分預り」というかぎられた仲間同士の間での授受を前提に発行された預りも流通していたようで，しばしば規制対象となっている。仲間内流通といいながら，いったん発行されると仲間外でも通貨代わりの手段として授受が進み，最終的に正銭の交換が求められた際，とかく紛議が生じたものと思われる。それほど通貨不足が深刻であったことを示唆する。

　「内分預り」は天保期頃までには度重なる取締りにより姿を消して行ったようであるが，公認された「頭取改一名預り」（連判札）も藩府の思惑どおりにはかならずしも流通しなかった。連判札はもともと発行後，半年で正銭と交換することを求められていた。前述のように発行上限額もその都度規制されており，これらはあくまで正銭代わりの札という建前が重視された。しかし，現実には通貨需要はより高まり，発行元の準備銭も十分ではなかったこともあって，半年という正銭への償還期限が守られることは稀であった。このため，連判札の実体は，藩府がしばしば通達[56)]したような，重い銭貨の持ち運びを回避するための軽便さを求めたものではなく，通貨不足を緩和する融通性にあったと解釈すべきであろう。とするならば，いったん発行された連判札の償還はあらたな札発行と引き替えにおこなわれたことが推察されよう。また，遅くとも安政5（1858）年までには城下25名の町年寄も家質能力の有無にかかわらず連判札を発行するようになり，それが「町家金銭不融通」打開という目的とは別に，

56）同上，天保5年9月の頭取通達（369頁）を参照。

第9章　出雲松江藩札と連判札　　285

役徳のない町年寄への「御仁恵」として認可されている[57]ことから，発行元にとって資金創出の効果もあったことが知られる。

　以上，主として『松江市誌』を典拠として，一般に連判札と称せられる紙券の実体をうかがったが，藩府による規制の側面から観察しているので流通実態を見るには不十分であった。そこで残存する「連判札」や，明治初年のいわゆる藩札整理での取り扱い方からアプローチしてみよう。

　日本銀行貨幣博物館が保蔵する膨大な銭幣館コレクションの中には「出雲国松江藩札」が含まれているが，それらのうちの188点は「預り」および「連判札」である[58]。多くは明治期に入ってからの発行であり，明治改元前の江戸期に発行されたものは見込みを含めてもわずか29点にすぎない。古い札は当然，償還期限が来て回収されたわけであるから，残存すること自体希少と言ってよい。それでも30点足らずのこれら現物の観察から文献情報以上の流通実態をうかがうことは可能である。それらを表9-5にまとめた。「連判札」1件ごとの情報はやや限定されるが，荒木三郎兵衛『藩札』下巻は明治改元期前発行のものをより多く掲載（以下，「荒木データ」と称する，表9-6参照）しているので，それを補完利用して以下観察してみよう。

　まず，連判札と見られる複数連判者（頭取質地改）が明記された12点の表面にはすべて「歩三百九十六番」「目十八」というような振出通し番号が付してあった。1枚ずつ記入することにより偽造を抑止したものと考えられる。「歩」とか「目」というような符号に番号を組み合わせることで大量な発行枚数に対応した。明治初年には二千番を超えるものも確認できるが，江戸期については多くは五百番前後以内にとどまっている。番号を増やすよりも「仁」や「久」のような符号を増やして対応したようだ。相対間で発行される「預り」は1枚限りが原則であるから，符号・番号は不要である。したがって，連判者名は明記されていないが，慶応4年の佐藤金之助や文政9年に桑屋太助が振り出したものは符号・番号が明示されているので，カテゴリーとしては転々流通する連

---

57) 同上，370–371頁。
58) 前掲『図録 日本の貨幣』5，図版45頁には松江藩銀札とともに「松江藩銭札」として文政期の「預り書」と「連判札」が例示されている。

表 9-5　日銀貨幣博物館蔵　出雲国松江藩「連判札」（明治改元前）

史料ID	年　月	額面	振出番号	振出人	連判者名（振出先名）	摘　要
506217	文化 8.1	1貫文	歩(ヵ)396番	小豆屋九右衛門	京屋万五郎・小豆屋忠左衛門・桑屋権兵衛・松屋次郎右衛門	本年7月限
506253	文政 2.3	1貫文	仁25	森脇屋甚右衛門	森脇屋嘉右衛門・伊予屋庄兵衛・森脇屋甚右衛門	同年9月限，裏判8つ
506254	文政 12.9	1貫文	久29	森脇嘉右衛門	森脇屋甚右衛門・森脇屋忠兵衛・森脇屋嘉右衛門	翌年3月限，裏判12個
506271	天保 14.7	1貫文	但107(ヵ)	小豆沢浅右衛門	小西屋次左衛門・新屋庄兵衛・新屋伝右衛門	翌年1月限，裏判10個
506218	嘉永 2.7	2貫文	但9番	京屋万五郎	新屋伝右衛門・若狭屋助四郎・小西屋次左衛門	翌年正月限，裏判10個
506219	嘉永 2.7	1貫文	イ39番	京屋万五郎	新屋伝右衛門・若狭屋助四郎・小西屋次左衛門	翌年正月限，裏判6つ
506220	嘉永 3.1	2貫文	但128	栄屋庄右衛門	新屋伝右衛門・若狭屋助四郎・小西屋次左衛門	本年7月限，裏判8つ
506274	文久元.9	2貫文	国(ヵ)6	金森屋勇三郎	森脇屋甚右衛門・森脇屋忠兵衛・森脇屋嘉右衛門	翌年3月限，裏判8つ
506277?	慶応元.7	2貫文	を44	土谷助四郎	土谷助四郎・小豆沢浅右衛門・瀧川伝右衛門	翌年1月限，裏判9つ
506273	慶応元.7	2貫文	但122	加茂沢屋善兵衛	土谷助四郎・小豆沢浅右衛門・瀧川伝右衛門	翌年1月限，裏判9つ
506275	慶応元.7	2貫文	但56	茶屋庄右衛門	土谷助四郎・小豆沢浅右衛門・瀧川伝右衛門	翌年1月限，裏判9つ
506276	慶応元.7	1貫文	目18	土谷助四郎	土谷助四郎・小豆沢浅右衛門・瀧川伝右衛門	翌年1月限，裏判9つ
506206	文政 9.4	銀10匁	改1157番	田部佐一(ママ)右衛門		翌年4月限
506205	文政 9.12	1貫文	知50番	桑屋太助		裏書き約10名記入
506198	巳 6.29	360文	(酢代)	岡谷万右衛門	塗屋文十郎	「引替相渡」の印，安政4
506197	巳 11.29	1貫300文	(大豆代)	岡谷万右衛門	塗屋文十郎	「右可被相渡候」，明治2or安政4，引替改の印
506199	午 12.晦	428文	(「西谷や印」)	岡谷万左衛門	三好屋喜左衛門	安政5ヵ
506204	子 7.15	300文	(「網ハ」打印)	岡谷作平次	新屋覚三郎	嘉永5or元治元ヵ
506203	子 12.?	3貫文	(「和田志儀印」)	岡谷作平次	佐用屋善三郎	嘉永5or元治元ヵ，裏書き文面あり
506200	丑 7.13	48文	(「古鉄屋惣兵衛」)	岡谷万右衛門	佐用屋善三郎	嘉永6or慶応元ナラン
506195	戌 12.29	315文	(小渡済の印)	岡谷万左衛門	小豆沢浅右衛門	「右可被相渡候」，明治7or文久2（ナラン）
506196	寅 12.29	2貫030文	(種油代)	岡谷万右衛門	小豆沢浅右衛門	「右可被相渡候」，慶応2（ナラン）
506163	慶応 4.7	5貫文	邊150番	佐藤金之助		
506201	巳 12.28	55貫40匁	「泉屋渡し」	岡谷万左衛門	塗屋文十郎	「引替改」の印
506202	? 12.29	400文		岡谷万左衛門	塗屋文十郎	「引替改」の印，裏書き1名，「沢屋十左衛門渡し」
506207	? 12月	1貫文		木村屋茂十郎	小村様御用	
506208	? 12月	1貫文	イ20	中嶋屋武助		裏書きあり
506209	午 10月	3貫文		水田四郎十郎		翌年9月限
506210	丑 3.30	1貫120文		鳥越宇右衛門・西村金左衛門	新屋彦三郎	岡谷佐平次　懸屋印

注）1：「史料ID」は，日銀貨幣博物館での収蔵整理番号。
　　2：連判者はすべて「頭取質地改」。

第9章 出雲松江藩札と連判札　287

表9-6　荒木三郎兵衛『藩札』下巻 収載の「連判札」(明治改元前)

年　月	額面	振出人	連判者名(振出先名)	摘　要
文政 6.3	1貫文	塗屋貞太郎	森脇屋嘉右衛門・同甚右衛門・伊予屋庄兵衛	
文政12.7	1貫文	新屋伝右衛門	神門屋宗兵衛・新屋伝右衛門・桑原太助・新屋庄兵衛	寅正月限
天保13.3	2貫文	森脇屋(ママ)忠兵衛	森脇甚兵衛・同忠兵衛・伊予屋九右衛門	
天保市.9	2貫文	塗屋市左衛門	森脇甚兵衛・同忠兵衛・伊予屋九右衛門	
弘化 2.9	2貫文	綿屋林右衛門	森脇甚兵衛・同忠兵衛・伊予屋九右衛門	
嘉永元.12	2貫文	松尾栄三郎	下郡伝九郎・与頭善四郎・西村屋市郎右衛門	
嘉永 2.3	2貫文	塩屋清助	森脇甚右衛門・同忠兵衛・伊予屋九郎兵衛	
嘉永 2.7	2貫文	京屋万五郎	新屋伝右衛門・若狭屋助四郎・小西屋治左衛門	1貫文札も
嘉永 2.7	2貫文	意宇郡東志知村役所	大庄屋宇右衛門, 中庄屋新助・市右衛門・忠兵衛	
嘉永 2.7	3貫文	意宇郡西津田村役所	大庄屋宇右衛門, 中庄屋新助・市右衛門・忠兵衛	
嘉永 3.3	2貫文	山田藤左衛門	山本権市・大庄屋為右衛門・同善右衛門	
嘉永 5.7	1貫文	中嶋屋伊三郎	新屋伝右衛門・若狭屋安右衛門・小豆沢浅右衛門	
安政 2.正	2貫文	太田屋善兵衛	滝川伝左(ママ)衛門・若狭屋助四郎・小豆沢浅右衛門	
安政 3.正	2貫文	太田屋善兵衛	土谷助四郎・小豆沢浅右衛門・滝川伝右衛門	辰7月限, 1貫文札も
文久 3.7	1貫文	若狭屋助四郎	若狭屋助四郎・滝川伝右衛門・小豆沢浅右衛門	
元治元.正	2貫文	山本佐六	山本権市・大庄屋為右衛門・同善右衛門	
元治元.3	2貫文	大嶋屋豊四郎	森脇屋嘉右衛門・同甚右衛門・同忠兵衛	
慶応元.正	1貫文	滝川伝右衛門	古谷勘十郎・土谷助四郎・小豆沢浅右衛門	
慶応元.7	1貫文	若狭屋善左衛門	土谷助四郎・小豆沢浅右衛門・滝川伝右衛門	
慶応元.7	2貫文	藤間覚左衛門	土谷助四郎・小豆沢浅右衛門・滝川伝右衛門	
慶応元.7	2貫文	土谷助四郎	土谷助四郎・小豆沢浅右衛門・滝川伝四郎(ママ)	
慶応 2.正	3貫文	木屋五郎兵衛	若狭屋豊十郎・小豆沢浅右衛門・滝川伝右衛門	2貫文札も
慶応 2.正	2貫文	小豆屋成兵衛	若狭屋覚十郎・小豆沢浅右衛門・滝川伝左(ママ)衛門	
慶応 2.正	2貫文	米屋五郎兵衛	若狭屋覚十郎・小豆沢浅右衛門・滝川伝左(ママ)衛門	
慶応 2.3	3貫文	乃木村役所他3役所	大庄屋宇右衛門, 中庄屋新助・市右衛門・忠兵衛	
慶応 2.7	2貫文	勝部豊太郎	大庄屋本右衛門・中庄屋惣左衛門・同柳四郎	
慶応 3.3	1貫文	中屋庄右衛門	若狭屋豊十郎・滝川伝右衛門・小豆沢浅右衛門	
慶応 3.7	2貫文	桑原左(太ナラン)助	古(土ナラン)谷助四郎・小豆沢浅右衛門・滝川伝右衛門	
慶応 4.3	3貫文	小豆沢浅右衛門	若狭屋豊十郎・小豆沢浅右衛門・滝川伝右衛門	他2貫文も
文化	1貫300文	樋屋吉右衛門	(山根屋栄助)	
文政 9.4	銀10匁	田部佐右衛門		銭2貫文も
嘉永 2.7	1貫文	京屋万五郎		
安政 3	2貫文	太田屋善右衛門		1貫文も
安政	色々	内部屋九兵衛	(岡谷万左衛門)	
安政	色々	栗田鞍一郎	(岡谷万左衛門)	
安政	色々	伊野部次郎右衛門		
文久 2.6	56貫文	内田徳左衛門	(森脇屋徳左衛門)	
慶応 4.6	5貫文	桑原太助	(永井重兵衛)	明治4年, 3・1貫文も
慶応 4	5貫文	佐藤金之助		3貫文も

典拠)荒木三郎兵衛編・発行『藩札』下巻(改訂版, 1966年)29-44頁。

288　第 II 部　近世紙幣論

判札と言ってよいであろう。

　つぎに，連判札の額面を見ると大半は，2 貫文か 1 貫文の定額であった。荒木データを観察しても，あきらかに連判札と思われる全 29 点のうち，3 貫文は 3 点のみで，他はすべて 1 貫文か 2 貫文であった。19 世紀には，先に見たように，1 匁，3 分，2 分の小額銀札（実質的に 100 文，30 文，20 文の「銭札」）が寛政元（1789）年に藩札として発行されており，文政 7（1824）年には 1 貫文，500 文の比較的高額な銭札も新たに出されているので，連判札はこれら小額な銭札と補完関係にあったと見ることができる。

　振出人や連判者名を見ると，江戸期のかぎり多くは松江城下の商家と見てよい。これらのうち，滝川（新屋）伝右衛門は城下の代表的商人であり，少なくとも延宝 8（1680）年には町方大年寄をすでに命じられており，正徳 4（1714）年には一種の掛屋役と思われる御用方御銀払の任にあった。伊予屋庄兵衛も貞享元（1684）年に大年寄を補佐する目代に任命され，同 4 年には大年寄の一人となっている。享保期には御用銀を命じられた同 3（1718）年と 9 年に，城下を含む意宇郡内調達責任者の一人として小豆屋與三右衛門の名がみえ，自らも銀 44 貫匁を納入した[59]。小豆屋九右衛門や忠左衛門はその後裔であろう。さらに宝暦 13（1763）年に大根島義田制度を実施する際，城下白潟の森脇甚右衛門は富民の一人として礼銭 2 千貫文を上納している[60]ように，幕末期に向けて致富をなした商人が連判札振出人や連判者となったであろう。

　償還（流通）期限については，券面で見るかぎり複数の連判者が明示されているものはすべて「6 か月」であった。確認できる最も早期の文化 8 年振り出しのものから慶応元年にいたるまで変わりなかった。札の償還，すなわち正銭との確実な交換を保証するため藩府がかかわり，当初から「6 か月」となっていたので，券面記載が規定通りとなっているのは当然であろう。しかしすでに見たように，この償還期限の遵守は札の授受双方にとってきびしいもので，信

---

59)『松江市誌』155，159，169，170 および 171 頁。なお，滝川家は延享 4（1747）年以前より蠟絞りを営業し，明治初年まで継続していたことも知られている（同書，245，487および 921 頁）。
60)　同上，226–229 頁。

用が保持されるかぎりそのまま転々流通したようである。このためか，複数連
判ではないものについては，文政期でも1年間であった。明治期に入ると連判
札でも1年あるいはそれ以上の償還期限が認められることとなった。たとえば，
明治3年3月山本仁兵衛が振り出し，滝川伝右衛門他3名が連判者となった札
は，当初「未三月限」，すなわち翌4年3月までの1か年期限であったが，券
面にはその「未」という印字が手書きで「申」，すなわちさらに1年後の明治
5年に修正されている[61]。維新後，廃藩置県にも遭遇して，体制が緩んだため
とも思われるが，それほど維新前の償還期限が使用者にはきびしかったもので
あることがわかる。

　江戸期連判札の流通範囲について，藩札は出雲国内，連判札は城下内を原則
としつつも領内に広く通用したといわれる[62]。たしかに表9-5で商家居住地の
判明するかぎり，すべて松江城下であった。しかし，表9-5には示していない
が，明治元年末より振出人が藩内10郡の大庄屋格や「村役所」の名前が増え，
通用範囲も明確に「十郡切取遣」「十郡切通用」「御支配地限通用」というよう
な黒印が券面に押捺されるようになる。振出人も「松江藩掛所・佐藤金之助」
名の札が増加しており，事実上，藩札同様に機能するようになったことがうか
がわれる。ただし，明治改元以前においても城下を含む意宇郡内の村役所が振
出人となり，大庄屋や中庄屋が連判者となって発行される連判札も複数，荒木
データで確認できるので，維新前においてすでに連判札が城下外でも少しずつ
使用されるようになったことが確認できる。

　なお，連判者とは異なる裏書き人の性格について，これまでは今日の商業手
形裏書のように，札を受領した人物と見る向きが強かった。しかし，表面記載
の連判者とのかかわりで観察すると，札の裏面に押捺された印鑑は同一人グ
ループでセットとなっている場合が多い[63]。券面表に記載された連判者を含み，

61）日銀銭幣館コレクション，ID 506239。また，ID 506240の土屋豊十郎振り出し連判札も
　　同様である。
62）『松江市誌』733頁。
63）たとえば，表9-5の史料ID 506272〜276にいたる慶応元年7月振り出しの4枚の札裏
　　判は，振出人と連判者すべてを含むと思われる9人の印鑑が，並び順・位置がすべて同

290 第Ⅱ部 近世紙幣論

さらに連帯保証人となった商家であると考えられる。このような重複保証が札
の信用を強固なものとしたのであろう。

　以上のような連判札と比較すると，「預り」と言われる札はあきらかに多く
の異なった特徴が観察できる。まず第一に，額面が多様であり，端数額もあっ
たこと。連判札は2貫文，1貫文が基本で，維新後は3貫文と5貫文も多く振
り出されるようになった。しかし，「預り」は48文という端数額から55貫40
文という高額にいたるまでの不定額であった。「種油代」や「大豆代」，「酢代」
というように特定商品の購入代銭額が記入され，文字通り「預り書」として振
り出されたため端数額となる場合が多かったとみられる。第二に，「預り」は
基本的に転々流通を前提とせず，取引当事者間の券面であるが，札表面の端に
「泉屋渡し」「沢屋十左衛門渡し」等と手書きされるものもあって，あきらかに
第3者に手渡しされていったことがわかる。中には文政9年に桑屋太助が振り
出した札[64]のように，裏面に約10名の屋号等が記入されたものもある。「引
替相渡」あるいは「引替改」の印が押捺されたものもあるが，これが最終的に
振出人に戻され，清算が済んだものと思われる。第三に，にもかかわらず，連
判札と同様に振り出し（通し）番号が付せられ，1貫文や5貫文の定額札を大
量に発行した事例も少なくなかった。「預り」の形式のみを踏襲した，しかし
連判者は不在の正銭代わり札と言えよう。これらは藩府の規制外で流通したと
考えられる。

　残存する「連判札」観察を通して近世におけるその流通実態をうかがった概
要は以上のとおりであるが，最後に「松江藩札」との関連を検討しておこう。

　すでに前節でふれたように，松江藩札は延宝3年以降，けっして順調ではな
かったが18世紀末まで断続的に銀札として流通した。しかし，藩札は寛政元
(1789) 年に1匁以下の小額銀札発行をもって事実上，銭札に転化し，文政7
(1824) 年には楮幣方という藩の機関が1貫文，500文の比較的高額な銭札を
「臨時」に直接発行し，慶応年間まで流通したとされる。この期の藩札は，表

───────────
　　一で捺印されており，9人の屋号をまとめて製作し，捺印したと考えられる。
64)　史料 ID 506205。この札は，『図録 日本の貨幣』5 の巻頭図版 45 頁に表面のみ掲載され
　　ている。

9-4 に明示したように，幕府届け出の「正規」発行額をおおきく上回るあらたな既存額面3種の銀札を増発し，領内ではそれらが銭札として受容されたことは誤りない。その発行額は正規発行額の5倍を超えるものであったが，一方で連判札が城下を中心に手堅く拡大使用されてもいった。幕末期にかけて，連判札が総額どれほど流通していたかは推計困難である。ただし前述のように，連判札は藩札よりも額面単価が高額であり，城下松江を中心に藩内主要取引で使用され，小額面の藩札の方がそれを補完する役割を果たしたとみられることからも，藩札流通量に匹敵する程度には流通していたのではと推察される。

　いずれにしろ，明治4年7月のいわゆる藩札処分時点における流通残高は，「銀札」1匁，3分，2分の他，銭札1貫文，500文と，明治4年にあらたに発行されたばかりの100貫文，5貫文，3貫文，2貫文，1貫文札の10種を合計して銭1,505万289貫文であった[65]。一方，連判札は廃札直前の明治7年1月現在で33万323貫文が流通していた[66]。前節でみたように，明治2年10月よりの1年間で400万貫文の「銭預」（藩府の関与する連判札）が発行されたことがあきらかであり，同7年時点では同4年高額銭札発行により，連判札はすでに相当に償還されていたことになる。明治期に入ると，高額銭札にその地位を明け渡しつつ，最終的に「藩札処分」がおこなわれるまで，連判札も根強く流通していたと言える。

4　松江藩札と連判札——むすびにかえて

　かねて概括した松江藩銭遣いにかんして，その後の利用可能なかぎりの第1次史料を分析した結果，以下のようなあらたな知見が得られた。

　1）近世前期領内の主要な取引基準貨幣は，近世中期以降の銭貨と異なり，民間経済でも銀貨であった。ただし，農村地域では当初より銀貨の使用は限定

---

　65)『松江市誌』939-941 頁。
　66) 同上，942-943 頁。

されており，少なからず米が貨幣的に使用されていた。このことはこれまで全国的に観察した多くの「銭遣い」地域と同じであり，近世中期にいたる基準貨幣は地域により多様性があった。

2）松江藩領の領主および民間経済における銀遣いから銭遣いへの移行は，おおむね 18 世紀中期から後半にかけて急速に進んだようだ。ただし，鳥取藩や三次藩（広島支藩）に接する藩領南東部に位置する仁多郡のような藩辺境地域では，18 世紀末まで銀遣いがより強く持続し，19 世紀半ばにいたって銀遣いは全面的に銭遣いに移行した。移行時期の違いは，藩経済の独自性がより強く現れる松江城下を中心とした経済圏と，幕末期まで銀遣いであった周縁部諸藩領との交流が不可避であった地域との差異によるものと思われる。

3）西日本の「銭遣い」地域で，近世中期に銀遣いから移行する場合，いわゆる「銭匁遣い」として展開することが多い。にもかかわらず西日本で松江藩のように，銭貨の通常の呼称である「貫文」ないし「文」に移行した例はきわめて少ない。これまで観察した西日本で同様のケースは薩摩藩領（薩摩・大隅および日向の一部）のみである。金建て金遣い地域とみられている東日本のうち，すでに確認している後述の南部（盛岡）藩領は，高額取引や領主経済において銭建ての比重が大きかった。今後調査を進めて行けば，出羽や会津地方などの東北各地で同様の傾向を確認できる可能性がある。そうすると，近世中期以降の松江および薩摩藩領は銭遣いがより広域的であった東北型であったと言えるかもしれない。

4）松江藩領の多くで，18 世紀中期より銀遣いから銭遣いに移行した理由は，まだ決定的な要因は把握し難いが，とりあえず銀貨不足の深刻化でやむを得ず銭貨を代用貨幣として使用するうち，取引基準としても銭貨を使用，すなわち銭建て取引が拡大したと考えられる。ただし，西日本ではきわめて稀なケースである，領主経済まで銭建てが基本となってしまった理由は，当面領内民間経済の優位性によるものと考えざるを得ない。その中核となった者は，度重なる御用銀や献納銀の際に藩府に貢献した鉄山師の存在であろう。

5）これまで藩札発行や流通停止などの制度的側面についてしか状況がわかっていなかった松江藩札の流通実態について判明するかぎり検討した結果，

延宝3（1675）年以降，宝永〜享保の幕令による札遣い停止期と明和期御立派改革の間（1767-83年）を除くと，けっして順調ではなかったが流通そのものが途絶することはなかったことが判明した。とりわけ小額通貨不足を補完するため，当初銀札として発行されたものが，18世紀末まで（天明・寛政期）に事実上，銭札に転化したことが，過剰発行による札減価を伴いながらも流通途絶にいたらなかった要因と考えられる。流通量は領内での小額貨幣需要量の範囲内にとどまったであろうこともあり，享保期幕府届け出高を超えることはなかったようである。そのかぎりにおいて，松江藩札の発行は財政的要因には乏しかったといえよう。ただし，文政期より「臨時」発行分の額は増加し，幕末期には名目額で見るかぎり幕府届け出高の5倍を超えるほどとなった。それでも明治維新以降の増発量と比べると相当に抑制的であった。

　6）これに対して，天明期頃より城下町商人の間で使用され始めた連判札は，相対的に高額な紙券であった。すなわち，額面が銭1貫文以下，発行枚数では銭100文相当の札を主流とする藩札に対し，連判札額面は銭1貫文，2貫文が基本であり，棲み分けがおこなわれていたといってよい。幕末期までのかぎり，それは城下町ないし近辺周辺で流通し，これまで評価されていたような藩札としての性格を持つことはなかった。維新期にかけて村役所が発行元になるケースも見られるが，基本は家産ある商人あるいは町年寄が単独で兌換保証をおこなったので，額面割れが生じることもなかった。明治初年の経済混乱期には，こうした連判札タイプの紙券が出雲地方でより多く流通した。

　なお，本章の初めに提起した松江藩領貨幣流通にかんする課題のうち，銭貨供給についてはまったく触れえなかった。幕府ではなく，地方レベルでのこの種の情報を得ることはほぼ不可能なためである。しかし，松江藩領のように近世中期より領内で藩財政も含めて，ほぼ満面的に銭遣いが浸透した地域ではそれなりに正銭供給がなされたと考えなければ，本章で確認したような状況はあり得ないであろう。つまり，実質銭建ての藩札や連判札の流通拡大を裏づける正貨は金・銀貨ではなく銭貨でなければならないからである。そうだとすれば，どのように銭貨を確保したのであろうか。

294 第Ⅱ部 近世紙幣論

　東北地方の貨幣流通のあり方については今後まだ多くの実証作業が必要であるが，現在の展望としては，この地域では少なくとも近世中期以降は金遣いを基本としながらも銭遣いの比重も小さくはなかったと考えられる。その中で南部（盛岡）藩領では藩財政においても銭遣いの比重がはるかに大きく，当然に領内の商取引でも銭建てが主流であった[67]。他の東北地方と比べて南部藩領の銭貨流通の比重がより高いことを裏づける要因はまだ確定し難いが，すでに解明されている史実として，領内における密鋳銭[68]に注目せざるを得ない。南部藩領では享保初期の乾字金出回りによる金貨低落と享保金不足により急激に金遣いから銭遣いへ移行し，その後の経済発展に見合う銭貨供給不足を契機として，18世紀後半に製鉄の盛んな領内北部の北上山地を中心に領内各地で密鋳銭（鉄銭）作りがはじまったとされる。しかも，幕府の手前，藩府は当然に取り締まりを強めたが，銭貨不足は藩経済にも悪影響を与えるため，密鋳銭を黙認または藩ぐるみで鋳銭をおこなっていた疑いもあるという[69]。

　こうした問題は，同様に領内では高額取引でも銭貨が用いられた薩摩藩領[70]でも比定可能である。同藩は幕末期に天保通宝を模した琉球通宝を大量に鋳造したことで知られるが，銭遣い優位な藩領内の銭貨需要に対し，どのように銭貨供給が可能であったかはまったくあきらかでない。同藩の幕府に対する立ち位置と経済力をもってすれば，琉球通宝以前の密鋳銭を全否定することはできないだろう。

　松江藩についても密鋳銭の手掛かりはほぼ皆無に等しい。およそこの種の直接証拠を求めることは今後も困難であろう。しかしながら，南部藩と同様，領

67）岩橋勝「南部地方の銭貨流通」『社会経済史学』48-6，1983年。

68）鈴木宏「盛岡領における銭遣いと密鋳銭」『岩手県立博物館研究報告』第10号，1992年。

69）同上，44-45頁。

70）薩摩藩領が銭遣いである例証はまだ多くを把握していないが，管見のかぎり少なくとも19世紀の財政史料では高額な計上において銭建てを見ることは珍しくなく（たとえば，『鹿児島県史料 齊彬公史料』第3巻，1983年），また庶民レベルの日常取引も銀遣いは稀で，銭遣いであった（たとえば，芳即正『薩摩の模合と質屋』大和学芸図書，1980年）。

内には鉄山があり，藩財政を支えた鉄山師の存在がある。幕府による鉄銭が大量に鋳造され，全国的に供給されたと言われる明和2（1765）年以降，出雲地方では銭遣いが少しずつ拡大して行った。それに見合う銭貨を領外から呼び込むほどの特産物を持たない松江藩が，銭貨経済を発展させる一つの要因として，独自に銭貨を鋳造する契機は十分であったと言えよう。いかに札流通で貨幣不足を凌いだとはいえ，どうしても兌換を裏づけるそれなりの一定量の正銭は必要であったと思われるからである。そして，その供給能力が，西日本銭遣い地域で展開した銭匁遣いではなく，貫文遣いの連判札が根強く流通した一要因と言えよう。

第 III 部

近世貨幣の流通実態
──銭貨を中心として──

第 10 章
銭遣い経済圏と銭匁遣い

はじめに

17 世紀初頭，徳川幕府は金・銀・銅の三貨よりなる貨幣制度を創設した。「三貨制度」と言われるこの幣制が，中国からの渡来銭を基軸として発展した中世貨幣経済の混乱（撰銭盛行による流通・金融の不円滑化，渡来銭途絶による一時的な貨幣経済の後退など）を収拾し，あらたな徳川幕藩政治経済体制を基礎づけるものであったことは知られているとおりである。その際，金銀の貴金属よりなる両貨が高額貨幣，卑金属の銅（銭）貨が小額貨幣にあてられたが，東アジア世界では例外的な金貨をなぜわが国が導入し，高額貨幣としてなぜ金銀の二貨制を採用したのか，さらに銭貨（素材は当初は銅，中期以降は真鍮や鉄も）がこれら高額貨幣とどのような関係にあるのか，すなわちたんに小口取引や端数処理の際補助的に用いられたのみなのか，あるいは金銀貨と対等に独立的に用いられたのか，これまでの通説ではかならずしも明言されてはいなかった。

江戸期同時代の識者の見解を示すと，まず新井白石は正徳 4 (1714) 年の「改貨後議」第 5 条において，「金銀銭三つの中，金と銀とは其地方の風俗によりて通じ行はれざる所ある事に候（中略），西方の国々にては専ら銀を用ひ（中略），東方の国々にては専ら金を用ひ，銭に於ては五畿七道皆々相通じ用ひ候」[1] と述べ，太宰春台も享保 14 (1729) 年の「経済録」巻五において「日本

---

1) 滝本誠一編『日本経済大典』4（明治文献，1966 年）198-199 頁。

300 第Ⅲ部 近世貨幣の流通実態

ノ今ノ幣ハ，金・銀・銅銭凡テ三種也，京ヨリ西ハ銀ヲ尚ビ，東国ハ金ヲ尚ブ，銅銭ハ東西ニ通ズ」[2] との認識を残している。このような見解が日本経済史学創成期の竹越与三郎や本庄栄治郎ら[3] によって踏襲されたことは想像に難くない。

　問題は上記の見解がどれほど近世の貨幣流通実態をふまえたものか，ということにつきる。白石や春台の認識がかりに大づかみには誤りないとしても，近世中期までの状況にもとづいたものであり，より経済発展の進んだ近世後期にも同様の判断が可能である確証はない。本章は，そうしたこれまで「自明」とされてきた近世貨幣の流通構造にかかわる地域性を可能なかぎり析出しようとするものである。具体的には，地域ごとに主要な流通貨幣が何であったかをうかがうべく，その全国的鳥瞰が容易な藩札の発行状況を整理，観察し，ついでそれぞれの地域内で取引基準となっていた貨幣の種別を検討する。さらにこれまでの三貨制度概念では実体が理解できず，概説書でも説明されていなかった「銭匁遣い」「銭匁勘定」の使用慣行の分布とその実態をさぐりたい。

1　銭札発行分布から見る銭遣い経済圏

　ここで「銭遣い」というのは，取引の基準貨幣として金・銀貨ではなく銭貨を基準とするという意味で用い，げんみつには「銭建て」と表現すべき場合でも使用することが多い[4]。通俗的には「○○遣い」という際，支払い手段を指す場合が多いため，銭建てで取引し，その決済に金貨を用いた場合は「金遣い」と判断されやすい。周知のように，近世後期になると西日本を中心に，「銀遣い」といいながら秤量銀貨である丁銀じたいが市場から姿を消し，取引基準は銀貨だがその決済には計数銀貨を含む「金貨」が用いられることがより

---

2) 同書 9（同，1967 年）535 頁。
3) 竹越与三郎『日本経済史』4（日本経済史編纂会，1920 年）78-79 頁，および本庄栄治郎『日本社会経済史』（改造社，1928 年）391 頁。
4) 田谷博吉「金遣いと銀遣い」（『歴史教育』13-10，1965 年）20 頁。

一般的になっていった。しかし，このような「銀目の空位化」が進行し，「支払い手段」は金貨を用いるようになっても，西日本では「銀遣い」が継続したと理解されている。このように，「銭遣い」と称する場合も支払手段ではなく，取引基準貨幣をもって定義すべきであろう。

　これまで通説とされている貨幣流通構造とは，全国が「金遣い」・「銀遣い」に二分され，両経済圏のいずれにおいても小口取引では銭貨が一般的交換手段として用いられるとする。いわば，全国どこでも貨幣流通は二重構造となっており，「銭遣い」のみが金・銀遣いと対置して独自に展開することはない[5]というものである。

　しかしこれまでの近世日本の三貨制イメージは，江戸・上方ないしその周辺地域では通説通りで誤りないが，同時代の識者がかならずしも全国各地の流通実態をふまえて描いたものではない。一般的には庶民の日常生活においてとくに小額取引や金銀貨使用の際の端数決済で使用されるイメージの強い銭貨であるが，本書第 III 部で確認するように，西南日本や東北の一部では高額取引や領主経済においても金銀貨と同じように銭貨が主要に用いられる場合もあった。つまり，三貨制とは使用する貨幣の基準が取引の地域や場合により文字通り金・銀・銭のいずれかに集中していたことをも意味するのである。

　近世日本の諸地方が江戸ないし大坂のいずれかの市場に結ばれて，金銀貨のいずれかが決済手段として用いられたことも通説通りであるが，隔地間決済手段が当該地方内部でも基準貨幣であったと理解するならば実態にそぐわない。こうした考えは，現代に即していえば，国際経済においてたとえば米ドル圏と中国人民元圏があるが，両圏内のいずれかに属するアメリカ・中国以外の諸国・地域内部でも米ドル・人民元が基準貨幣として用いられ，各国独自の通貨はいずれかの国際通貨とリンクしつつ国内で補助的に用いられているにすぎないという理解に等しくなってしまう。現実にはいずれかの国際通貨圏内に属していても，それはあくまで国外取引での謂いであって，EU を除く世界各国内では独自通貨が基準貨幣となっており，一定の為替相場で国際通貨と各国通貨

---

5) 新保博「江戸後期の貨幣と物価の断章」(『三田学会雑誌』73-3，1980 年) 124 頁。

302　第 III 部　近世貨幣の流通実態

が交換され，接続しているのである。

　では，近世日本の江戸・上方以外の諸地方で，三貨のうちのいずれが基準貨幣となっていたのか。個別分散的には先行研究から確認することも可能だが，全国的に鳥瞰する試みはまだおこなわれていない。そこでここでは長い研究史のある藩札・私札研究の成果により，まずは銭貨を基準貨幣としていた地域を析出する方法を示そう。藩札や私札は三貨いずれかの代用貨幣であり，地域内で主に流通する貨幣種別で発行された。そのさい私札はともかく，藩札の場合は近世中期以前には領主側の事情で種別が決められることが少なくなかったが，第 II 部で示したように，近世後期に進むほど領内で流通する種別に合わせなければ円滑に流通することが多く困難であった。したがって，藩札・私札を広域的に観察することにより，基準貨幣の種別を地域的に識別することが可能となる。

　もとより，近世紙幣は西日本で集中して発行されたので東日本の動向は観察できないし，またここで提示した方法のみがすべてではなくて限界はある。しかし，あくまでこれまで試みさえおこなわれていなかった各地域の基準貨幣を析出するための一つのアプローチとしての試論にはなろう。

　ここで利用するデータは，荒木豊三郎（三郎兵衛）編『日本古紙幣類鑑』改訂版全 3 巻（思文閣出版，1972 年）である。第 6 章でもふれたように，同書は戦前期以来の編者による古紙幣の収集と研究を集大成した成果で，全国で発行された種別ごとの札について額面，発行地，発行者，判明するかぎりの発行年が明示され，適宜編者による考察メモも記されている（以下，「荒木データ」と略称）。同種のデータとして，日本銀行調査局編『図録 日本の貨幣』6（東洋経済新報社，1975 年）収載の「古紙幣一覧」があり，編集方針が異なるためかならずしも内容は一致していないが，大筋ではいずれも利用可能な古紙幣をほぼ網羅したものとして，ここでは荒木編書を利用する[6]。膨大な荒木データから抽出した「銭遣い」地域とみられる紙幣は，銭匁札と，額面 1 貫文以上の銭札

　6）岩橋の旧稿（「徳川後期の「銭遣い」について」『三田学会雑誌』73-3，1980 年）で採録欠落のあった 1837 年発行弘前藩銭匁札 5 種と，新保の指摘による，荒木編書では欠落している 1757 年発行豊後臼杵藩札の銭匁札 7 種を，章末別表 10-1 では補正している。

第10章　銭遣い経済圏と銭匁遣い　303

表 10-1　銭匁札・高額銭文札の地域的分布

(件数)

種別	銭匁札			高額銭文札		
	文化以前	文政以降		文化以前	文政以降	
藩札	丹後 (1) 播磨 (4) 周防 (2) 伊予 (2) 筑前 (2) 筑後 (3) 豊後 (4) 肥後 (5)	陸奥 (1) 丹後 (2) 但馬 (1) 播磨 (15) 石見 (1) 備中 (1)	伊予 (3) 筑前 (3) 豊後 (15) 肥前 (4) 肥後 (1)	陸奥 (1) 大和 (1) 河内 (1) 筑前 (1)	陸中 (6) 羽後 (3) 伊勢 (1) 河内 (1) 播磨 (1) 筑前 (1)	筑後 (1) 豊前 (1) 肥前 (1) 日向 (5) 薩摩 (1)
私札	播磨 (8) 備中 (1) 土佐 (8) 豊前 (1) 肥前 (1)	*山城 (1) *和泉 (1) *丹波 (5) *但馬 (19) 播磨 (25) 備中 (1)	備後 (1) 紀伊 (4) 土佐 (17) 豊前 (3) 豊後 (1)	陸中 (1)	陸中 (5) 羽後 (3) 越中 (5) 山城 (1) 播磨 (1)	摂津 (2) 出雲 (無数) 筑後 (1)

典拠）章末別表 10-1 に同じ。
注）1：カッコ内は件数。同一年の複数額面発行の場合も合わせて 1 件とした。
　　2：銭匁札の年不詳（*印）は文政以降に区分した。
　　3：旗本札は藩札に類別した。
　　4：藩札のうち，飛地のみ通用は現地発行とした。

である。それらのすべてを章末別表 10-1 に掲示し，集約した分布状況を表
10-1 でまとめ示す。

　銭匁札とは，一見銀（匁）札と見まがう額面で，一定枚数の銭貨を 1 匁と勘
定する銭札である。もともと銀 1 匁の価値に相当する銭量を銀銭相場変動に応
じ，緡銭としてまとめて使用するようになったが，地域によりさらに一定枚数
に固定された。後述のように，変動銭匁遣いのままで推移した地域と，変動銭
匁遣いを経て固定銭匁遣いに移行した地域とがあり，後者の地域では銭遣いの
性格がより明確であった。

　銭匁勘定の存在は半世紀前ころまではほとんど意識されておらず，はじめて
その事例紹介をおこなったのは野口喜久雄である[7]。野口は現宮崎・鹿児島県

7）野口喜久雄「江戸時代の日田商業と経営」『大分工業高等専門学校研究報告』1, 1964
年。

304 第Ⅲ部 近世貨幣の流通実態

域を除く北部・中部九州の諸地域で，1 匁の内実が 19 文から 90 文にいたる各種銭匁で勘定がおこなわれていたことを紹介し，それを受けて藤本隆士は平戸藩生月島で捕鯨業を営んだ益富家帳簿に即して，具体的な銭匁遣いの事例をあきらかにし，さらに同勘定が中国・四国地域の一部にも見出されることを示唆した[8]。くわえて，その意義として藤本は「上方の『銀遣』『銀建』，関東の『金遣』『金建』に対し，西南地域では表向きの銀建に結びつけられながら，その内実は『銭遣』『銭建』の地域として捉えられると思われる」[9]と問題提起した。

　銭匁遣いないし銭匁勘定が銀遣いとどのような関連にあり，どのような経路で成立したかについては後述するが，ここでは銭匁札が「銭遣い」を前提として発行されたものとしてすべて抽出した。銀遣いと言われる西日本では近世後期に秤量銀貨が減退したが，流通手段の不足はまず「銀札」発行で補えたはずである。にもかかわらず，一見銀札と見まがう銭匁札が出まわるようになったのは，日常的に銭貨を使い慣れた一般庶民向けに発行されたと理解するのが自然であろう。

　銭遣いが根強かったもう一つの地域として，額面 1 貫文以上で幕末期までに発行された銭札（以下，銭匁札と対比して「高額銭文札」と称す）を発行年判明のものに限定[10]して抽出した。一般の銭札はこれまで金遣いとみられている地域で発行されることが多かった。金遣い地域では流通金貨の最低額面が，近

8）藤本隆士「近世西南地域における銀銭勘定」『福岡大学商学論叢』17-1，1972 年。
9）同上，41 頁。ただし，同『近世匁銭の研究』（吉川弘文館，2014 年）に同論文収録のさい，「これほど西南地域で銭貨が流通機能を発揮していることをふまえて，東の金遣い，西の銀遣いと言われてきた従来の通説に対して，新たに銭遣い地域を設けて把握してよいものかどうか，市場構造分析，各藩財政および経済政策の有り様と関連させて深化させる必要がある」（243 頁）と述べ，同論文で示唆した銭遣いの意義に対してやや慎重な姿勢を示している。
10）ここで発行年確実なもののみに限定したのは，明治維新後の銀目停止令により，銭匁札の額面が「〇〇文」建てに変更されて流通持続するケースが少なくなかったからである。銭匁札はこの銀目停止令により，維新後はあらたな発行が認められていないので，発行不明年の札も表示した。ただし，維新後の藩札はともかく，私札については新政府の管理統制が不十分な面もあり，維新後の発行年不明札も含まれている可能性なしとしない。

第10章　銭遣い経済圏と銭匁遣い　　305

世後期には「2朱」（南鐐二朱銀，その8枚が金1両）であり，さらに1824年以降はより小額の文政一朱金も出た。金銭相場は幕末期までの間，おおむね1両につき銭4000文から6500文の幅内で推移したので，金2朱ならば500〜800文に相当する。このため，金遣い地域では銀遣い地域以上に大量の銭貨を不可欠としており，銭札がより多く出回りやすい要因があった。それにしても，金遣いを補完する銭札であるならば，その額面は500文かせいぜい800文前後でよかったわけで，1貫文以上の額面の札が出まわるのは銭遣いの取引が定常であった反映ととらえたい。

　表10-1では，銭遣い経済にもとづいて発行されたと推定される銭札を，まず銭匁札と高額銭文札（額面1貫文以上）に分け，これを発行主体により藩札と私札に区分し，さらに発行時期を便宜的に文化以前と文政以降に分けた。文政期で区分するのは，幕府による長い元文期改鋳体制がおわり，幕末期にかけてあらたな貨幣政策の展開が開始される画期だからである。銭匁単位の私札で一部年不詳のものを含んでいるが，これはよりあたらしいものとみなされるので，文政以降期に区分している。発行件数は同一年内に同一主体によって発行されたものを1件とし（したがって，同一年内に額面の異なる2種以上の札が発行された場合でも1件とした），同一主体が異なった時期に発行した場合は別件数とした。なお，藩札で飛地のみ通用した場合は本藩ではなく，飛地の所在地域に区分した。

　表10-1を一覧して，二つの傾向が判明する。一つは，銭匁札は一部北陸方面でも見られるが，大半は近畿以西であって，東日本ではほぼまったく観察できないことである。典拠とした荒木編書を通覧すると，藩別に掲示された札の種別が，水戸藩のように東日本でも銭匁札を発行した事例を見ることができるが，摘要を見ると，それはすべて関西の飛地での発行であった。ただし，銭匁札発行は西日本全体でというわけでもなく，畿内の周縁部や山陽の非領国地帯，中国四国の西部，そして九州の北・中部地域で偏っておこなわれていたことが観取できる。また，金遣い地域とみられる本州の極北，陸奥弘前藩で天保年間に銭匁札発行が確認でき，一見，荒木編書においては錯誤の摘記のようにみられるが，しかし地域を限定して調査すると，後述のようにたしかにこの地で銭

306　第 III 部　近世貨幣の流通実態

匁遣いがおこなわれており，藩札・私札発行状況から貨幣流通のあり方を観察する本方法が有効であることを示す。

　もう一つは，高額銭文札は件数がやや少なくなるが，銭匁札が発行されなかった東北地域と九州南部の日向・薩摩（大隅は薩摩藩領であるので，実質九州南部 3 国）がめだち，くわえて出雲でも突出して多く発行されていたことがわかる。なかでも，陸奥，陸中，羽後では 19 世紀前半に 10 貫文や 5 貫文もの文字通り高額銭札を発行しており，他の地域から際立っている。金遣い地域の端数処理や，一般庶民の日常生活に必要な小口取引のための銭貨代用の札としてならば，当時金 1 朱相当の小額金銀貨も出まわっており，前述したようにせいぜい 500 文前後までの額面の札で十分だったはずである。なお，これら以外の地域で観察できる大和の柳生藩札（1815 年，1 貫 200 文札，ほか 600〜50 文の 3 種を同時発行）と，伊勢の菰野藩札（1830 年代，2〜1 貫文，ほか 500〜48 文の 3 種を同時発行）は，発行地でほかに銀札を発行していないので，局地的に銭遣い経済が成立していた一例となりうるかもしれない。

2　銭匁遣いの実態

1）銭遣いの分布

　上述のようにおよそ半世紀前，野口喜久雄と藤本隆士が九州北部を中心に展開していた「銭匁遣い」慣行の史実を公表した。それをうけて藩札・私札の発行状況から銭札種別の全国的鳥瞰をあらたに試みた結果，その流通のあり方には地域ごとにあきらかな特性のあることが展望された。ここで得た手がかりをもとに，畿内周縁部（南紀田辺藩領，丹後宮津藩領，播磨地域），西中国（長州藩領，岩国藩領），西四国（伊予松山藩領，土佐藩領），九州中央部（幕領日田地域，熊本藩領），そしてこれら地域よりはるかに隔たった陸奥弘前藩領についても個別に具体的な運用実態の調査を進めた。

　この過程で，関係地域にかかわる近世史研究者の間でも次第に銭匁遣いの事例への関心が高まり，研究の広がりがみられるようになった。たとえば，未だ

調査できていなかった備中地方の状況も古賀康士[11]により詳細があきらかにされ，隣国津山藩の事例も断片的ながら瀬島宏計[12]により紹介された。また，中近世移行期の取引手段を解明した浦長瀬隆は，その期の分析とおなじ方法を用いて近世各地のおもに土地取引証文を博捜し，銭匁遣いが成立する時期の確認や，福岡・中津両藩領での推移などをあきらかにした[13]。さらに安国良一は，伊予別子銅山やその後背地である新居浜地域で使用されていた67文銭勘定が，銀遣い本拠地の大坂にある住友本家との間で交わされる商品取引勘定のさいにどのように運用されたのか，具体的な事例を提示した[14]ほか，伊藤昭弘は，佐賀藩における20文銭遣いの運用例を「米筈」流通の分析とともにあきらかにした[15]。

　以上の研究成果を現段階でまとめると以下のようになる。

　まず，高額銭文札が発行された地域とともに，銭匁遣いがおこなわれた地域を図10-1に示そう。銭遣いが主流であっても，高額取引が銭匁遣いにならず銭貨の本来の貫文単位であった地域は，東北の南部（盛岡）藩や羽後秋田藩領，そして銀遣いの鳥取藩や浜田藩などに囲まれて孤立的に高額銭文札が多く出回った出雲松江藩領，さらに南辺雄藩の薩摩藩領とそれに近接する日向国の大半であった。残余の白い部分は銀遣いか金遣い地域であるが，とくに東北南部や北陸・越後方面は，今後土地取引証文等を収集し，あわせて個別商家帳簿等を観察しなければ，いちがいに上方ないし関東と同様とは確言できない。

　図10-1では銭匁遣い地域を同一に示しているが，大坂・京都を核とする畿内周縁部の南紀田辺，播磨，丹後・但馬地方はおおむね銀遣いと併行しており，いわゆる「変動銭匁遣い」地域であった。「変動銭匁遣い」とは，銭匁の内実

---

11) 古賀康士「備中地域における銭流通」『岡山地方史研究』99，2002年。
12) 瀬島宏計「近世中期の津山藩銀札」『ヒストリア』187，2003年。なお，従前の藩札表では同藩における銭匁札発行掲示はないが，少なくとも寛保—宝暦の18世紀中期において，銀匁，銭文遣いとならんで，銭匁遣いが併行している（66，および71頁）。
13) 浦長瀬隆「近世九州地方における貨幣流通」『国民経済雑誌』183-2，2001年，および同「17・18世紀中津城下町における貨幣流通」同上 201-5，2010年。
14) 安国良一『日本近世貨幣史の研究』思文閣出版，2016年，第4章。
15) 伊藤昭弘『藩財政再考』清文堂，2014年，第9章。

308　第 III 部　近世貨幣の流通実態

図 10-1　近世後期の銭遣い分布

（1 匁あたり銭貨枚数）が一定でなく，銀銭相場に応じて変動するものである。したがって，支払い手段は銭貨であっても，取引の基準貨幣は銀貨であったことになる。通常，銭匁遣い地域では，地域ごとに一定枚数の銭貨をまとめた緡銭が授受されるが，銀銭相場の変動のつど緡銭の紐を解いて銭貨枚数を調整するのは大変な手間を要するので，変動銭匁遣いの地域では「銀歩」ないし「銭歩」と称する差額の貨幣で調整した。つまり，そうした地域では，銭相場と緡銭の枚数の間に大幅な差額が生じないかぎり，緡銭のまま使用したのである。それにしても，南紀田辺藩のように，本藩紀州藩ではまったく銀遣いばかりであった[16]のに，この支藩内でのみなぜ銭匁遣いが約 1 世紀間，根強くおこなわれたのか，この孤立的な貨幣慣行は注目される。

---

16)　岩橋勝「近世後期南紀における貨幣流通」（『松山大学論集』12-4，2000 年）3-5 頁．

第 10 章　銭遣い経済圏と銭匁遣い　　309

　備中は変動銭匁と固定銭匁の併用であったが，上方からより遠隔の西中国，西四国，南部を除く九州一帯ではすべて固定銭匁遣いであった。銀銭相場変動にかかわらず地域ごとに定まった枚数の緡銭ないし銭匁札を使用したのである。したがって，これらの各地域内では銭貨を価値基準として銭匁遣いをしていたことになる。たとえば萩藩領では，古く延宝 3（1675）年にまでさかのぼって銭匁遣いが確認できるが，それは当時の銀銭相場に対応して銀 1 匁分の枚数を単位として銭貨をたばねたものであった。しかし，元文〜宝暦期になると 80文銭として固定化し，藩札の流通政策とも連携して銭匁遣いが一般化するが，それは銀銭相場とは独立していた。「銭○匁」はその定まった内実の銭貨量を示すものであった。

2）銭匁遣いの開始期

　現在までにあきらかとなった銭匁遣いのあらましをまとめると，表 10-2 のようになる。はじめに，変動，固定にかかわらず，史料上「銭匁」（銭分，銭厘を含む）表示の記録が最もさかのぼれる時期を地域別にみてみよう。
　銭匁遣いの記録を最もさかのぼれる地域は，後述のように陸奥弘前であって，寛文元（1661）年であった。具体的な銭匁遣いの事例ではないが，当時弘前藩の領内では「五文遣」「五文半遣」「六文遣」というように，銀銭相場を「（銀）一分」あたり銭量で示す慣行があり，幕府による寛文期銭貨増鋳直前での銭貨払底期に藩府が領外での相場をも考慮して，領内へ標準相場として（銀 1 匁あたり）50 ないし 60 文などと申し渡していたのである。この「申渡」じたいはたんなる銭相場の公示にすぎないようにみえるが，それは「御国銭」の内実変更令であった。のちの享保 6（1721）年藩令には「御国銭遣只今迄六拾文ヲ壱文目ト通用致」との文言があり，領内ですでに 60 文銭の慣行が成立していたのである。藩府はこのころ銀銭相場に応じてこの「国銭」の内実を変更するべくつとめているが，すでに領内では 60 文銭の慣行が定着しており，現状を容認せざるをえなくなっていた[17]。藩府がこの 60 文銭遣いを公認するようにな

17）以上，本書第 11 章参照。

310　第 III 部　近世貨幣の流通実態

表 10-2　全国銭匁遣い動向一覧

藩・地域	銭匁初見年	固定銭匁始期	銭匁内実	備　考
［九州地方］				
福岡 （52 万石）	享保 8 （1723）	寛保元（1741）	60 文（藩領大半） 80 文（藩領東部）	当初通貨は銀ないし米。藩府は変動銭匁求めるも，60 文銭が固定化。
秋月 （5 万石）	元文期 （1736-41）	〜安永 8 （1779）	60 文	当初変動銭匁幅，60〜80 文。
佐賀 （35.7万石）	〜元文 3 （1738）	享保初カ	20 文	領内諸商人使用の銭匁が定着。安永 9 年より発行の米筈は 80 文遣い。
熊本 （54 万石）	元文 4 （1739）	元文〜寛保 （1736-44）	70 文	18 世紀中期まで土地取引では米ないし銀が主流。
幕領日田	〜寛延元 （1748）	享保初カ	19 文	当初より固定銭匁ナラン。
中津 （10 万石）	〜延享 2 （1745）	元文末カ	80 文	80 文遣いと宝暦 3 年初発行の，文字通り銀札とが併存という稀な事例。
府内 （2.1 万石）	元禄 12 （1699）	元禄〜享保カ	50 文	70 文遣い竹築・日出藩札，50 文遣い臼杵藩札・幕領府札が混合流通。
延岡（7 万石） 高千穂地方	寛延 4 （1751）	宝暦頃 （1751-64）	70 文	豊後岡藩札流入使用（城附地は銀遣い）。天保頃より銭から金貨へ。
［四国地方］				
松山 （15 万石）	〜宝暦 13 （1763）	明和頃 （1764-72）	60 文	藩 1 匁 60 文公定が固定銭匁の契機。明治初年まで領内定着。
今治 （3.5 万石）	〜明和	明和初	66 文 弘化 2 年 60 文に	60 文銭切替は領内からの要請。宇摩郡飛地は 66 文銭のまま。
西条 （3 万石）	延享期	明和頃 （1764-72）	67 文	明治初年まで定着持続。
小松 （1 万石）	〜寛政	寛政頃 （1789-1801）	60 文	化政期以降，藩札下落も 60 文銭遣いは維持。（文政期札銀歩約 60 %）
宇和島 （10 万石）	元文頃	天明 8 カ （1788）	70 文	藩札しばしば危機。領民の求めに応じた小額札増発で札価下落下支え。
吉田 （3 万石）	延享元頃 （1744）	明和頃 （1764-72）	66 文 嘉永 5 年 70 文に	66 文銭私札も通用。化政期高額土地取引や貸借証文でも 66 文銭建て。
大洲 （6 万石）	〜延享期	延享─宝暦期 （1744-64）	70 文	延享期国産奨励策と絡め発行の藩札発行時に銭匁勘定定着。
新谷 （1 万石）	〜延享期	〜寛政期	70 文	本藩大洲藩札に加印し共用。領民は銀札を銭札として受容。
土佐 （24 万石）	寛保 3 （1743）	宝暦頃 （1751-64）	80 文	享保頃までは米・銀が主要通貨。幕末期まで藩札流通なし。私札主流。
［中国地方］				
萩 （36.9万石）	〜延宝 3 （1675）	元文〜宝暦	80 文	80 文銭遣いは「古法」。
岩国 （6 万石）	〜延享 4 （1747）	宝暦頃	76 文	藩（銀）札が 76 文札化。
備中倉敷	寛保元 （1741）	安永頃 （1772-81）	75 文	変動銭匁と併行。
津山 （10 万石）	寛保元 （1741）	変動銭匁のまま		延享頃，銀札が銭匁札化。上納用には常に正銀が求められる。

[近畿, 他]				
播磨	天明 (1781-89)		変動銭匁のまま	銀札が銭代り通貨で受容されない中，銭匁札出現。銀歩・銭歩あり。
丹後宮津 (7万石)	～安永 (1772-81)	寛政頃	96文	実質変動銭匁。差歩1.08～1.13。
南紀田辺 (3.8万石)	享保～明和4 (1716-67)		変動銭匁のまま	銀匁代用で銭匁開始。「歩入り」あり。
陸奥弘前 (9.4万石)	寛文元頃 (1661)	宝暦頃 (1751-64)	60文	藩財政収支も銭匁勘定。

典拠）福岡，秋月，中津は浦長瀬隆「近世九州地方における貨幣流通」『国民経済雑誌』183-2，2001年，および
　　　同「17・18世紀中津城下町における貨幣流通」同上201-5，2010年。
　　　備中倉敷は古賀康士「備中地域における銭流通」『岡山地方史研究』99，2002年。
　　　美作津山は瀬島宏計「近世中期の津山藩銀札」『ヒストリア』187，2003年。
　　　その他地域は岩橋勝（典拠論文は『松山大学論集』24-4-2，2012年，収録の「論文目録」参照）による。

るのは宝暦（1751-64）ころであるが，固定銭匁制は実質的に享保期以前にはじまっていたといえよう。

　ついで早期に銭匁遣いが確認できる萩藩領では，前述のように延宝3（1675）年，周防山口町の商家安部家の帳簿に記録された貨幣資産において，上方から下った80文銭が2貫880目，76文銭は875匁が計上されている。ただし，同帳簿では「現銀」が42貫目余もあり，他の項目はすべて銀建てで計上されているので，この匁単位の「現銭」は，銀遣いでの補助的な端数処理・ないし小口取引用に用意されていたものであることがわかる。それでも，銭貨が銀貨と結びつけられて，「銭匁」遣いされていたことは間違いなく，銭匁遣い成立の一因を示しているということができる。ちなみに，当時の銀銭相場は1匁につき80～76文前後であり，あきらかに銀1匁と等価になるような枚数の緡銭がつくられていたことになる。こののち山口町では，銀貨悪鋳により相場が下がった正徳2（1712）年には，銭有高は50文銭で勘定されている[18]。80文銭で固定するのは享保期に定着した相場が，元文改鋳以降も領内に浸透し，貨幣市場における相場と乖離して用いられるようになって以降である。

　また，豊後府内藩では後述（第13章補論）のように，元禄12（1699）年にさかのぼって，藩府文書[19]のなかに大坂への舟中人足2名賄銭として「銭弐匁」，

---

18) 岩橋勝「近世銭貨流通の実態——防長における銭匁遣いを中心として」（『大阪大学経済学』35-4，1986年）31-35頁。

19) 大分県立先哲史料館蔵，府内藩記録（乙11）のうち元禄12年「萬覚書」。

312   第III部　近世貨幣の流通実態

そして同 14 年におなじく舟中賄用銭として「銭壱匁五分」という記録が確認できる。ただし，当時はまだ大半が銀建て記載であり，小額な銭文建てや現物の米や材木にまじって小額銀建て支出の代用として銭貨が銭匁建てで用いられたのであろう。ついで，享保 12（1727）年になると銭匁勘定がはじまりつつあったことを示す記録が確認でき，「郡代覚書」[20] 6 月 16 日の項に，祇園祭礼で 1 枚 40 文の富札が 100 枚売られ，その合計が「此銭高八拾目」であった。銭 1 匁は 50 文（100×40÷80）となる。銭文勘定でしかるべきところ銭匁勘定で記録しているのは，すでに当時府内藩領で銭匁遣いがはじまりつつあったことを示すものであろう。享保期の銀銭相場はその初期に 20 文前後であり，後期に 80 文である場合が多かったので，50 文銭慣行の始まりは同時期よりも早い元禄期あたりまでさかのぼりうる可能性がある。

　銭匁遣いの始まりを 17 世紀にまでさかのぼって確認できる地域は，いまのところ，上述のように陸奥弘前藩領，周防山口町，豊後府内藩の 3 地点にすぎない。その他の大半は元文改鋳（1736〜）後の，銭貨が多少とも多く出まわる時期になってからであった。個々に見ると，福岡藩領や南紀田辺では享保期から，九州の秋月，佐賀，熊本や伊予宇和島藩領では元文期ないしそれ以前から，その他の多くは 18 世紀半ばの宝暦期までには，初見が確認できる。ただし，それらのうちでも，すでに領内で相当に定着していることを示す記録もあれば，銀匁遣いの小口取引代用としてまだはじまったにすぎないような記録もあり，とうぜん全国一律ではない。また，畿内周縁部の播磨や丹後宮津のように，18世紀末に近づいてからようやく確認できる地域もある。さらに，固定銭匁遣いが確認できる時期はより絞られて，おおむね元文〜明和期であった。いずれも変動銭匁遣いから始まって固定化して行ったと見ることができる。今後，未見の史料・記録が利用できるようになり，さらにさかのぼって確認できる地域が出てくることも十分にありうるが，おおよその動向は表 10-2 のとおりで誤りないであろう。

20）同上，府内藩記録（甲 42）。

3) 銭匁遣いの開始要因

　もともとその1枚を1文と勘定する銭貨について，なぜ一見銀匁と見紛うような「匁」単位の勘定法をおこなわねばならなくなったのであろうか。このいわゆる銭匁勘定ないし銭匁遣いの成立プロセスを検討すると，二つの要因が考えられる。一つは，近世中期以降の秤量銀貨の後退により，銀建取引の決済にさいして，時々の銭相場に応じた銀1匁あたりの銭量でもって不足気味の銀貨の代用とするため，というものである。現実に，畿内周縁部では一時的に銭匁の内実が固定することはあっても，銭相場の変動によりその内実を変更するか，あるいは「銭歩」ないし「銀歩」をもうけ，銭匁の内実と銭相場との乖離を調整することになる。したがって前述のように，これらの地域では銭匁遣いがおこなわれていても，実体は銀遣いである。銀札としての藩札・私札が多種流通した播磨地方で，同様に銭匁札も多種併行し使用された[21]のも，こうした事情からとみられる。銀札は一般的に1匁以下1分にいたる小額面が多い[22]が，それは銭代りの札としての需要が多かったためである。その意味で，藩札発行が契機となって銭匁遣いがはじまる場合もあったといえる。

　もう一つは，銭相場の変動にかかわらず1匁あたりの銭量が固定していた地域で，その領域内での文字通りの銭遣いが強固であるために内実を変更する必要がなかったものである。これらの地域が上方からより遠隔の西中国，西四国，九州の大半，そして陸奥弘前などであったが，ではそれらで銭遣いが強固であるならば，東北地方の多くや出雲松江藩領のようにいわゆる「貫文」遣いのままでよかったはずであろう。なぜ，わざわざ銭匁遣いという複雑な貨幣慣行を定着させたのであろうか。それは，第7章で例示した伊予松山藩の場合のように，西日本における領主財政や，領外取引に従事する商家では基本となってい

---

21) 播磨における銀札，銭匁札混合流通のもようについては，岩橋勝「播州における銭匁札流通」近畿大学『商経学叢』79，1984年，および同「播州における銭匁遣い」『松山商科大学創立60周年記念論文集』1984年，を参照。

22) 銀札における小額面札需要の多い事情については，岩橋勝「近世の貨幣・信用」（桜井英治・中西聡編『流通経済史』山川出版社，2002年）447頁を参照。また，享和3（1803）年美作津山藩札の額面別発行高では，総発行枚数のうち1匁札以下が99.4％を占め，発行総銀高でも66.2％を占めた（前掲瀬島宏計論文，70頁）。

314　第 III 部　近世貨幣の流通実態

る銀遣いと，領内で根強い銭遣い慣行とを接合する機能を銭匁遣いが果たした
ためと考えられる。藤本隆士が主たる分析対象地とした九州北部では，銭匁遣
いが単なる勘定法にとどまらずに，「匁銭」という具体的な緡銭として授受さ
れていた。九州以外でも，地域により固定した枚数の緡銭が使用されていた事
例を，旅日記[23]や，商家貨幣資産の内訳記録[24]から確認できる。

　以上のように「銭匁」は，たんなる計算単位にとどまらず，具体的に授受さ
れる銭貨のまとまりとして存在したことがあきらかとなった。畿内周縁部のよ
うに変動銭匁として用いられた地域では銀貨の代用であったから，銀 1 匁に相
応する銭貨量として銭匁遣いがはじまったことは自明であろう。問題は，固定
銭匁遣いの開始要因である。その内実が 19 文から 80 文と相当な幅があり，し
かも特定藩域で特定の内実をもった銭匁遣いをおこなっている場合が大半なの
で，民間の都合のみで固定化されたとも考えがたい。

　銭匁の内実固定化の契機は，諸藩により一様ではない。比較的共通している
のはよりスムーズな領内取引のため，藩府によるガヴァナンスの一環として銭
相場が公示され，それぞれの領域でより標準的な水準にサヤ寄せする形で固定
化するパターンである。この相場公示が藩札発行を契機としておこなわれ，札
価の動向いかんにかかわらず領内で定着する伊予松山藩のようなケースもある。
注目すべきは，変動銭匁遣い地域とは異なって，固定銭匁遣いに定着した意味
である。陸奥弘前藩や，福岡藩[25]などのように西南諸藩の多くでは，藩府に

23）金井万平編『文政五年　金井忠兵衛旅日記』（あさを社，1991 年）によれば，上州板鼻
　宿在の忠兵衛は長崎へ向かう途中，錦帯橋見物の後，周防を西に通行したが，岩国領内
　では 76 枚を 1 匁とする丁銭が「152 文 1 さし」として使われた。ところが本藩の萩藩
　領に入った最初の茶屋のある柱野からは 80 枚を 1 匁とする「丁 160 文 1 さし」として
　使われていると記録している（122 頁）。それぞれともに「銭 2 匁」として銭貨がくく
　られ，流通していたことを示している。

24）岩国藩領柳井津の小田家帳簿では毎年貨幣資産のなかに銭貨が「76 文銭」「80 文銭」
　「100 文銭」「105 文銭」別に在高が示されていた。領内向けの 76 文のほか近隣萩藩領内
　向け 80 文や，当時の銀銭相場変動に対応できるよう，100 文や 105 文括りの緡銭を相
　当額保蔵していたことがわかる（岩橋勝「近世後期西南地域における貨幣流通――柳井
　津小田家棚卸帳を中心として」『西南地域史研究』2，文献出版，1978 年）。

25）福岡藩領では 1740 年代から 60 文銭が定着するが，それまで銀銭相場を基準に公示して
　きた藩の御触が，こののち 67 文遣いを公示しても領内では 60 文遣いのまま固定し，守

第 10 章　銭遣い経済圏と銭匁遣い　　315

よる公示相場を領民にそのつど遵守させ，領主経済における銀遣いを領内でも
浸透させることで，藩経済の一体化を意図したと想定される。しかし，実際は
領内で根強い銭遣い慣行のペースに押される形で，銭匁の内実が固定化して行
く傾向が強かったことがわかる。

　固定銭匁遣い地域において，それぞれの銭貨枚数で定着した要因として，藩
府による公示相場以外にも，銭相場が変動するたびに緡銭枚数をそのつど変更
する手間を回避したいという領民たちの便宜も想定できる。その手間を省くさ
いに「銭歩」「銀歩」で調整するか，銀遣いとはまったく異なる文字通りの銭
建て銭匁遣いを定着させうるかは，結局のところそれぞれの地域の銀遣い経済
との交流度合い，いわば取引密度いかんによって分岐したのではないかと思わ
れる。固定銭匁地域では，とうぜんに実際の取引でも銭貨が多く授受されるこ
とになり，藩財政勘定でも金銀貨と匹敵するかそれらを上まわる銭貨のシェア
が確認できる場合が少なくない。これを，銭遣いが一般的に金遣い・銀遣いと
並存している事実を拡延して，特別の注目には値しないとみるべきではないで
あろう。藩財政では領内で小口の役銭や代銭納化した小物成などを，銀貨では
なく文字通り銭貨で徴収する場合，相応な銭貨が集積するはずで，藩財政の貨
幣種別構成はある程度，領内の貨幣流通事情を反映しているとみるべきであろ
う。

　最後に，銭匁遣い成立のもう一つ重要な要因として，幕府による銭貨増鋳体
制の整備がある。表 10-2 を一覧して，固定銭匁遣いが定着した地域は，その
開始時期の大半が元文期（1736-41）以降となっており，明和・安永期
（1764-81）ころにはおおむねどの地域も銭匁遣いが確立していた。本書第 3 章
および第 4 章で検討したように，寛永通宝初鋳時の 1630 年代の鋳造量 275 万
貫文を基準としてその後の鋳造累計高をみると，まず享保期までは 1,000 万貫
文をこえることはなかった。しかし，元文改鋳期に増鋳された銭貨は 745 万貫

られなくなったという。また，藩域が広いこともあり，豊前小倉藩に隣接する藩領東部
では萩藩などと同一の 80 文銭遣いが根強く，同一藩領で複数の内実をもつ銭匁遣いが
併行する稀なケースを示している（前掲藤本隆士論文，および浦長瀬隆「近世九州地方
における貨幣流通」61-62 頁）。また，弘前藩の具体例は本書第 11 章参照。

316 第 III 部 近世貨幣の流通実態

文にものぼり，さらに明和—天明期にいたる約 20 年間で 700 万貫文余が増鋳
された。これによって上方の銀相場は，宝永期の劣悪な銀貨のさいに一時的に
1 匁につき 20 文前後まで下がったかと思えば，正徳・享保期の良貨政策によ
り 80 文以上に銀価を上げた。また元文の良貨政策放棄により元文期には 50 文
台にまで銀価を落としたが，その後の銭貨増鋳により 60〜70 文台で推移し，
安定するかに見えた。しかし，真鍮四文銭が出まわる明和期あたりから銭価は
下がりはじめ，小額計数銀貨である南鐐二朱銀が出まわる安永期には一気に
80 文台を突き抜け，以降 100 文台前後が一般的となる。小額計数銀貨の出回
りは，より高額な銭建て取引での銭貨代替に貢献し，銭貨供給の過剰効果をも
たらしたのである。このように，固定銭匁遣いが西南日本で定着する時期と銭
貨が十分に地方まで出まわるようになる時期は合致しており，幕府による銭貨
増鋳はこれら地域における銭貨需要を支える形で銭匁遣い成立に寄与したこと
が想定できる。

3　三貨制のなかでの銭遣いの意義——むすびにかえて

　近世三貨制は明治初年の円貨統一以降とくらべると，これまで理解されてい
た以上に複雑な展開をしていた。関東を中心とする金経済圏は基準貨幣を金貨
とし，銭貨を補助的に使用していたことに誤りないが，それぞれの領域内の経
済事情により，銭貨の位置は一様ではなかった。江戸と遠隔な位置にある陸奥
や羽後，陸中南部藩領などでは，関東との経済交流がより疎いためか，地域内
における貨幣は金貨よりも銭貨が重要な位置を占めていたように思われる。本
書ではおもに西日本を中心に流通実態分析をおこなっているが，第 6〜9 章で
検討した藩札・私札の流通実態も合わせて，三貨制のなかでの銭遣いないし銭
匁遣いの意義を総括するならば，以下のとおりである。
　1) 近世貨幣制度がなぜ「三貨制度」と称されているのか，銭遣いのあり方
を検討することからその意義があらためて確認できること。三貨の持つそれぞ
れの特性から，銭貨ははるかに小額な貨幣であり，小口取引には便利であった

が，だからといって金銀貨と対置される機能，とりわけ取引基準としてのそれを見失ってはならない。近世後半に，ささやかではあるが広域的にあらわれてくる農民層の使用貨幣は銭貨であり，金銀貨とは直接無縁の銭建取引であった。一方，流通手段機能として銭匁遣いは銀貨不足を銭貨が補完するためにあらわれた側面もあり，それは計数銀貨が金貨不足を補った事実と通底している。第2章で述べたように，近世貨幣は幕末期に向けて「両金貨本位制」への動きを見せたが，その際，より高まる「金貨」需要に対する追加的正貨供給策として計数銀貨が用いられ，計数銀貨増鋳のため鋳造素材となった秤量銀貨の減少を補うために銭貨が代替手段となったわけである。このように，三貨は近世を通じて独立的に使用されつつも，幕末期に向けて連携の強化も示しはじめていたのである。

2）銀遣い経済が未発展な地域で，銭匁遣いが貨幣経済化に寄与したこと。銀遣い地域と言われている西日本では，これまでイメージされているほどには銀貨が末端まで流通していたわけではない。固定銭匁遣いが展開した地域では，その確立以前に取引手段として米を使用していた場合が少なくなかった。日常さほど貨幣を必要とせず，必要とされても小口取引の多かった農村などでは，より高額な銀貨は銭貨より不向きな面があった。そして，地域内で特産物の原料生産やその加工などで貨幣経済が進展してくると，領外取引向けの大口銀遣いと領内でより一般的な小口銭遣いを接合するものとして銭匁遣いが各地ではじまったと考えられる。

3）銀札を領民が銭代り札として受容しているかぎり，その額面価値が一定程度保持される場合が多かったこと。固定銭匁遣い地域で発行された藩札（銀札）は大半が銭匁札化したが，銀札のまま通用を強制された場合にくらべ，あきらかに流通持続期間が長く，また札価下落の度合いも小さい傾向が強かった。第6章で述べたように，近世後期の地方ではけっこう小額貨幣不足が生じており，そうした貨幣需要が使い慣れた銭貨の代用貨幣として流通力を支える事例も少なくなかった。

本章における銭匁遣いを中心とした分析により，近世三貨制が通説で語られ

318　第 III 部　近世貨幣の流通実態

る以上に複雑であった諸相をあきらかにしてきたが，銭遣いをめぐって重要と
思われる以下のような課題はほとんど検討できなかった。今後の近世貨幣史研
究者共有の課題として提示する。

　1）西日本の中国地方で比較的まとまった藩領域をもつ安芸広島，備後福山，
石見浜田，因伯鳥取などの諸藩では，近隣で銭匁遣いが展開しているにもかか
わらず，幕末期までまったく銀遣いのままで推移していること。逆に，以上の
諸藩に隣接しながら，銀遣いや銭匁遣いではなく，高額の取引や勘定でも銭遣
いが展開した出雲松江藩の事例も注目される。近世後期において，全国的に貨
幣経済が展開したと理解されているわりには，地域ごとの閉鎖性が本章により
逆にあぶり出されたともいえよう。

　2）領域内で銭遣いが基本となっていると思われる薩摩，出雲，陸中南部な
どの諸藩領では，基準貨幣が「丁銭建て」（「貫文建て」）であった。おなじ銭遣
い地域でも銭匁遣い地域のように銀遣いとの接続がほとんど見られない。その
背景として，銭貨鋳造原料である銅あるいは鉄鉱山資源が領内にあり，銭貨を
密造した可能性が指摘できるが，とうぜん今後の実証が求められる。

　3）銭貨は一般的にその搬送の不経済性から，いったん各地域に移動し使用
されると，多くが退蔵されやすく，逆流しがたいとの見解がつよいが，実際に
はどうか，実証の必要がある。正銀獲得のため，津山から大坂へ相当なまとま
りのある銭貨を搬送した事例[26]もあり，地方での蓄蔵割合もふくめ，まだあ
きらかではない。西日本における隔地間銭相場の格差は，近世後期のかぎり意
外に小さく，現銭輸送費の範囲内に収まっていたであろうことが本書第 3 章の
分析から見通されたが，あわせて東日本とくらべて銭相場時系列データの入手
機会が意外に乏しいことも判明しており，なお持続的に解明する必要がある。

　4）東日本の関東を中心とするいわゆる金遣い地域では，金貨の高額性から
日常生活において西日本よりもはるかに多く銭貨を不可欠としていた。しかし，
各地の取引の中核になる米価の表示は，たとえば金 1 両につき○石△斗□合と
いうように，金建て表示が一般であった。ただそれらは年貢の石代納値段で

26）前掲瀬島宏計論文，66 頁。

あったり，領内にむけての公示標準相場であったりと，領主側目線での表示であり，他の領内取引商品すべてが金建てであったとも考えがたい。おなじ米価表示であっても，たとえば羽前米沢藩領内での在町や農家の手控帳での米価表示はいずれも銭建てであった[27]。かつて西日本の米価時系列を作成した際に比較的長期観察できた地域のいずれもが銀建て米価であったが，それらのうち防長，佐賀，熊本は藩府公示データであって，代表値検討のために利用できた佐賀藩領内の米価は銭建てであった[28]。このように，上方や江戸から遠隔の地域では貨幣が重層的に使われており，東日本においても地域内での取引基準貨幣が何であったかはあらためて問われねばならず，今後個別に検討する作業が必要である。

27）岩橋勝『近世日本物価史の研究』（大原新生社，1981 年）198-203 頁。
28）同上，256-261 頁。

320 第III部 近世貨幣の流通実態

別表 10-1 近世銭札発行一覧（銭匁札および額面 1 貫文以上銭札）

国	発行地	年	種類	額面	備考
陸奥	八戸藩	文化 7	藩	5 貫文	
	弘前藩	天保 8	〃	28 匁～5 分	宮崎札, 10 種
陸中	盛岡藩	天保 6	〃	2・1 貫文	
	〃	〃 9		10 貫文	
	〃	〃 10		3～1 貫文	3 種
	〃	〃 13		5 貫文	
		弘化 3		3・2 貫文	
		安政 2		1 貫 416 文	
	盛岡	文化 12	私	25 貫 950 文	
	〃	文久 2		100 貫文	ほか 4 種
羽後	秋田藩	天保 5	藩	10～1 貫文	3 種
	〃	〃 13	〃	3 貫文	
	〃	弘化 1	〃	10～1 貫文	6 種
	秋田	文政 6	私	3 貫文	
	〃	天保 13	〃	10 貫文	
	能代	天保	〃	10～1 貫文	3 種
越中	魚津	慶応 2	私	1 貫文	計 4 発行元
	上市	〃 3		〃	
山城	京都	安政 6	私	1 貫文	嵯峨御所
	〃	不詳	〃	1 分	二条殿
大和	柳生藩	文化 12	藩	1 貫 200 文	
和泉	堺	不詳	私	1 匁	銀札カモ
摂津	西宮	万延 1	私	1 貫文	
	大坂	文政 13	〃	〃	
伊勢	菰野藩	天保	藩	2・1 貫文	
河内	白木	享保 16	藩	1 貫文	常州下館藩飛地
	中野	天保 7	〃	1 貫文	上州沼田藩飛地
丹波	竹田	安政	私	2・1 分	
	大町村	不詳	〃	2 分	普請切手
	上佐々木銅山	〃	〃	10・5 匁	
	土村	〃	〃	5・1 匁	
	油谷村	〃	〃	3 分	
丹後	宮津藩	文化 9	藩	1 匁・5 分	
	〃	文政	〃	5 文目	
	〃	天保 7	〃	50 文目～3 厘	計 12 種
但馬	豊岡藩	文政 3	藩	10～1 匁	3 種
	石原村	不詳	私	1 匁	貫銭

第 10 章　銭遣い経済圏と銭匁遣い　321

国	発行地	年	種類	額面	備考
	上之郷	不詳	私	10・5匁	
	和田山	文政6	〃	1匁	郡中用
	河原田村	不詳	〃	1匁	駄賃切手
	高柳村	〃	〃	5・1匁	旧札
	〃	〃	〃	〃	新札
	但馬会所	〃	〃	10匁	
	安井庄	〃	〃	5分	
	古新	〃	〃	5厘	
	阿瀬銀山	安政3	〃	5・1匁	貫銭切手
	気比	不詳	〃	5匁	村内通用切手
	江原	〃	〃	1匁	八朔切手
	新井村	〃	〃	1分	
	青野村	〃	〃	5匁	
	不詳	〃	〃	5分	米切手
	城崎	〃	〃	1匁	温泉通用
	湯嶋	〃	〃	1分・5厘	
	不詳	〃	〃	10・1匁	五宝十右衛門
	杉原	文政	〃	5・1匁	酒切手
播磨	壬生藩飛地	安政	藩	1匁〜1分	4種，下野壬生藩飛地
	安志藩	文政5	〃	5匁〜1分	5種
	竜野藩	文化7	〃	1匁〜5厘	5種
	〃	〃15	〃	1匁	
	〃	安政	〃	1匁	
	林田藩	文政2	〃	10匁〜5厘	7種
	三日月藩	文化14	〃	1匁・3分	
	〃	安政5	〃	1匁〜1分	4種
	〃	文政4	〃	500目〜5厘	10種
	山崎藩	〃8	〃	10匁〜2分	4種
	〃	天保4	〃	10〜1匁	3種
	佐用	文政6	〃	10匁〜1分	5種，旗本領
	新宮	文化13	〃	5匁〜1分	〃
	長谷	文政6	〃	10匁〜1分	7種，　〃
	平福	天保	〃	1匁〜1分	4種，　〃
	〃	弘化4	〃	1匁・1分	旗本領
	〃	安政2	〃	1匁	
	若狭野	文政5	〃	10匁〜5厘	8種，旗本領
	二見	安政4	〃	10匁〜2分	4種，武州忍藩飛地
	〃	〃	〃	2貫500文	
	網干	文化2	私	20目	
	〃	〃11	〃	10〜1匁	3種
	〃	〃	〃	20〜1匁	4種
	〃	〃10	〃	1匁6分〜1分5厘	4種

322　第 III 部　近世貨幣の流通実態

国	発行地	年	種類	額面	備考
	網干	安政 4	私	1 匁～1 分	4 種
	〃	〃	〃	10 文目～1 分	6 種
	安積村	天保 15	〃	1 匁	駄賃切手
	不詳	文化 12	〃	1 匁	五十波伝之助
	池田村	文久	〃	1 匁・1 分	
	伊津浦	弘化 2	〃	10 文目～1 分	魚代預
	大谷山	嘉永 7	〃	50～1 匁	4 種
	北野村	文久 4	〃	1 匁～2 分	
	岸田村	天保 7	〃	1 匁～2 分	
	下比延村	文久	〃	1 匁～1 分	
	清水村	〃	〃	10 文目～1 分	8 種
	新畑村	文久 4	〃	5 匁～5 厘	7 種, 木綿手形
	飾西村	元治 1	〃	10 匁～5 分	4 種, 人馬駄賃
	姫路	文化 12	〃	1 匁	
	曽根村	安政 5	〃	1 匁～2 分	3 種
	大門村	〃 2	〃	1 匁	駄賃切手
	千草村	元治 1	〃	1 匁～1 分	4 種
	鉄山元小屋	寛政 12	〃	1 匁	山崎藩札カモ
	富岡村	〃 7	〃	1 匁	普請切手
	東南村	元治 2	〃	1 匁	
	富家村	慶応 2	〃	2・1 文目	
	富田村	文政 2	〃	1 匁～1 分	5 種
	中野村	文久	〃	2 匁～1 分	5 種, 米切手
	西古瀬村	〃	〃	1 分・5 厘	融通切手
	原邑	天保 12	〃	1 匁・3 分	駄賃札
	比延町	元治 1	〃	3・2 分	
	東古瀬村	文久	〃	1 貫文	
	船越山	文政 8	〃	1 文目	職人賃銭切手
	赤穂	〃	〃	8・5 厘	明福寺銭手形
	安田村	安政 4	〃	1 匁～2 分	円満寺普請切手
備中	新見藩	嘉永 5	藩	1 匁～1 分	4 種
	西浜	文化 12	私	1 匁	
	片塚村	嘉永 6	〃	1 分	
備後	小野福備山	文久 2	私	1 匁	山内通用
出雲	松江	文政 9～	私	5 貫文～	連判札諸種無数
石見	津和野藩	文久 2	藩	1 匁	
周防	岩国藩	元禄 ？	藩	10 匁～2 分	5 種
	〃	明和 6	〃	1 匁	
紀伊	高野山	安政 2	私	1 匁	
	〃	文久	〃	1 匁～2 分	3 種

第 10 章　銭遣い経済圏と銭匁遣い　　323

国	発行地	年	種類	額面	備考
	高野山	慶応	私	1 匁	
	〃	慶応 2	〃	1 匁	
伊予	今治藩	天保 11	藩	3・2 分	三嶋通用
	〃	〃 12	〃	10 匁〜2 分	4 種
	小松藩	慶応 1	〃	100 目	銭札場預札
	西条藩	寛政 7	〃	5 匁〜2 分	5 種
	松山藩	享保 15	〃	5 匁〜1 分	8 種，銀札カモ
土佐	佐川	文政 2	私	5・1 匁	
	〃	嘉永 3	〃	10・5 匁	
	宿毛	弘化	〃	1 匁	
	〃	安政	〃	1 文目・5 分	
	〃	慶応	〃	10〜1 文目	3 種
	伊野町	文化 12	〃	10 匁	枡屋
	〃	〃 13	〃	10 匁	高岡屋
	〃	天保 4	〃	1 匁	
	樺原村	〃 7	〃	5 分	明神
	〃	〃 10	〃	〃	西村
	浦戸町	文化 13	〃	2 匁	
	高知	〃	〃	〃	
	〃	〃 14	〃	10 匁	下田屋
	〃	〃 15	〃	〃	木綿屋
	〃	文政 1	〃	〃	あまかさや
	立田町	天保 11	〃	10 文目・2 匁	
	新川町	文化 15	〃	2 匁	
	銅山方	元治 1	〃	5 匁〜2 分	4 種
	津野山	天保 12	〃	1 匁	
	名野川	文化 13	〃	10 匁	
	半山郷	天保 14	〃	1 匁	
	本山銅山	元治 1	〃	5 匁〜1 分	4 種
	森	天保 2	〃	5 分	
	本山町	〃 11	〃	1 匁	亀屋
	〃	〃 13	〃		阪本屋
筑前	福岡藩	寛政 5	藩	六六銭	銀切手
	〃	文化 5	〃	3・1 貫文	銭切手
	〃	天保	〃	1 貫 700 文	ほか 1 貫 200 文
	秋月藩	文化 9	〃	10〜1 匁	3 種，弁慶札
	〃	文政 8	〃	〃	3 種
	〃	〃 11	〃	5・2 分	
	〃	天保 3	〃	10 匁〜2 分	8 種
筑後	久留米藩	天明 4	藩	2 匁・5 分	銭切手
	〃	〃 5	〃	10 匁〜2 匁	3 種

324 第 III 部 近世貨幣の流通実態

国	発行地	年	種類	額面	備考
	柳川藩	文化 4	藩	10 匁～5 分	5 種
	三池藩	安政 4	〃	1 貫文	
	藤木	嘉永	私	3・2 貫文	
豊前	中津藩	慶応 3	藩	1 貫文	
	宇佐	文化 1	私	5 匁～2 分	5 種
	〃	天保 14	〃	10 匁～3 分	5 種
	〃	嘉永	〃	10 匁	
	〃	安政 2	〃	10～1 匁	
豊後	佐伯藩	寛政 10	藩	10 匁～5 厘	6 種
	日出藩	文化 5	〃	10 匁～1 分	8 種
	〃	天保 6	〃	5 分	
	〃	〃 10	〃	10 匁～2 分	6 種
	臼杵藩*	宝暦 7	〃	10 匁～2 分	7 種, 宝暦 3 年発行銀札を改造ヵ
	〃*	明和 9	〃	5～1 分	産物方, 4 種
	〃*	天保 3	〃	5 匁～1 分	莚会所, 5 種
	〃*	〃 6	〃	5 匁～2 分	産物方, 5 種
	〃*	文久 3	〃	5 匁～2 分	6 種
	府内藩*	天保 1	〃	5 分～1 分	莚会所, 4 種
	〃*	〃 10	〃	10 匁～2 分	莚会所, 6 種
	岡藩*	〃 14	〃	七銭 100～5 匁	4 種, 産物方
	森藩	文政 7	〃	5 分～5 厘	
	〃	〃 13	〃	5 匁～1 分	5 種
	立石	〃 7	〃	5 匁～3 分	交代寄合, 4 種
	〃	天保 10	〃	1 匁	
	〃	〃 15	〃	5 匁	
	〃	弘化 4	〃	10・5 匁	
	〃	嘉永 6	〃	10 匁～5 分	4 種
	真玉	〃	私	5 匁～2 分	5 種
肥前	唐津藩	文政	藩	20 目～2 分 5 厘	8 種
	五島藩	文久 2	〃	10 匁～1 分	9 種
	島原藩	文政	〃	12 貫文～	従前銀札を改造
	浜埼	嘉永 4	〃	2 文目	厳原藩飛地
	〃	文久 2	〃	10 匁～2 分 5 厘	〃, 5 種
	長崎	文化	私	2 匁～5 分	3 種
肥後	宇土藩	慶応 3	藩	50 匁	
	熊本藩	寛政 4	〃	100 目～2 分	11 種, 銭匁札
	〃	享和 1	〃	100 目～1 分	11 種
	〃	〃 2	〃	20・10 匁	
	〃	文化 5	〃	100～10 目	4 種
	〃	〃 6	〃	40 目～2 分	9 種, 天保 3 にも改出

第10章　銭遣い経済圏と銭匁遣い　　325

国	発行地	年	種類	額面	備考
日向	飫肥	元治 1	藩	10〜1 貫文	交代寄合，3 種
	高鍋藩	嘉永 4	〃	2 貫 500 文	ほか 1 貫文
	〃	慶応 1	〃	1 貫文	
	佐土原藩	文政 10	〃	1 貫文	
	〃	文久 3	〃	1 貫文	
薩摩	鹿児島藩	元治 1	〃	1 貫文	

典拠）荒木豊三郎『増訂 日本古紙幣類鑑』全 3 巻，思文閣出版，1972 年。ただし，*印は日銀調査局編『図録 日本の貨幣』6 巻所収の「古紙幣一覧」。

注）1：「種類」欄のうち，「藩」は藩札，「私」は私札を示す。

　　2：銭文札のうち，1 貫文未満札はすべて省略した。「備考」欄の種数は 1 貫文以上。

第 11 章

東北地方の貨幣流通
——津軽地方の銭匁遣いを中心として——

はじめに

　近世日本の三貨制度が経済発展にどのようにかかわっていたかという問いか
けに対して，ただちに応答することは容易ではない。中世以来，近世移行期に
いたるまでの中央政府の欠如ないし不完全な状況は，経済活動の基本的インフ
ラである貨幣制度の整備をいたずらに遅延させた。このため，徳川幕府による
金，銀，銅三種の鋳造貨幣からなる三貨制度の確立は，全国的取引を円滑にす
る基準貨幣や高額貨幣と小額貨幣の供給を意味し，経済発展への寄与度ははか
りしれないものがある[1]。

　ところが，三貨間で相互の交換相場が立ち，高額貨幣については地域により
金，銀いずれかが取引基準として使用されたので，国内市場統合化のためには
小さくない障害要因となった。その使用分布は，古典的には「西の銀遣い，東
の金遣い」，あるいはより取引実態に即して「大坂市場取引圏の銀遣い，江戸
市場取引圏の金遣い」などと説明されてきた。そして銭貨については小額通貨
として，庶民を中心に全国的に使用されたとされる[2]。しかし，これまでの一

---

1) 岩橋勝「近世の貨幣・信用」（桜井英治・中西聡編『流通経済史』山川出版社，2004
　年）。
2) 金銀貨使用分布の古典的見解については，周知のような正徳4（1714）年新井白石「改
　貨後議」や享保14（1729）年太宰春台「経済録」における記述（岩橋勝「南部地方の

328　第 III 部　近世貨幣の流通実態

連の地方レベルの目線に立った流通実態にかんする観察・分析によれば，さらに複雑な様相を呈していることが判明した。おなじ西日本や東日本でも支配関係のありようや流通経済事情によって一様でないばかりか，同一地域でも通時的に観察すると，貨幣流通の在り方が変容しているのである。しかもそのダイナミズムは着実に明治初年の近代的貨幣制度確立に志向していたもようである。

　その際，銭貨についてはこれまで一般的に理解されていたように，単純に小額貨幣としてのみ全国一様に使用されていたわけではなかった。一定量の銭貨をもって 1 匁とし，銭貨 1 枚の単位である「文」ではなく，銭何匁何分と計算する銭匁勘定は，銀遣いが基本と見られる西日本でのみこれまで観察された。

　しかし，弘前市にある青森銀行記念館展示室には，天保 8 (1837) 年 10 月発行の「弘前藩札」として「銭 28 匁」から「銭 2 文目」にいたる 5 種の銭匁札が展示されてあり，あきらかに銭匁遣いを前提とする藩札[3]である。この「宮崎（八十吉）札」と称される 28 匁から 5 分にいたる計 10 種額面の銭匁札は，発行後 1 年にも満たない翌年 4 月には札価下落のため回収されることになるが，津軽地方の銭匁遣いはけっして天保期のみの一時期に限定されたものではなかった。

　本章はこれまで西日本にのみ確認された銭匁遣い慣行が，なぜ東北辺境の津軽地方でおこなわれていたか，その成立事情を中心に解明し，併せて西日本で広範に浸透した銭匁遣い慣行のうち，とりわけ地域により多様であった慣行成立の契機の一端をも考察したい。

　　銭貨流通」『社会経済史学』48-6，1983 年）がある。また大坂・江戸中央市場との取引
　　圏により類別した代表的見解には，大石慎三郎「享保改革期江戸経済に対する大坂の地
　　位」（『日本歴史』191，1964 年）がある。
3）この弘前藩札は，一連の銭遣い研究の出発点となる岩橋勝「徳川後期の「銭遣い」につ
　　いて」（『三田学会雑誌』73-3，1980 年）付表の「近世銭札発行表」では，その典拠と
　　した荒木三郎兵衛『藩札』上巻，改訂 3 版（1969 年），317 頁には 10 種のいわゆる宮崎
　　札が記載されているにもかかわらず，迂闊にも収録されていない。

第 11 章　東北地方の貨幣流通　329

1　津軽地方の銭匁遣い

1）銭匁遣いの始まり

　津軽地方の銭匁遣いの存在を知る手がかりを示した最も古い資料は，脚注 3 で明示した荒木三郎兵衛『藩札』上巻（初版，1959 年）である。しかし，ここでは 28 匁〜5 分の「銭札」が発行されたことが紹介されているのみで，発行年代も不明なままである。「宮崎札」と称されるこの一種の預り手形は，日本銀行金融研究所による一連の「藩札の史料収集と研究」委託研究報告シリーズのうちの「弘前藩」編であらかたがあきらかになった[4]。そこでは主として「藩庁日記」により，天保 8 年発行の経緯と，半年余で流通がとん挫する様子が紹介された。しかし，なぜ銭匁遣いの札が発行されたのかについての説明はまったくされていない。

　流通面から津軽地方の銭匁遣いに触れた文献として，国安寛論文[5]がある。これは全国の地方史誌類から利用可能な土地売券を観察し，取引基準貨幣について全国的な鳥瞰を試みたものである。これによれば，東北地域では津軽地方で唯一，元禄期より銭匁建てで貸借ないし土地取引がおこなわれていたことが紹介されており，以降明治初年にいたるまで合わせて 7 件の取引はすべて銭匁であった。津軽地方の銭匁遣いはさらにさかのぼれるのであろうか，またどの程度この地域で浸透していたのであろうか。

　国安論文では，元禄期に銭匁建て借用証文が確認されるものの，津軽以外の動向を踏まえて，享保 4（1719）年に出された「金銀通用令」を契機に銭匁遣いが進行したと説明する[6]。これは宝永期金銀改鋳において，とりわけ銀貨が純分率 20％ にまで下落した四ッ宝銀から，正徳・享保期改鋳により純分率が慶長銀と同じ 80％ の享保銀に復帰したことで生じた混乱により，双方の取引当事者がより価値の安定した銭貨に取引基準を求めたためとするものである。

　4）長谷川成一『弘前藩における藩札の史料収集と研究』日本銀行金融研究所，1995 年。
　5）国安寛「土地証文等における代物の地域性とその変化」『秋大史学』35，1989 年。
　6）同上，27 および 42-43 頁。

330　第 III 部　近世貨幣の流通実態

しかし，津軽地方の銭匁遣いは享保期以前でも他に事例を求めることはできるので，促進要因としては認められえても，決定的な要因とは言えない。

　近年刊行された『青森県史　資料編』は津軽地方の多くの銭匁遣い事例を，主として「弘前藩庁日記」から紹介し，収載している[7]。まず，同日記の享保元年閏2月12日条では「青森町奉行申出候者，同町之者先年卯・辰・亥・子・午・未・申，右不作之節御救拝借申請候者共之内，只今有続申者共之儀者町中端々罷有候，漁師日用取ニ而漸々一日暮ノ者共御座候，年々稠敷催促仕取立相残分一宅分出高一石より壱石五・六斗迄，外御銭拝借余程御座候に付取立兼申候間……[8]」との記録があるが，「卯」年（元禄12年）以来，たびたび不作が続き，町中および漁師に米や「御銭」を御救拝借させていた。同日記元禄12（1699）年11月1日条では，当年の焼瓦出来高として3万5030枚，その代価として「惣銭六貫七拾二匁三分二厘九毛」と銭匁建てで計上している[9]。とうぜん前記の拝借「御銭」も銭匁建てでの御救貸与であったろう。

　さらに同日記享保元年4月13日条では，大野村門兵衛が元禄9年に青森町の大和屋甚兵衛所有の家を「代銭三百五拾目」で買取っている。また，翌日の条では，元禄3年に独狐村の長作が田地を質地に出し，籾3石6斗と銭121匁を受け取っている[10]。このように津軽地方では，享保期以前の少なくとも元禄期に，銭匁遣いが特殊例ではなく，ある程度一般的に浸透していたことがうかがわれる。では，どの時期までさかのぼれるのであろうか。

　津軽日本海側に面した鰺ヶ沢は，17世紀後半より西回り航路による上方廻米積み出し港として，中世以来の主要港であった十三湊に代わり海運の中心港となった。同港に近接した小屋敷村の貞享4（1687）年「田畑高反別帳」を収載した『鰺ヶ沢町史』の執筆者は，「高懸金　高十石につき銀七匁」という雑税負担について「銀壱匁は銭六十文」と注釈を加えている[11]。同町史は宝暦年

　7）『青森県史』資料編近世3（以下，『県史3』と略称）2006年。
　8）『県史3』16頁。
　9）『県史3』449頁。
　10）『県史3』17頁。
　11）『鰺ヶ沢町史』第1巻（1984年）566頁。

間（1751-64）に記された「津軽見聞記」から引用し，領内払い下げ米取引の際，売買当事者に便宜のため一種の米切手を発行していたが，「御印料」と称されたその手数料として1俵に付き1匁2分を付加した。これにも「一匁と言は六十文銭也」と注釈を加えている[12]。両記述から判断すると，少なくとも貞享期以降，「銀1匁」が固定化し，18世紀中期においてもいわゆる60文銭勘定が定着していたようにみえる。

同町史により19世紀に入ってからの事例を求めると，鯵ヶ沢の西南数キロに近接した赤石組館前村の清野家に残る文化11（1814）年「萬覚帳」3月5日の項に，「鯡卅」4匁を「一匹八文位」と注記がある[13]。鯡30匹が240文（30×8＝240）であるので，「一匁」は60文（240÷4＝60）となる。したがって，津軽地方での60文銭勘定は相当に長期間定着していたことになる。

この60文銭勘定について，『青森県租税誌前編』は60文銭勘定がたしかに貞享期からはじまっていることを記述している。すなわち，宝暦4（1754）年8月の記録に「御国中ニ於テ貞享以来銭六拾文ヲ以テ定式銀壱匁躰ニ相立……[14]」とあり，銭1匁をまさに「銀壱匁躰」に勘定する慣行が弘前藩領内で定着していることを示している。同書によって「弘前通用金銭相場」も判明し，貞享6（1689）年4月は「一匁」に付き銭55文，翌7年4月は銭60文，享保6（1721）年6月1日は40文，同年7月15日は60文，明和3（1766）年も60文であった[15]。この「銭相場」は現実に領内で生じていた銀銭相場なのか，藩当局が規制した相場なのかはあきらかでない。しかし，同書に収載された「梅田日記」からの記述によれば，享保6年5月26日の項に藩府から在町へ「御国銭遣只今迄六拾文ヲ壱文目ト通用致候ヘ共，御差支ノ義有之ニ付，以来四拾

12）同上，243頁。

13）同上，398頁。

14）葛西音弥編『青森県租税誌前編』下（みちのく双書第13集，青森県文化財保護協会，1963年）153頁。なお同書「後記」によれば，編者の葛西は幕末期弘前藩士で，明治期には洋学教授を務め，また教塾も開いた。県の要請で旧幕時代の租税制度を10年がかりで調査し，1893年に廃藩置県までの全16巻がまとめられた。『後編』は未着手のままという。

15）同上，142頁。

332　第 III 部　近世貨幣の流通実態

文ヲ壱匁ト被仰付候，六月朔日ヨリ通用可申ノ旨被仰付候」とあり，上記の享保 6 年 6 月 1 日の「四拾文」は藩府から提示された相場であることがわかる[16]。しかし，宝暦期の藩当局の銭相場介入事例[17]も含め，どの期も実際の銀銭相場を反映した銭相場に合わせるべく規制を加えようとしたが，1 年前後で 60 文銭遣いに復してしまっている。それほど津軽地方での銭匁遣いが強固に定着していた証左となろう。

　なお，さきに利用した「弘前藩庁日記」には，具体的な銭匁遣い事例ではないが，銭匁遣いがさらに早期にはじまっていたことを記録している。すなわち，寛文 5 （1665）年 5 月 19 日の項に「御国中銭遣之儀，御国ニ銭払底之由何も断ニ付而，明廿日より五文遣可仕由，相談相究申渡ス」[18]とある。この「五文遣」という表現は，津軽での銭相場を銀「壱分」あたりで示す慣行もあり[19]，1 匁に付き銭 50 文の意味である。翌 20 日の項によれば，弘前城下での「五文銭遣い令」は鰺ヶ沢・深浦・十三湊など，領内各地にただちに送達された[20]。当時，いわゆる寛文銭が増鋳される直前であり，いかに銭払底とはいえ「五文遣」は銭高に過ぎる相場であったためか，また「今程ハ銭他国より多ク入候由ニ付而」翌 6 年 4 月 6 日の項では「五文半」（55 文）遣いに変更している[21]。さらに，現五所川原市内で旧湊村庄屋を代々つとめた平山家「日記」によれば，寛文元年の項に「八月より銭遣方始，六文遣」[22]とあり，1 匁に付き銭 60 文で「銭遣」いがはじまったと読みとれる。

16）同上，152 頁。なお，『県史 3』18 頁にも同種の関連史料が収載されてある。
17）同上，153 頁において，宝暦 8 年 3 月 16 日に（領内で銭遣いが定着しているためであろうか）「銀遣ニ被仰付候」との藩令が出され，注 14 に引用の文に続いて，「金銀銭体用通用方差別ヲ失シ，且ハ江戸表御定ノ通用ニ反シ候間，余国曾テ無之例ニ候」と，津軽領内での 60 文銭遣い慣行が（少なくとも東国地方では）他に事例が無い，としている。
18）『青森県史』資料編近世 2 （以下，『県史 2』と略称）2002 年，130 頁。
19）前掲『青森県租税誌前編』下，142 頁。
20）『県史 2』130 頁。
21）同上，163 頁。
22）肴倉弥八編『平山日記』（みちのく双書第 22 集，青森県文化財保護協会，1967 年）42 頁。

第 11 章 東北地方の貨幣流通　　333

　以上紹介したように，津軽領内では寛文初年から「銭遣」いがはじまったが，この「銭遣」いとは藩当局が関与して標準銀銭相場を示し，藩への上納等に際し，銀に代えて銭を公的に使用することを認めたものであろう[23]。つまり，18世紀以降のような「1匁」を60文と固定的に勘定する段階にはまだいたっておらず，領内取引の標準相場を藩府が示したにすぎないものと考えられる。換言すれば，上納銀や役銀などでの銀遣い[24]が，銀不足のため銭貨でも上納できるよう制度化するため，藩が標準相場を示さざるをえなかったものであろう。こうした銭貨の銀貨を補完する機能が，のちの固定銭匁遣い成立の一つの契機になったと言える。

　以上により，津軽地方の60文銭遣いは少なくとも1660年代までさかのぼれ，当初は弘前城下の銀銭相場の推移により，劣悪な宝永銀貨が出まわった享保初期には一時的に40文遣いにまで銭貨が高騰することもあったが，17世紀中期より領内で実勢相場として比較的長く推移した60文遣いが18世紀中期までに固定化していったことが判明した。

2) 銭匁勘定の使用実態

　つぎに，津軽地方の銭匁勘定が特殊な取引でのみ使用されたのか，あるいは一般的に使用されたのか，判明するかぎりの状況を観察しよう。銀貨不足等の事情で，銭匁遣いが一時的に，銀遣いを補完する目的でのみ使用されていたのであれば，津軽領内での取引基準通貨を銭貨と断定できないからである。

　まず，享保9 (1724) 年，正徳・享保期良貨政策による新貨幣がようやく出回り，諸物価の引き下げが要請された際，弘前惣町名主が藩当局に届け出た記録[25]によると，価格表示はつぎのように一様ではなかった。たとえば，「酒之

---

23) 前掲『平山日記』34, 36頁には，当時まだ「唐銭」が多く流通していたが，少しずつ「新銭」（寛永通宝）が出まわりつつあったことを示唆する記事がある。ただし，寛永末年時点で「文銭」（寛文期鋳造の寛永通宝）が出まわっていたような記事もあり，後世に書き込んだとみられる「日記」記録者の錯誤も見られる。

24) 小額単位の役銭等が17世紀には銀建て表示が多かったのに対し，元禄・宝永期あたりより銭建てに推移して行く模様は，主に「弘前藩庁日記」を抄出紹介した『県史2』，とりわけ338, 358, 446-447, 644-645, 649, 652頁などから読み取ることができる。

334　第 III 部　近世貨幣の流通実態

儀，壱升八分宛只今商売仕罷有候」と単価が 1 升に付「八分」と明示される一方，「酢之儀，当五月より直段下ケ壱升弐拾文宛商売仕罷有候」と単価があきらかに銭文建てとなっている。酒値段の「八分」は一見，銀匁建てのように解釈されるが，これまでの検討により，銭 1 匁を 60 文とする「八分」，すなわち 48 文（60×0.8）であろう。この時期の江戸銀銭相場は銀 1 匁に付き銭 82 文前後であった[26]ので，銀匁か銭匁かのいかんは「1 匁」あたりの価値に大きな差異を生じさせることになる。

　この期の弘前で銭匁建て表示の商品は酒のほか，醤油，味噌，蕎麦，水油，小麦，魚油，米であった。単価の最大値は米 1 俵 30 目（＝1,800 文），最小値は蕎麦切折 1 枚 3 分 5 厘（＝21 文）であって，多くは 1 匁前後ないし 5 匁以下であった。また，銭文建ての商品は酢のほか，豆腐，草履・わらんじ，旅籠賃等であって，単価は旅籠 1 泊 70～90 文を除くと，酢 1 升 16 文，豆腐 1 丁 5 文などと，あきらかに銭 1 匁未満の少額であった。銭 1 匁以上の単価となる旅籠賃が銭文建てであるのは，領外からの来訪者への配慮とみられる。

　高額でも銭文建てで処理される事例として，刑法における過料があった。文化 7（1810）年に整備された弘前藩「御刑法牒」によれば，「戸〆」や「敲」の刑を実行し難い場合，それに代えて過料を納めさせたが，その額はたとえば「戸〆」5 日で 600 文，30 日で 1 貫 800 文，「五敲」は 3 貫 600 文，「三十敲十里追放」は 24 貫文であった。貧困で納入できない場合，3 貫文までの過料は 1 日 30 文の夫役，それ以上の過料は銅鉛山にて 1 日 60 文の割合で「苦使」をさせて納入させた[27]。単価がこのように少額であったため，重刑の過料でも銭文建てだったとみられる。

　ただし，積算単位が少額であっても，銭匁勘定の方がより利用された模様である。たとえば，天明 3（1783）年飢饉時でのお救い小屋収容者への手当は 1 人に付き銭 5 分（＝30 文）と米 5 合であった。また，施行小屋での死者埋方への手当単価は「銭拾五文目（＝900 文）」が下げ渡されている[28]。これらの手当

25）『県史 3』28-30 頁。

26）中井信彦編「近世相場一覧」（『読史総覧』人物往来社，1966 年）788-789 頁。

27）『県史 3』300 頁。

が銭匁建てであったのは，「寛政御仕向之覚」の記事中にある奉公人「給銭」（賄い付き年払いであろう）が，たとえば下男の上が90目，下が60目，乳母が80目，飯炊が50～60目というように[29]，津軽地方での給銭表示が銭匁建てだったためと思われる。

この一方で，天保6（1835）年に弘前鍛冶町の名主，坂本久左衛門が惣名代として勢州へ太々神楽奉納のため家中・在町から受け取った御神楽料等は金58両3歩と銭338文であった[30]。領外で必要な資金はこのように金貨と端数には銭貨を使用したことがわかる。逆に言えば，60文銭遣いがあくまで領内のみに通用する慣行であったことを示すであろう。

以上は，判明するかぎりの断片的な使用実態を示したが，もう少しまとまった使用事例を示そう。弘前藩内には17世紀中期より採掘のはじまった，銅と鉛を産出する尾太鉱山があったが，享保19（1734）—元文3（1738）年における毎年の「元入高」，すなわち稼行資金は銭350～545貫匁であった[31]。これらは操業を請け負った山師に渡され，その多くは鉱山人足への賃銭として使用されるため，銭貨が便宜であったのであろう。それにしても，同藩の代表的な鉱山とはいえ，その経営のために毎年2～3万貫文もの銭貨をどのように調達して同鉱山へ投入していたのか，注目される。当時，四文銭や百文銭のような高額銭貨は鋳造されておらず，すべて寛永通宝一文銭であったので，かりに3万貫文もの銭貨を鉱山内へ搬送するだけで110トン以上の重荷に相当した。しかも，判明するかぎりの享保期20年間の幕府銭貨鋳造量は184万貫文[32]であり，年平均10万貫文以下であった。尾太鉱山内で需要された銭貨の多くは賃銭として人足に渡され，さらにその多くは山内での消費に充てられて弘前藩内で循環したから，つねに銭貨の追加供給が必要であったわけではない。しかし，鉱山での年間経費が3万貫文という銭量は，金銀貨ならばともかく，甚大なもので

---

28) 『県史3』99，104頁。

29) 『県史3』205-206頁。

30) 『県史3』592-593頁。

31) 『県史3』379頁。

32) 本書第4章第2節参照。

336 第 III 部　近世貨幣の流通実態

表 11-1　作兵衛家御用立米金一覧

年	御用立額	年	御用立額
宝永 2(1705)	銭 750 目	延享 4(1747)	米 300 俵
宝永 3(1706)	銭 754 匁 8 分	寛延 2(1749)	金 21 両
宝永 4(1707)	銭 4 貫 049 匁	寛延 3(1750)	銭 16 貫 650 匁
同	米 65 俵	宝暦元(1751)	米 450 俵
宝永 5(1708)	銭 21 貫 521 匁	同	金 100 両
同	銭 28 貫 312 匁	同	金 28 両
同	銭 5 貫 060 匁	宝暦 3(1753)	銭 30 貫目
同	銭 36 貫 090 匁	宝暦 4(1754)	米 1,250 俵
同	銭 12 貫 031 匁	宝暦 5(1755)	米 272 俵 2 斗
同	銭 2 貫 490 匁余	同	銭 120 貫文
同	銭 4 貫 420 匁余	同	金 110 両
宝永 6(1709)	金 173 両 3 歩	宝暦 12(1762)	米 700 俵
正徳 5(1715)	銭 6 貫 069 匁	同	米 391 俵 8 升
享保 11(1726)	金 210 両	明和 6(1769)	銭 15 貫 750 匁
元文元(1736)	金 300 両	明和 7(1770)	銭 18 貫 680 匁余
同	銭 6 貫 525 匁	同	米 40 俵
寛保元(1741)	米 300 俵	安永 4(1775)	米 100 俵
寛保 3(1743)	米 240 俵	同	金 50 両
同	米 1,000 俵	安永 7(1778)	米 200 俵
延享元(1744)	米 5,000 俵	同	米 150 俵
延享 2(1745)	銭 30 貫目	同	銭 2 貫目
延享 4(1747)	金 50 両	同	銭 1 貫目

典拠)『青森県史』資料編近世 3（2006 年）460-461 頁。

あったことがわかる。

　つぎに，より長期連続した銭匁勘定の使用例を示そう。表 11-1 は越前三国の作兵衛が貞享年間に津軽に移住し，田地開発のかたわら元禄 7（1694）年より造酒をはじめたが，弘前藩の要請により用立てた米金の内容を作兵衛以来の同家 4 代にわたって示したものである。藩への財政支援というより，おおむね天災等による対策費拠出という要素が強くみられる。しかもこの記録は寛政期に家業の酒造業継続が困難となり，経営存続のため銭 20 貫目の拝借を願い出た際，過去の御用立記録を網羅して書き上げたものであるので，同家の盛衰とともに米以外で用立てた際の貨幣種別の変化がわかる。

　これによれば，宝永 5 年のように年間 7 件も拠出をおこなった年もあるが，合計 44 件中 20 件は銭建てであり，15 件の米を除くと貨幣で拠出する場合は

第 11 章　東北地方の貨幣流通　　337

銭貨が多かったと言える。ただし，
金貨での用立ても 9 件あり，最高額
の元文元年の 300 両は銭 18 貫匁前
後であったので，高額拠出の場合に
金貨使用というわけでもなかったこ
とがわかる。逆に金貨での最少額

表 11-2　弘前藩年間収支概要（文化 4 年）

収納	払渡
米 15 万 271 石 559 合 銭 4,440 貫 943 匁 5 分	米 13 万 7,375 石 140 合 銭 5,086 貫 980 匁 （内 金 7,241 両 2 歩）

典拠）「御米金銭諸請払調」『青森県租税誌前編』下，
　　　339-345 頁。

21 両は銭 1.5 貫匁前後であり，銭匁での多くの拠出は数貫匁以上であったから，
銭貨が少額でのみ用いられたわけでもなかった。いわば金貨と銭貨が混用され
ていて，どちらかと言えば銭匁建てでの拠出が多かったということになろう。
また，1 件のみ銭文建てが宝暦 5 年にあるが，あえて銭匁で表示されなかった
のは現実の銭貨授受において，丁銭遣い，すなわち文字通り銭 100 枚を 100 文
とする緡銭と，60 枚を 1 匁と勘定する緡銭を使い分けていたことを想定させ
る。

　津軽地方の銭匁遣い使用例として，最後に文化 4（1807）年弘前藩年間収支
の概要を見てみよう。表 11-2 がそれであって，収納は米が 15 万石余あり，貨
幣分は 12 項目のすべてが銭匁建てで，合わせて約 4,440 貫目であった。収納
米を当時の換算価格[33] 1 石に付き銭 68.818 匁で銭匁換算すると銭 10,341 貫
387 匁となり，収納銭の 2 倍余となっている。しかも，収納銭の最多額項目で
ある「両浜御払米代」，すなわち鰺ヶ沢と青森の両港町で払米した代銭 2,895
貫目が藩財政の内部では二重計算となっているので，その分を除くと，収納銭
は 1,545 貫 943 匁となる。純貨幣収入は総収入の 13 ％にすぎなかったことに
なる。逆に，収納米が払米されたとはいえ，4,440 貫目の銭貨が領内に収納さ
れたことは事実なので，収納米から払米約 4 万 2 千石分差し引いて藩財政総収
納分に占める収納銭比率を求めれば，37.3 ％となる。いずれにしても，19 世
紀初頭においても弘前藩収入は石高制を反映していて，米での収納割合が多
かった。

33）この「諸請払調」の末尾に「壱万弐千石之代銭」が「銭」825 貫 820 匁とあり，1 石あ
　　たり銭 68.818 匁（4,129 文）となる。

338　第 III 部　近世貨幣の流通実態

表 11-3　払渡金銭内訳（文化 4 年）

銭 2,169 貫 800 匁	御家中知行御切米御扶持
	ノ内三ケ二通御買上代
銭 580 貫目	木山銘山仕込渡
銭 316 貫目	駄下米駄賃並十三廻運賃共
金 2,436 両（267 貫匁）	公儀松前方御入用
金 1,950 両（214 貫匁）	御用金差上候分
金 658 両ト銭 101 貫 400 匁	御家中金銭給御切米
（合銭 173 貫 451 匁）	並御附料御用四季施料渡
金 835 両ト銭 29 貫目	御上下御入用御家中江戸
（合銭 120 貫 433 匁）	登路用其外不時御預共
銭 111 貫目	紙御蔵御買下，爰元御買上
銭 1,135 貫匁	其他払渡金銭計

典拠）表 11-2 に同じ．

　収納銭の内訳は，払米代銭以外に藩直轄の鉱山や山林産物払代が 420 貫目，「両浜津出御印代」（藩米の江戸ないし大坂回米にさいしての一種の積荷証券の代価であろう）が 382 貫目，「諸湊御役銭」が 179 貫目，「田畑高懸銀並地子銀」が 175 貫目，領内からの「造酒御役」128 貫目などとなっており，領内での特産物らしきものへの目立った課税は見当たらない．また，「田畑高懸・地子」が銀建てとなっており，もともと銀建てであったものがいずれかの時期に銭貨での納入に切り替わったことをうかがわせている．

　一方，払渡のうち，まず米での最大の支出項目は家中への渡し分で，6 万石余もあった．このうち 3 分の 2 は藩が買い上げ，両浜で払い出して現金化のうえ家中に銭匁建てで支給している．したがって，表 11-3 に示した第 1 項目の銭 2,169 貫目分は米渡し分約 4 万 2 千石と二重計算されていることに注意されねばならない．米での第 2 の支出は江戸・上方での「常用金」手当のため回米される 4 万 3 千石であり，当年はすべて江戸回米であった．さらに江戸蔵元への先納や藩債償却，江戸詰め家臣への扶持米等を合わせると 2 万石余となり，米支出の大半は江戸・上方費用と家中への支給米で占められていたことになる．

　払渡銭の内訳を表 11-3 に示したが，その 4 割余は家中への知行・切米・扶持の 3 分の 2[34] を買い上げて払い渡した分であった．残りのうち主要なものは，

───────────

34）『青森県租税誌』344 頁には「三ヶ一通」とあるが，341 頁に 4 万余石の家中支給米「三ヶ弐通」を買上げ，それを 1 俵 21.5 匁の代価で家中に支給したことになっているので，ここは「三ヶ弐通」の誤記であろう．なお，このさいの買上げ価格は 1 石あたり 53.75 匁（1 俵＝ 4 斗）となり，当時の米相場よりやや低い．払米経費などを差引いたものと思われる．

第 11 章　東北地方の貨幣流通　　339

　まず先に見た尾太鉱山や藩営林等の「木山銘山仕込渡」で 580 貫目，回米の際
に鰺ヶ沢や青森湊までの陸送運賃が 316 貫目，松前での公儀警備費用が金
2,436 両，幕府への御用金が 1,950 両，家中への当初から金銭で渡す分が金 658
両と銭 101 貫匁余などとなっている。払渡金銭のうち，金建て分は合計 13 項
目，7,200 両余（銭約 790 貫匁）となっており，そのうち家中への御四季施料の
ように銭と両建てであったのは 8 項目であった。大半が領内からの収納銭の場
合と異なり，払渡し銭で金建てが混入しているのは，領外の公用関係の支払い
では当初から金遣いでおこなわれていたためであろう。

　以上の収納，払渡はすべて標記された通りの銭ないし金貨で授受されたであ
ろうか。領内から広範に収納する田畑高懸銀や地子銀，造酒御役銭などは納入
単価が比較的小口であったことから，銭貨での納入が基本であったろう。しか
し，何回かに分けて収納したと想定されるにしても，1 回あたりの収納額が数
百貫目単位であったろう両浜御払米代をすべて銭貨で授受したとすれば，より
高額の四文銭が用いられたとしても 30 数トンもの重量[35]があり，とても銭貨
が直接授受されたとは考えられない。藩からの払渡では 10 貫目前後の物品購
入や諸入用項目があったが，かりに銭 1 貫目ずつ支払ったとすれば，73 kg と
いう，通常持ち歩きできない重量となり，それは銭 100 目前後の授受でも同様
であったろう。このように，銭匁勘定は建値として銭貨が使用されたというに
とどまり，実際の授受に際しては相当な小額決済でもないかぎり，銭貨以外の
通貨が用いられたことを文化 4 年「諸請払調」は類推させる。

　なお，弘前藩宝暦 4（1754）年の藩政改革期調査によれば，江戸・上方・国
元 3 か所からの借金は 30 数万両となっており，うち上方からの借用の大半は
銀建てであって，それらは集計の都度金建てに換算されていた[36]。この記録で
は国元での借用事例を確認できないが，領外ではあきらかに銭匁建ての取引を
おこなうことはまず皆無であったといってよい。

35）払米代銭 500 貫目を当時の高額銭貨である真鍮四文銭（重量 1.3 匁）で授受したとする
　　と，その総重量は（500,000×60÷4）×1.3×3.75＝36,562.5 kg となる。
36）『県史 3』41–55 頁。

340　第 III 部　近世貨幣の流通実態

2　津軽地方の貨幣流通実態

1)　慢性的な銭貨不足

　津軽地方では領内取引の際の 60 文銭遣いが 17 世紀後期より一般的であった
ことがあきらかとなったが，取引基準と実際に授受された貨幣が一致していた
かどうかはけっしてあきらかではない。以下，判明するかぎりの領内流通貨幣
を観察してみよう。

　取引の決済時にどのような貨幣が使用されたのか，具体的に明示した記録を
近世前期にまでさかのぼって求めるのは難しい。前節で紹介したように，60
文銭遣いが定着しかかる貞享年間に 1 匁を一時的に 55 文銭遣いとしたり，宝
永銀の出回りで銀相場が低落した享保 6 年に 40 文遣いとしたりということは，
領外取引との関連で建値はまだ銀建てが基本となっており，決済時には銭貨，
それも 60 文や 40 文を 1 緡とする単位の授受がおこなわれていたことを類推さ
せる。とりわけ庶民経済における貨幣経済化の進展は急速に貨幣需要を増大さ
せたであろう。享保 9 (1724) 年弘前惣町名主による物価引き下げにかんする
藩当局への答申で日用品やサービスの代価が，おなじ銭貨でも銭匁建てと銭文
建てに区別されていたのは，現実の銭貨授受も区別があったものと考えられる。

　問題は銭建て取引が進展するとともに相応の銭貨供給が伴ったかどうかであ
る。良貨の享保金銀が出回った享保 11 (1726) 年 2 月，弘前町年寄が藩当局に
申し出た文書の中につぎのような文言が含まれている[37]。

　一町年寄申出候者，弘前町中銭払底罷成候故，旧冬より日市荷売七人魚代，
　　毎日浜々江付下申儀，荷売壱人に付一日ニ三百目宛銘々手形出せ，私共裏
　　判にて付下ケ候様ニと被仰付駄下仕せ候
　一弘前金子直段七拾目位御座候得者，他所江銭出候而も両替間ニ合兼候付，
　　銭只今ハ多付下候様に者相見江不申候，此上金七拾六・七匁より上にも罷

---

37)『県史 3』31 頁。

第 11 章　東北地方の貨幣流通　341

成候ハ、銭段々出可申と奉存候

　前者は，享保 11 年段階ですでに銭不足が生じていて，現金商売が本来である荷売魚業者への代金に対して 1 日 1 人に付き 300 目ずつの手形を町年寄が裏書きして発行し，決済して銭貨の節約を図ろうとしたものである。「一日ニ三百目」の手形が，取引の都度授受しやすいように何枚かの小口額面に仕分けられたのか，個別の魚取引自体は記帳で済ませ，1 日ごとの取引額を 1 枚の手形でまとめて決済しようとしたのかについては判明し難い。いずれにしても，幕府の金銀良貨政策による一種のデフレが生じ，銭建て物価についても何らかその影響を受けて銭貨需要量は減少したことが類推できる[38]。にもかかわらず銭不足が問題となっているのは，すでに当時，銭貨需要量が全国的に拡大し，銭貨供給が対応できなくて構造的な銭貨不足が生じていたことを示している。

　後者の文言は，当時弘前での金銭相場が 1 両につき 70 匁（＝4,200 文）前後であり，他の地域と比べて金安銭高であったので，これを 76 匁ないし 77 匁（4,560〜4,620 文）ほどの両替相場に改定すれば銭貨が市場に出回ってくるであろう，との意味である。このことは当時，貨幣相場決定にあたり，藩当局の関与がまだ強く，実勢動向をみて藩当局が提示した相場の水準が実際取引において用いられる，一種の管理変動相場制であったことがわかる。あわせてそのような経済情勢下では，貨幣資産所有者は藩当局が提示した相場と実勢相場の開きが大きい場合，銭貨を退蔵し，実勢相場に近くなるまでは市場に銭貨が供給されない状況が享保中期にすでに生じていたことを示している。

　銭貨不足はその後も構造的に持続したようである。弘前城下から北西の鰺ヶ沢方面へ 10 余里ほど離れた西郡種里村の八幡宮宮司であった奈良家で，19 世紀初頭から幕末期にいたる当主の日常備忘録「永宝日記」[39]には村内や領内の

---

38) 元禄・宝永期の金銀悪貨政策から正徳・享保期良貨政策に転換したといっても，銭貨は基本的に寛永一文銭（銅銭）のままだったので，銭建ての物価は不変のはずである。しかし，断片的ではあるが，この期の平年作以上の 1 俵あたり米価推移を見ると，元禄・宝永期に（銭）15〜50 匁であったのが，享保中期には 10 匁以下に下落した（弘前大学国史研究会編『津軽史事典』名著出版，1977 年，150-152 頁）。

39) 青森県文化財保護協会編・刊『永宝日記・萬覚日記』（みちのく双書第 35 集，1982 年）。

342　第Ⅲ部　近世貨幣の流通実態

貨幣流通事情が折にふれて記録されている。銭貨不足の推移を定点観測的に見ることができるので，以下そのあらましを紹介しよう。

① 文化 10 年 7 月，青森ハ当年鰯四五千両代程大漁ニ御座候得共，却て銭廻無之候（13 頁）

② 同 11 年 2〜3 月，上方より米積参候由，此節ニ相成米沢山御座候得共，銭ハ払底ニテ金ハ百廿匁ニ定，金沢山両替也立不申候（16 頁）

③ 同 5 月，銭払底故ニ金子ハ沢山出申候，南鐐抔ハ殊ノ外通用致候（17 頁）

④ 天保 7 年 8 月，国中金銭払底ニ成り如何ニも暮方容易ニ無御座候（5 月に御用金，77 頁）

⑤ 同 10 年 4 月，銭払底ニ候，夫故ハ近年上方へ米向不申故，金は入申候（98 頁）

⑥ 同 13 年 10 月，銀一朱九月迄は広太ニ出候所，十月ニ成不通ニ也……銭ハ無ク不通ニ金計リ（118 頁）

　まず，①は文化 10（1813）年 7 月，当地域で金額にして 4,000〜5,000 両ほどの鰯が大漁となったにもかかわらず，銭貨が不足しているため取引が円滑におこなわれがたかったことを示唆している。このことはすでに地域内で銀貨はほとんど使用されず，さりとて金貨では決済が不便で困惑していたこと，鰯取引代金の決済は銭貨が基本的に使用されていたことを示している。

　②は，上方から米の買積み船が当地にやってきて，売り渡したい米は沢山あるが代金は希望する銭貨ではなく，金貨で渡される。その金貨を銭貨に両替するにあたっても，1 両が銭 120 匁（＝7,200 文）の相場で，銭安の基準相場であるため，銭貨を持ち出す人はほとんどなく，両替そのものが成り立たなかったことがわかる。この状況は天保期にいたっても改善されておらず，領民の銭貨払底の不便は相当なものであったようである（④）。

　③は，銭貨不足を打開するため，小額の計数銀貨である南鐐二朱銀が文化

　　なお，引用頁は以下，本文に示す。また，西郡下相野村盛家「萬覚日記」は「永宝日記」が文久 3（1863）年までの記録であるのに対し，それを引き継ぐように慶応元（1865）年から 4 年間の記録となっている。

11 年ころには，津軽農村部へも相当量，出回るようになっていたことを示す。「金子ハ沢山出申候」とあるので，南鐐二朱銀がたしかに「金貨」として通用していたわけである。同年銭相場によれば二朱銀 1 片は 900 文に相当するが，銭貨の追加供給が進まない当時にあっては二朱銀の流通は銭貨払底を相当緩和したはずであろう。

　⑤は，少なくとも天保 10 年 4 月の時点で，「近年上方へ米」が向かわなくなったので銭貨払底が続いていることを示している。もとより，領内からの移出米がまったくなくなったというわけではなく，「金は入申候」とあるので，上方や江戸への国産物販売対価としてそれまで強く銭が求められていたことを示唆する。

　⑥は，天保 13（1842）年 10 月の時点において，銭貨は相変わらず出回っていないが，一朱銀が広く流通していて，小額貨幣の中核となっていたことを示している。一朱銀は文政 12（1829）年に幕府がはじめて発行した，額面二朱未満の小額計数銀貨である。5 年前に改鋳された文政二朱銀より出目益の多い貨幣であったが，より出目益を求めてあらたに天保 3（1832）年発行された天保二朱金をより通用させる意図で，この年，二朱銀や二分判とともに流通が停止となったものである。銭貨に代わり，このような小額かつ金位の計数貨幣が幕末期にかけて一般的流通手段となったわけである。ただし，一朱銀 1 枚でも当時銭 420 文に相当[40]したので，より小額単位の取引には一定量の銭貨は不可欠であった。このため，小額計数貨幣がある程度出回っても「銭払底」が常に意識されており，同日記に記録されたのであろう。

2）19 世紀の流通貨幣

　津軽地方では 19 世紀にはいると慢性的銭貨不足が生じていたことが確認できたが，では領内でどのような貨幣が使用されていたか，判明するかぎりの状況を示そう。

40）天保期金銭相場は，1 両＝112 匁（112×60＝6720 文）であった（前掲『津軽史事典』157 頁）。

344　第 III 部　近世貨幣の流通実態

　まず，鰺ヶ沢近辺の舘前村清野家文化 11（1814）年「萬覚帳」によれば，2
月 27 日の項に薬代として「南鐐（弐朱）一片玉十五匁」を支払った記録があ
る。さらに 3 月 5 日にも「十五匁花田氏（医師）へ南鐐壱片支払」った[41]。天
保期土佐の高知城下近郊医師が謝金を南鐐二朱銀で多く受領していた事実がす
でに確認[42]されており，当時の医師への謝礼単価がかなり高額であったこと
とともに，19 世紀前期において，南鐐二朱銀が全国的に浸透[43]していたこと
を示す。また，同「萬覚帳」は 7 月 1 日に「脇差 1 本研賃さや共 38 匁を金銭
ニ而渡」と記録[44]しており，二朱銀 2 片と銭 8 匁（480 文）で支払われたと推
定される。

　その一方で，一定量の銭貨も不可欠であった。「永宝日記」天保 5（1834）年
8 月，「今に立兼候者へ御銭百目百廿匁ト被下置候」（67 頁）というように困窮
者に藩当局から銭貨が支給された。同 6 年 10 月の項には，「赤石村七十郎ト申
者，土蔵被破四文銭拾弐入，小せん十八入[45]，金子箱入数不知盗取候由，御訴
ニ相成」（72 頁）とあり，銭払底といいながら民間でもかなりまとまった銭貨
が退蔵されていたことを示している。ここでは，叺（かます）に入れられたと
思われる四文銭と「小せん」（一文銭であろう）が合わせて 30 袋も盗難にあっ
ている。

　このような状況の下で「永宝日記」は，天保 8 年 10 月「御元詰方より預り
手形宮崎八十吉名前ニて壱匁より廿八匁三五七ト五万両分出シ，十月より専通
用ニ御座候」（87 頁）とあるように，いわゆる宮崎札発行に踏み切った。津軽
藩勘定元締役の田中勝衛と御用商人宮崎八十吉の結託による策とされる[46]。同

41）前掲『鰺ヶ沢町史』第 1 巻，398 頁。
42）本書第 12 章参照。
43）「永宝日記」文政 12 年 9 月の項に，「当秋ニ成て南鐐銀至て贋入廻候て，甚紛敷御座候」
　　（47 頁）とあり，二朱銀が大量に出回るすきをねらって，贋二朱銀が流通している様子
　　が知られる。
44）前掲『鰺ヶ沢町史』第 1 巻，400 頁。
45）この史料文のあと，盗人に宿を提供した居村の与太郎がつかまり，「砂浜より三叺やら
　　見付候由ニ承候」（72 頁）とあるので，本文引用の「四文銭拾弐入」「小せん十八入」
　　とある「入」は「叺」の誤記ではないかと思われる。
46）前掲『津軽史事典』11 頁。

第 11 章　東北地方の貨幣流通　345

年末現在では「預りますますはん昌」と記されているように，相当な流通は見
られたが，「米も小売止候ニ付，銭ニて壱俵四十匁，預りニて六十匁致候」（87
頁）と発行後 2 カ月余で額面の 3 分の 2 の札価となっている。翌年正月には
「炭小表銭ニて七分，預りニて弐匁五分」（88 頁）とあるように，額面の 28 ％
にまで下落している。そして，同年 4 月には「預り御見合御沙汰ニて，引替被
仰付候由」（90 頁）と，わずか半年で回収される始末となった。いかに銭不足
でも，信用の裏づけのない札が 5 万両分も一挙に領内に出回ったので，札価を
急速に下げたわけである。

　こののち，「永宝日記」に流通貨幣の記事はほとんど見られなくなるが，計
数銀貨や二朱金のような小額金銀貨を主たる通貨としてわずかな銭貨も補助的
に使用されたであろう。同日記[47]，慶応 3 （1867）年 8 月「金子ニて貸借の分
ハ金壱両ハ壱両ニて取引の事，銭ニて貸借金返シ申合分ハ金価時相場ニて取引
の事」（322 頁）とあるように，貸借の基準貨幣は金貨が主になっているようで，
金建てでの貸借決済を銭貨でおこなう際は，当然ながら金銭相場で換算してい
る。一定量取引決済で銭貨がまだ使用されていたことを示す。

3　秋田地方の貨幣流通実態

　日本海沿岸で，津軽地方に隣接する秋田地方（ここでは，その大半を占める秋
田藩領）の貨幣流通実態を概観し，同じ東北地方西北部での差異を観察しよう。
　より近年の研究水準を反映しているとみられる『秋田市史』第 3 巻近世通史
編（2003 年刊）は，「序章」において秋田藩領内の貨幣流通状況をつぎのよう
に説明している。すなわち，領内には院内銀山をはじめとする銀山に恵まれて
いたこともあり，17 世紀は灰吹銀や極印銀のようないわゆる領国銀が流通し，
表 11-4 に示したように売人・質人証文での基準貨幣となった。藩は寛永 17
（1640）年に，銭 1 貫文＝極印銀 16 匁という交換率を示し，極印銀 3 匁以下は

47）厳密には，この期の日記名称は「萬覚日記」。

346 第 III 部　近世貨幣の流通実態

表 11-4　秋田領内質入・売人証文（慶安 3 年―宝永 3 年）

年	証文種別	額面	質人（売人）	年期	人主・売主住所
慶安 3(1650)	質人	上極印銀 100 目	19 歳男	5 年	当村
慶安 4(1651)	質人	極印銀 90 目	男	3 年	大戸村
慶安 5(1652)	質人	極印銀 35 匁	15 歳女	有合	大黒沢村
承応元(1652)	質人	極印銀 120 目	17 歳男	4 年	貝沢村
承応 2(1653)	質地	極印銀 110 目			
承応 3(1654)	田地永代	極印銀 100 目		永代	
承応 4(1655)	質人	極印銀 160 目	男	3 年	飯沢村
明暦元(1655)	売人	極印銀 150 目	（母と 3 歳男子）	売切	野中村
明暦 2(1656)	質人	極印銀 85 匁	20 歳女	5 年	飯沢村
寛文 2(1662)	質人	極印銀 190 目	26 歳女房	8 年	飯沢村
寛文 4(1664)	質地	未納米 3 斗入 37 俵	15 歳女	売切	飯沢村
寛文 5(1665)	質地	極印銀 300 目			
延宝 2(1674)	質人	極印銀 30 目	16 歳女	5 年	山田村
同	質人	極印銀 190 目	27 歳男	3 年	大黒沢村
貞享 2(1685)	質人	極印銀 110 目	21 歳女	3 年	下仙道村
貞享 5(1688)	質人	銀 100 目と米 6 俵	本人と息子	4 年	鹿内
元禄 9(1696)	売人	小玉銀 24 匁 4 分 5 厘	15 歳女	永代	
元禄 15(1702)	質人	小玉銀 60 目	35 歳男	3 年	堀廻
宝永元(1704)	質人	小玉銀 103 匁 9 分 6 厘と銭 1 貫 550 文	女房	3 年	
宝永 3(1706)	質人	小玉銀 13 匁	23 歳男	1 年	堀廻

典拠）『能代市史稿』第 4 輯, 1959 年, 182-184 頁, および『秋田県史』資料, 近世編上, 1963 年, 908-921 頁。

　銭を使用するよう命じた。しかし，元禄改鋳を契機に極印銀は 5,000 貫匁余が回収され，幕府鋳貨の丁銀・小玉（豆板）銀と交換された。さらに元文改鋳期の 1737 年に定銀（享保銀）1 匁＝銭 77 文を基準に小役銀銭納相場と，享保銀と元文銀引替相場（100 匁＝元文銀 148 匁）を命じている[48]。この期以降の領内貨幣動向の説明はないが，「(17 世紀に) 100 年近く続いた銀遣いの伝統は残った」と，近世全般にかけて銀遣い一色の理解に誤りないようである。
　たしかに 17 世紀にかんするかぎり，表 11-4 に示したように，『秋田県史』資料編近世上巻（1963）から断片的に観察される質人・売人証文や質地証文等は，元禄期ころまではほとんど極印銀建てとなっている。ところが享保・元文

48）以上,『秋田市史』第 3 巻近世通史編, 2003 年, 6-7 頁。

第 11 章 東北地方の貨幣流通 347

期以降，事情は大きく異なったようである。元文 2（1737）年，秋田に鋳銭座
が設置され，これまで認識されていた以上の大量の銅銭が領内に供給されたこ
ともあり，民間での取引の多くは銭建てに移行していった。

　秋田鋳銭座は設置の翌年から 7 年間にわたり鋳造がおこなわれ，合計 70 万
貫文に上ったとされる[49]。『秋田県史』によれば，これらは領内諸銅山への仕
入れ，鋳銭道具・炭・薪購入や移入商品への支払いに充てられた[50]。秋田での
鋳銭の多くは領内に供給され，流通することになったことを示す。さらに『秋
田県史』は，秋田藩が把握している数値として，当初の 5 年間のみで 272 万貫
文もの鋳銭量が記録されている[51]。この数値は秋田に鋳銭座がおかれていた期
間の鋳銭量の 4 倍にも届く数値である。鋳銭原料の産銅便宜のある秋田藩が，
幕府に内密で大量に鋳銭した可能性がおおいにうかがわれる。そして，この期
以降，とりわけ明和期以降，秋田領内の売券・質地証文の多くは銀遣いから銭
遣いへ転じたという[52]。

　18 世紀中期以降，秋田藩領で銭遣いが浸透してゆく若干の例を以下紹介し
よう。

　まず，角館在住で知行高 79 石余の給人蓮沼氏の明和元（1764）年家計収支
が判明するが，その収入は物成米と小役銀，支出は飯料と不時の入用米，およ
び下男下女の給銭や衣類・酒・薪等買物銭であった[53]。小役銀は銀 513 匁余で
あるが，知行地内からは多く銭貨で上納されたのであろう。「この銭 32 貫 360
文」と注記されている。

　つぎに，雄勝郡堀廻村で安永期前後に 12 年間肝煎を務めた石垣家の記録に
よれば，つぎのような村の借財に自身で対応できなくなったので，同家はやむ
なく退役したという。その借財額は米が 1,837 石，銀 10 貫 857 匁，銭 830 貫

49）日本銀行調査局編『図録 日本の貨幣 3』（東洋経済新報社，1974 年）249 頁。ただし
　『秋田県史』第 2 巻近世編上，1964 年，は，同じ 7 年間の幕府への届け高を，80 万貫文
　としている（517 頁）。
50）同上『秋田県史』第 2 巻近世編上，516 頁。
51）同上，649 頁。
52）同上，517 頁。
53）『秋田県史』第 3 巻近世編下，1965 年，65 頁。

348 第 III 部　近世貨幣の流通実態

409 文であった[54]。村の借財は次年度以降の年貢を担保として領主の債務を引き受けた場合も珍しくはなかったので，銀建ての借財額がむしろ基本であったろう。しかし，石垣家が記録した銭建て 830 貫文の債務は，当時の銀銭相場 1 匁＝銭 80〜90 文で換算すると，銀 10 貫匁に近似するほどの額であった。同村の別の肝煎による天保 9（1838）年借財は，米 60 石，銭 3,250 貫文，金 51 両[55]であって，銭建て借財が全体の 8 割以上を占めるにいたっている。銀建ての借財はまったく消え，銭遣いが広く浸透している様がうかがえる。

　さらに，平鹿郡角間川村の川船問屋荒川家資産は寛政 9（1797）年に 1,616 貫文，文化 4（1807）年貸方合計は 2,016 貫文と，全額銭建てであった。また，享和元（1801）年から慶応 3（1867）年の間の同家土地集積の際の安堵銭も累計額が判明し，慶応年間までに 2 万 8 千貫文分もの土地を集積した[56]。土地取引が銭貨でおこなわれたことを意味している。

　以上のように 18 世紀に入り，秋田地方では銀建て取引から銭建て取引に移行していったことが確認できた。しかし，このことは流通貨幣まですべて銭貨に移行したことを意味しない。雄勝郡稲庭川連町で質屋や万商いで 19 世紀に入ってから成長した高橋家の総資産は，文化元（1804）年に銭 514 貫文，文政 9（1826）年に 3,530 貫文，文久 2（1862）年には 40,567 貫文と増加した。表 11-5 に集約した文久 2 年正月の貨幣資産内訳[57]をみると，店先では 1,100 貫

───────────────

54）同上，82 頁。
55）同上，82 頁。
56）同上，149 頁。
57）『秋田県史』資料，近世編下，166 頁。なお，この史料で注目されるのは，金貨，銭貨が種別に，しかも価額も示されていることである。ただし店先有金は銭貨換算額が示されているが，蔵有「古金」や予備金は換算額が示されていない。おそらく店先には価値の低い通用金（その大半は小判ではなく，当時大量に鋳造され，流通した万延二分判と二朱金であったろう）が授受に使用され，より価値の高い旧貨は選択的に退蔵されたであろう。また，蔵有銭貨は當百，四文銭，「光銭」（銅一文銭であろう）に分別されているが，店先有銭は「正銭」表示のみである。1860 年末から江戸で大量に鋳造開始された鉄四文銭が津軽まで出回ってきた可能性もなしとしないが，多くは鉄一文銭，當百銭，真鍮四文銭であったろう。さらに，慶応元（1865）年以降明治初年まで秋田藩領内で流通した「通札」が店先にも内蔵にも計上されているが，その評価額は 500 貫文が 15 貫文というように，券面のわずか 3 ％にまで下落している。これほど下落しても一定額

第 11 章　東北地方の貨幣流通　　349

文余にすぎなかったが，店先で管理する現物・債権・現金とは別に蔵有の貨幣資産があった。その額は店先の 4 倍近くあって，当面使用しない金銭を保蔵していたと考えられる。ここで注目されるのは，店先有金の換算相場で評価した蔵有の金貨を銭貨と比較すると，金貨は全体の 9 割以上もあって，銭貨は 7 ％以下にすぎなかった。一定額以上の取引には銭建てであっても金貨が使用されたことを意味している。

表 11-5　稲庭高橋家持金内訳（秋田）（文久 2 年）

972 貫 400 文	金 151 両 2 歩 3 朱
119 貫 050 文	正銭ニテ
15 貫文	通札 500 貫文
(1,106 貫 450 文	店先計)
外ニ	
金 200 両	古金有（1,281 貫文）
金 300 両	予備金（1,921 貫文）
金 6 両 2 歩	古金有（42 貫文）
正 100 貫文	當百千枚内蔵ニアリ
40 貫文	四文銭拾貫同所ニアリ
80 貫文	光銭
2 貫 400 文	四文銭 600 文
9 貫文	通札 300 貫
金 120 両	御扶持被下候分（768 貫文）
(4,242 貫 880 文	蔵有計)
(5,349 貫 330 文	持金総計)

典拠）『秋田県史』資料，近世編下，1963 年，166 頁。
注）カッコ内は筆者の計算。

　その一方で，銅山内の人足賃や扶持，道具代等は，一部銀遣いも見られたが，大半が銭遣いであった。寛政 3（1790）年，約 5 千人が従業していた秋田藩営の阿仁銅山では，62 万斤の銅を産出するために銀 1,039 貫匁余が投資され，これをすべて 92 文相場で銭貨に替え，総額 9 万貫文近くが掘り方人足の給銭や諸道具費用に充てられた[58]。総額は巨額であっても，人足一人あたりの日雇い銭としては数十文ほどにしかならず，どうしても小額な貨幣が必要とされたのである。

　城下町での事例として，文化年間に藩の絹方役所支配人に登用された那波三郎右衛門家の寛政 2〜7 年の間における 18 件の預り・借用証文の額面を見ると，「文金 3 両」「金 1 両ト銭 4,900 文」「文銀 200 目ト調銭 10 貫文」（いずれも寛政 6 年）のように金銀を含む例もあるが，他の事例すべては銭建てで，その額は

　　　　が保蔵されるほどであったのは，一文銭のような小額通貨不足がきびしかったことを示すものであろう。
58）同上，349-354 頁。

350 第Ⅲ部 近世貨幣の流通実態

36貫文～3貫265文であった。その期をさかのぼる安永期には灯油商いもおこなっていたが，記帳はすべて銭建てであった[59]。那波家以外の事例が在方ないし鉱山内だから特殊に銭遣いであったのではなく，18世紀中期以降の秋田藩領では，取引のさいに授受する貨幣はともかくとして，価値基準となる貨幣は銭貨が使用されていたことはおおむね認められるであろう。

4 若干の考察——むすびにかえて

　以上，東北日本海側の津軽と秋田という，大坂および江戸からきわめて遠隔な地域の貨幣流通状況を垣間見た。その際，これまで，おおむね18世紀中期以降の西日本でしか観察できなかった「銭匁勘定」，すなわち銭貨一定量を1匁として勘定する特殊な銭遣い慣行が津軽地方で17世紀後半からはじまっていたことが判明した。その南に隣接する秋田藩領では17世紀こそ産銀に恵まれて，いわゆる領国銀が流通したが，幕府貨幣政策により世紀末までにその大半が幕府丁銀・豆板銀と交換された。ところが，秋田藩領内でその後主要な通貨となったのは幕府貨幣ではなく，銭貨であった。しかも津軽の弘前藩領のような銭匁遣いではなく，通常の銭文遣いであった。西南日本の多くで18世紀後半から一般化する銭匁勘定がなぜ津軽地方で早期にはじまり，定着したのか。また17世紀を通じて銀遣いが定着していたかに見える秋田地方でなぜ18世紀以降，銭遣いに転じてしまったのか。両藩領の貨幣流通状況を比較することは近世日本の貨幣経済のダイナミズムを探る上で，多くの手掛かりを与えてくれそうである。ここでは，以上で垣間見たかぎりでの観察事実からの若干の展望を示しておこう。

　はじめに，なぜ東北地域で，しかもなぜ津軽の弘前藩領でのみ銭匁勘定がおこなわれていたかが問われねばならない。これまで観察されているかぎりの藩札・私札発行状況によれば，今後，東日本でその事例を検出する可能性はきわ

---

59) 秋田市立中央図書館明徳館蔵，那波家文書，整理番号 No. 53 および No. 69。

めて少ないであろう。その意味ではきわめて特殊例とされそうであるが，少なくともこれまで観察されている銭匁勘定例としては最も早期に始まったことが確認された事例であり，しかも17世紀後半から幕末期にかけて2世紀にわたり根強くその慣行が持続した意義は無視できない。ここでは，その開始にあたり，とりわけ銭1匁の内実量決定において藩当局の関与が無視できないこと，しかし一度，1匁＝60文の相場が定着すると藩当局も容易には変更できなくなっていたこと，さらにこの相場はかならずしも銀銭相場とは関連なく，地域内の取引相互関係者の便宜で当初からほぼ固定され，継続的に維持されたことが確認できた。

そこで，なぜ60文相場が導入され，定着したかについてつぎに検討しよう。弘前藩で銭匁勘定が制度化された17世紀80年代当時の銀銭相場は上方地方で銀1匁＝70文前後であり，60文相場が実現したのは寛永通宝出回り期の1640年代と，寛文期銭貨増鋳直前期の1660年代までであった[60]。津軽地方の17世紀銭相場はまったく不明であるが，もし領内銀銭相場が基準となって60文銭勘定が導入されたとすると，当地では上方よりはるかに銀安，銭高の水準であったことを意味する。しかも，この「銭高相場」で長期推移したという事実は，当地の銭匁勘定が当初から「銭匁」が計算貨幣単位であって，「銀1匁」の価値とは連動していなかったことを類推させることになる。

それにしても，秋田や盛岡地方のように通常の「銭○貫○文」という勘定でなく，あえて「銭○匁」という銭匁勘定が津軽地方で定着したのは，銀貨と銭貨を混合流通せざるをえないこの地の事情を類推するほかはないであろう。すなわち，中央市場との関係で言えば，これまで指摘[61]されているように津軽は銀建ての大坂とのリンクがより強く，一方，領内で次第に拡充しつつあった庶民経済は銭遣いであった。その際，本章で若干観察したように，当地ではおおむね銭貨不足が生じており，場合により私鋳も可能であった秋田や盛岡藩領と異なり，銀貨との併用も余儀なくされていたと推定される。もとより，小額

60）前掲「近世相場一覧」781-785頁。

61）前掲大石慎三郎論文，および竹中靖一・作道洋太郎編『図説 日本経済史』（学文社，1972年）77-78頁。

352　第 III 部　近世貨幣の流通実態

貨幣としては銭貨換算で当時，数文以下に相当する 0.1 匁以下の極小な豆板銀も使用[62] されてはいたが，授受のつど，秤量しなければならない不便はその流通性を大きく制約したであろう。そのためもあって，銀銭併用でありながら，「銭匁」が早期から計算貨幣化したと考えられる。

　なお，17 世紀に銀遣いが主流であった秋田地方で，18 世紀以降，銭遣いに転じた理由は，直接的には 18 世紀初頭における幕府銀貨の悪鋳が契機となったであろう[63]。たしかに表 11-4 での秋田地方質人証文等の推移からも確認できるように，領内のいわゆる領国銀と幕府銀貨との引き替えは元禄改鋳を契機にはじまり，とくに悪鋳度の高まった宝永銀が領内に出回る 1710 年代後半に銭遣いが浸透した。その際，純分率の最も低い四ッ宝銀（1711-22 年間に通用）は慶長丁銀を基準にすると 4 分の 1 にまで純分率が落ち，しかも新旧銀貨は等価通用が建前とされたから，旧貨は退蔵され，新貨は忌避されがちであった。このためより価値の安定していた銭貨が取引の基準として広く使用されるようになったと考えられやすい。

　しかし，じつは銭貨もこの時期，金銀貨元禄改鋳期に合わせて，重量が少なく，鉛・錫の割合を増やした低質な荻原銭が大量に発行された。また幕府にとって初めての大銭，宝永通宝（1 枚 10 文遣い）を荻原銭鋳造開始 11 年後に発行したが，その重量は通用銭の 3 倍にすぎなかった。宝永通宝は不評なため，わずか 1 年間で通用停止となったが，荻原銭は 10 年余にわたり鋳造が継続された。その発行量は，宝永通宝と合わせると，寛永通宝初鋳発行以来の銭貨累積額を 4 割も増加させるものであった[64]。つまり，悪銭が増加したものの，地方への銭貨浸透の条件はより整ったことになる。秋田藩領では領内産出の銀移出と引き替えに，これらの銭貨を移入することは弘前藩領よりもはるかに容易であったはずである。秋田藩領できわめてスムーズに銀遣いから銭遣いに移行できた諸要因を，以上のような当時の国内における銭貨増鋳とそれを吸引でき

62）前掲岩橋勝「近世の貨幣・信用」435 頁。
63）前掲国安寛論文，27 および 41-42 頁。また，勝亦貴之「秋田藩大坂廻銭願いからみた幕府銭貨統制」（2010 年 1 月 30 日「近現代史意見交換会月例報告」配布資料）も参照。
64）以上，前掲『図録 日本の貨幣』3，191-197 頁，および本書第 4 章。

る秋田銀の産出，そして秋田藩領内での私鋳銭継続の可能性という貨幣供給的
側面が重要であったろうことを指摘しておきたい。

第 12 章
土佐における八銭勘定

はじめに

　近世土佐地方の貨幣流通のあり方を反映して発行されたと考えられる藩札や私札を見てみると，高知藩札は寛文 3（1663）年にはじめて銀札が発行された後，半年余で停止，ついで元禄 16（1703）年にも銀札が発行されたが宝永の幕府札遣い禁令が出る直前に停止となり，いずれも失敗した。その後の高知藩札は維新期直前までまったくなく，武市佐市郎によれば文化末（〜1818）年より天保期（1830-44）にかけて，高知城下の町会所札，佐川の預り札など少なくとも 6 種の私札が発行されている[1]。

　そしてこの期の私札が藩の統制にもかかわらず広く流通したが，その額面は銀匁ではなく「八銭」，すなわち 80 文銭勘定であった。近世土佐地方史に詳しい平尾道雄は，この八銭について「銭 80 文で評価した 1 匁の寛永通宝を指したものである[2]」との注釈を付している以上に詳しい説明は加えていない。八銭勘定が 1 匁を 80 文とする銭建て勘定であると理解はできるものの，銀匁勘定とどのような関係にあるのか，いつからどのような理由で八銭勘定が成立し，どんな場合に用いられ，領内すべてに浸透したのかどうか，これらの疑問に対する解答は管見におよぶかぎりの土佐地方史研究成果のなかからは見出すこと

1）平尾道雄『土佐藩商業経済史』（高知市民図書館，1960 年）177-191 頁。
2）同上，191 頁。

356 第 III 部 近世貨幣の流通実態

はできない。それどころか，それらのなかで八銭勘定があつかわれる場合，銀
匁勘定とおおむね大差ないものとして処理されている気配さえ感じられる。

八銭勘定の実態をあきらかにすべき意義について，具体的な例を示そう。近
世において最も基軸的な商品であった米の価格変動を通じ，諸地方経済のあり
ようをうかがうことが可能であるが，土佐においては慶安元（1648）年から幕
末維新期までの長期米相場データを，断続的ではあるが得ることができる[3]。
ところがこの米価系列は，おそくとも天保期（1730-44）以降は銀匁ではなく，
八銭表示となっている。それ以前についても米価水準の動向から八銭建てであ
ることが推定できても，どの時期に銀から八銭表示に移行したかはまったくわ
からない。土佐の銀銭相場がつねに 80 文前後で推移しておれば他の銀建て地
域米価と対比しても意味をもつが，もし両地域の銀銭相場が乖離を大きくする
と，八銭表示米価をおなじ銀匁系列に換算しなければ，そのままの対比では意
味をなさなくなるのである。本章では土佐における銭匁勘定の成立プロセスと，
17 世紀末から幕末期にいたる基準貨幣と流通貨幣の推移のもようをあきらか
にする。

なお，高知藩（24 万石）は慶長 5（1600）年に山内氏が入封して以降，土佐
一国を維新期まで支配した。その際，高岡郡佐川に家老深尾氏（1 万石）のほ
か，幡多郡中村（2 万石），宿毛（7 千石），高岡郡窪川（5 千石）などに一族重
臣を配して広い領国支配につとめた。経済政策を含む基本的な藩政一般は一元
化がはかられていたようである。

1 売券類に見る基準貨幣と流通貨幣

近世土佐の日常的な取引でどの貨幣を価値基準としていたか，また実際にど
の貨幣が流通貨幣として授受されていたかについて，土佐藩領内の商家ないし
地主史料のなかで比較的長期にわたり多くまとまって残存している売券を中心

3）武市佐市郎「銭相場と米穀相場」『土佐史談』45 号，1933 年。

第12章　土佐における八銭勘定　　357

に観察してみよう。ここで利用する売券は大部分が田畑家屋敷を中心とする土地売渡し証文であるが，一部山林地における木材売買にかかわるものも含んでいる。これら売券は商品が不動産に偏っているという点でかならずしも取引一般のサンプルたりえないが，主として小額貨幣が使用される日常の消費経済の場合と異なって，大口取引にあてられたであろうそれぞれの時期および地域の基準的な貨幣が使用されたと思われるので，ここでの目的のためには有用であろう[4]。

　はじめに安喜（芸）郡西分村[5]公文家に残存する売券を見よう。元禄6（1693）年から元治元（1864）年にいたる172年間，計143通が利用でき，一部山林地を含むが，大半は田畑である。売主の所在地は，18世紀売券の多くで村名が記載されていないので判然としないが，明記分について見ると公文家とおなじ西分村が断然多く，同村ゆえ省略されたと見ることが許されるならば，大半は西分村で，幕末にかけて和食・馬上・赤野・穴内・川北など，安喜郡西端海沿いに位置する近接農村の田畑を公文家が集積していったとみられる。いま最古の売券を示すとつぎのとおりである。

　　　八王子谷四ヶ所
　一地六代三歩
　　　　代米太米四斗也
　右者私去年ゟ堀明作式ニ仕ゐ処ニ，私只今無食ニ指詰悉出仕貴様へ永代ニ売渡シ申所実正ニて御座ゐ，右堀明地何方ゟ構無御座ゐ，末代子〻孫〻ニ至迄貴様作式ニ御支配可被成ゐ，
　仍為後日売券状之書物如件
　　　元禄六年酉ノ　　　　　　　　　　地売主西分村
　　　　　二月八日　　　　　　　　　　　四郎右衛門㊞
　　　　　九郎左衛門殿

────────────
4) 売券（土地取引証文）を利用して当該地域の取引基準貨幣を推定する論理については，第13章第2節でより詳しく説明している。
5) 以下，本章で扱う関係町村所在を図12-1に示した。

図 12-1 　土佐国関係町村の位置

これは西分村四郎右衛門が元禄6年公文家に村内八王子谷にある堀明地（新田）6代3歩（1畝9歩[6]）を代米4斗で永代売渡したさいの証文である。「太米」とは大唐米の略称で，当時土佐では赤米が一般であった。山間部が多かったこともあり，17世紀産米の過半は太米だったが，より良質の吉米作付けが奨励され，元禄期に太米とほぼ同量の生産となり，その後は吉米が少しずつ凌駕していった[7]。

以下，幕末にいたる全売券の土地代価のみを表 12-1 に示した。土佐藩では長宗我部氏の天正検地で確定した土地である「本田」は永代売買が厳禁され，その後の検地であらたに打ち出されたり開発された新田は永代売が認められていた[8]。このため本田の売買は「年数売」，すなわち19年以下の請返権を認めた年季売形態でなされるのが一般であったが，公文家の場合は寛政（1789-1800）頃より本田であっても永代売渡の形式がふえてきた。したがって，表 12-1 では寛政初年以前の永代売はすべて新田の譲渡である。

さて，公文家の売券143通を年代順に並べると，弘化4（1847）年や嘉永3（1850）年のように年間数件以上の土地取得がある一方で，享保・宝暦期や寛政・文政末年のように数年ないし10年前後売券が残存していない時期もあって，西分村地方の土地取引の動向を完全には観察しえないが，元禄以降元治までのすべての年号にわたっている。したがって同家売券は土佐地方の大口取引における基準貨幣の長期動向を観察するにはきわめて有用な情報と言えよう。

---

6) 土佐では地積単位としての「畝」はなく，6歩を1代，50代を1反（したがって1畝は5代）としていた（平尾道雄『土佐藩農業経済史』高知市民図書館，1958年，128頁）。
7) 同上，154-156頁。
8) 同上，104-106頁。

表 12-1　西分村公文家売券の基準貨幣

年　月 日	土地代価	年　月 日	土地代価	年　月 日	土地代価
元禄 6. 2. 8	米 4 斗	寛政 2.11.20	[80]40 匁	天保 6.12.19	[80]2 貫 333 匁 31
〃 15. 9.11	米 6 石	〃 4.12.25	米 28 石[80]233 匁	〃 6.12.30	[80]500 匁
〃	米 6 石	〃 5.12.20	[80]1 貫目	〃 7.11.	[80]1 貫 400 目
〃 16.11.17	銀 485 匁	〃 7. 3.12	[80]1 貫 200 目	〃 7.12.	[80]1 貫 850 匁
宝永元 .11. 3	米 3 石 6 斗	〃 7.12.26	[80]1 貫目	〃 8.12	[80]9 貫目
正徳元 . 9.13	米 5 石 1 斗	〃 9. 3.28	[80]850 目	〃 10.12.20	銀 1 貫 300 目
〃 3.10.22	銀 200 目	享和 2.12.25	[80]75 匁	〃 11. 2.	[80]1 貫 801 匁 66
〃 4. 5.18	銀 2 匁	文化元 .12.	[80]620 匁	〃 13. 2.	[80]100 目
〃 5.11.21	米 6 石	〃 元 .11. 5	銀 151 匁 12	〃 13.12.20	[80]2 貫 350 匁
享保 4.12.13	米 22 石 1 斗	〃 元 .12.11	*[80]1 貫 600 目	〃 14.12.29	銀 3 貫 804 匁 44
〃 5.10.17	米 4 斗	〃 元 .12.20	[80]430 目	弘化 2.12.	銀 2 貫 350 匁
〃 8.12.26	米 1 石 3 斗 2 升	〃 2.11.	[80]1 貫目	〃	銀 2 貫 600 匁
〃 10. 9.13	米 15 石	〃 2.11.27	銭 223 匁 86	〃 3.12.	銭 2 貫 600 目
〃 16.12.25	米 4 石	〃 2.12.14	[80]1 貫 050 匁	〃 4.11.19	銀 2 貫 300 目
元文 3. 9.15	米 1 石 3 斗	〃 4.12.12	[80]1 貫 160 匁	〃	銀 200 目
〃 4.11.15	米 25 石 6 斗	〃 5.11. 2	[80]120 匁	〃 4.12.	[80]1 貫 200 目
〃 4.11.28	米 1 石 5 斗	〃 5.11.20	銭 1 貫 300 目	〃 4.12.19	銀 650 匁
〃 5. 9.18	*米 7 石 6 斗	〃 5.12.23	銭 1 貫 070 匁	〃 4.12.29	銀 440 匁
寛保元 . 9.14	*米 9 石	〃	銭 502 匁 9	〃 4.12.30	銀 700 目
〃 元 .10.29	*米 12 石	〃 7.12. 1	[80]150 匁	〃	[80]2 貫 040 匁
〃 3.12.17	*米 8 石	〃 7.12.20	米 6 斗	嘉永元 .12.22	銀 1 貫 700 目
延享 2.10.17	*米 14 石	〃	銭 2 貫 720 匁	〃 元 .12.28	銀 1 貫 300 目 050 匁
寛延 2. 9. 4	銀 1 貫 800 目	〃 8.12.14	[80]147 匁 9	〃 元 .12.29	[80]562 匁
宝暦 3.11.19	米 1 斗 8 升	〃	[80]800 目	〃 2.12.24	*[80]700 目
〃 12.12. 6	銀 381 匁 25	〃 9.11.17	銭 1 貫 100 目	〃 3. 4.27	銀 266 匁 66
明和元 .12.13	米 1 石 7 斗	〃 9.11.20	銭 900 目	〃 3.11.26	銀 442 匁 22
〃 2.11.27	米 2 石 9 斗	〃 10.11.15	銭 269 匁 3	〃 3.12.15	銀 355 匁 55
〃 2.12. 5	米 1 石 4 斗 5 升	〃	[80]80 匁	〃 3.12.20	銀 400 目
〃 3.12. 1	米 4 石 1 斗	〃	銭 1 貫 150 匁	〃 3.12.26	銀 900 目
〃 4.11.13	米 8 斗 2 升	〃 10.12.25	*[80]700 目	〃	銀 442 匁 22
〃 5.10.13	米 19 石	〃 12.11.15	[80]252 匁	〃 4. 5. 3	銀 800 目
〃 6.12.14	米 2 石 6 斗	〃	[80]2 貫 600 目	〃 4.12.17	銀 711 匁 11
〃 6.12.19	銀 100 目	文政元 .11.20	[80]205 匁	〃 5. 2. 4	銀 800 目
〃 8.11.20	*米 6 石	〃 2.11.15	[80]1 貫 800 目	〃 6.10. 9	銀 533 匁 33
安永 3.11.21	米 2 石	〃	[80]6 貫 527 匁 5	〃 7.12.	[80]600 目
〃 5.11.26	米 14 石	〃	[80]3 貫 583 匁 7	〃 7.12.25	[80]3 貫 100 目
〃 6.12.20	米 6 斗 8 升 9 合 7	〃	[80]1 貫 185 匁 18	安政 2. 2.22	銭 300 目
〃 9.12.10	*米 4 斗	〃 3.12.20	[80]1 貫 150 匁	〃 2.12.	[80]6 貫目
天明 3.11.18	*米 1 石 6 斗	〃 4.11.20	[80]1 貫 050 匁	〃	[80]900 目
〃 3.12.27	米 1 石 2 斗	〃 5.11.20	[80]543 匁	〃	[80]7 貫目
〃 4.11.15	[80]812 匁 5	〃 6.11.20	[80]950 匁	〃 3.12.29	銀 2 貫 500 目
〃	[80]1 貫 625 匁	〃	銀 600 目	〃 4. 1.25	銀 616 匁
〃 5.12.25	米 1 石	〃 6.12.	銀 800 目	万延元 .12.29	[80]800 匁
〃 6.11.14	*[80]850 匁	〃 8.12.	銀 391 匁 11	文久 2.12.24	銀 2 貫 220 匁
〃 6.11.27	*[80]319 匁 22	〃 10.11.20	[80]1 貫 300 目	〃 3.12.28	銀 533 匁
〃 7.12.25	*[80]540 目	天保 3.12.20	*[80]800 目	〃	銀 310 匁
寛政元 .12.25	[80]72 匁 5	〃 4.12.28	*[80]325 匁	元治元 . 3.11	[80]3 貫 830 匁
〃 2.11.20	米 1 石 2 斗 5 升	〃 5.11.22	[80]750 匁		

典拠）高知県立図書館蔵，公文家文書。
注）*印は年数売，その他は永代売。[80]は 80 文銭。

360 第 III 部 近世貨幣の流通実態

　表 12-1 を一見して，土地取引にあたっての基準貨幣は大きく三つの画期が
あったことがわかる。すなわち，まず元禄から天明 3（1783）年までの第 1 期
は判明する 40 件のうち，稀に銀貨で取引されることはあっても，大半の 34 件
が米で取引されている。銀で土地代価が示されるのは永代売・年数売のいかん
にかかわらず，また大口・小口のいかんにもよらないようである。後者につい
ていえば，米による代価は 25 石 6 斗（地高 9 反 41 代）から 1 斗 8 升（地高不
明），銀による代価は 1 貫 800 目（地高 1 反 31 代 4 歩）から 2 匁（地高 3 歩）に
およんでおり，当時の米相場を勘案すると，大口でも小口でも米・銀ともに基
準貨幣として用いられていたが，銀貨不足のためか，もっぱら米が用いられて
いたという状況であった。

　ところが天明 4 年以降，天保 13（1842）年までの第 2 期に入ると，一転して
80 文銭が基準貨幣となった。初出の例を示すとつぎのとおりである。

　　　　　田畑永代売渡ス証文
　　一地高四反四拾五代三歩
　　　　　代八銭壱貫六百弐拾五匁也
　　　　右者私扣ニ而御座 い所，今御貢物相滞幷諸役難相勤御座 いニ付，右田地貴
　　　　殿江永代売渡シ代銭右之通只今請取……（後略）
　　　　　天明四辰年　　　　　　　　　地売主　　西分村　　喜平太㊞
　　　　　　　十一月十五日　　　　　　請証拠人　同村　　吉郎兵衛㊞
　　　　　　　　　　　　　　　　　　　同村　組頭　　　喜三八㊞
　　　　　　　　同村
　　　　　　　　　秀平殿

　米や銀での取引はまばらになり，天保 13 年までの合計 65 件中，米・銀はわ
ずか 9 件（寛政 4 年売券は「米」「80 文銭」併記）にすぎなくなる。文化 2
（1805）年以降，たんに「銭何匁」とのみ代価が記されたものがあらわれてく
るが，80 文銭以外の勘定がなく，すでに当時土佐において八銭勘定が定着し
ていたとみられるので，80 文銭での代価とみて誤りないであろう。そうする
と，八銭での土地評価はこの期の全体の 88 ％にあたる 57 件だったことにな

第 12 章　土佐における八銭勘定　　361

る。この八銭は言うまでもなく，1 匁を 80 文とする銭貨の勘定法であり，天明 4 年以降の土地取引は米建てから銭建てに転じたのである。ちなみに第 2 期での銭 1 貫目以上の土地取引（少なくとも米 10 石以上の代価に相当）は 57 件中 27 件もあり，第 1 期とくらべて小口の土地取引が主流となったために銭建て取引が中心となったと考えることはできない。さらに銀貨も 1 貫 300 目を最高額とするほかは 1 貫目未満の取引が多く，ほぼ銭貨と同等であり，少なくとも大口取引の場合に銀建てで取引されたと見ることもできない。つまり，取引代価の大小にかかわらず，米・銀に代わって銭貨が主流となったのである。

　天保 14 年以降を第 3 期とすると，今度は銭匁建ては後退し，逆に銀建てが全体の 3 分の 2 にあたる 38 件中 25 件となって，銀貨が土地取引の代価基準貨幣の中心になっている。授受された貨幣もたしかに銀貨であったかどうかは売券のみでは不明であるが，少なくとも証文上明記された取引基準が銀貨に転じた点は注目されよう。

　以上のように，公文家の場合は土地取引の基準貨幣が天明 4 年および天保 14 年を画期として，米⇒80 文銭⇒銀貨と明確に変わっていったことが観察できた。こうした特異な貨幣流通のあり方が土佐に一般的な事実であったのか，公文家だけの特殊な事例であったのかを吟味するため，つぎに比較的土地売券がまとまって観察できる，おなじ安喜郡内の 2 例を見よう。

　表 12-2 の松本家は屋号を代升屋と称し，後述の田野浦米屋（岡家）と同様，廻船業者としてまず産をなし元文（1736-41）以後，とくに明和期（1764-72）に急速に土地集積をなし，羽根浦近村のみならず，土佐国中部地域にまで集積地を拡大した。天明 4（1784）年の記録によれば，所有地は 38 町歩余，作徳米は 200 石ほどであったという[9]。売券は元禄 9 年から慶応 2（1866）年まで 77 件[10]あるが，元禄期は 1 件のみで，このあと寛延元（1748）年—天明 3 年と続き，寛政・文化期に長期断絶した後，文政 3（1820）年以降幕末にいたっている。比較のため，公文家の場合の時期区分を基準として売券額面貨幣を類別す

---

9)『高知県史』近世編，1968 年，531 頁。なお，土地売券では松本家屋号は「代升屋」ではなく，すべて「代増屋」とある。

10) ほかに明治期売券が 5 件あるが，表 12-2 では除外した。

表 12-2　羽根浦松本家売券の基準貨幣

年　月 日	土地代価	年　月 日	土地代価	年　月 日	土地代価
元禄 9. 5. 8	銀 20 匁 5	文政 8.10.26	銭 300 目	弘化 3. 6. 6	[80]600 目
寛延元.10. 2	*米 2 石	天保 9.12.10	[80]140 匁	〃 3.12. 1	銭 370 匁
〃 元.11. 4	*米 6 斗 6 合	〃 11.12.	[80]350 匁	〃 3.12. 9	銭 300 目
〃 元. 秋	*銀 158 匁 7	〃 12. 6.	[80]310 匁	〃 4. 1.25	[80]445 匁
〃 2. 2. 3	米 1 斗 5 升	〃 12. 8.25	[80]50 匁	〃 4. 3. 3	[80]300 目
〃 3.10. 5	米 1 石 4 斗	〃 12. 9.28	[80]40 匁	嘉永 2.12. 7	銭 45 匁
〃 4. 3.12	米 2 石 8 斗	〃 12.11.	[80]100 目	〃 3.11.	[80]960 匁
〃 4.10. 2	銀 565 匁	〃 12.12.	[80]500 目	〃 3.12.10	[80]140 匁
宝暦 2. 8.28	銀 300 目	〃	[80]900 目	〃 4. 9.	[80]10 貫目
〃 6. 2. 7	銀 220 匁	〃	[80]800 目	〃 5. 2.	金 5 両
〃 6. 2. 9	銀 325 匁 7	〃 13. 3.27	[80]420 匁	〃 5. 9.	[80]230 匁
〃 6. 3. 1	銀 1 貫 607 匁 2	〃	[80]530 匁	〃 5.12. 7	銭 750 匁
〃 6.12.18	米 3 石 2 斗	〃 13.10.26	[80]832 匁	〃 7. 2. 7	[80]432 匁
〃 9.11.16	米 3 斗	〃 13.12.25	[80]700 目	〃 7. 2.	[80]524 匁 37
〃 10.11.23	米 1 石 7 斗	〃 14. 2.16	[80]310 目	安政 2. 9. 5	[80]100 目
〃 11. 3. 5	銀 1 貫 600 目	〃 14.12.20	[80]180 匁	〃 5.10.	金 70 両
〃 12.10.23	米 2 石 5 斗 3 升	〃 15. 2.13	[80]1 貫 300 目	〃 6. 8.	銭 325 匁
明和 5. 9. 8	*銀 35 匁	〃 15. 4.25	[80]100 目	〃 6.10. 9	[80]3 貫 290 匁
〃 7. 8.26	銀 1 貫 150 匁	〃 15. 6.29	[80]140 匁	〃 6.10.10	[80]300 目
〃 9. 4.10	銀 12 貫 800 目	〃 15.12.10	銭 240 匁	万延元. 6.19	*金 2 朱 20 片[1)]
安永 8.11. 8	銀 150 匁	〃 15.12	[80]600 目	〃 元. 9.27	*[80]310 匁
天明 3. 6.17	[80]33 匁	〃	[80]30 匁	文久 2. 3.	*[80]136 匁 5 分[2)]
〃 3. 7.14	[80]26 匁	弘化 2. 8.	銭 700 目	慶応元. 9.	*銭 345 匁 31
〃 3. 9.	銀 300 目	〃 2.11.13	[80]67 匁 4	〃 元.12.	[70]3 貫 604 匁 7
文政 3. 3.	[80]89 匁	〃 3. 2. 3	米 4 斗	〃 2. 8. 2	銭 250 匁
〃 8. 2. 6	銭 700 目	〃 3. 3.	[80]81 匁 6		

典拠）高知県立図書館蔵，松本家文書。
注）*印は年数売，その他は永代売。　1)「代銭 2 朱 20 片」。　2)「2 朱 13 片を以」。

ると，後掲表 12-7 のとおりである。

まず天明 3 年までの 24 件のうち八銭建てはわずか 2 件で，しかもいずれも同年の取引であったので，銭匁建て土地取引のはじまりは公文家とほぼ同時と言えよう。しかし，残りは米・銀が主流とはいっても，松本家の場合は銀建てが残り 22 件中 13 件とやや多く，米建てが圧倒的であった公文家の場合と大きな差異を示している。ついで文政―天保期はすべて八銭が基準貨幣であり，公文家の場合は銀建てが復活した天保末年以降も大半八銭であった。わずかに嘉永 5（1852）年以降 3 件の金建て取引が認められるくらいであって，松本家の

表 12-3　野根郷北川家売券の基準貨幣

年　月 日	土地代価	年　月 日	土地代価	年　月 日	土地代価
元文 4. 12.22	米 9 斗	天保 3.11.28	[80]43 匁 6	嘉永 6.12.	金 5 両
明和 7. 2. 3	銀 15 匁	〃 3.12.28	[80]80 匁	〃	[80]121 匁
安永 8. 4.27	*銭 200 目	〃 5.10.26	*[80]100 目	安政 5. 6.	*[80]100 目
天明 2. 10.	*米 8 斗	〃 6. 3.19	*銭 140 匁 41	〃	*銭 300 目
〃 6. 8.23	銭 26 匁	〃 9. 9. 1	銭 200 目	〃	*銭 280 匁
〃 7. 11.24	*[80]100 目	〃 9.11.10	米 5 斗 4 合 7 勺	〃	*銭 340 匁
寛政 2. 2. 1	[80]100 目	〃 9.12.15	[80]79 匁	〃 5. 8.13	*[80]115 匁
〃 9. 12. 4	*米 1 石 873 合 8	〃 10. 2.	*銭 100 目	〃 5. 8.	*銭 2 貫 200 目
〃 11. 12.27	銭 330 匁	〃 10. 7.12	[80]120 匁	〃	*[80]210 匁
享和元. 12.28	[80]1 貫 065 匁	〃 10.11.	銭 180 匁	〃	*銭 160 匁
文化 3. 12.22	*[80]200 目	〃 10.12.25	*[80]100 目	〃 6. 3.14	*[80]550 匁
〃 5. 12.21	*米 1 石 6 斗	〃 10.12.	*銭 65 匁	〃 6. 3.18	*[80]260 匁
〃 6. 12.27	銭 950 匁	〃 11.12.15	*[80]340 匁	〃 6. 3.	*[80]35 匁 4
〃 8. 3.	銭 730 匁	〃 15. 8.	銭 170 匁	〃 6. 12.	*[80]625 匁
文政 5. 2. 8	[80]150 匁	嘉永 3. 3.	[80]2 貫目	文久 2. 3.	*[80]200 目
〃 5. 閏 1.19	[80]580 匁	〃 3.11.	[80]155 匁	〃 2. 6.	[80]240 匁
〃 5. 2. 8	銭 132 匁	〃 4. 3.	*[80]550 匁	〃	*[80]240 匁
〃 7. 2. 8	銭 506 匁 18	〃 4.12. 1	*[80]74 匁 19	元治 2. 4.	金 5 両 2 歩[1)]
〃 7. 3.10	*銭 100 目	〃 5. 2.28	*[80]800 目	慶応 2.12.	*[80]600 目
〃 11. 3.	*銭 450 匁	〃 5. 2.	*銭 340 匁	〃 4. 7.	[80]600 目
〃 12. 3.	*[80]1 貫 200 目	〃 6. 3.26	[80]871 匁 84		

典拠)『高知県史』近世史料編（1975 年），624-654 頁。
注）*印は年数売，その他は永代売。　1）代銭 572 匁。

場合には第 3 期も 80 文銭勘定が大勢を占め，銀建ては皆無であった。

つぎに表 12-3 で，安喜郡野根郷の大庄屋も務めたことのある北川家に残る土地売券を見よう。第 1 期の売券はわずか 4 例で少ないが，安永 8（1779）年に「銭二百目」分の土地を年数売で取得しているのが銭建ての最初である。他の 3 例は米・銀であり，安喜郡東端の野根郷でもおおむね公文家の場合に準じていると考えてよいだろう。ついで第 2 期は 30 件中 27 件が 80 銭建て，第 3 期も 2 件の金建てを除き 26 件が銭建てとなっている。このように第 1 期が事例不足で確言できないが，第 2，3 期にかんするかぎり羽根浦でも野根郷でも八銭勘定が主流となり，銀建ては見出しえなかった。

なお，松本家慶応元年 12 月のみ 70 文銭勘定があって，これはあきらかに 1 匁を 70 文とする銭匁勘定であるが，たんに「銭○匁」とのみある土地代価表

表 12-4　田野浦岡家貸付証文類の基準貨幣

年　月 日	貸付額	年 月 日	貸付額	年　月 日	貸付額
元文 2.　11.15	米 20 石	安永 8.12.25	[80]2 貫 300 目	文化 11.　12. 3	[80]200 目
延享 3.　12.11	銀 2 貫目	天明 3.12.28	[80]1 貫 500 目	〃 11.　12.14	[80]60 匁
〃 4.　4. 2	銀 500 目	寛政 7.12. 8	[80]60 匁	〃 11.　12.15	[80]50 匁
寛延 2.　4.27	銀 2 貫 846 匁	享和 3. 2.11	[80]250 匁	〃 12.　5.24	[80]100 目
宝暦 4.　3. 4	銀 1 貫目	文化元 .12.13	[80]60 匁	〃 13.　4. 5	[80]100 目
〃 4.　6.26	銀 300 目[1]	〃 4. 4.18	[80]100 目	〃	[80]50 匁
〃 5.　2. 1	銀 1 貫目	〃 5. 3.17	[80]120 匁	〃 13.　4. 8	[80]100 目
〃 5.　3.28	銀 2 貫 500 目[2]	〃 5. 3.20	[80]100 目	〃 13.　7. 4	[80]100 目
〃 5.　11.29	銀 230 目	〃 6. 8.12	[80]100 目	〃 13.　9. 8	[80]250 匁
明和 2.　5.	銀 300 目	〃 7.12.11	[80]100 目	〃 15.　3.11	[80]1 貫 100 匁
〃 3.　3.15	[80]155 匁 9	〃 8.10.28	[80]300 目	文政 6.　12.23	[80]300 目
〃 3.　11. 2	銀 1 貫目[3]	〃 9. 2.13	[80]100 目	〃 9　6.15	銀 850 匁
〃 3.　12.24	銀 700 目[4]	〃 9. 2.23	[80]50 匁	〃 13.　6.	[80]100 目
〃 8.　7.18	銀 350 匁	〃 9. 7.11	[80]60 匁	〃	[80]600 目
安永 2.　12.23	銀 1 貫目	〃 9. 7.23	[80]200 目	天保 6.　8. 1	[80]80 貫目
〃 4. 閏 12.26	[80]750 匁	〃 9. 9.19	[80]100 目	万延元 . 閏 3. 6	[80]3 貫目
〃 5.　12.25	銀 750 匁	〃 10. 1.26	[80]100 目		
〃 6.　12.20	銀 3 貫目	〃 10. 2. 5	[80]120 匁		

典拠）高知県立図書館蔵，岡家文書のうち借用証文・預手形類。
注）1）70 文銭。　2）70 文銭を以。　3）但銭 64 文遣。　4）64 文銭。

示は北川家とも同様に，前後の状況からすべて八銭勘定と判断して誤りないであろう。また，文久 2（1862）年 3 月羽根村七助が本田 6 代を松本家に年数売で渡した証文によれば，代価は表 12-2 のように「八銭百三拾六匁五分」だったが「弐朱拾三片を以」と但し書きがあり，添証文には八銭ではなく弐朱 13 片の代価しか記載されていない。土地取引に際しての基準貨幣と授受された貨幣が乖離している事例として注目に値する。

以上はいずれも土地取引における基準貨幣を見たが，貨幣流通実態をそれのみで観察するのではもとより不十分であるので，つぎに若干まとまって得られる貸付証文を見てみよう。表 12-4 は安喜郡田野浦で米屋と称し，山師として請山を経営しながら廻船業も営み，田野浦町の山師に銀米等を融資して巨利を収めた岡家[11]の貸付証文額面を示したものである。公文家の時期区分からす

11）前掲『高知県史』近世編，404-406 頁。なお岡家貸付証文については同書 487-491 頁に

表12-5　西峰村三谷家貸借証文の基準貨幣

年　月日	貸借額	年　月日	貸借額	年　月日	貸借額
宝永　3. 5.24	銀札200目	天保　4.11.26	[80]1貫目	文久元.12.	[80]147匁
宝暦元.12. 6	銀1貫050匁	〃　7. 7.20	[80]400目	〃 元.12.18	[80]300目
〃　2.12. 6	銀1貫目	〃　9.	銭84匁4	〃 元. 9.29	2朱10片
明和　2.12.25	銀300目[1)]	〃　13.12.29	[80]20匁	〃　3. 2. 2	金2両2歩[3)]
〃	[70]200目	〃　14. 8.19	[80]500目	元治元. 7.	[80]5貫目
〃　4.12.10	銀200目[2)]	弘化　2. 2.	[80]8貫500目	〃 元.12.29	[80]625匁
〃　4.12.	[64]50匁	〃　2.12.	[80]1貫目	慶応元.12.27	七銭405匁[4)]
天明　6. 9.	銀300目	嘉永　4.12.29	[80]106匁	〃　3.12.24	[80]450匁

典拠）高知県立図書館蔵，三谷家文書。
注）1）但70文銭。　2）100目は70文銭，100目は「64文銀」。　3）「代八○」223匁。
4）但弐朱30切を以。

れば第3期は1件しかわからないが，第1期は20件中15件が銀貨の貸借であり，米は1件にすぎない。松本家はこの期は銀貨がやや優位だったとはいえ米を代価とする取引も多く，公文家は米が圧倒的に多かった。このことは土地取引上のこの期の大きな特徴と言わねばならないであろう。

なお，岡家において八銭建て勘定がすでに明和3（1766）年にあらわれており，さらに宝暦4（1754）年6月26日に弘田嘉一兵衛が米屋徳左衛門に差入れた借用証文によれば，借用額は「銀三百目」であったが「七十文銭」という但し書きが記されている。さらに表12-4に注記したように，宝暦5，明和3年にも銀建ての貸借でありながら「七十文銭を以」とか「但銭六十四文遣」とあって，あきらかに基準貨幣が銀貨であっても，実際に授受された貨幣は銭貨であったことがわかる。第2期はほとんどすべて八銭建てでの貸借となっており，土地取引での観察結果と変わるところはない。

表12-5は事例はわずかだが，安喜郡以外のケースを見るため，長岡郡豊永郷西峰村にあって讃岐—土佐を結ぶ主街道の藩境西峰口番所の番人であった三谷家[12)]に残る貸借証文である。明和4（1767）年以前は7件しかないが，ここでも貸借の場合には米はなく，銀が中心となっている。しかし明和2年にはや

も例示，解説があるが，490頁に掲示された貸付一覧表では銀・銭匁の区別はなされていない。

12）三谷家については前掲平尾道雄『土佐藩農業経済史』166-167頁を参照。

366 第 III 部 近世貨幣の流通実態

くも銭匁建ての貸借が見られるほか，同年の銀貨貸借が授受にさいしては 70
文銭となっている。明和 4 年にも同様な事例があり，土地売券と異なって，貸
借証文から見るかぎり，表面上銀遣いが明和・安永期まで支配的であったよう
に見えながら，内実で銭匁遣いが進行していたことがわかる。また，土地売券
からは銭匁勘定が土佐では八銭，すなわち 80 文銭遣いとしてはじめから定着
していたように観察できたが，岡家や三谷家の事例からはそれ以前に 70 文銭
や 64 文銭遣いがおこなわれていたこともあらたに判明した。さらに第 3 期に
あたる貸借にあたっての基準貨幣は，岡家については 1 件しかあきらかでなく，
その動向が不明だったが，三谷家について見ると銀・米はまったく使われてお
らず，天保 14 年以降の 12 件中銭匁が 10 件，金貨が 2 件だった。松本家の場
合と同様に，幕末期になると金建ての土地売価が八銭に換算されたり，銭匁の
貸付額が実際には二朱金で授受されていることが散見でき，基準貨幣と支払手
段が乖離する事例が生じている。

　以上，安喜郡の諸例に加えて長岡郡山間部での貸借証文を見たが，さらに期
間は限定されるが表 12-6 において高知城下で元禄・享保期以降に発展した商
家，才谷屋の集積した土地代価の内容を見てみよう。才谷屋は寛文 6（1666）
年長岡郡才谷村から城下に出，本町 3 丁目に呉服店を構え，くわえて鬢付油の
製造をおこなったり，古鉄座の指定を受け，さらに下関・備前方面に米の買い
付けにも出た[13]。この間に店勢拡大にともなう店・屋敷地拡張や手代の新店開
設のために得た屋敷地や，地主経営のために主として長岡郡および土佐郡内か
ら集積した農地の取得代価は表 12-6 のとおりである。

　まず正徳 4（1714）年から享保 18（1733）年までの農地取得代価は 24 件中 7
件が銀であり，大半は米であった。この点は公文家の場合と類似している。問
題は才谷屋が毎年正月におこなった決算の記録である「大算用」下書に記され
た城下家屋敷および農地の売買代価である。これまでの観察では銭匁遣いは岡
家貸付証文により宝暦 4（1754）年までさかのぼって確認することができたが，
高知城下およびその近村では少なくともすでに寛保 3（1743）年にはおこなわれ

13）前掲『高知県史』近世編，399-401 頁。

表 12-6　高知才谷屋土地売買の基準貨幣

年　　月　日	土地代価	年　　月　日	土地代価	年　　月	土地代価
正徳 4.12. 2	銀300目	享保18. 2. 1	米1石3斗	寛延元 .11.	米1石6斗
享保 7.12. 5	米6石4斗	〃 18. 3.13	銀300目	〃 元 .11.	米3石2斗
〃 12.12.20	銀120匁	寛保 3.	古銭500目	〃 元 .12.	(70)600目
〃 13.12.28	銀60匁	〃	(60)318匁[1)]	〃	米2石2斗
〃 14.12. 2	米7石	〃	(63)1貫030匁[2)]	〃 2. 1.	米3石
〃	米8石	〃 極月	米1石	〃	米1石6斗
〃 14.11.20	米8石	〃	*古銭178匁5	〃 2. 2.	米6斗
〃 15. 6.24	銀80匁	〃	*古銭464匁	〃 2. 6.	(80)1貫050匁
〃 15.12.23	米4石3斗5升	〃 秋	*古銭400目	〃 2.12.	(70)900目
〃 15.12.27	銀25匁	延享元 . 1.	米15石[3)]	〃 3.12.	(70)800目
〃 16. 6.17	米3斗5升	〃 元 . 9.	古銭700目	宝暦元 . 3.	(70)250匁
〃 16.12.13	米9斗	〃 元 .10.	古銭122匁	〃 . 5.	(70)100目
〃 16.12.23	米4斗5升	〃	*古銭1貫300目	〃	(70)115匁
〃 16.12.	米1石4斗5升	〃 元	*古銭97匁5	〃 元.10.	(70)630目
〃 16.11. 5	米4石	〃 2. 3.	古銭400目	〃 2. 7.	(80)300目
〃 17. 3.15	米2石5斗	〃	古銭471匁25	〃 2.12.	米1石2斗
〃 17. 9.30	米2石5斗	〃 2. 4	古銭113匁7	〃 3. 4.	米110石
〃 17.10. 3	米6石	〃 2. 6	*米6石[4)]	〃 3. 暮	*米14石[6)]
〃 17.12.18	米1石2斗	〃 2. 6	*米16石[4)]	〃 4. 7.	米95石[7)]
〃	米1石9斗5升	〃 2.11	米10石9斗[5)]	〃	(72)1貫040匁[8)]
〃	米4斗8升	〃 3.	(80)755匁	〃 4.10.	*(80)720匁
〃 18. 1.17	銀430匁	寛延元 . 6.	(80)300目	〃	*米1石6斗[9)]

典拠）高知県立図書館蔵，才谷屋文書「本田新田年数買之田地根居」および「毎正月大算用下書」。
注）享保18年まではすべて年数本請による売買，*印は才谷屋の売渡し。注番号はつぎのとおり。
1) 内18匁丁切銀。　2) 内30匁丁銀。　3) 代銭600目。　4) 2口合古銭1貫100目。
5) 古銭572匁25。　6) 年季明請返。　7) 代(80)4貫目。　8) (80)ニテ936匁。
9) 代(80)76匁8分。

ていることが知られる。しかも八銭以外に60銭，63銭，70銭，72銭など多様な銭匁単位があるほか，「古銭」匁勘定も寛保・延享期に頻出している。このような状況の下で，寛保3—宝暦4年という18世紀中期のかぎられた期間に，42件中の半分以上にあたる26件がすでに銭匁建てでの取引となっているばかりでなく，代価が米建てであっても延享元年1月の場合のように，代銭で授受されているケースを入れると，計32件，全体の76％が銭で取引されていたのである。

　以上，土佐における貨幣流通の長期的動向を見るため表12-7に一括表示した。地域が主として安喜郡に偏ったきらいはあるが，長岡郡山間部や高知城下の事例もくわえて見たかぎり，土地取引や貨幣貸借の基準貨幣は，少なくとも

368　第 III 部　近世貨幣の流通実態

表 12-7　各家証文類

家別	公文家 (安喜郡西分村)			松本家 (安喜郡羽根浦)			北川家 (安喜郡野根郷)		
証文種別 (総件数)	土地売券 (143 件)			土地売券 (77 件)			土地売券 (62 件)		
期間	元禄 6 | 天明 3	天明 4 | 天保 13	天保 14 | 元治元	元禄 9 | 天明 3	文政 3 | 天保 13	天保 14 | 慶応 2	元文 4 | 天明 2	天明 6 | 天保 11	天保 15 | 慶応 4
米	34	4	0	9	0	1	2	3	0
銀	6	5	25	13	0	0	1	0	0
八十銭	0	57	13	2	16	33[1]	1	27	26
金	0	0	0	0	0	3	0	0	2
計	40	65[5]	38	24	16	37	4	30	28

注) 1) 70 文銭 1 件を含む。　2) 銀札 1 件を含む。　3) 64 文銭および 70 文銭。　4) 60～72

享保ころまでは米ないし銀であり，高知では寛保頃より銭貨が用いられはじめ，安喜郡田野浦では宝暦頃より，長岡郡西峰村では明和期，安喜郡野根郷および羽根浦では安永末・天明初年には米・銀から銭貨へと次第に移行していったことが観察できた。また近世中期の土地取引では，貸借にくらべて米で決済されやすいことも判明した。さらに銭貨に移行していく場合，明和以前は銭 1 匁のあらわす銭量がかならずしも一定でなかったが，天明初年までには郡部においても 80 文銭に固定化し，いわゆる八銭勘定が成立したとみられる。多くの地域はこの勘定による銭貨が基準貨幣として推移したが，幕末にいたり金貨が基準貨幣として土地が取引されたり，貨幣が貸借されたりする例もあらわれた。ただ，安喜郡西分村の公文家土地取引の場合のみ，天保末年以降，銭貨よりも銀貨が主流となるという特殊な事例も認められた。

2　八銭勘定の成立と実態

　前節での検討によるかぎり，土佐における八銭勘定は，享保期以前については史料不足で判然としないがまだ定着しておらず，延享—安永期に内実量不定の銭匁勘定が普及してゆく過程で 80 文銭勘定に収束し，それは高知城下から領内各地にひろまったとみられる。金遣い・銀遣いと異なるこうした特殊な勘

の時期別基準貨幣

(件数)

岡家 (安喜郡田野浦)			三谷家 (長岡郡西峰村)			才谷屋 (高知城下)	
貸付証文 (52件)			貸借証文 (24件)			土地売買控帳 (66件)	
元文2	寛政7	万延元	宝永3	天明6	天保14	正徳4	寛保3
｜	｜		｜	｜	｜	｜	｜
天明3	天保6		明和4	天保13	慶応3	享保18	宝暦
1	0	0	0	0	0	17	16
15	1	0	5[2]	1	0	7	0
4	30	1	2[3]	4	10	0	26[4]
0	0	0	0	0	2	0	0
20	31	1	7	5	12	24	42

文銭各種を含む。　5) 寛政4年売券1通は「米」「80文銭」併記。

定法がどのような理由で，なぜ定着するにいたったのか，また実際に土佐における主要な貨幣が何であり，時とともにどう変化したのか，さらに領主経済や銀遣い経済との関係はどのようになっていたのかについて，以下で検討しよう。

　まず高知城下での八銭勘定成立プロセスをもうすこし詳細に見てみよう。さきに典拠とした才谷屋「毎正月大算用下書」の初年度にあたる寛保4（1744）年正月現在，資産有高内訳分の大要を示すとつぎのとおりである。

　　　　寛保三癸亥歳算用
　　　　同四甲子正月改
　一文金六両弐歩　代八拾銭三百拾七匁三分
　　　　　　　　　　　　　　　　　　　　　（月欠）
　　　　但高拾壱両弐歩ノ内五両ハ戌正改，酉年分出見世引除金ニ成ニ引，此分
　　　　亥正改ニ銭ニ而引除有今の金子を以如此，残テ右之通，両ニ六拾三銭六
　　　　拾二匁かへ，
　一享保銀三貫九拾目
　　　　　六百目　申正月改ノ弐包
　　　内
　　　　　弐〆四百九拾目　亥十二月買
　　　　　　　　　　　　　八十四文五文かへ
　　　　　　内
　　　六百七拾五匁　申年縮西与引除

三百四拾四匁　亥年引除古金代

　　但戌亥〆拾両ノ内四両壱歩古金有，残テ五両三歩ノ代，両ニ古銭六十
　　二匁かへ

壱貫弐百廿壱匁

　　　　　文銀三百六十壱匁四分
　　内
　　　　　　戌四月縮西与引除
　　　　　同壱〆弐百六十六匁六分
　　　　　　戌五月縮大坂紬庄引除，寅ゟ酉年迄八ヶ年分

　　〆文銀ヲ古銀ニ直シ如此，
　　去亥ノ改ニ銭ノ内ニて引除，今年ハ古銀余計有之を以如此，尤文銀ハ
　　六十三文，古銀ハ八十四文ニシテ，

　残古銀八百五拾目　八十三文かへ
　　　代八拾銭八百八拾壱匁八分
　　　　　　（中略）

一文銀拾弐貫九百六拾壱匁八分
　　　　　　（中略）

　　　代古銭拾貫弐百六匁
　　　　但亥暮両かへハ六十二半，然レトモ大カタ六三ノ払ニ候，且今正月
　　　　六十三半ノ両かへ故六十三文ニ〆八十文ニ直ス，
　　　　○外ニ小玉銀五六拾目打かへニ有，

一六拾三銭拾七貫五百三拾目
　　　　内
　　拾弐貫五百目　　本家
　　五貫三拾目　　　出見世十三日縮
　　〆八十文銭六十銭ハ六十三銭ニ直シ如此，
　　　　　　（中略）

　残テ拾貫三百弐匁　六十三銭也
　　八拾文ニ〆八貫百拾弐匁八分ニ成

一銀拾壱貫五百七拾五匁　上方登銀

（中略）

　残八貫五百七十五匁

　　　（中略）

　古銭ニ〆六貫六百四拾五匁六分

　　　（中略）

一同五貫六百目　　為替

　　　（中略）

　古銭ニ〆四貫弐百六拾目ニ成

一同三拾七貫百七拾七匁九分　　本家諸品布みそトモ

一同拾壱貫六百七拾四匁六分　　出ミセ諸品

　〆四拾八貫八百五拾二匁五分

　　　（中略）

　残三拾六貫八百拾四匁

　　古銭ニ〆二拾八貫五百三拾目八分

　　　（中略）

一銭拾貫四百拾弐匁二分八厘　　本家質物貸

　元文五庚申ゟ癸亥十二月迄

　　　　内

　銭六万千四百九十六文　　申酉年

　　但四十八，五十文，五十二，五十五，六十文ノ銀かし其時ゞノ銭相場

　　ニテ文数ニ直シ如右，

　同拾四万六千八百九十三文　　戌年

　　但五十五文，六十文銀かし右同断，

　同四拾四万七千五百八拾五文　　亥年

　　但正月ゟ三月十八日迄銀かしハ六十文ノ銭数ニ直シ，三月十八日以後

　　ハ文数かし也，

　〆八拾文銭ニ〆八貫百九拾九匁六分七厘ニ成，六十三文ニ〆如右，

一銭弐拾四貫六百七拾九匁　　出見世質物貸

　元文五申年癸亥十二月幷子正月九日迄ノかし付，

372 第 III 部 　近世貨幣の流通実態

　　但銀目ハ其時々ノ銭相場ニテ文数ニ直シ，ソレヲ六十三文ニ割如右，委
　　ク出ミセ算用帳ニ縮，
　　　　古銭ニ〆拾九貫四百拾八匁九分六厘ニ成
　　弐口〆
　　　六拾三銭三拾五貫七拾壱匁二分八リ
　　　八拾銭ニ〆弐拾七貫六百拾八匁六分ニ成，
　　　　　　　　（後略）

　主たる資産構成は金・銀・銭の店有貨幣と「上方登銀」および為替，在庫商
品，貸金残高とからなっている。うち「上方登銀」は上方登せ商品の未収代銀
とみられる。各項目を一覧して，金銀銭貨在高はともかくとして，上方登銀・
為替・在庫商品は銀建てで計上されてあるのに対して，貸金および有米は銭建
てであり，一見統一された勘定ではない。ところがいずれも 80 文銭ないし
「古銭」に換算され，最終的に才谷屋勘定は当時すでに八銭勘定で統一されて
いることがわかる。「古銭」が「八十文銭」と同義であることは，文銀（元文
銀）有高 12 貫 960 匁が，銀 1 匁＝銭 63 文相場で 80 文に直して「古銭」10 貫
206 匁（銀 12,960 匁×63 文÷80 文＝銭 10,206 匁）と明示されていることから明
白である。

　ところで，どの項目も 80 文銭勘定で統括されてありながら，文金（元文金）
の相場は 63 銭で示されているし，才谷屋貨幣資産のトップを占める銭貨も 63
銭勘定である。さらに銭貨有高の内訳を見ると 80 銭のほかに 60 銭もあったよ
うであるし，元文 5（1740）年以降の貸金内容を見ると 48 文，50 文，52 文な
ど「其時々ノ銭相場」に応じた銭匁勘定であった模様である。にもかかわらず
なぜこの期に現実に存したとは思われない銀銭相場の 80 文銭勘定ですべての
勘定が統一され，逆に銭貨有高がなぜ 80 文銭勘定で計上されなかったのだろ
うか。

　寛保 4 年正月現在の銭相場（銀 1 匁あたり）は，前年暮に 62.5〜63.5 文の幅
があったが，63 文程度であった。それは元文 5 年以降，48 文水準から 50 文，
52 文と逐年下落し，寛保 3 年から 4 年正月にかけては 63 文にまで達し，さら

表 12-8　高知銭相場

年	（月.日）銭相場	年	（月.日）銭相場	年	（月.日）銭相場
元禄 8	(11.2)60 文(12.23)70 文	元文元	(10.1)54 文	明和 7	(10.12)74 文
〃 11	(8.22)70 文(12.2)60 文	〃 2	(10.1)50 文	安永 3	(12.11)80 文
〃 13	(10.25)80 文	〃 3	(5.9)42 文(6.28)40 文	〃 6	(7.1)90 文
〃 16	(9.28)80 文		(12.9)42 文	〃 7	(7.1)90 文
宝永 4	(11.28)70 文	〃 4	(2.18)46 文(4.24)42 文	〃 9	(7.1)96 文
〃 5	(1 月)74 文(10 月)68 文	〃 5	(2.29)45 文(9.8)48 文	天明 7	(4.27)90 文
	(12.16)60 文	寛保元	(4.6)50 文(6.6)60 文		
正徳 2	(2.2)50 文(2.18)40 文		(6.18)55 文	天保 2	10 匁 2 分
	(3.27)45 文(6.6)42 文	〃 2	(3.22)60 文(5.20)55 文	〃 7	10 匁 4 分
	(8.6)40 文		(7.18)60 文	〃 11	10 匁 5 分～8 分
〃 3	(2.18)40 文(3.27)45 文	〃 3	(5.27)63 文	弘化 3	10 匁 2 分～3 分
享保 3	(10.22)48 文(閏 10.29)40 文	延享元	(6.17)65 文	嘉永 2	10 匁 5 分
	(11.19)30 文		(4.27)68 文	〃 3	10 匁 2 分～5 分
〃 5	(8.27)20 文(四ッ宝銀)	〃 3	(3.18)70 文	安政 2	10 匁 4 分(銀 1 匁に 96 文)
〃 7	(月日不明)80 文	〃 4	(2.12)72 文	〃 5	10 匁 4 分～5 分
〃 8	(5.15)76 文	寛延元	(5.27)70 文	〃 6	10 匁 5 分
〃 13	(8.23)80 文(12.22)77 文	宝暦 3	(1.23)72 文	文久元	〃
〃 14	(6.3)80 文	〃 4	(12.6)70 文	〃 2	〃
〃 15	(5.11)85 文	〃 6	(1.23)68 文(閏 11.19)70 文	〃 3	(3.24)12 匁 4 分
〃 16	(4.28)88 文(11.13)80 文	〃 9	(9.27)68 文(12.3)64 文	慶応 2	(8.5)13 匁 5 分～16 匁 5 分
〃 18	80 文遣	明和 7	(3.28)68 文(4.22)72 文	〃 3	(7 月)17 匁 8 分(12 月)20 匁

典拠）武市佐市郎「銭相場と米穀相場」（『土佐史談』45 号, 1933 年）54-89 頁。
　注）天明 7 年までは銀 1 匁あたり，天保 2 年以降は 2 朱判 1 片あたりの相場。

に低落の傾向であったことは上の史料からあきらかであろう。したがって，少なくとも元文期以降存在した銭相場によって 80 文銭勘定が成立したとは考えられない。そこでいま，享保以前からの高知銭相場で判明するかぎりを示すと表 12-8 のとおりである。これによれば元禄改鋳後，元禄末年まで土佐ではむしろ銭貨が 60 文から 80 文水準まで下落したあと，宝永銀出まわり以降は上昇に転じ，四ッ宝銀流通時には 20 文というような高い銭相場を見た。しかし良質の享保銀への切り替え後は，一時的に前後することはあっても，80 文水準に定着していたことが知られるのである。

　以上のように，土佐での銭匁勘定が基本的には時々の銭相場に応じて，つねに銀 1 匁と両替できる銭量で内実が決められており，しかし，享保期の比較的安定した 1 匁＝80 文という銀銭相場に準じた銭匁勘定が長く定着したことによって，元文改鋳後も現実の銭相場にもかかわらず，銭貨の勘定法として領内

表 12-9　才谷屋毎年正月資産内訳

年	元文金（両歩）	金銭相場（匁）	享保銀（匁）	元文銀（匁）	銀銭相場（文）	通用銭（匁）	上方登銀（銀匁）	為替（銀匁）	諸品（銀匁）	質物貸（匁）	商用大豆・米（石）
寛保 4	6.2	⑥③62	3,090	12,960	63	⑥③17,530	11,575	5,600	36,814	⑥③35,071.28	38.6
延享 2	5.2	⑥⑤64	1,000	3,710	68	⑥⑤26,361	13,533	500	42,078	銀42,071.8	56.97
3	3.2	⑥⑧62.4	1,825	11,280	68.5	⑥⑧19,817	8,776.4	4,500	37,021	⑧⓪44,150.3	29.1
4	3	⑦⓪66	580	3,322	73	⑦⓪22,779	5,673.2	1,600	30,981.7	⑧⓪53,435.4	40.1
5	3	⑦②65	708	4,250	72	⑦②20,509.3	8,233.3	3,110	31,191.4	⑧⓪54,923.8	33.2
寛延 2	3	⑦⓪61	620	8,600	70	⑦⓪12,880	7,664.2	4,360	48,869	⑧⓪52,992.4	11.6
3	6.3	⑦⓪60.4	890	7,280	69	⑧⓪18,157.8	7,478.9	5,800	48,760.8	⑧⓪48,794.2	21.3
4	5.3	⑦⓪59	1,260	6,930	70	⑧⓪23,666.9	12,297.1	4,170	49,480.6	⑧⓪41,974	41.4
宝暦 2	14.3	⑦⓪61	1,515	5,760	70	⑧⓪26,490	13,995.7	2,300	42,291.7	⑧⓪39,784.7	38.2
3	17.3	⑦⓪62	1,012.3	4,030	72	⑧⓪26,166.5	17,846.1	1,500	54,280.2	⑧⓪38,236.4	89.7
4	5.3	⑦②60	1,097.9	2,750	73	⑧⓪23,468	11,763	15,995.8	63,110.4	⑧⓪38,293.3	102.2
5	8.3	⑦⓪58.2	1,368.2	10,230	68	⑧⓪22,592.5	14,932.6	9,900	63,852.8	⑧⓪39,494.2	45.3

典拠）高知県立図書館蔵，才谷屋文書「毎正月大算用下書」。
注）⑥③⑥⑤等はそれぞれ 63 文銭，65 文銭の略。「商用大豆・米」は全期 80 文銭勘定。

に広く浸透していったことが見通される。ではなぜ個別商家の勘定法として最終的に 80 文銭勘定で統一したのに，銭貨有高が 80 文銭で計上されていないのであろうか。この点については才谷屋算用書の以降の年の記帳法を見てみよう。

表 12-9 は才谷屋算用書のうち，資産各項目の有高とそれぞれがどの貨幣で計上されているか，判明する宝暦 5 年正月分までについて示したものである。どの項目も最終的に 80 文銭で換算統一されていることはすでに述べたとおりだが，最も注目されるのは金銭ないし銀銭相場と，銭有高計上法の動きである。すなわち，通用銀である元文銀を基準とした銀銭相場を見ると，寛保 4 年の銀 1 匁あたり 63 文から延享 4 年の 73 文へと銭貨が低落したあと，元文改鋳期から始まった落勢がようやく止まり，70 文前後の水準で安定して推移するようになっている。これに伴って金銭相場の銭匁表示法は，よりおおまかになってはいるが，おおむね銀銭相場の変動に合わせて銀 1 匁の内実が決められている。とくに延享 4 年に銭の落勢がボトムに達したあとは，延享 5 年と宝暦 4 年を除いて，どの年も 70 文銭で勘定されており，このまま 70 文銭勘定が定着しそうな様相を示している。ところが銭貨有高の推移を見ると，寛延 2 年までは金銭相場表示における銭匁勘定と同一であるが，翌 3 年からは銀銭相場とはまった

第12章　土佐における八銭勘定　　375

く隔たった80文銭勘定に固定してしまっているのである。才谷屋算用書は宝
暦5年で途切れているが，おそらく同家および高知地方では宝暦以降に八銭勘
定が定着したとみられる。

　以上のように，元禄―享保期の銭相場の動向および寛保―宝暦期における才
谷屋資産勘定法から判断するかぎり，高知における銭匁勘定法は少なくとも享
保ころまでに銀貨と銭貨が混用されるなかで両貨交換をスムーズにするため，
銀建て取引にリンクする銭の内実量をもっておこなわれるようになり，その後
享保期銭相場安定の間に80文銭勘定が定着した。しかし，一般の商品取引や，
いったんは銭相場にリンクした銭匁表示の銭貨有高勘定も，享保期に定着した
「古銭」勘定，すなわち八銭勘定であらわされるようになったと考えられる。

　ところで前節で見たように，八銭勘定の定着期はおなじ土佐でも地域差があ
り，高知城下では宝暦初（1751～）年までに定着したが，郡部では天明
（1781-89）期頃までの期間を要した。しかし，高知でも明和期にまだ銀銭相場
にリンクした銭匁勘定がおこなわれており，明和8（1771）年高知城下町人に
200貫目用金令が出されたが，そのうち辰巳屋勘丞・下田屋与兵衛などの5人
には「七拾四文銭九貫五百目ッヽ」が割りあてられている[14]。才谷屋八郎兵衛
もその5人のうちに入っているが，銀建てを基本とする藩財政とのかかわり上，
銀遣いにリンクする74文銭（表12-8参照）での用金上納が命じられたものと
思われる。

　また，土地売券や貸借証文でほとんどすべて80文銭ばかりであった天明以
降の郡部における銭匁勘定も，享和・文化期に90文銭があらわれている。す
なわち，享和3（1803）年4月安喜郡羽根村の檜垣氏は藩府より新田開発の許
可を得，「地子銀壱ヶ年ニ年々九拾文銭ヲ以百三拾五匁宛十一月限御山方へ上
納」することとなった。初年度の上納記録はつぎのとおりである[15]。

　　一九十文銀百三拾五匁也
　　　　秤賃壱匁三分五厘

――――――――――――――

14）前掲『高知県史』近世編，516-517頁。
15）同上，608頁。

376　第 III 部　近世貨幣の流通実態

　　〆銀百三拾六匁三分五厘　御山方へ上納子ノ十一月払之分
（ママ）
　　　八十銭ニ直シ　八銭百五拾三匁三分九厘
　　右銭同苗甚右衛門さし引ニ入候而甚右衛門より上納仕ル也,

　この期の土佐銭相場は判明しないが,大坂銭相場は 109 文にも下落してい
た[16]から,土佐では 90 文ということはありえないであろう。この 90 文銭は
すでに安永期の銀銭相場を基準にして藩府が固定化しようとした形跡がある。
すなわち安永 3（1774）年 7 月藩府は銀銭相場にかんし,つぎのような触状を
郷中に廻文させている[17]。

　　　　　覚
　一銀壱匁代銭八拾文替
　　　右之通今日ゟ相定之
　　　　午 七月十一日
（安永3）
　御国中通銭相場別紙之通相極候条相触候間御支配中へ可被示触候,
　　　七月十一日　　　　　　　　　　　　　　　　　　馬場又左衛門
　　　　　　　　　　　　　　　　　　　　　　　　（ほか 2 名略）

　ところが安永 6 年,銭貨がさらに下落したのに伴い,つぎのような触状を通
達した[18]。

　　　　　　覚
　一此節正銀不自由ニ付,詮議之上銭遣は爾来之通銭壱匁ニ付八拾文ニ被立置,
　　正銀ハ九拾文之相場に被仰付,上納銀正銀壱匁払出候得は,銀壱匁壱分弐
　　厘五毛之割ニ被立遣,勿論渡方も同断事,
　　　右之通,今四月朔日ゟ取遣被仰付候間,御支配中へ御示聞可被成候,已上,
　　　安永六酉年三月廿三日　　　　　　　　　　　　　　馬場又左衛門
　　　　　　　　　　　　　　　　　　　　　　　　（ほか 2 名略）

16）新保博『近世の物価と経済発展』（東洋経済新報社,1988 年）172 頁。
17）山本大ほか編『憲章簿』第 3 巻（高知県立図書館,1982 年）50 頁。
18）同上,51 頁。

第 12 章　土佐における八銭勘定　377

　　　　覚
一安永六酉年七月朔日ゟ銀壱匁代銭九拾文通用被仰付候，尤貫指は八拾文指
　を以，右之通支配中へ可被示触候，已上

　　　　　　　　　　　　　　　　　　　　　柏原半左衛門

　安永 3 年の廻文は，たまたま当時銀銭相場が 80 文になったので，藩府が銀
遣いにリンクさせるべく触れたものであって，80 文銭勘定を公定したもので
はない。しかし，同 6 年の触状では銭貨下落により 90 文通用を通達する一方
で，民間における 80 文銭勘定をすでに容認していることがわかる。それはと
もかくとして，安永 9 年 7 月 1 日，銭貨はさらに 96 文にまで下がったが「銭
遣九十文御定[19]」となり，藩府は 90 文銭への固定化を意図したことがうかが
える。「御当家年代略記」によれば，天明 7 (1787) 年 4 月 27 日「銭遣九十文
御定，宝永年中より是迄正銀相場高下に随ひ銭遣時々不同也，此度より銀相場
に不拘如此御定也[20]」とあることから，藩の 90 文銭固定化への意図は明白で
ある。ところが寛政元 (1789) 年 12 月，「平紙御買上諸作配之条々」という紙
生産農家の手もとに残った紙買上げにかかわる御定の第 6 条には「一紙代幷諸
雑用銀共，都而八十文銭遣いニいたす筈，但御算用目録ニハ九十文銭を本に居
へ，八十文銭ニ直し申筈之事[21]」とあって，藩側の算用目録は 90 文銭勘定で
あるのに，結局領内に広く浸透している 80 文銭勘定に換算せざるをえなかっ
た実態が浮かび上がってくる。
　以上のように，八銭勘定は天明以降にはじめから土佐全領を包摂して展開し
たのではなく，領主経済ではできればつねに銀遣いにリンクした変動銭匁勘定
が意図されたり，八銭勘定とは異なる 90 銭勘定が藩経済内あるいは藩―領民
間ではかられたりした事実は，八銭勘定が商人，農民相互間で反復使用される
うち，慣行化され，定着するようになったことを想定させよう。そして八銭勘
定以外の銭匁勘定は藩の意図した 90 文銭も含めて，結局八銭勘定に包摂され

---

19)　前掲武市佐市郎論文，67 頁。
20)　同上，68 頁。
21)　前掲『憲章簿』379 頁。

378　第 III 部　近世貨幣の流通実態

て行ったのである。

　なお，前節でまったく事例が確認できなかった土佐西部にあたる幡多郡でも
八銭勘定が広がっていたことは，たとえば天保 9 （1838）年に幕府巡見使来国
のさいの費用「八銭百七貫九百四拾七匁九厘」を領内全 7 郡に石割りにし，幡
多郡へは「八銭弐拾七貫三百九拾匁六分壱厘」が割り当てられている[22] こと
からあきらかであろう。

3　土佐における貨幣流通実態

　上佐において領主経済では言うまでもなく金・銀貨が基本貨幣であった。し
かし，高知城下商人や郡部農山村では銭遣いが基本であり，近世中期から銭匁
遣いが浸透した。18 世紀後半に進展した幕府による銭貨増鋳政策もあって，
これら商人たちの取引の際の授受貨幣のみならず，基準貨幣も銀建てではなく
銭建て（八銭建て）で経営管理がなされた。地域内で，領主層や地域外取引に
従事する商人層による銀遣い経済とは異なる銭遣い経済圏が形成されていたの
である。これまで小口取引や，金銀建て取引の端数処理の際に補助的に用いら
れると理解されていた銭貨が高額取引でも基準貨幣として用いられるばかりで
なく，金銀遣い経済を基本とする領主財政の局面でも領内の銭遣い経済との対
応を余儀なくされる局面も，幕末に向かってあらわれてくる。

　近世中期以降の経済発展は地方や農村経済の貨幣経済化進展によるものだが，
その際，取引量拡大により銀遣い経済が進展してしかるべきであろう。しかし
多くの西南日本を中心にした各地域内では銭遣い経済が根強く持続した。以下，
土佐の状況を判明するかぎり見てみよう。

　まず大口取引でもたしかに銭貨が使用されたかどうか確認しよう。すでに前
節の安永 6 年における領内郷中への廻文で見たように，銀銭相場が 90 文に
なっているにもかかわらず「貫指は八拾文指」での通用が公認されていた。こ

22）同上，177-179 頁。

の「貫指」とは言うまでもなく，1文銭を80枚（四文銭ならば20枚）麻ひもで通した銭貨のまとまりで，一定額以上の銭貨は1文ごとバラバラではなく，こうした貫指（緡）を単位として授受された。表12-9で見た才谷屋の貨幣資産は金銀合わせてもはるかに銭貨の方が多く，また表12-6で見たように，土地売買の代価が享保期には主として米，稀に銀であらわされていたのに，寛保以降は銭匁建てが基本となったのも，銭貨が大量に出まわり，大口取引でも銭貨が用いられるようになったことを示している。つまり，もともと銀建て取引であっても，正銀不足によりそれを補うものとして，実際の流通貨幣としては銀匁にリンクした銭匁建ての銭貨が用いられるようになったと考えられるのである。

　銀銭貸借のとき，貸借額面が銭匁で表示されている場合，それは銭貨を価値基準として取引され，銀銭相場の変動にかかわらず貸借時の銭量を基準として（元銭として）決済されるとりきめとなる。ところが，たとえば表12-4で見たように，岡家（米屋徳左衛門）から弘田嘉一兵衛が宝暦5年3月28日に「銀二貫五百目」を「七十文銭ヲ以」借用した場合には，銀銭どちらが価値基準となっているであろうか。表12-8や表12-9で見たように，高知銭相場は元文以降40文台の水準から低落を続け，延享期に入ってより70文前後の水準で落ち着きを見せて宝暦期にいたった。したがって，ここでの70文銭は銀1匁に相当するもので，「銀二貫五百目」でも「七十文銭二貫五百目」でも同価値である。問題は，宝暦末年にかけて銭相場は一時上昇に向かったが，たとえば64文となったさい，元金としてはいくら返済すればよかっただろうか。返済時の記録がないため判別はむつかしいが，借用額面に「七十文銭ヲ以」と但し書きがあることは，弘田氏は岡家から少なくとも正銀ではなく，70文銭で銭貨を借用しただろう。借用額面が銀建てで表示してある以上，銭相場が変動しても，文字どおり元銀である銀2貫500目を返済すればよかったと思われるが，おそらく70文銭2貫500目分の銭貨を返済しただろう。

　その根拠としては，さきに例示した寛保4年正月の才谷屋「質物貸」勘定が銭貨で統一され，「四十八，五十文，……六十文ノ銀かし，其時ゝノ銭相場ニテ文数ニ直シ」と元文5および寛保元年分の貸付が注記されていた。銀建てで貸付されても才谷屋では銭建てに換算し，「文数」すなわち銭量で債権が記録

されているのである。この煩雑さを避けるためか，寛保3年には「正月ゟ三月十八日迄銀かしハ六十文の銭数ニ直シ，三月十八日以後ハ文数かし也」と，銀建てで貸して，いちいちそれを銭量に換算せず，直接銭建て（銭匁建てであろう）で貸付けることにしている。この記録は銭匁勘定成立事情の一端をも示しているが，この期の土佐で，表向き銀建てでありながら実質的には銭匁勘定がなされ，銭建てで取引がなされていたとみられるのである。このような事例は，岡家・才谷屋のみならず，松本家の場合でも確認され，銭匁勘定が定着するプロセスで見られた。

　土地売買が銀建てでなされたか，銭建てでなされたか，一見容易に判断しがたい例は後年においても見られる。たとえば文政2（1819）年公文家が馬ノ上村の与二郎から農地を取得したさいの証文はつぎのように80文銭建てであった。

　　　　　新田永代譲渡証文
神木屋鋪東立岸北ハ小谷西大道南立岸浪
　一地弐拾壱代三歩　　　　　　　　村上改下田
　　礼八拾文銭壱貫百八拾五匁壱分八厘
　　右者私扣地ニ而御座い処，当御貢物味進方ニ指詰貴殿江御相談之上永代譲渡
　……（後略）

　　　　　　　　　　　　　　　　　　地譲主瓜生谷　与三郎㊞
　　　　　　　　　　　　　　　　　　（請人・証拠人連名略）

　　　　文政弐年卯十一月十五日
　　　　　　　西分村　　友之丞殿

　ところが，この土地取引を売買当事者が連名で郡方役所へ同時に届け出た「指出」状では土地代価は銭建てではなく，銀建てになっている。

　　　　　指　出
　一地面弐拾壱代三歩　　　　　　村上改下田
　　代銀壱貫六拾六匁六分六厘
　　　　但出銀百目ニ付三匁ッ、御定之通

右者馬ノ上村与三郎ゟ相対ヲ以永代買受代銀右之通ニ御座い間，御定メ之出
銀被召置候上者売買ニ付，以後何等之違乱無之処相違無御坐い，以上

地買主西分村　友之丞㊞

同売主馬ノ上村之内

瓜生谷　与三郎㊞

御郡方御役人所

　ここで用いられている銀銭相場にやや疑義がある[23]が，おなじ土地の売買
が農民相互では八銭勘定，役所向けでは銀建てになっている。銭建て，銀建て
のどちらともとれる取引だが，現実に授受された貨幣はもとより当事者である
農民相互間で交わされた証文の方の 80 文銭であろう。銀遣いの藩府向け「指
出」にはあえて銀建て代価が記載されたわけである。

　以上のように土佐における銭匁勘定は，もともと銀遣いでの取引において，
正銀不足から銭貨を銀銭相場に応じて銀匁にリンクさせながら銭匁にまとめて
授受するうち，銀にかわって銭貨を価値基準とする取引に移行していったもの
とみられる。このためその移行はきわめてゆるやかなもので，銀建てでの取引
形態を長く残しながら内実では銭匁勘定に移行し，そのうちでも享保期に比較
的長く慣れ親しんだ 80 文銭勘定に固定していったと思われる。このように銭
匁勘定は，当初銀遣いを補完するものとしてあらわれたと考えざるをえないが，
80 文銭勘定が銀銭相場にかかわらず固定化するにおよんで銭建て取引，すな
わち銭貨を価値基準とする取引になった。

　現実の流通貨幣の需給量いかんが貨幣流通のあり方を変えていったのは，銀
貨から銭貨への移行だけではないように思われる。土佐では文化期より「町方
預」という新種の手形が発行され，流通したが，それを支えたのは銀・銭不足
であった。この間の事情をつぎにみよう。

23）八銭 1 貫 185 匁 1 分 8 厘が銀 1 貫 66 匁 6 分 6 厘と同値であるということは，銀 1 匁は
　　約 89 文となる。しかるに同年大坂銭相場は約 113 文であり，右の「89 文」を土佐銭相
　　場と解することはできない。天明 7 年以降は藩に対しては公定銭相場として「90 文」
　　が用いられていたのかもしれない。

382　第 III 部　近世貨幣の流通実態

　高知藩では，冒頭でふれたように，すでに寛文 3（1663）年および元禄 16
(1703) 年に藩札が発行されたが，いずれも 1 年足らずないし数年間流通した
のみで失敗している。その後藩札としては慶応 2（1866）年の金札発行まで，
いっさい発行されることなく推移した。しかし家老深尾氏や伊賀氏の知行地で
ある佐川や宿毛では，文政・安政期に準藩札的性格をもって札が発行されたの
をはじめとして，文化期以降，領内各地で多種の私札が発行され，流通した。
『図録 日本の貨幣』に依拠して，発行年・発行地の明白なもののみを摘出して
年代順に整理すると表 12-10 のとおりである。これ以外にも年代不明の札が多
く，文化末年以降になって，領主側の財政的事情ではなく貨幣需要の面から札
が必要とされたことがわかる。

　もう少し詳説すると，表 12-10 には示されていないが，土佐藩法制史料集で
ある『憲章簿』穀泉之部巻ノ一によれば，すでに文化 10（1813）年 7 月「此節
市中銀銭至而不融通候故，為御補詮議之上」高知城下の虎屋専十郎と佐野屋藤
左衛門を「取替預り銭引替」所とする銀 10 匁の「小手形」を「御国内諸役場
初市中ニ至迄通用被仰付[24]」れた。さらに文化 13 年 4 月には，同様に「銀銭
至而不融通」をもって「御町銀米作配方役場」を引替所とする 80 文銭 10 匁の
「小手形」が発行され，「御町方役場幷町郷浦通用被仰付」れている[25]。いずれ
も「御町方預り銀」ないし「御町方預り銭」と称され，町人が引替役をつとめ
ているが全領内で流通することが期待され，しかも藩の在方・町方支配機構を
通じて全領に触れられているから，実質的には藩札と言ってよいだろう。

　平尾道雄は，とくに「町会所札」ともいわれた後者の「小手形」について，
「宮地日記」の「此札公儀払いには一向通ぜず，旁以て町方郷中とも大悶にて
人心淘々，笑止千万なること未曽有之失政」との一文を引用して，それが世上
の信用を得ず，正銭と引き替えるものが町会所へ殺到したとしている[26]。しか
し，少なくとも前者の文化 10 年発行「御町方預り銀」は文政 4（1821）年まで
流通しており，つぎのようにいわゆる取り付けではなく，藩の方針で回収され

　24）前掲『憲章簿』3, 83 頁。
　25）同上，95 頁。
　26）前掲平尾道雄『土佐藩商業経済史』185-186 頁。

383

表12-10　近世後期土佐の札発行

年　月	地域	名称	引替所	額面
文化12	土佐郡高知	八銭札	堺町，栄田屋常助	八銭10匁
〃 13	吾川郡伊野町	〃	高岡屋銀兵衛	八銭10匁，2匁
〃 13. 5	〃	〃	高岡屋九次右衛門	八銭10匁
〃 13	吾川郡浦戸村	八十銭札	貸本屋三右衛門	八十銭2匁
〃 13	〃	八銭札	枡屋三右衛門	八銭2匁
〃 13.12	土佐郡高知	〃	あむらや利三郎	八銭2匁，1匁
〃 14. 5	〃	〃	交易所農人町，庄屋作配	八銭2匁
〃 15	吾川郡伊野町	〃	木屋与右衛門	八銭2匁
〃 15	土佐郡高知	〃	堺町，綿屋権兵衛	八銭10匁
文政元. 8	〃	預手形	新市町，尼崎屋貞之丞	八銭10匁
〃 2	佐川深尾氏領	紙買入手形	佐川御産物方	八銭10匁，5匁，1匁
天保4	吾川郡伊野町	八銭札	出来屋伊之助	八銭1匁
〃 4	土佐郡高知	〃	蓮池町，網屋兵右衛門	八銭1匁
〃 6	〃	〃	山田町，西屋源右衛門	八銭1匁
〃 7	高岡郡樟原村	〃	明神弥平	八銭5分
〃 9.11	高岡郡半山郷	諸産物買集所為替手形	半山郷問屋	八銭2匁
〃 11. 1	香美郡立田町	八銭札	田村屋周蔵	八銭10文目，2匁
〃 11. 8	土佐郡本山村	〃	小松屋半平	八銭1匁
〃 12	高岡郡越知面村	手形	小野屋民蔵	八銭1匁
〃 12	土佐郡高知	八銭札	山田町，山元西屋嘉十郎	八銭1匁
〃 12	長岡郡本山村	手形	田井屋重吾	八銭5分
〃 13	高岡郡樟原村	八銭札	西村和助	八銭5分
〃 14	高岡郡半山郷	手形	半山郷問屋	八銭1匁
嘉永 3	佐川深尾氏領	紙買入手形	佐川紙買入方	八銭5匁
安政 5. 5	長岡郡種崎村	預手形	奈賀屋	銀10両，2両，1両
〃	〃	八銭札	〃	八銭5匁
安政 6	宿毛伊賀氏領	銭札	御銀方	八銭1文目，5分
文久 3	幡多郡下山川崎	酒札	御趣向店	酒5合（5匁）
慶応元. 8	長岡郡長岡	銭札	長岡茂結	銭50文，30文，10文，3文
〃 3	〃	〃	長岡重弘	銭100文
〃	宿毛伊賀氏領	銀札	御銀方	銀10文目，5文目，1文目

典拠）日本銀行調査局編『図録　日本の貨幣』6および11。

ている[27]。

　　　　覚

---

27) 前掲『憲章簿』3，119頁。

384 第 III 部　近世貨幣の流通実態

一御町方預り銀手形

　　　　　　　　　通町　　虎屋専十郎
　　　引替所
　　　　　　　　　蓮池町　　浅井藤右衛門（ママ）

右者先達而諸役場三支配共通用被仰付置候所，去辰年限通用被差止候ニ付，
於右両人方ニ不残正銭ニ引替被仰付候間，右預り所持之面々来ル三月限引替
所へ差出筈，

　　　　　　　　　　　　　　　　　　　　　　　　　御町方

右之通被仰付候条，各被得其旨，支配中へ可被触聞候，已上
　　文政四巳年二月三日　　　　　　　　　　　　　　徳弘文次郎
　　　　　　　　　　　　　　　　　　　　　（ほか 2 名略）

　まず文化 10 年の発行いらい 8 年間は町方預り手形は流通しており，しかも
町奉行名で回収が命ぜられていることは，民間ではその流通の便宜に浴してい
たと言わねばならない。にもかかわらず藩当局が回収を命じたのは，言うまで
もなく文政 2 年 9 月に始まる文政小判・一分判および翌年 7 月の文政銀の新発
行であり，とりわけ幕府貨幣改鋳時における無許可藩札発行取締りへの対応と
して回収にふみきったのであろう。このように考えるならば「御町方預り銀
（銭）」は文字どおり「市中銀銭至而不融通」，つまり流通貨幣不足のゆえに発
行され，ために円滑に流通したとみられるのである。

　この推論は，文政 2 年にはじめて発行された佐川産物方札に対する藩のつぎ
のような触状[28]からも強化される。

　銭小預通用之儀，先達而御差留被仰付置候処，追々致製作為致通用候者も有
　之，当罰被仰付候，且佐川産物方小預之儀，是又同様御差留被仰付置候，此
　節致取遣候者も有之趣，彼是不埒之至ニ候，已来右等心得違心得違之者於有
　之ニハ，屹度可被及御沙汰候条，支配中入念可被示聞候，已上，
　　　天保七申年　　　　　　　　　　　　　　　　　山田助丞
　　　　　八月廿一日　　　　　　　　　　　　　（ほか 1 名略）

───────────────
28）同上，173 頁。

「銭小預（手形）」については藩の都合で通用停止令を出したにもかかわらず，銀銭不融通のため民間で追加製作され，より流通が進んでいる。特産の紙生産拡大のため発行した佐川産物札も同様停止令を出しているにもかかわらず，停止する気配のない状況が確認できる。いずれも八銭10匁以下の小額面で，表12-10に示したように2匁，1匁，すなわち160文，80文札が多かった。

このように天明から文化ころまでの流通貨幣は八銭でまとめられた正銭が中心であったが，文化末年以降，

表 12-11 天保12年葛城医屋受取謝金内訳（天保11年末から12年末）

貨幣種別	金額
南鐐二朱銀	61 片
一朱金	1 片
二朱金	1 片
小二朱	217 片
金貨小計	34両ト3歩3朱（⑳2,800匁）
佐川国産方札	⑳901匁
商人預札	⑳82匁
正銭	⑳74匁
不明	⑳50匁25
八十文銭小計	1,107匁25
合計	約⑳3,907匁

典拠）『高知県史』近世編，627 頁。
注）たんに「金南鐐」とあるものは「南鐐二朱銀」に，「国産方札」とあるものは「佐川国産方札」に包括。

高知城下あるいは周辺の在町の商人を引受元とする札がいったん出回るようになると，高知から遠隔の領内郡部にも広まり，しだいに流通手段の中心は正銭から札に移行していったものと思われる。そうした状況の一端を示すと思われる事例を表12-11にまとめた。これは天保11（1840）年ころ吾川郡神谷村の葛城医屋が1年間受けた謝礼369件のうち，貨幣での受領内訳を示したものである。

ここで注目されることが二つあり，一つは80文銭での受取額計1貫107匁2分5厘のうち，正銭での受取はわずか7％弱の74匁にすぎず，大半は佐川国産方札を中心とする銭匁札であったことである。佐川札は深尾氏知行地はもとより，他の土佐領内や国境を越えて伊予の一部にまで出まわったといわれ，表12-11の事実はさきの天保7年の藩による通用禁令にもかかわらず，いかにそれが民間で受容され，浸透していたかを示している。それはともかくとしても，かつて才谷屋寛保―宝暦期勘定において銭貨はすべて正銭であったが，天保期のこの例では流通銭貨としてはほとんど80文銭札が用いられるようになっており，正銭はおそらく退蔵されているのであろう。

もう一つ注目されるのは，葛城医屋が天保末年から翌年末までに受け取った

386　第 III 部　近世貨幣の流通実態

貨幣総額，銭約 3 貫 900 匁のうち，約 72 ％ が金貨であったことである。その中心を占めたのが「小二朱」，すなわち天保 3 年より大量発行された天保二朱金であった。

　幕末期に銭貨ないしその代用としての銭匁札に代わって小額金貨が流通貨幣の主流を占めてくることは，けっして右の葛城医屋の例にとどまらない。すでに表 12-2 や表 12-3 で示したように，土地売券のうえで嘉永期に金貨が代価として用いられる例があらわれていたが，つぎの例のように，貸借証文で八銭建てでありながら，実際には金貨を授受するケースもあらわれた[29]。

　　　　　借用手形
　一八銭八百四拾匁也　　但金子拾両ヲ以
　右者今西夏御貢物代入用ニ付，貴公様江御相談仕り借用仕処相違無御座い
　（後略）
　　　　嘉永二年　　　　　　　　　　　　　　　借主　和食村支配所
　　　　　　　　　　　　　　　　　　　　　　　　　　　　理左衛門
　　　　　　　　　　　　　　　　　　　　　受人　同村　慶　八
　　　　　公文友之丞殿

　こうした例は土地売券でもみられる。文久 2（1862）年 3 月，安喜郡羽根浦七助が松本祐九郎へ本田 6 代を「年数売渡」した証文によれば，代価は八銭 136 匁 5 分だったが「弐朱拾三片を以」と但書きがあり（表 12-2 参照），添証文の方には 2 朱 13 片の代額しか記されていない。つまり銭建てを装いながら，実質金建てに転化しているのである。かような同種の例は前述したように銭貨が大量に出まわり，銀貨が後退していった元文―天明期に認められ，銀建て取引を装いながら実質銭匁遣い，すなわち銭建て取引に移行しつつあった。嘉永期における上の諸例は，かつて銭貨が果たした役割を小額金貨が取って代わっていることを示していると言えよう。

　八銭が計算貨幣化し，流通貨幣として金貨が主流を占めた事例は，安喜郡東

───────────────
29）前掲公文家文書。

端の野根郷北川家における安政2（1855）年「王宝増長帳」という貸金控帳簿でも確認できる。たとえば同4年分の一部を示そう[30]。

　　　　巳ノ年分
　一八銭四百九拾五匁也
　　　　　　内
　　巳二月十三日
　　四百四拾匁也　　山屋重三郎へ貸付
　　　但金五両を以
　　残而五拾五匁也
　　又四百四拾匁也
　　　但右ニ有貸付銭
　　又四拾六匁四分也
　　　但巳二月ゟ同十一月迄壱歩利足を以弐匁算違有，取不足
　〆八銭五百四拾壱匁四分也
　　巳十一月四日
　　又百拾匁也　　中入銭中島屋へ払入ニ付借リ入，
　　　但金壱両壱歩を以，此分別銭之元銭之分也，

　以上のような銭貨＝八銭の計算貨幣化，金貨の流通貨幣使用は言うまでもなく天保期の二朱金大量鋳造によってもたらされたものであり，土佐の貨幣流通構造は貨幣供給事情の変化に対応して弾力的に変化するものであったということができる。

む　す　び

　近世土佐における貨幣流通の実態を見るため，主として安喜郡内の比較的長

30）『高知県史』近世史料編，1975年，401頁。

期にわたり多くまとまって残存する土地売券および貸付証文類と，近世中期高知城下商家の算用帳簿を中心に考察した結果は，以下のように要約できる。

1）領内で大口取引における価値基準や支払手段にあてられた貨幣を見るため，土地売券や貸付証文の額面を観察すると，これまで西日本では銀遣いと言われていた状況とは異なるものであった。使用された貨幣種別は長期にわたり一定しておらず，価値基準や，支払手段として用いられた流通貨幣はあきらかに時とともに変化していった。

2）その際，享保期までは土佐のどの地も米または銀貨が主として用いられ，どちらかと言えば土地売買には代価として米が多く用いられ，貸借は主として銀貨で取引された。

3）土佐における銭匁勘定は，まず高知城下でもともと時々の銀1匁に相当する銭量と銀匁を結びつける便法として成立し，とくに元文改鋳（1736〜）後，銀銭相場が大きく変動する過程で享保期に比較的長く安定して用いられた，1匁を80文とする八銭勘定が宝暦初年（1751〜）までに定着していった。しかし郡部に拡延するのはやや遅れ，明和—天明初年（1770年代前後）であった。

4）八銭勘定が定着した最大の契機は正銀不足と，元文および明和の2波にわたる大量の銭貨発行であり，いわば銀建て取引における支払い手段として銭匁単位の銭貨が広く用いられるようになった。ただし，享保以前の，銭貨がまだ大量に出まわらない時期においては，米が銀貨の代用貨幣となる場合もあった。

5）八銭勘定は18世紀後半より幕末期まで土佐領内において一般的な貨幣勘定法となり，藩財政や領外取引での銀遣いと一線を画する銭遣い経済が成立することになった。しかし文化末年にむけて銭貨不足が生じてくると，八銭単位の銭匁札が高知城下から発行されはじめた。しだいに周辺農村から土佐全領にむけて各地でも発行・流通するようになり，多くは私札であった。

6）さらに幕末にいたると，小額金貨の大量発行を契機として銭匁建て取引のさい金貨が流通貨幣として使用されることが多くなり，民間においても金建て取引があらわれるにいたった。以上，享保以前からのおもな流通貨幣をおおづかみに示すと，米—銀—銭—銭匁札—金（小額金貨）と変転してきたことに

なる。

　以上要約したように，土佐における貨幣流通のあり方は，貨幣供給事情によって価値基準や流通貨幣が流動的に変わる軟構造であって，少なくとも京・大坂を中心とする西日本での典型的な「銀遣い」地域と同様に一色に塗りつぶすことはできなかった。しかし，民間における小口取引はともかく，享保以前に銭遣い経済の一般化を見出すことも考察のかぎりできなかった。つまり銭遣いは高知では宝暦以降，郡部では天明以降に貨幣計算単位として八銭勘定が一般化を見たにすぎない。一方で，18 世紀末からの計数銀貨や，天保以降大量発行された小額金貨の広範な出まわりによって，幕末期には金建て・金遣い経済の前座がすでに現出し，部分的にはそのような取引を垣間見ることもできた。このように，土佐では銭遣いが銀遣い・金遣いと同等に，18 世紀後半より 1 世紀近くの間，基準貨幣としての地位を保持していたことが確認できた。

第 13 章

九州地方の銭遣い

——豊後日田地域金融取引における基準貨幣を中心として——

はじめに

　薩摩藩領と日向地域を除く九州のほぼ全領で現在確認ができる銭匁遣いの存在をはじめて指摘したのは，野口喜久雄である[1]。野口は豊後日田の商家・森家の経営帳簿において少なくとも 18 世紀中期より 76 文銭勘定が用いられていることを示す一方，筑前，筑後，肥後，豊前，豊後の各地でも 19〜90 文の各種銭匁が確認できることを紹介した。これを受けて藤本隆士は，自身も肥前平戸藩生月島の捕鯨業・益富家帳簿分析を通して，銀匁とは異なる 100 文銭勘定を紹介する一方，すでに江戸期において草間直方が九州の肥前・筑前で一定枚数の銭貨を「銭目（モンメ）」と称し，「国銭」として用いられていたことを紹介している情報を提供した[2]。その後藤本はおもに福岡，秋月藩領内の「匁銭」遣い慣行を多面的に調査・分析し，本書で学術用語として用いる「銭匁遣い」が基本的に貨幣勘定のひとつと定義づけられているのに対し，具体的に一定枚数の銭貨で「緡」としてくくられ，授受されたことを強調している[3]。

　九州地域の銭匁遣いについては，両氏のほか浦長瀬隆が福岡地域と豊前中津

---

1) 野口喜久雄「江戸時代の日田商業と経営」『大分工業高等専門学校研究報告』1, 1964 年。

2) 藤本隆士「近世西南地域における銀銭勘定」『福岡大学商学論叢』17-1, 1972 年。

3) 藤本隆士『近世匁銭の研究』吉川弘文館, 2014 年。

藩領における取引手段の変化をしめす史料を探索し，おおむね1740年代にその使用がはじまっているが，貨幣経済の進展度により一様ではなかったことをあきらかにした[4]。ただし，ここで対象とされているのはおもに土地売買証文に記載された貨幣種別であり，それが取引に際しての基準貨幣なのか，あるいは実際に授受された貨幣であるのかについてはかならずしも明示的ではない。近世後期関西での「銀遣い」というとき，周知のように実際に授受される貨幣が金貨であっても取引基準が「銀建て」であるかぎり銀経済圏と称されている。したがって，九州地方での貨幣流通を検討するには基準貨幣に注目することが必要になってくるのは言うまでもない。

　そこで本章では，土地取引に際して使用される貨幣種別に注目し，証文に記される貨幣が基準貨幣なのか，授受された貨幣なのかについても留意しつつ，日田地域の銭匁遣いの実態を分析し，あわせて九州全域について銭遣いがどのようであったか，補論として鳥瞰しておこう。

1　豊後日田と千原家の概況

　豊後日田は府内（大分）と筑後久留米を結ぶ中間部の盆地に位置し，北東に峠を越えれば耶馬渓をへて豊前中津や小倉に通じ，南に阿蘇の外輪山を越えれば熊本に達する，九州中央部交通の要所である。幕府はここに，九州各地に散在する多い時で17万石余におよぶ直轄領を支配する代官所を置き，豊前四日市，肥後天草，日向富高に出張陣屋を配置した。明和4（1767）年，日田代官所は「郡代」に格上げとなり，関東郡代，美濃郡代につぐ格式を与えられ，西国筋郡代とも称せられた。

　日田の位置する日田郡は豊後の西北端をなすが，郡（国）境の周囲は豊前，両筑（筑前・筑後），肥後と，じつに4ヵ国に接していた。周知のように，関東

---

4) 浦長瀬隆「近世九州地方における貨幣流通」『国民経済雑誌』183-2, 2001年，および同「17・18世紀中津藩城下町における貨幣流通」同上201-5, 2010年。

第 13 章　九州地方の銭遣い　　393

以外の幕領は大名領とくらべ支配関係が弱いが，それほど周囲の影響を受けや
すいことを意味する。日田をとりまく支配関係を見ると，日田郡内は大半が幕
領であり，日田の北部一帯には，東に隣接する玖珠郡に陣屋のある森藩（1.2
万石）が，有田郷を中心に約 4 千余石領有していた。郡境の北部，豊前下毛郡
は対馬藩飛地と中津藩が入り組んでおり，筑前上座郡は福岡藩，筑後生葉郡は
久留米藩，肥後阿蘇郡は熊本藩領とそれぞれ接していた。これらのうち日田は，
地理的および交通の便宜から，その東西に位置する森，久留米藩領と，北部山
間地の対馬藩飛地と中津藩領山村との交流が比較的多かったようである。

　日田をめぐる経済活動として，日田町人による金融業が知られており，少な
くとも近世中期までに在町日田（豆田町，隈町の 2 町からなる）を中核とする域
内経済が成立していた。山間部農村からは年貢銀納のため常に一定量の産物，
すなわち茶，漆，楮，煙草，紙などが商品化され，在町では酒，味噌，醤油，
油などが生産され，域内需要に応じた。一方，18 世紀前半に日田商人のなか
には，域内産物に加えて域外の両筑・肥後平野部農村から米や菜種などを集荷
し，豊前中津経由で上方・瀬戸内に販売し，返り荷として瀬戸内産繰綿を買い
付け，肥・筑地方に販売する仲介商業で致富をなしたものもあった。日田地方
にはさしたる域外市場向け産物はなかったとみられる。年貢納入を契機とする
借銭のための土地所有者変動が激しく，土地を失った農民に用意される産業は
ほとんど発達していなかった。ただし，ようやく 19 世紀に入ると櫨実を商品
作物化し，蠟製造がこの地ではじまって幕末期には広がりを見せた[5]。

　日田商人には千原（丸屋），広瀬（博多屋），手島（伊予屋），森（鍋屋），草野
（升屋），山田（京屋）等の諸家が知られているが，ここではこのうちの丸屋千
原家の金融取引記録を中心に考察する。千原家は中世筑後の有力国人蒲池氏の
一族で，慶長年間に日田郡城内村に移り，農業を営む一方，油・醤油の販売を

5）以上，原田敏丸「豊後日田における商人資本の性格」（宮本又次編『九州経済史論集』
　第 2 巻，福岡商工会議所，1956 年），篠藤光行「幕末における商家経営の推移──日田
　豪商・手島家の『棚卸帳』分析を中心に」（宮本又次編『九州経済史論集』第 3 巻，福
　岡商工会議所，1958 年），前掲野口喜久雄論文，楠本美智子「日田・千原家の経営とそ
　の推移」『九州文化史研究所紀要』25，1980 年，を参照。

394 第 III 部 近世貨幣の流通実態

はじめたという。元禄期には酒醸造も始め，豆田町において土地・家屋の集積をはじめた。利貸や家屋賃貸などの利益を元に土地集積の範囲を周辺の町・村に拡大し，延享年間（1744-48）には日田郡陣屋廻村，池部村の庄屋役に就任し，「苗字永々其身一代帯刀」の格式を与えられるほどとなっている。千原家はこの後，郡内の城内，中城，堀田，草場村などの庄屋も務めるようになる[6]。

　このようにして千原家は蓄積した金融資産をもとに，宝暦ころ以降，森・島原両藩の御用達を務め，寛政 5（1793）年掛屋となった。諸藩への融資も広げ，文政年間（1818-30）には豊後府内・森，豊前小倉・中津，肥前大村・島原・対馬藩田代領，筑前福岡・秋月，筑後久留米・柳川の 11 藩に貸付をおこない，その後さらに豊後杵築・日出，肥前唐津も加わっている。そして，嘉永 7（1854）年には小倉藩御用達をも引き受けた。さらにこれら諸領の領民にも融資を広げ，安政年間（1854-60）には豊前京都郡内に数百人の稼ぎ人を雇って，新田開発事業をもおこなっている[7]。

　千原家は，正徳―慶応年間（1711-1868）に合わせて 319 件，約 300 町歩，高 350 石の土地集積をおこなった。とくに天保以降に活発となり，嘉永 5（1852）年には単年度で 45 町歩，56 石も集積した。もっとも 2 割ほどは質入地の請け返しや他人への譲渡で集積地を減少させている。日田商人のなかには，商品取引や農村加工業を中心に財を築き上げたものもあるが，千原家の場合，とくに掛屋に就任した寛政期以降，金融・利貸に致富源泉の比重を移し，質地として得た町地や農地が流れ，結果として同家のもとに集積されたものと言えよう。

2　千原家金融取引証文の基準貨幣

1）依拠史料について

　九州大学九州文化史研究所[8]が 1934 年に購入した約 3 万点の千原家文書の 3

6）豊田寛三「天領日田と掛屋商人」（後藤宗俊・豊田寛三『大分県の歴史』第 7 巻，大分合同新聞社，1979 年）。

7）前掲豊田寛三論文，楠本美智子論文。

分の 1 は江戸期史料（厳密には明治 4 年まで）であり，そのうち同所が目録作成にあたり「金融」史料として分類した点数は 3,749 点（年不詳文書も含む）である。これらはさらに内容により細分類されているが，ここで分析対象とする「貸付・預り」は 2,726 点あり，土地・家屋を質物とした貸付は別に分類され，約 300 点が利用可能である。合わせて全体では 3 千件以上となるが，年不詳の証文も少なくないので，ここで利用したのは一般的な貸付証文が 1,053 件，質地証文が 155 件，拝借証文（預り証文を含む）が 134 件にとどまった。千原家の金融活動にかかわる基準貨幣の，時期別および金融内容別観察をおこなううえで十分有効であろう。また，若干の証文は貸し手も預り人も千原家でない人物によるものがあった。同家が債権を引き受けたことが想定されるが，日田地域で展開された金融取引であることには変わりないので，除外はしなかった。

　金融証文に記載された取引金額の貨幣種別が，当該地域における一般的な取引基準貨幣とする根拠は，つぎのとおりである。すなわち，一般的には取引当事者は取引開始から決済にいたる期間の貨幣相場変動リスクを回避しようとするであろう。その際，貸し手と借り手で当然利害が対立するが，基準貨幣を決めるのは金融を必要とする側，すなわち「貸付」ならば借り手である農村・農民・商人，「拝借金・預り」ならば貸し手である役所・武士であろう。あきらかに金融商人側に不利な状況が予見される際には利子率を引き上げればよく，取引基準貨幣にこだわる必要はない。ただし，三貨制度のもとではいかに貨幣相場の変動による損失を回避しようとしても，日常的に支払いに充てている貨幣を選好しない場合には，両替の際の余分な手数料を負担しなければならない。したがって，たとえば銭相場の下落が予見される場合でも，日常的に銭貨を用いている地域や階層は両替にともなう余分な費用を回避して，あえて銭建てで取引をおこなうことも少なくなかったであろう。

8）同研究所は現在，九州大学附属図書館附設記録資料館に吸収され「九州文化史研究部門」となっているが，本書では通称どおりの旧称のまま使用する。

396　第 III 部　近世貨幣の流通実態

2）基準貨幣の時期別推移

　千原家に伝存する金融取引証文に記載された金額は，銀貨，丁銭，銭匁，金貨の 4 種が混在して用いられている。これらは貸付，質地，拝借のそれぞれの証文でおおむねどの時期にも用いられているが，証文の種別，時期によりあきらかに偏りがあらわれている。観察のできた 1,300 余件について，それらの動向を見てみよう。その際，きわめて少ない例であるが，1 通の証文でたとえば銀と丁銭のように，2 種以上の貨幣で計上されている場合は，それぞれについてカウントした。また，証文が 2 枚に分かれていて，あきらかに本証文と同一内容の添証文であると判定できる場合は削除したが，同一時期，同一相手に対して取引を分割し，金額の異なる 2 枚以上の証文を作成したとみなされる場合は，それぞれの証文を 1 件としてカウントした。

　千原家における最初の金融取引証文は正徳 5（1715）年「拾年切相渡申畑地之事」で，惣右衛門という農民が藤屋彦三良に 10 年期限で畑を質地に入れ，銀 150 目を借用した。質地証文としてはこの後，享保期（1716-36）に 7 件確認できたが，すべて銀建てである。貸付証文で最も早い時期のものとして現物を確認できたのは，享保 20 年に上内村林右衛門が丸屋源三郎らから銀 32 匁 5 分を借用した「預り申銀子之事」である。目録によれば，さらに早いものとして享保 5 年があり，享保期に合わせて 7 件の証文が残っている。すべて銀建てである。

　銭建ての証文で確認できた最も古いのは，延享 3（1746）年，坂元村徳右衛門が丸屋郡右衛門から丁銭 1 貫 250 文を借用したものである。ただし，現物は未確認であるが，目録によれば元文 3（1738）年丸屋源三郎が油屋平次郎に宛てた「預り申銭之事」がある。質地証文では貸付証文と同様，延享 3 年が初出とのことである。元文・寛保期は目録にも残存がなく，これらの期間のどの時点で銭建てでも取引されるようになったかはわからない。日田地方における銭建ての金融取引が，少なくとも享保期以前にはさかのぼらないことは確実なようだ。

　この後，基準貨幣がどのような推移をたどったかは，表 13-1 に示したとおりである。同表では証文の種別ごとに基準貨幣の推移を，おおむね 10 年ごと

表 13-1　豊後日田，千原家金融取引
（時期別・取引証文別・基準貨幣別の件数と 1 件平均額）

証文種別	貸付証文				質地証文				拝借証文		
基準貨幣	銀(匁)	金(両)	丁銭(文)	銭匁(匁)	銀(匁)	金(両)	丁銭(文)	銭匁(匁)	銀(匁)	金(両)	銭匁(匁)
①期	2				8						
1714–39	191				180						
②期			1	2				4			
1740–49			1,250	320				603			
③期	6	1	41	17			12	3	3		
1750–59	3,610	10	11,239	364			21,693	1,537	9,667		
④期	13		88	28	1		21	2	17		
1760–69	728		22,330	1,442	375		17,369	310	38,382		
⑤期	9		48	26			12	4	18		
1770–79	4,300		14,783	757			21,318	379	6,677		
⑥期	16		11	24			4	1	60		2
1780–89	999		29,984	604			49,963	790	7,319		8,210
⑦期	4		7	25			5	2	26	3	
1790–99	2,000		25,414	1,736			54,424	3,938	2,275	20	
⑧期	1		2	12			12	4	1		
1800–09	600		4,750	527			57,407	1,183	3,897		
⑨期	6		4	20			3	4			
1810–19	917		22,800	1,506			48,467	45,096			
⑩期	6		2	13			5	6			
1820–29	1,367		19,250	3,720			72,854	4,928			
⑪期	33	9	15	77			3	16			
1830–39	3,932	54	65,126	7,416			34,267	4,427			
⑫期	11	33	1	32				4			
1840–49	1,600	103	500,000	10,828				22,968			
⑬期	16	73	10	42	1	1		10			
1850–59	2,177	87	110,413	7,197	20		185,500	18,698			
⑭期	11	112	9	61				5		3	
1860–68	905	499	206,500	16,650				7,594		1,050	
⑮期	2	47		19				2	1		
1869–71	10,500	747		16,452				150,000	2,000		

典拠）千原家文書（九大九州文化史研究所蔵）。
注）1：「銭匁」の 1 件あたり平均額は，19 文銭以外の変動銭匁もすべて 19 文銭に換算。
　　2：表内は，上段；期間別件数，下段；1 件平均額。

に区分して対比できるように示した。まず貸付証文について見ると，初めて銭
建てがあらわれる 1740 年代（元文～寛延期）以降，取引は銀建てと銭建てが全
期間について併用された。ただし，1740 年代以前は件数が少なくて確言はし
がたいが，1830 年代までは銭建てでの取引が主流であると言ってよいであろ
う。また，銭建ても「丁銭」と「銭匁」の 2 種があった。前者は，銭貨の呼称

である貫・文を単位とするもの，後者は1匁をもって一定の銭量をあらわすもので，日田地方では少なくとも近世中期以降は19文銭が一般であった。

　近世西南地方で展開した銭匁勘定は，その内実がおおむね60～80文のいずれかで定着したが，例外的に佐賀藩領では20文銭遣い，そして九州幕領の豊後日田，肥後天草，肥前長崎では19文銭遣いがある[9]。60～80文銭は一定時期の銀銭相場が固定化して用いられるようになったと考えられるが，19ないし20文銭はそれらとは相場の開きが大きく，銀銭相場がもととなったとは考えにくい。ただし，第3章で確認したように，秤量銀貨が金貨と併行して流通していた18世紀末までの時期では，純分率20％の四ッ宝銀が通用銀となった1710年代に唯一，銀1匁が銭20文前後まで下落した史実はある。しかしその期間は一時的なものであって，60～80文銭の成立とは別の要因を求めなければならないであろう。

　それはともかくとして，銭建ての貸付取引は1750年代から70年代の間は丁銭建てが主流であった。とくに1760年代では129件中88件が丁銭であった。ところが同じ銭建て取引でも，1780年代（⑥期）以降は銭匁建てが幕末維新期まで主流に転じてしまう。この期に同じ銭遣いでも，全国的に一般的な丁銭遣いから，日田地方では銭匁遣いが領民の間でより多く用いられるようになったことはあきらかである。この時期のデータが特定の所領や農村等の証文に集中したというような事実はなく，ほぼまんべんなく日田およびその周辺の証文が残存している。

　⑪期（1830年代）に入ると突然，金建てがあらわれてくる。預り証文としてはすでに宝暦6（1756）年に丸屋（千原）藤右衛門・同幸右衛門が金10両を借用した「預申金子之事」があるが，証文の宛先名が明記されておらず，おそらく役所からの拝借金であろう。拝借金は後でみるように銀建てが一般であるが，18世紀後半において金建てもあった。しかし，⑪期以降，貸付証文にあらわれる金建て取引はあきらかに千原家と農村ないし農民との取引なのである。すなわち，最初にあらわれるのは天保3（1832）年日田郡内の森藩領草葉村藤右

9）前掲藤本隆士『近世匁銭の研究』158-159頁。

衛門が千原家から金5両を借用した証文である。ついで，翌4年郡内の幕領庄手村庄屋作左衛門らが金10両を借用し，⑪期のみで9件の金建てが確認できる。そして⑫期以降にはそれまで主流であった銭建てに代わって，件数では金建てが幕末にかけて中心となってくる。1860年代の⑭期には貸付証文の58％にあたる112件が金建てであり，しかも1件あたり貸付額は⑪期よりも増え，500両となっていた。ただし，表13-2にみるように，金建ての取引は日田郡内よりも郡外の諸藩との取引に多かった。日田地方では相対的に銭匁建てが根強く存続したといってよいであろう。

　以上のように，千原家が取り扱った貸付は1740年代以前は銀建て，1750年代より銭建てが主流となり，しかも当初は丁銭建てであったのが，1780年代より銭匁建てが多くなり，さらに1840年代以降は金建てに比重を移すという，きわめてダイナミックな基準貨幣の推移を示した。それにしても銀建ては，千原家に残る証文類で当初の時期にこそ基準貨幣であったとみられるが，近世中期以降も同様であったとはみられない。表13-1で，19世紀に入ってからの10年間で33件の銀建て貸付が確認できる⑪期を個別に見ると，大半は村方が上納代銀にさし詰まった結果のものであった。その際には借主がすべて庄屋名であり，しかも数ヵ村ないし10余村の連名，つまり組合借りである場合が多かった。あきらかに農民の個人的な借用とみられるものはわずか3件であり，その借用平均額は44.6匁と，全体の平均額3,932匁と比較すればきわめて少額であった。これとても銀建てで納入しなければならない難渋農民の個別借用とみられなくもない。もちろん，銭建てでの上納代銭・御銀代銭借用も少なくはないので，年貢納入・上納金支障にかかわる借用がすべて銀建てでおこなわれたわけではないが，少なくとも銀建てでの借用はほぼすべてこれらを契機としていたとしてよいであろう。このため日田地方での取引は銭建てや金建てが主流であっても，幕末期までつねに一定の銀建てでの取引が持続したと考えられる。

　つぎに，表13-1から質地証文における基準貨幣を見ると，一見してほとんどすべて銭建てであることがわかる。ただし①期，すなわち正徳4（1714）年から享保期をはさんで元文4（1739）年までの期間に8件の銀建て質地証文が

400　第 III 部　近世貨幣の流通実態

あり，逆に銭建ては 1 件もない。取引当事者の所在地を見ると，いずれも日田（豆田町，隈町）町内ないし近傍農村であり，支配関係も幕領ないし森藩領であった。遠隔地との取引であったため銀建てとなったということではなく，あきらかにこの期の在町ないし農村での流通貨幣が銀貨であったためと考えざるを得ない。①〜②期の間に 10 年余の空白（厳密にはデータの空白は 1733-45 年）を経過した後，延享 3（1746）年以降，土地を担保に貸付をおこなう質地証文（一部，家屋敷の質物を含む）はほぼすべて銭建てとなった。例外的に④期と⑬期に銭建て以外の取引が 1 件ずつあるのみである。

　ところで銭建てでの質地貸付の際も，当初は丁銭，19 世紀に入るあたりから銭匁建て傾向を強めた。貸付証文における動向とほぼ同じであるが，質地証文の方が銭匁主流に転じるのは 40 年ほど遅れている。すなわち，少なくとも⑪期あたりより銭匁が主流となり，丁銭建て自体も翌⑫期よりほとんど消滅するにいたっている。借り手の所在は大半が日田郡内であり，幕領と森藩領のいずれかに偏るということはなかった。町人ないし農民間の金融取引は，質地を介する場合にかんするかぎり，①期を除いて銭建てのみであったということができる。

　拝借証文における基準貨幣は，観察できた 134 件の大半が銀建てである。目録によっても宝暦 5（1755）年以前の証文はまったく残存せず，また⑨期以降の証文もほとんど欠けているが，一般貸付や質地貸付が銭建て主流となった後も拝借形態の金融取引は表向きは「銀建て」を継続していたと理解してよいであろう[10]。拝借先の宛名は寛政期以降に「日田御役所」とあり，それ以前は特定役人の個人名となっている。同役所の担当者名であろう。官（ないし武士層）と町人・農民との取引は近世を通じて銀貨を表面上は基準としていたようだ。

---

10) 19 世紀初頭までの拝借証文は大半銀建てではあったが，後掲の表 13-4 には明示していないが，筑前上座郡若市村角兵衛が日田役所より銀 2 貫 700 目を拝借した明和 7（1770）年 12 月「拝借銀証文之事」によれば，借用金額「銀弐貫七百目」の但し書きとして「但壱匁ニ付六拾文，御返納之節も六拾文極」とあり，額面上書きがほとんどすべて銀建てであった拝借証文であっても，明和期にはすでに銭匁建てで取引される場合もあった。

第 13 章　九州地方の銭遣い　401

ただし，事例がわずかで断言しがたいが，幕末・維新期に金建て拝借が 4 件認められる。19 世紀に入って以降，いずれかの時点で銀建てから金建てに転じた可能性なしとしない。

3)　基準貨幣変転の要因

　以上観察したように，近世日田地方の金融取引の際の基準貨幣は，まず取引の種別によって異なり，またおなじ内容の取引でも時期によって変容した。なぜ取引の種別によって異なり，時期により変容するのか，サンプルの多い一般貸付を中心に分析してみよう。

　すでに見たように，質地証文では①期を除けばほとんど銭建て，拝借証文では基本的に銀建て（幕末維新期には金建て）であった。おなじ地域で展開された金融取引でこのように基準貨幣が異なったのは，前者が主として在町商人と農民間，後者が日田郡代役所と在町商人との間の取引であったためであろう。ともに日田商人が片方の当事者でありながら，一方で銭建て，他方で銀建ての取引をおこないえたのは，金融商人として相手の貨幣需要に合わせる必要があったためと思われる。貨幣相場変動による損失が見込まれる際は利子率を上げて対応したと想定されるが，それを併記した証文は少なく，ただちに検証は難しい。

　多様な基準貨幣が併用された（一般）貸付の場合，さきに見たように多くは年貢等の上納代金を村方が千原家等の金融商人から調達するためのものであった。年貢上納という場面での農村と領主との力関係から判断すれば，銀建てでの賦課・納入が通常であったようにみえるが，実際は表 13-1 で見たように銭建ての方がはるかに多かった。このことは何を意味するであろうか。二つの可能性が考えられる。

　一つは，領主が農村側の便宜を配慮して，在方での流通貨幣である銭貨での納入を許容していたことである[11]。ただし，この場合でも賦課は銀建てでなさ

---

11) もしそうだとすれば，諸上納の際に在方の広範な銭納を許容していた盛岡藩と類似する（岩橋勝「南部地方の銭貨流通」『社会経済史学』48-6，1983 年）。

402　第 III 部　近世貨幣の流通実態

表 13-2　千原家金融証文の所領別分布

(時期別・地域別・基準貨幣別の期間内件数)

地　域	幕領（主として日田郡）					森藩領（大半は日田郡）					その他藩領				
基準貨幣	銀 (匁)	金 (両)	丁銭 (文)	銭匁 (匁)	計	銀 (匁)	金 (両)	丁銭 (文)	銭匁 (匁)	計	銀 (匁)	金 (両)	丁銭 (文)	銭匁 (匁)	計
③〜④期 1750-69	3	0	54	15	72	6	0	57	17	80	9	0	12	9[1)	30
⑤〜⑦期 1770-99	20	0	31	42[2)	93	4	0	29	17	50	4	0	5	15[3)	24
⑪期 1830-39	18	2	2	25	47	7	2	3	32	44	7	5	9	15	36
⑫期 1840-49	9	14	1	13	37	0	4	0	12	16	2	21	0	1	24

注)　1：「その他藩領」の内訳；対馬田代領 54 件，久留米領 15 件，福岡領 19 件，中津領 5 件，島原領 1 件，不
　　　　明 8 件。12 件は 2 種の基準貨幣。
　　　2：注記のない銭匁は，すべて 19 文銭。その他の銭匁混在はつぎのとおり。
　　　　　1）80 文銭 3 件，70 文銭 2 件，60 文銭 1 件含む。　2）76 文銭 4 件，60 文銭 1 件含む。
　　　　　3）76 文銭 8 件，65 文銭 1 件，60 文銭 1 件含む。

れたであろう。もう一つは，農村側がおおく借用事由として明記する「年貢納
入ニ差迫り」は借用の公的性格を強調するための名目にすぎず，実際は農村内
の入用資金や貧窮農民救済資金など，より自由度の高い資金として日田商人か
ら借用されたことである。ただしこの可能性は，数ヵ村ないし 10 余ヵ村によ
る組合借用が少なくないことから，単独農村や農民個人による借用ではありえ
ても，一般化はむつかしい。そうすると，前者の可能性が大きいことになる。

　ところで，銭建ての場合丁銭建てと銭匁建てがあり，これらがどのように使
い分けられたかを知ることは興味深い。貸付証文だけからその事情を探るのは
きわめて困難ではあるが，一つの手がかりとして取引を支配関係別に観察する
ことは有用であろう。取引先の所領が判明する証文について，主要な時期を選
んで比較した表 13-2 がその結果である。

　一覧して，幕領と森藩領への貸付が大半を占めていることがわかる。全体に
占める比率は，合わせて 18 世紀に 85 ％ 前後，19 世紀に入って 70 ％ 前後とや
や減少しているが，千原家の貸付先がこれらの所領に集中していたことに変わ
りはない。しかもこの二つの所領のうち，ほとんどすべてが日田郡内の農村・
農民であった。森藩は東に接する玖珠郡に陣屋があったが，飛地にあたる日田
郡有田郷 11 ヵ村のみが貸付対象となっていたようだ。幕領も玖珠郡やさらに

その東に位置する直入郡に拡延していたが，郡代役所のある日田周辺や近傍の村々にほとんど集中していた。18世紀中では，日田郡外両領への貸付は，寛政2（1790）年，玖珠郡幕領の戸畑村丈吉を確認するのみである。19世紀に入ると，とくに天保期以降に直入郡幕領農村への貸付が目立ってくるが，表13-2の観察対象期間中では玖珠郡1件と合わせても11件にすぎない。19世紀に入ってから貸付先は日田郡外に若干拡延する気配を示したが，両領以外の地域へも相対的に増加の傾向を見せたことは，千原家金融活動の地域的拡延を示していると言ってよいであろう。

幕領・森藩領以外で最も多かったのは，対馬藩田代役所支配の飛地であった，豊前下毛郡の村々である。日田郡に北接し，主として豊前中津への山間部街道に沿って位置している。表13-2で注記したように，観察対象期間の幕領・森藩領以外では54件と最も多く，次位の福岡藩領19件をはるかに上回っていた。いずれも豊前，筑前，筑後と国外の地域であるが，どちらかといえば日田に通じる街道筋ないし近接した村々である。

このように千原家の貸付先地域分布を見ると，意外に日田に近接した地域に集中していたと言ってよい。そして基準貨幣の動向を見ると，1830年代まではどの所領も銭建てが基本であり，しかし銀建て貸付がつねに一定件数おこなわれているという状況は変わっていない。⑫期以降，金建てが目立ってくるという動向もほとんど同じである。ただし，わずかに18世紀の第4四半世紀に，森藩領のみ丁銭建てが前の時期に続いて多かった（その大半は1770年代の件数）こと，1840年代の「その他藩領」の銭建てから金建て貸付への移行がやや目立っているという動向を指摘できるが，サンプル数が少なく，有意とは言えないであろう。

それにしても，おなじ銭建て取引でなぜ⑥期，すなわち1780年代から丁銭建てが減少し，銭匁建てが主流となっていったのだろうか。表13-2によっても支配関係で大きな差異は生じていないので，この地域の共通現象といってよいだろう。つまり日田地方は特定の領主権力が一方的に及ばない，いわゆる「非領国」地域であって，金融取引においてはこの地域の貨幣需給条件に大きく制約されたと考えられる。その条件とは，南鐐二朱銀の新鋳・増発，そのた

表 13-3　千原家の銭匁建て貸付証文

(件数)

時期	貸付証文						質地証文
	19	60	65	70	76	80	19
②期　1740～	2						4
③期　1750～	14	1		2			3
④期　1760～	23	2				3	2
⑤期　1770～	23				3		4
⑥期　1780～	18		1		5		1
⑦期　1790～	18	2			5		2
⑧期　1800～	12						4
⑨期　1810～	19	1					4
⑩期　1820～	13						6
⑪期　1830～	77						16
⑫期　1840～	32						4
⑬期　1850～	42						10
⑭期　1860～	61						5
⑮期　1869～	19						2

めの丁銀鋳潰しによる銀貨の減少，そして四文銭・鉄銭の大量鋳造である。1770年代に進行した国内通貨事情の変化の波が80年代にようやくこの地域にも達し，一般的な銭遣いである丁銭建てから，なんらか銀建てに関連のある銭匁建てに転じていったと考えられる。ただし，日田地方は1匁を銭19文とする19文銭遣いであり，銀銭相場に直接連動する銭匁遣いとも思えないので，少なくとも銀建て取引と銭遣いをリンクさせる目的で銭匁勘定が拡大したようにも思えない。「19文銭」については，60文銭，80文銭など，他の地域・所領で近世後期に展開された銭匁勘定とは異なり，意外にその実態は不明なのである。

　ところで，日田地方の銭匁勘定は当初から19文銭勘定ばかりではなかった。千原家に残存する銭匁建ての貸付証文のうち，銭匁内実の推移を時期別にみると表13-3のとおりである。⑨期の1件を例外とすれば，18世紀に60文銭，65文銭，70文銭，76文銭，そして80文銭と，19文銭以外にも多種の銭匁勘定が併用されていたことがわかる。これらを個別に見ると，日田郡内に貸し付けられたのは⑥，⑦期の76文銭5件，⑦期の60文銭1件のみで，他は福岡，久留米，中津の各藩，および対馬藩田代領であった。つまり，19文銭以外の銭匁建ての多くは，じつは日田郡内の幕領，森藩領ではなく，それ以外の農村との取引で用いられたのである。ところが，表13-2に示したように，「その他藩領」でも19世紀に入ると⑨期の福岡藩領あて60文銭1件のみを例外とすれば，貸付額面の基準貨幣はすべて19文銭に統一された。それら諸藩領ではそれぞれ独自の銭匁勘定がおこなわれていたから，千原家の便宜が優先されるようになったことを示唆しよう。

表 13-4　千原家取引での基準貨幣と授受貨幣乖離の事例

年　月	証文額面	授受貨幣
①1756.12	銀 977 匁	但し，60 文銭
②1758. 4	銀 215 匁	但し，丁銭
③1761. 5	銀 375 匁	38 文銭ニテ受取
④1766. 7	銀 600 目	65 文相場
⑤1781. 8	銀 2 貫目	但し，銀 2 貫目代丁銭 210 貫文
⑥1804. 3	銀 600 目	但し，19 文銭
⑦1832. 9	金 5 両	19 文銭 1,800 目請取
⑧1849.12	金 43 両	此銀 3 貫 92 匁 33
⑨1850. 6	銀 500 目	但し，銀 1 匁ニ付 114 文 5 歩
⑩1851.12	銀 750 目	「此金‥‥」(額明示なし)
⑪1854. 5	金 30 両	代丁銭 204 貫 720 文
⑫1862.12	銀 300 目	但し，67 匁金（1 両替）
⑬1867.10	⑲216 貫目	但し，正金請取
⑭1868.12	金 300 両	但し，森札 27 貫目

注）例③のみ質地証文，他はすべて貸付証文。

ちなみに，質地証文は②期から⑮期にいたるすべての期間で 19 文銭であった。大半が日田郡内の幕領と森藩領に在住する借主で，わずかに日田に近接した下毛郡の対馬藩田代領と筑後久留米領のものがある。貸付証文の場合には 19 文銭以外の銭匁勘定が少なからずみられた③～⑦期に，田代領・久留米領の銭匁建て質地証文が 3 件あり，すべて 19 文銭であった。日田郡内で 19 文銭が根強かったことは明確となったが，質地貸の場合，郡外でも 19 文銭が基準貨幣となったことがわかる。大半が農民の個人的借用であり，村単位の年貢上納資金を調達するための一般貸付と事情が異なっていたためと思われる。

表 13-1 で分類した各金融証文の基準貨幣は，あくまでも表記のとおりのものである。しかし，証文によっては但し書きにより実際に授受された貨幣が示される場合もあった。たとえば，宝暦 6（1756）年筑前上座郡久喜宮村（福岡藩領）の安岡忠八が丸屋藤右衛門に差入れた「借用銀ニ利上仕ル畑地書物之事」によれば，証文記載額「銀九百七拾七匁」の但し書きとして「但六拾文銭」と記されてあった。これは福岡藩領では東部の一部（80 文銭遣い）を除いて銭匁勘定が「1 匁＝60 文銭」であり，貸借の基準貨幣は銀貨であったが授受貨幣は銭貨であったことを示している。つまり，証文記載額の貨幣の種別がかならずしも実際に授受された貨幣ではなかった。この例の場合，忠八が丸屋から融資された貨幣は銀貨ではなく，銭 58 貫 620 文（977 匁×60 文）であった。このような高額の銭貨が授受されるのは，この期に九州地方ではすでに銀貨が不足気味であったことを示していると思われる。もっとも，寛延 3（1750）年

406 第 III 部 近世貨幣の流通実態

日田郡城内村小野屋惣左衛門が丸屋一族おとめに宛てた質地証文「壱年切質券相渡申畑地之事」によれば，上畑 1 畝 2 歩の代価は丁銭 6 貫 80 文であったが，証文には「此銀」とある。銭建てではあったが，実際の授受貨幣は銀貨であったことを示している。

　表 13-4 は千原家取引証文のうち，証文額面に但し書きのあったものを掲出している。ここで③の例のように，「三十八文銭ニて受取」と明示されている場合は，銀建て取引にもかかわらず実際授受貨幣は銭貨であったことが明確である。しかし，例④のように，たんに「六拾五文相場」とのみ記されている場合には，取引の価値基準を「銀六百目」としたものの銀 1 匁を銭 65 文の相場に固定し，実質，銭貨を基準にしてしまっている可能性なしとしない。けれども他の事例から判断すると，但し書きは実際に授受された貨幣が示されたようである。しかも，表 13-1 では証文額面で分類したが，それとは異なる貨幣で授受された場合にすべて但し書きが記されたようには思えない。つまり，たまたま記されたのであって，表 13-4 はそのサンプルにすぎないとみられる。要するに，日田地方で実際に流通していた貨幣は，18 世紀後半までは証文額面が銀建てであっても銭貨であった場合が少なくなかったということである。そして，19 世紀 30 年代に入って金建て取引も増えてくるが，実際の授受の場でも金貨が用いられはじめたということを表 13-4 は示唆している。

　このように基準貨幣が変わってくるのは貨幣の供給事情によるものであり，しかも取引にあたって実際に授受される貨幣がさらに基準貨幣とは乖離する傾向のあることが判明した。基準貨幣は従前の慣行に影響されることが多いため，流通貨幣の変化がただちには取引に反映されにくかっただろうし，また取引当事者が異なった基準貨幣を選好した場合にこのような乖離が生じたであろう。

　幕末になると，日田地方では札の流通も活発となった。表 13-5 は千原家が取引先の武家・戸田氏の家計出納を任されており，その際の元治 2（1865）年 1 年間すべてを示したものである。戸田氏がどのような武家であるかは不詳だが，千原家からの借用返済が困難となり家計の管理支配を受けていたものと思われる。内容は大工・石工・左官など職人への手間賃支払い，鶉・猪肉・茶つぼ・瓦などの購入，数種の頼母子講掛金支払いなどで，それらをどの貨幣で支

第 13 章　九州地方の銭遣い　407

表 13-5　幕末期武士家計年間支払い貨幣の内訳（元治 2 年）

貨幣種別	件数	平均額	その代銭⑲ （匁）	最高額	最低額
19 文銭	40	1,138 匁	1,138	8,000 匁	90 匁
有田札 （76 文銭）	34	1,011 匁	4,043	3,000 匁	25 匁
金	15	27 両 2 歩	9,882	93 両 3 歩	2 歩
城内手形 （ないし銀）	5	169.5 匁	821	680 匁	17 匁
久留米札	3	180 匁	947	340 匁	51 匁
米	2	25 石	28,807	44 石 1 斗	6 石

典拠）千原家文書，元治 2 年「戸田様　銭御通　千」。

払ったかがわかる。依拠史料の表題が「戸田様　銭御通」とあるように，もともと支払いは銭貨が一般であったにもかかわらず，すでに当時金貨での支払いが全 99 件中 15 件もあった。それ以上に目立つのが「有田札」での支払い 34 件で，これは森藩が日田の北東に接する飛地・有田郷で流通させることを目的として発行した藩札である。76 文銭勘定の銭匁札であり，日田における 19 文銭勘定とのリンクを意識して発行されたものであることは間違いない。つまり 76 文銭 1 匁札が 19 文銭 4 匁として日田地方で利用可能となるのである。幕領で領主側からの札が発行されることはなかったので，このように近隣の藩札が使用されることが少なくなかった。

　表 13-5 で銭建ての支払いは 74 件あり，19 文銭遣いと 76 文銭遣いが併用されていた。1 件あたり支払平均額を比較すると，19 文銭遣いが 1,138 匁，76 文銭遣いが 1,011 匁（19 文銭で 4,043 匁）であった。76 文銭遣い（有田札）での支払平均額が 19 文銭遣いでのそれの約 4 倍となっており，支払額の大きさに応じて使い分けられていたことを示唆する。実際に支払われたそれぞれの最高額と最低額で比較しても，有田札の方が 19 文銭で比較すればはるかに高額であった。このことはたんなる計算貨幣ともみられる 19 文銭が実体貨幣として束ねられ，実際に授受されていたことも示唆する。それはともかく，件数はかぎられるが，1 件あたり支払額の高かったのは，現物支払としての「米」を例外とすれば，金貨であった。より小額なのは「城内手形」・久留米札で，前者

は千原家の振り出した私的な銀手形と思われ[12]，後者は言うまでもなく久留米藩札である。これらの多様な貨幣が併用されていたにもかかわらず，勘定は最終的に 19 文銭で統括されており，幕末維新期まで日田地方では銭遣いが根強かったことがわかる。

3　日田地方の流通貨幣──むすびにかえて

　千原家の金融取引史料を中心に日田地方の近世貨幣流通状況を分析した結果を要約すると以下のとおりである。

　1）日田の金融商人千原家に残る取引証文から 1,342 件について分析すると，取引基準となった貨幣は時期と取引内容によりあきらかな差異が生じていた。

　2）全体の 8 割近くを占める貸付では，1740 年代以前は銀建て，1750 年代より急激に銭建てが主流となった。その際，当初は丁銭建てが多く，1780 年代には銭匁建てに比重を移している。さらに 1840 年代から急増した金建て取引が 50 年代には銭建てをもしのぐようになり，維新期まで基準貨幣の主流となった。これまでばくぜんと銀遣いと理解されてきた西日本の一部を詳細に観察すると，近世後半にかんするかぎりこのように，銀遣い→丁銭遣い→銭匁遣い→金遣い，というように主要な基準貨幣がきわめてダイナミックに推移していたことがあきらかである。

　3）日田地方における 1740 年代から約 1 世紀の間における金融取引では銭遣いが主流であったと言ってよいが，貸付証文の一部につねに銀建てがあり，日田郡外取引では比較的銀建てや金建てが目立っていたように，取引内容ないし取引相手によっては銭建て以外も観察できた。これらはそれぞれの地域の日常取引の貨幣種別を反映しているとみられる。

　4）基準貨幣の推移をもたらした要因としては，基本的には幕府三貨の供給

12）千原家と同様，日田の主要な金融商人である広瀬家には 19 文銭札の「版木」が保存されている（前掲藤本隆士『近世匁銭の研究』240 頁）。地域で信用ある商家発行の私札が少なからず流通していたことを示す。

事情によるものと考えられる。いずれの時期も従前に主流であった貨幣が不足し，より利用できる貨幣にシフトした。それにしても丁銭から銭匁へのシフトはおなじ銭貨同士であり，ただちに理解しがたい。この理由は，もともと銭遣いが定着していた日田地方と，銀遣いが基本となっている領主層や日田郡外地域との取引が拡大し，それとリンクする方法がその継続過程で固定化したものと考えられる。

5）19文銭勘定がなぜ使われるようになったのか，いまのところその要因説明は困難である。わずかにそれが長崎，天草とともにいずれも九州幕領でのみ使われたことと，千原家による貸付証文で，18世紀には60〜80文銭建ても確認できたのに19世紀に入ると大半が19文銭のみとなったことから，幕領金融商人の貨幣勘定慣行が周辺地域へも浸透して拡延したものと見られる。

補論　九州各地の銭遣い事情

　九州地方の銭匁遣いをはじめて事例紹介した野口喜久雄は，主として薩摩藩領と日向国諸藩を除くほぼすべての地域の勘定例を明示した（本書第10章）。これらは19文銭から90文銭まで幅広く多様であるが，どの時期からはじまったのか，また例外的に使用されたのか，主要な勘定法だったのかについての説明はない。銭匁勘定が主たる勘定法であったかどうかは日田・千原家のような高額取引の典型ともいえる土地取引証文類を長期間にわたり観察することが望ましいが，ただちには難しい。そこでこれまで観察できたかぎりの各地事例を以下まとめて例示し，九州地方銭遣いの特徴を概観したい。

1）福岡藩領

　野口によれば福岡藩（52万石）領では60文，70文，80文の3種銭匁遣いを確認できるが，同一時点で用いられたのか，異時点での事例なのかの説明はない。土地売買証文に限定して同藩領内の使用貨幣を観察した浦長瀬隆によれば，1723（享保8）年に福岡城下近郊の粕屋郡新宮浦で80文銭が使用された事例が

410 第 III 部 近世貨幣の流通実態

最も古い。ただし固定銭匁ではなく，74〜82 文の幅内で推移する変動銭匁であった。1741（寛保元）年に 60 文銭遣いとなった後はほぼ 60 文銭となり，固定化した。城下近郊で固定銭匁勘定があらわれるのは 1740 年代から 50 年代で，それ以前は銀貨か米が代価として用いられた[13]。

福岡藩領では東部を除き 60 文銭が主流だったと言われるが，その契機は 1740 年代の銀銭相場であった。元文 5（1740）年，藩府は銭遣いを（旧銀 1 匁に付）60 文遣い，元文銀では 44 文遣いとするよう領内に触れた[14]。新宮浦では享保末年に 80 文銭遣いが固定化しかかっており，元文改鋳後も新（元文）銀が十分出まわらないためか，銀銭相場の基準銀貨は享保（正徳）銀のままであった。しかし銀貨改鋳による流通ひっ迫感の解消が進んだものと思われ，藩府は新旧銀貨の標準相場の引き下げを領内に触れたのであろう。問題は，新宮浦ではその後 60 文銭遣いが定着化し，このため藩府が延享元（1744）年 11 月，領外取引で用いられていたであろう銀建て取引の際の 67 文という銀銭相場を領内民間取引でも用いるよう，60 文銭遣いをやめるよう命じたにもかかわらず，その後固定化したことである[15]。この事実は，銭匁固定化要因が藩府の指令によるものではなく，民間の間で定着していた使用慣行の方が強かったことを示しており，注目されよう。

なお，福岡藩領東部では 80 文銭遣いであった[16]と言われるが，60 文銭遣いとの具体的な併存状況については意外にもこれまであきらかにされていない。藩領東部の遠賀川流域にある鞍手郡新山崎村（現小竹町）庄屋が記録した「萬年代記帳」によるかぎり，元文―宝暦期については，どちらかといえば 60 文

---

13) 前掲浦長瀬隆「近世九州地方における貨幣流通」61 頁。
14) 福岡藩東部の鞍手郡新山崎村庄屋甚吉が記録した「萬年代記帳」によれば，「（元文 5 年 4 月 14 日ゟ）銭遣六拾文，文銀四十四文遣ニ仕候様ニ御触被為成候事」（『福岡県史』近世史料編年代記（一），1990 年，375 頁）とあり，元文改鋳を開始して 4 年経過しても新銀がまだ十分出まわっておらず，銭相場を新旧銀貨の 2 本立てで示さざるを得なかったことがわかる。また前掲藤本隆士『近世匁銭の研究』188-189 頁，前掲浦長瀬隆「近世九州における貨幣流通」61 頁も参照。
15) 同上「萬年代記帳」432 頁。また浦長瀬隆「近世九州における貨幣流通」62 頁。
16) 前掲藤本隆士書，191 頁。

銭が主流であり，しかし物価表示や「礼銀」に 80 文銭も所々で用いられている。銭匁遣いについて藩府のかかわりが強ければ 1740 年代以降は 60 文銭遣いで統一されたはずである。藩権力による一定のガヴァナンスが領内取引での決済効率化に有効であっただろうが，それ以上に地域的な貨幣使用慣行が優先されたと言えよう。

このことは，元文期以降，50 文銭，60 文銭，80 文銭が使用されていた支藩の秋月藩（5 万石）領内で藩令により 60 文銭遣いに統一されたのが，本藩よりやや遅れ，安永 8（1779）年であったことからもあきらかとなる[17]。この頃は銭匁内実があきらかに銀銭相場とは乖離していた時期であり，異なった銭匁遣いが広くはない藩領内で併存していたということは，民間における貨幣使用慣行の強さの反映にほかならないであろう。

2) 佐賀藩領

佐賀藩（35 万 7 千石）領では，藤本が紹介[18]しているように，すでに同時代の草間直方が『三貨図彙』において「肥前ハ一銭目ヲ二十文ト定メテ，国銭ト云ヒテ古ヨリ用ヒ来タルナリ」と述べている。ここでは佐賀藩のことがふれられているが，いつからその慣行がはじまったかは示されていない。

佐賀藩多久領の役所記録「御屋形日記」元文 3（1738）年 11 月 1 日の条[19]に，前月 27 日本藩からのつぎのような触れが記されている。

　一御領中諸商人共，銭廿文を壱匁と相唱，専致商売候段相聞候，文銀一統ニ
　　通用為被仰付置儀候ヘハ其通を以商売等可被致筈之處，廿文を壱匁と相唱
　　候段甚以不宜之条，向後弐拾文壱匁之唱不仕様応可被申触候，若相背者於
　　有之ハ急度可被及御吟味旨申候，以上

17）以上，藤本隆士「秋月藩における匁銭の成立」（日本経済史研究所編『経済史経営史論集』大阪経済大学日本経済史研究所，1984 年）196 頁。

18）前掲藤本隆士「近世西南地域における銀銭勘定」22 頁。

19）岩橋勝「徳川中後期の佐賀米価史料」（『松山商大論集』26-1，1975 年，のち『近世日本物価史の研究』に収載）105 頁。なお，同触の記録年を本文では「元文 2 年」としているが，史料文のとおり「元文 3（1738）年」の誤りであった。ここに訂正する。

412　第 III 部　近世貨幣の流通実態

　　　午十月廿七日

　これによれば，元文銀通用以前，領内では 20 文銭遣いがおこなわれており，商売人の間でそれはかなり広範囲に，しかも変動銭匁ではなく固定的であったことがうかがわれる。

　近辺の九州北部幕領地域では 19 文銭遣いもあり，「銭廿文を壱匁と相唱」える慣行は異例であったとは言えない。60 文から 80 文の幅内で成立することの多い固定銭匁遣いの内実は，一定期の銀銭相場で収束する場合が一般であった。では銀 1 匁につき 20 文や 19 文というきわめて銭高な相場がなかったかというと，唯一，新井白石による正徳改鋳が成果を発揮する直前期，すなわち四ッ宝銀が基準銀となっていた 1710 年代の数年間がある。正徳・享保銀がようやく地方にも出まわるようになった享保 6，7 年頃，佐賀米価表示は一挙に約 4 倍になった[20]。新銀（正徳銀）の純分率は旧銀の 4 倍あり，一緡の銭貨量をあえて 4 倍に差し替えなくとも旧銀あて用の 20 文緡を 4 本使えば，新銀 1 匁としてそのまま授受できる便宜があったものと思われる。そうすると，20 文銭遣いは享保初年に始まったことになる。それは佐賀領内では藩府の禁止令にもかかわらず，結局定着し，とくに領民間取引では幕末期まで根強く用いられた。これまで 19 文銭遣いの始まりについては不明な部分が多かったが，20 文遣いのように一定期銀銭相場を契機としていたならば，同様に 1710 年代以降の銭匁遣いということになる。

3)　熊本藩領

　70 文銭遣いがこれまでも知られている熊本藩（54 万石）領[21]では，それがいつ頃から定着したかあきらかではなかった。しかし，1990 年代にその成果が出るようになった熊本藩政および町政にかんする詳細な史料集[22]刊行によ

---

20) 前掲岩橋勝「徳川中後期の佐賀米価史料」表 5 および表 14 参照。
21) 前掲藤本隆士「近世西南地域における銀銭勘定」30-31 頁。
22) 『新熊本市史』全 24 巻のうち，通史編近世 2 巻および史料編近世 3 巻（1994-2003 年）。
　　また細川藩政史研究会編・刊『熊本藩町政史料』一（1985 年），二（1989 年）も参照。

り，貨幣流通の実態がほぼ時系列的に把握できるようになった。それらによれば，判明するかぎりの領内土地取引証文における基準貨幣は，18世紀中期までは銀ないし米が主流であった。ただし地域によっては，上益城郡矢部郷浜町の質地証文において元文4（1739）年に70文銭遣いが確認でき，それは当時の領内銀銭相場にもとづくものであった。本書第8章で紹介したように，元文改鋳に伴う銀貨供給増加が九州にもおよんだ寛保期（1741-44）には，熊本城下では銀価が下落し，60文銭遣いとなっていた。藩府は元文銀の出回りにより，銀銭標準相場をこの60文としようと領内に沙汰を出したが，享保銀から元文銀への移行期に広く使われていた70文銭遣いが，その後もいぜんとして民間では用いられた。

　熊本藩領内での年貢等銀納や藩士への給付銀に際し，基準となる米価が毎年藩府から「御双場」として公表されていた。それは領内で貨幣経済が進展する元禄期に始まるが，銀100目あたりの米量で示された。藩経済が銀目で表示されたのは領外での藩財政支出や商人取引が主流であったため当然なことであるが，元文期以降，上に示したような領内における銭匁遣いをめぐる藩府と民間経済とのせめぎあいが継続したもようである。もともと熊本城下の町方では，元禄改鋳期に標準銀銭相場を70文とするよう町奉行所に要請した事実もあり，元文改鋳期以前から町方では70文銭，すなわち70枚の銭貨を一緡にまとめて授受する慣行ができていたフシがある[23]。銀建て決済に銭貨を用いる場合，当該時期の銭相場で換算し，名目上の差額を「歩銭」で調整した。歩銭を用いるかぎりは，銭貨で決済してもそれは銀遣い取引となる。しかし，領民同士では70文銭遣いが根強く続いており，藩府の規制もなかなか成果が得られなかったようだ。

　安永5（1776）年，藩府は毎年公示する御双場を，ついに銀貨と銭貨の2本建てで表示することになった。熊本藩領における70文銭遣い公認の始期といえるが，領民間では少なくともすでに元文改鋳後の時期にはおこなわれていたものと理解でき，それは寛保3（1743）年の町奉行所による「下方ニテハ先年

───────────

23）岩橋勝「近世貨幣経済のダイナミズム」（『社会経済史学』77-4，2012年）13頁。

414 第 III 部 近世貨幣の流通実態

以来壱匁七十文遣之双場ヲ内証ニて相究置……」との記録から推察できよう。
このような経緯で 70 文銭は定着し，この後藩領全域にわたり明治初年にいた
るまで，民間のみならず藩札額面の基準単位，藩への上納銀や藩士生活におけ
る基準貨幣として用いられるようになったのである。

4) 中津藩領

　豊前中津藩（10 万石）では奥平氏の支配が始まった翌年の享保 3（1718）年
から「惣町大帳」と呼ばれる町会所記録が残存しており，断続的に幕末期まで
城下の貨幣流通の状況を知ることができる。これによれば享保期は町方でも銀
遣いであったのが，元文改鋳期以降，おそくとも延享 2（1745）年には 80 文銭
遣いとなった[24]。おもに民間による取引で一般的に用いられたが，藩府による
払い米や藩士への奉公人給銀などでは 50 文銭を使う場合も認められる[25]。元
文改鋳期以降，とりわけ延享期頃に銭相場が 80 文という銀高の相場になるこ
とは全国的にも想定しがたいので，享保後期，銀貨不足を銭貨で代替したであ
ろう時期の銀銭相場ということになる。

　この推定は寛延 2（1749）年 2 月，藩府が町場から銀 75 貫目を借用した際，
町場はとりあえず 29 貫 640 目を「銀，米，銭ニ而」納入したが，その際大半
が（当時の銀銭相場である）「69 文銭」で占められていたことからあきらかであ
る。すなわち，納入された銀貨は全体の 8 ％余の 2 貫 412 匁 5 分にすぎず，
銭貨は全体の 84.3 ％にあたる 24 貫 993 匁 4 分 7 厘，残り 7 ％余が米であっ
た[26]。建値は銀貨であっても，流通銀がきわめて不足しており，それを銭貨で
おぎなっていたようすがうかがわれる[27]。

　なお，同藩では宝暦 3（1753）年以降，藩札発行に踏み切り，1 匁＝70 文と

---

24) ただし，「惣町大帳」は享保 11 年より延享元年の 19 年間が欠年であり，どの時点から
　　銭匁が始まったかは確定しがたい。
25) 前掲浦長瀬隆「17・18 世紀中津藩城下町における貨幣流通」。
26) 半田隆夫校訂『惣町大帳』第 5 輯，中津藩史料刊行会，1980 年，2-3 頁。
27) こうした事例は宝暦元年 12 月，藩府が銀 50 貫目を借用した際，76 文銭 13 貫 800 目と
　　銀 5 貫 670 目を町場が先納したことからも確認できる（同上，66 頁）。

いう，当時の銀銭相場を基準とした札相場を藩府は公示している。その後の札相場は，札相場下落によるところもあるが，おおむね銀銭相場に連動しているので，銭匁遣いが定着した他藩藩札のように銭匁札ではなく，銀札であった。一方で80文銭遣いがありながら，藩札は銀札として流通できた例は比較的少なく，中津藩領は例外的な地域といえるだろう。

5）豊後国内

　豊後国内では府内藩（2万1千石）領内で，比較的早期に銭匁遣いが確認できる。

　まず勘定方出納記録にあたる元禄12（1699）年「萬覚書」[28]では大半が銀建て記載だが，小額支出の中で銭文や現物の米や材木にまじって明白に銭匁建て事項が2件確認できる。一つは同12年正月11日の項で，大坂への舟用の際の舟中人足2名賄銭として「銭弐匁」，もう一つは同14年11月18日の項で，おなじく船中賄用銭として「銭一匁五分」。稀な支出例なので，小額銀建て支出の代用として銭貨が用いられたのであろう。

　ついで，享保12（1727）年「郡代覚書」[29]6月16日の項に，祇園祭礼で富札が100枚売られ，1枚40文であった。その合計は「此銭高八拾目」と記されているので，銭1匁は50文（100×40÷80）となる。単価が小額なので，銭建てであるのは当然だが，ならば銭文勘定でしかるべきところ銭匁勘定で記録しているのは，すでに当時府内藩領で銭匁遣いがはじまりつつあったことを示す。この後，同藩領では50文銭が定着する[30]が，享保期の銀銭相場はその初期に20文前後か後期に80文である場合が多かったので，その50文銭慣行はそれ以前の元禄期にははじまっていた可能性がある。

28）大分県立先哲史料館蔵，府内藩記録（乙11）。
29）同上，府内藩記録（甲42）。
30）同上，府内藩記録（甲77）宝暦2年「郡代覚書」12月9日の項に，寛延元（1748）年12月に年貢未進のため律院村が真萱村伊兵衛から「五拾文銭壱貫五百目」借用した村借証文が記録されている。ただし，高額のためか，他の村借証文の多くは銀建てであり，50文銭遣いが領内で大勢を占めるほどにはいたっていない。また，『大分市史』上巻，1955年，1084-1085頁も参照。

416 第 III 部　近世貨幣の流通実態

　なお，おなじ豊後の幕領直入郡城後村庄屋であった田北家の安永 8（1779）年 10 月「直入郡石合村貸方滞勘定目録」によれば，少なくとも明和末年ころの証文より 50 文銭で勘定され，一部 70 文銭も併用されていた[31]。元文改鋳後に 70 文相場はともかく，50 文という銭相場水準はほとんど成立していないので，府内藩領同様，より早期に 50 文銭慣行が成立していたことがうかがわれる。同家の宝暦期土地取引証文から基準貨幣が確認できるが，代銀と「五銭」ないし 50 文銭が混用されており，高額な土地取引でも銀建てと銭建てが併存していたことになる。ただし，残存史料が断片的であるため，いずれが主流であったかは不明である。

　また，国東郡下岐部村（現雲仙市）の庄屋有永家には寛政 9 年以降，70 文銭建ての金融取引証文[32]が頻出する。さらに，嘉永 3（1850）年「年季證文之事」では「七拾文銀札五百八十八匁四分」とか安政 2（1855）年「覚」では「七拾文銀札百五拾目」というように，実体が銭札であるにもかかわらず「銀札」と称して授受される札が流通していた。同村は元文 2（1737）年以降は幕領であったので，周辺の藩札が入り交り通用していたのであろう。近辺の杵築藩領や日出藩領では 70 文遣いであるので，あえて私札を発行しなくとも流通手段には不便なかったものと思われる。もっとも同じ豊後東部でも，府内，臼杵，幕領別府の各領では 50 文銭遣いであり，どのようにこの 2 種の銭匁を使い分けたのか，あきらかではない。

6）日向国内

　藩札流通状況を鳥瞰した際，銭匁札がほとんど観察できなかった日向国でも，北西部の高千穂郷と言われる地方では，肥後，豊後地方と同様な銭匁遣いが 18 世紀中期より確認できる。高千穂郷は 18 ヵ村よりなり，延岡藩（7 万石）領であったが，城下延岡周辺の「城附」地とは別に七折村（現日之影町）に代官所が置かれ支配されていた。山間部であるため耕地の約 9 割が畑地であり，納

31）同上，田北フサ子家文書。
32）同上，有永家文書。

入年貢米は郷全体石高の 1 割にも満たない 640 石ほどで，その他の多くは茶，麻苧，渋紙など特産物の現物納であり，残りは銀納であった[33]。

　高千穂郷は内陸交通上，延岡と熊本および豊後岡藩城下町竹田を結ぶ要路に位置した。藩領は日向以外に豊後大分郡ほか 2 郡に飛地もあり，府内城に近接する大分郡千歳村に役所をもうけて支配拠点としていたので同所への通路にもあたる。とうぜん両地との交易がさかんであった。たとえば，高千穂郷では天明期に約 1 千石の米を酒造のため買い入れており，文政期には七折村の中村家が菜種千俵を肥後に送り，肥後藩矢部手永の吉右衛門から米千俵と交換している[34]。また，余剰生産物の販売先や塩をはじめとする生活必要物資の調達先の多くは延岡城下ではなく，より近接する竹田であった。他領商人も郷内商品の買い付けに来るため，山間地にしては比較的早期に貨幣経済が進展した。

　高千穂郷の南西に隣接する幕領椎葉山（人吉藩預地）では，借用証文がすでに寛延〜宝暦年間に 68 文ないし 62 文の変動銭匁遣い建てになっていた[35]。高千穂郷でも岩戸村庄屋佐藤家の寛延 4（1751）年「御用日記」2 月 6 日の項に「請帳壱束　後藤七郎右衛門ゟ来ル　代七銭拾匁」とあり，さらに 3 月 5 日の項に「銀壱匁ニ付銭七拾文かへ　右之通去朔日ゟ御改被仰付候旨延岡表ゟ申来候……」と記されたように，勘定の際に銀貨に替えて銭貨が用いられていたことがわかる。ただし，当時まだ固定銭匁ではなく，数日後の 3 月 8 日には 72 文銭に変更され，10 月には 75 文銭も記録されたように，その都度延岡表から基準相場の通達が届いていた[36]。しかし，おそくとも 19 世紀初めには 70 文銭に固定化されており，その際，岡藩札（70 文銭札）が相当流入し，用いられていた。

---

33) 大賀郁夫『近世山村社会構造の研究』（校倉書房，2005 年）15 頁。
34) 宮野原泰男「高千穂商人の他領との米交易をめぐって」（『宮崎県史研究』8 号，1994 年）77-85 頁。
35) 前掲大賀郁夫書，193-195 頁。
36) 宮崎県立図書館蔵，佐藤家文書（写本 62）。同館蔵，五か所村矢津田家文書のうち，元文〜宝暦期の諸事留書によれば諸勘定に丁銭と銭匁が混在し，銀匁はない。銭匁の内実は 60〜76 文の幅があった。しかし，文政期以降残存する借用証文類を見るかぎり，すべて 70 文銭勘定で固定している。

418 第 III 部　近世貨幣の流通実態

　延岡藩では宝暦 3（1753）年から銀札を発行したが，兌換準備不足で札価を
維持しえず，円滑には流通できなかった。19 世紀にはいり豊後千歳役所札
（預り手形）も高千穂郷で通用がはかられたが，札価のより安定していた岡藩
札が地域内での 70 文銭遣いとも照応し，多く使用された。藩府はこれらの状
況を黙認していたわけではなく，たとえば天保 12（1841）年 9 月，「岡札」を
かねてより通用差し止め，「御国札」を使用するよう触れているにもかかわら
ず，岡札の方が用いられ国札が下落している状況に対してあらためて触れを達
している。さらに，翌 10 月「豊後産七嶋（藺草表）並ニ高千穂産物買入通用」
のため「千歳役所預り手形」をあらたに発行するので，見本札を配布する旨の
通達を発している[37]。このような延岡藩当局の禁令にもかかわらず，幕末期ま
で高千穂郷で岡藩札が根強く使用されたことは，岡藩に接する熊本藩領の南東
部でも，少なくとも天保期にはすでに借家代銭の基準銭としてそれが使われて
いた[38] ことから類推できよう。

　なお，城附地に属する，城下より直線距離で南西 30 キロメートルの臼杵郡
田代村（現美郷町）で大庄屋を務めた黒木家に残る土地等譲渡証文や借用証文
を観察すると，高千穂郷以外でも 19 世紀にはいると銭匁遣いもおこなわれた
ことが判明する[39]。延岡藩領では同一地点での取引基準貨幣の動向が最も詳し
く確認できるので，表 13-6 にそのあらましを示そう。

　譲渡証文は田畑屋敷地のほか持山や杉木などについてのものである。多くは
19 世紀に入ってからであるが，18 世紀についても動向はわかる。つまり，土
地取引等の代価はこの地方では基本的に米と銀貨で建てられた。しかし，1810

---

37)『高千穂町史』（郷土史編，2002 年）401 頁。

38)　松本寿三郎『熊本藩における藩札の史料収集と研究』（日本銀行金融研究所，1990 年）
　　49 頁，および前掲岩橋勝「近世貨幣経済のダイナミズム」22 頁参照。

39)　宮崎県立図書館蔵，臼杵郡黒木村（現美郷町）黒木家文書によれば，延岡城下より西方
　　20 キロメートルほどの同村庄屋を務めた同家には 18 世紀末より幕末期まで 30 通の土
　　地取引証文や借用証文があるが，大半銀建てであり，銭匁建ては皆無である。地理的に
　　黒木村以上に高千穂郷とは交流のなかった位置にある田代村で銭匁遣いが 19 世紀に少
　　なからずおこなわれるようになったのは，銀遣いが基準でありながら銀貨不足のため銭
　　貨を代用するうち，授受貨幣である銭貨を取引の代価にそのまま用いるようになったた
　　めであろう。いわば，銭匁遣いの自然な始まりを示しているともいえる。

表 13-6　延岡藩田代村黒木家証文類の基準貨幣
（時期別・取引証文別・基準貨幣別の件数）

証文種別	譲渡証文					借用証文				
基準貨幣	米	銀	丁銭	銭匁	金	米	銀	丁銭	銭匁	金
1715–49		1					2			
1750–59						1	4			
1760–69						1	3			
1770–79		1								
1780–89	2	2				1	1			
1790–99						2	3			
1800–09	2	6				4	1			
1810–19	5	12	2	5		3			1	
1820–29	1	9	1			4	1	2	2	
1830–39	5	3		2		3		1	11	
1840–49	1	1		16		6	1		26	3
1850–59	7			11	3	7	2		26	6
1860–69	1			8	1	5	3		1	3

典拠）田代村黒木家文書（宮崎県立図書館蔵）。
注）1：1証文に米と銀というように2種で代価表示の場合は，それぞれ1件ずつとした。
　　2：「丁銭○○匁」「九六銭○○目」という表記が少なくないが，いずれも銭匁とした。

年代以降，銭貨も用いられるようになり，しかも丁銭ではなく銭匁遣いが主であった。銀建て証文が減少化するとともにそれを補うように銭匁建てが増加しているので，銀貨不足がその増加の要因であることは誤りないであろう。さらに1850年代に入ると，金貨建ても現れ，この期にようやく小額金貨（計数銀貨も含む）が十分に出まわるようになったことを示している。

　一方，借用証文を見ると，譲渡証文とおおむね同じ動向を示している。若干異なっているのは，米が時期にかかわらず貸借されていることである。その数量を見ると15石余（宝暦8年）という事例を除くと，大半が1石前後であり，庄屋を務める黒木家の立場上，年貢未進ゆえの貸付がつねに継続したことを示唆する。1810年代（文化期）から銭匁建てが用いられ，幕末にかけて流通貨幣の主流となっているが，にもかかわらず弘化2（1845）年以降金貨も用いられたのは，譲渡証文の場合と同様，あらたに小額金貨がより多く出回って来た現れであろう。天保9（1838）年12月借用証文のうち，「丁銭弐百三拾五匁弐分」という額面に「此金参両弐歩」との添書きが認められるが，これは実際に授受

420   第III部　近世貨幣の流通実態

された貨幣が金貨であったことを示している。このような場合，表13-6では基準貨幣は銭匁としているが，こうした添書きはたまたま記載された可能性が大きく，主流の流通貨幣が変動する時期には基準貨幣と授受貨幣が乖離する事例はむしろ通例化しつつあったと思われる。このように当時すでに銭貨は不足気味になっており，小額金貨がそれを代替するような機会が増加するとともに，基準貨幣にも金貨が用いられるようになったのであろう。

　なお，日向国内で延岡藩と薩摩藩の間に位置する高鍋藩（2万7千石）での貨幣流通状況を見ると，銭匁遣いはまったく見られなくなる。18世紀までの主流貨幣は銀貨であり，安永・寛政期の藩有林材木売払い代銀は文字通り銀建て，運上銀も元禄―文化年間のかぎり銀建てで記録されている（『宮崎県史』通史編，近世上，520頁[40]）。ただし，18世紀後半より銭貨が少しずつ用いられるようになり，たとえば天明8（1788）年平田浜（現川南町）に打ち寄せられた船帆を入札処分した際の価額は銭55貫86文と比較的高額でも銭建てとなっている（534頁）。また，治水工事等の請負価額は安永3（1774）年安蔵川の場合は998貫800文であったのに対し，天明7（1787）年井手修復代銀は5貫713匁余と銀建てであった（556-557頁）。あきらかに前者の方が高額であり，後者は銀建てではあるが決済段階では銭貨が用いられた可能性もあるので，すでに18世紀後半には銭遣いが大きく進行していたようにみえる。天保13（1842）年藩用地植付の櫨実代銭が1,221貫364文と計上された（537頁）ように，19世紀にはいると後述の薩摩藩領同様，相当に高額であっても銭建てが主流となり，銀建てはほとんど影をひそめる。ただし，資金貸借面では貞享元（1684）～文政3（1820）年の藩府の領内商人からの借り入れは一部金貨もあったが銀貨が主流，文化5（1808）～天保9（1838）年の他領商人からの借り入れは金貨が主流と，銭貨が用いられる場合は少なかった（568-570頁）。用途により，三貨が使い分けられていたことがわかる。

40）以下，カッコ内引用頁は『宮崎県史』通史編（近世上，2000年）による。

第 13 章　九州地方の銭遣い　42I

7)　薩摩藩領

　薩摩藩（77 万石）領は現鹿児島県を構成する薩摩，大隅両国のほか日向国南西部も含む地域からなる。貨幣流通のうえで特筆すべきは近隣する肥後・日向諸藩と異なり，銭匁遣いがまったく見られないばかりか，領内での民間取引のかぎり銀遣いもほとんど確認できないことである。通常で使用される貨幣は銭貨であり，19 世紀に入り小額の金貨（計数銀貨も含む）が出まわるようになっても，基準貨幣は高額でも銭貨が用いられる場合が多かった。これは，奥州南部藩[41]や出雲松江藩領の事例と類似している。

　18 世紀以前の貨幣流通事情を示す例は比較的少ないが，断片的に得られる事例からは，藩府とかかわりのある少額な勘定は銀建てだったようである。たとえば，延宝 9（1681）年都城の樟脳山焼子 7 人の飯米 9 石買入代は「銀五百四匁」であった。さらに，享保 8（1723）年に日雇夫賃が高騰しつつあるなか，藩家老が「向後ハ一日雇賃金一匁ッゝ取可申」と触れ，少額でも銭ではなく銀建てとなっている[42]。ただし，屋久島用木の他国（藩）密輸船頭科銭は銭建てで 1～3 貫文，種子島や琉球への用木代は銀建て決済だったほか，その他地域からの買い付けは代米であった[43]。屋久島での米需要を考慮した方式であろう。

　また，大隅国福山郷の浦町人厚地家が納入した，高割の給地賦課米である出米は早期に銀納に転じていたが，おそくとも明和・安永期（1764-81）には銭納が通常となっていた。しかも，未納者の代納を請け負う金融が業務として成立しており，同時期に数千貫文を超える貸付も珍しくなかった。基準貨幣として金銀が用いられる場合も，おおむね銭貨が実際に授受されたようである[44]。

　出水地方でわずかに利用できる 18 世紀後半の借用証文によれば，明和 7（1770）～寛政元（1789）年に郷士税所家宛て証文額面はいずれも銭建てで，3

---

41) 奥州南部藩における銭遣いの詳細については，岩橋勝「南部地方の銭貨流通」『社会経済史学』48-6，1983 年，を参照。

42) 以上，農林省編『日本林制史資料 鹿児島藩』（臨川書店，復刻版，1971 年）47 および 72 頁。

43) 同上，83-86，89，92，101 頁。

44) 安藤保「薩摩藩の「士成商人」について」（『西南地域史研究』第 7 輯，1992 年）184-191 頁。

422 第 III 部　近世貨幣の流通実態

貫文〜20 貫文であった[45]。借主は農民であり，利子は米籾で支払われた。すでに領民間での大工・木挽き，薪伐り賃などは銭建てが一般化しつつあり[46]，しだいに高額取引でも銭遣いが用いられるようになった。文政 12（1829）年，坊津鰹船 8 艘の漁獲は 9 万尾余にもなり，その代価は銭 13,168 貫文であった[47]。さらに，川内尾白江町の郷士道岡家は天保 8（1837）年，高 18 石余の土地を担保に銭 1000 貫文を岩月善左衛門に貸し付けている[48]。いずれも銀貨または金貨が用いられてしかるべき高額面であるが，銭建てが領内で相当に浸透しつつあったことを示している。

　銭貨による取引高で最も巨額な例として，慶応 2（1866）年阿久根で藩御用船 2 艘を受託管理していたと思われる河南源兵衛が，全面修理のため銭 1 万 3 千貫文拝借を藩府に願い出た事案がある[49]。同家は翌年にかけ数千貫文ないしそれ以上の拝借を申し出ている。問題は，薩摩藩内においてそのような潤沢な銭貨が存在していたかどうかである。

　表 13-7 は，薩摩藩が文政 9（1825）年および嘉永 4（1851）年に，それぞれ年間に支払った役料，切米，扶持米，その他諸払い銀米額である。この記録から，藩府が所有していたおおよその銀米等の内訳をうかがうことができる。ここで記録された米金は実際に藩士等に手渡されたものであり，「諸御役銀料」のように銀建てで定められていたものは，すでに文政期にはすべて銭貨で支払われていたことがわかる。ただし，儀礼的に古くより銀貨で支払われるべきものもあったようで，文政期では全体の 14.0 ％ に相当する銀貨払いがあった。しかし，25 年後には 4.1 ％ にまで減少している。さらに流通銀貨が減少し，銀貨支払いの代替が進行していたことになる[50]。

---

45)『出水郷土誌』1968 年，361-363 頁。
46) 前掲『日本林政史資料　鹿児島藩』166-196 頁。
47)『枕崎市史』1969 年，328 頁。
48)『川内市史』古文書編，1975 年，202 頁。
49)『阿久根の古文書』1971 年，101 頁。
50) 表 13-7 における米金項目の金貨換算にあたっては，同表に注記したように米価は大坂米価で代替，金銀銭相場は黒神嘉樹編『阿久根の古文書』（阿久根市立図書館，1971年）における文政・天保期阿久根での取引記録相場による。この期は銀 1 匁＝銭 100 文

第 13 章　九州地方の銭遣い　423

表 13-7　薩摩藩貨幣別年間支払役料切米等

	文政 9(1826)年		嘉永 4(1851)年	
	計上額	金換算	計上額	金換算
諸御役料米等	14,181 石 793 合	12,622 両	28,202 石 196 合	34,407 両
諸御役銀料等	銭 1,719 貫 700 文	238.8 両	銭 2,112 貫 500 文	293.4 両
大判金	5 枚	37.5 両	3 枚	22.5 両
小判金	17,142 両	17,142 両	20,738 両	20,738 両
弐歩金	1,792 切	896 両		
壱歩金	4,413 切	1,103 両 1 歩	190 切	47 両 2 歩
弐朱銀	754 切	94 両 1 歩	44,825 切	5,603 両 1 朱
銀	521 貫 807 匁 3 分	7,247 両 1 歩	225 貫 360 目	3,130 両
銭	44,418 貫 660 文	6,169 両 1 歩	8,760 貫 838 文	1,216 両 3 歩
米	7,178 石 720 合	6,389 両	8,372 石 345 合	10,214 両
計		51,939 両		75,672 両

典拠）文政 9 年は『薩藩政要録』（鹿児島県史料集 No. 1 鹿児島県立図書館，1960 年）124 頁。
　　　嘉永 4 年は『要用集』下（鹿児島県史料集 No. 29 鹿児島県立図書館，1989 年）25 頁。
　注）1：両年とも金銭は（1 両）7 貫 200 文，銀銭は（1 匁）100 文，金銀は（1 両）72 匁相
　　　　場で換算。
　　　2：米価は大坂金建て相場で，文政 9 年は（1 石）0.89 両，嘉永 4 年は 1.22 両にて換算
　　　　（岩橋勝『近世日本物価史の研究』大原新生社，1981 年）。

　領内の一般的基準貨幣として使用されるようになっていた銭貨は銀貨の代用
としての役割を果たしつつも，文政期以降はしだいに流通貨幣としての機能を
金貨に譲っていたこともわかる。とりわけ急速に増えつつあった貨幣は二朱銀
で，嘉永期には文政期の約 60 倍にもなっている[51]。それでも流通貨幣の中心
は小判であり，米を除く全貨幣の小判の割合は文政期に 52 ％，嘉永期に 67 ％
と増加の一途を示している。貨幣勘定の多くが高額でも銭貨が用いられたにも
かかわらず，実際の授受の場では多く小判をはじめとする金貨が使用されたこ
とを示している。そもそも 19 世紀の領内勘定の大半が銭建てであり，1 千貫

　　　だったが，金銭相場は 1 両＝銭 7 貫 200 文と，他地域に比べやや銭安で固定して勘定さ
　　　れていた。したがって，1 両＝銀 72 匁となる。
51）二朱銀は第 4 章に示したように，安永期におよそ 590 万両鋳造された後，文政 7 年以降
　　　に 26 ％も量目を減らしておよそ 750 万両改鋳している。薩摩藩領内で嘉永期にかけて
　　　それが 60 倍も使用が増加したということは，逆に安永期や文政改鋳期当初には二朱銀
　　　が地方へはまだ十分に出まわらなかったということを示しているであろう。

424　第 III 部　近世貨幣の流通実態

文や 5 千貫文と言うような高額な取引も珍しくなくなっていたにもかかわらず，藩府にかかわる公的支出では米や金貨が主流であり，銭貨は文政期支出全体の11.9 ％，嘉永期には 1.6 ％ にとどまっていた。領内民間取引でもあきらかに銭貨の授受が後退し，小額計数金銀貨が流通貨幣の主流となって行きつつあったのであろう。

　それにしても，なぜ薩摩藩では銭匁勘定が用いられなかったのだろうか。基本的には，領内における銀貨と銭貨の混用を藩府が調整する必要が他領にくらべ少なかったためと考えられる。銭匁勘定が領内経済で問題となるのは，まず変動銭匁段階，すなわち銀建て取引を銭貨で決済する際の銀銭相場を藩府が明示しないと取引が円滑に進まない段階であり，貨幣市場における相場変動に応じて藩府がつねに銭相場を領内に触れなければならなかった。そうした記録がまったく残らなかったのは，領内で標準銀銭相場が明確でなくとも取引がスムーズに展開していたためであろう。しかも，18 世紀までは銀貨が主流であったということは，領内取引がさほど活発でなく，流通銀貨不足を補い，代替すべき銭貨を必要としていないことを示唆するといえないだろうか。さらに，19 世紀にいたり，銀貨は流通界から退場して行くが，高額勘定でも急激に銭貨が用いられるようになったということは，他地域と比較し，急激に銭貨が供給されるようになったか，領内で史料に残される勘定記録はたまたま銭建てが目立つのみで，全体の取引量自体がさほどではなかったかのいずれかとなろう。

　幕末期になり，薩摩藩では琉球通宝鋳造や，天保通宝の密鋳事業があきらかとなっている[52]。しかし，史実で判明するかぎりでは銭貨の大量供給は 1860年代に入ってからである。もし薩摩藩領（日向国領も含む）で 19 世紀に入るころから幕末期に稼働できたような銭貨鋳造ができたならば，他領とくらべ大量

52）安藤保「琉球通宝の鋳銭と安田轍蔵」上，下，『九州文化史研究所紀要』42・43 号（1999 年），および 44 号（2000 年）。その他，薩摩藩ではすでに嘉永年間より百文銭鋳造の試行史実（日本銀行調査局編『図録　日本の貨幣』4，東洋経済新報社，1973 年，320 頁）があるほか，金貨についてもすでに一分金，二分金鋳造を天保期よりおこなった事実もある（同上，298 頁）ので，通説では天保通宝の密鋳は文久期とされているが，さらにさかのぼることも可能であろう。

第 13 章　九州地方の銭遣い　　425

かつ高額な銭貨建て取引が可能となる。このことは，奥州南部藩や出雲松江藩
で観察した高額銭貨建て取引の事実と，銭貨鋳造能力の潜在性に通底すること
となる。今後の課題としてあえて提示しておきたい。

　以上，九州地方で銭匁遣い成立の時期が確認できる地域にかぎって小括すれ
ば，つぎのようになろう。
　1）銭匁の内実，すなわち 1 匁あたり銭貨枚数は変動銭匁（銀銭相場に連動し
た内実）を経て固定化した場合が大半で，銀銭相場と無関係にそれぞれの地域
で固定化したような事例は見出せなかった。
　2）では銭匁遣い地域がもともと銀匁遣いであったために，銀貨不足により
やむなく銭匁遣いに移行したのかというと，領外や藩府との取引はともかく，
そもそも民間，とりわけ農村部での取引における決済手段はかならずしも銀貨
と決まっているわけではなく，取引額のサイズの問題もあり，米や銭貨が第一
義的に用いられていた。銀貨は小口な取引では金貨と同様に不向きであり，建
値に銀貨が用いられても支払い手段としては米・銭貨がはるかに便宜であった。
そのために，民間では当初から銭貨建ての取引も根強くおこなわれていたと考
えられる。その銭遣いが銭匁建てに移行するようになったのは，やはり元禄〜
元文改鋳期の銀貨供給のアンバランス，とりわけ銀貨不足を銭貨で補う行為が
固定化して行った結果であろう。
　3）銭匁の内実が固定化した時期は，九州各地で判明するかぎり，元文改鋳
後，新銀の出回りが相当に遅れた[53]ため，その代替手段として銭貨が用いら
れた事例が多かったようである。
　4）各地でそれぞれの枚数の銭貨で固定化したのは，一定期藩府による標準
相場明示が契機となった場合が多い。あらためて第 10 章表 10-2 を見ると，佐
賀藩領や幕領日田地方ではより早期に，特殊な 20 文銭，19 文銭がはじまって
いるが，その他の地域はおおむね各地で当該銭相場が成立していたであろう時

53）元文金銀は，三都など中央市場では元文 3 年ころまでにはかなり引替が進んだが，西国
　　筋・四国・中国ではこれら地域に比し当初はまったく進まず，その後も相当に引替が遅
　　れたと言われる（前掲『図録　日本の貨幣』3，238-240 頁）。

期に固定銭匁化が確認できる。なお，佐賀の 20 文銭，長崎・天草を含めた幕領日田地方の 19 文銭については，佐賀については 1720 年前後までさかのぼっての用例を確認できるが，19 文銭を含めてそれ以前の時期については管見のかぎりまったく不明である。18 世紀以前の具体的な取引での貨幣使用事例がさらに求められる。

終　章
近世貨幣と経済発展

　近世日本の貨幣流通実態の分析をとおして経済発展がどこまで把握できるのか，さまざまな視点から分析を進めてきた。その際，これまで近世の経済発展を論じる際の貨幣的側面にかんする諸データがきわめて欠落している現状をふまえ，判明するかぎりの三貨在高の推移をそれぞれについて検討吟味して整備した。合わせてこれまでまったくあきらかでなかった地方銭相場の時系列データの整備を可能な地域について若干おこない，中央―地方の銭貨市場の結びつき度合いも検定した。さらに東アジアの「近世経済」性が確立したと思われる1800年時点での中国・朝鮮との貨幣経済化の比較もおこなって，近世日本経済の立ち位置も検定した。

　近世後期の経済発展を物価史的視角からマクロ的に分析した新保博は，つぎのように概括している。「元文の改鋳を契機として急上昇した物価は，その後（中略）長期趨勢としては下降傾向をとっている。商業的農業の発展，農村における貨幣経済の展開，非農業部門の成長などによって，貨幣流通量の増分が吸収されつくし，物価水準の趨勢的低落に帰結したとみられるのである。同時に，この時期における銭相場の動きもこれと無関係ではない。1736年以降銭貨の継続的増鋳が実施され，銭貨供給量は急増しているが，銭貨の相対的価値はむしろ上昇傾向にあった。この事実は，農村への貨幣経済の浸透，一般農民による取引の増大によって，銭貨需要が大きく増加したことをしめしている。（中略）市場経済の発展の画期には，一般に銭貨などの小額貨幣供給量の大幅な増加がみられているのである[1]。」

　新保のこの概括は，本書第2章冒頭において提示した推定GDP，幕府貨幣

在高，米価を時期別に対比した表 2-1 の含意，および同章で紹介した斎藤修の主張，すなわち，最新の近世人口推計をおこなう過程で，近世の一人あたりGDP 増加率はこれまで推定されていたほど高くはないが，産業部門ごとの人口構成比率の変化，すなわち農業および第 1 次部門算出高が相対的に低下し，非 1 次部門のシェアが拡大するという意味での経済構造変化は起きていたのではないかという推論[2] との，いずれにも通底するものである。幕府三貨の時期別流通残高を推計した本書第 4 章の表 4-12 によれば，元文改鋳後 80 年を経た文政改鋳直前期にいたる金銀貨在高は 1.4 倍にとどまったが，同期間の銭貨在高は 1.68 倍とより多く供給された。しかも上記金銀貨の中には小額貨幣である南鐐二朱銀が 20 ％ も含まれていたので，18 世紀前期から 19 世紀初頭にいたる小額貨幣の供給がいかに多いものであったかが知られよう。幕府金銀貨の小額貨幣化は幕末に向けてさらに進み，慶応末年には銭貨も含む三貨総額の46 ％ を占めるほどとなった（表 2-2）。

　近世後期のこのような動向は，より高額な取引における手形使用や帳簿決済（book credit）などの信用取引の拡大によって現金決済向けの貨幣供給が相当量割り引き可能となったであろう事情を考慮しても，そのような小額貨幣を必要とする，規模は小さいが全国各地で広がりつつある農村を中心とした経済発展の反映とみるべきであろう。従来の貨幣史ではそうした小額貨幣の鋳造（とりわけ二朱銀，一朱金などの計数銀貨や低品位小額金貨）は，幕府による改鋳益金（出目）獲得と言うような財政目的がおもな理由とされることが多かった[3] が，斎藤が主張するような非 1 次部門産業の展開に幕府が対応せざるをえない側面

---

1) 新保博『近世の物価と経済発展』（東洋経済新報社，1978 年）305 頁。
2) 斎藤修「1600 年の全国人口——17 世紀人口経済史再構築の試み」（『社会経済史学』84-1，2018 年）20 頁。
3) たとえば，三上隆三『円の誕生——近代貨幣制度の成立』（東洋経済新報社，1975 年）65-67 頁，同『江戸幕府・破産への道——貨幣改鋳のツケ』NHK ブックス，1991 年。元禄以降貨幣改鋳の多くの目的が出目獲得のためとする見解は古くより通説となっているが，「商業経済の発展にともなう貨幣流通量の膨張の傾向が，貨幣鋳造となってあらわれざるをえなかった」という面もあることを指摘する見解もあった（作道洋太郎『近世日本貨幣史』弘文堂，1958 年，127 頁）。

にも注視しなければならないであろう。本書は，そのような貨幣をめぐる動向に対してこれまでほとんど明示されていなかった数量的な裏づけをおこなうことで，この分野の今後の議論に貢献できるであろう。

さらに，近世経済の近代に向けての成長スパートの起点については，新保が主張する長期的物価上昇局面に入った文政改鋳期とする説が今日広く受け入れられているが，経済発展の起点を農村も含む貨幣経済化（＝小額貨幣需要の拡大化）の進展という視点でとらえるならば，小額貨幣供給がおおいに進む起点となった元文改鋳期以降，とくに鉄銭，真鍮四文銭，そして計数銀貨が新鋳され，大量供給されるようになる18世紀半ば前後にまでさかのぼらせるべきではないか，という見解も本書の主張となる。

関連して，分析に耐えるデータが不在のためこれまで観察不能であった江戸・上方—地方間の銭相場の変動開差を本書ではじめてあきらかにしたが，意外にも小さなものであった。改鋳期などで一時的に5％を超える時期もあるが，おおむね3％以内に収まっており，あきらかに割高な現銭輸送費を超えるものではなかった。すでに観察できている近世米価の隔地間開差[4]にくらべると，その幅ははるかに小さく，貨幣市場にかんするかぎり少なくとも18世紀初頭には国内統合が形成されていたといえる。ただし，銭相場の季節変動については，東西で明確な差異がみられた。東日本では12月〜翌年2月に銭高，5〜7月の夏場に銭安となることが多かったのに対して，西日本ではそうした傾向性は観取できず，年間をとおして銭貨が使用されたことをうかがわせる。くわえて西日本では，若干の傾向ではあるが，銭相場の水準が上方より高かったことも確認でき，銭貨流通の実態をなお持続的により詳しく検討する必要性が突き付けられた。

一橋研究グループによれば，近世初頭のわが国一人あたりGDPはきわめて低いものであったが，その後ささやかな発展は垣間見えて，1846年までには30数％ほどの増加がみられた。その後，1874年にかけて年平均上昇率を従前の2倍ほどに上げ，中国・インドとくらべると1.5倍程度の水準に達したとい

---

4) 岩橋勝『近世日本物価史の研究』（大原新生社，1981年）第7章参照。

う[5]。同グループはデータの欠如から韓国（朝鮮）はとりあげていないが，本書では 1800 年を基準として，日本，中国，朝鮮の 3 国の人口，米産高（GDP 代替値），貨幣総量，米価水準を推計し，一人あたり貨幣量から貨幣経済化の指標を導出した。推計過程には，とりわけ GDP 代替値としての米産高に大きな課題を残しているが，現時点での推計によるかぎり，朝鮮は発展途上過程にある数値が出たが，日本はこの時点でわずかに中国を上まわる貨幣経済化数値が算出された。諸産業や流通機構の状況など，関連データをなお収集してここで出た数値を傍証する必要はあるが，一橋グループによるその半世紀後の一人あたり GDP の比較値とは通底する結果となった。近世初期段階では，日本は中華帝国から朝鮮半島経由も含め，文明の果実を受益する立場にあったから，このような面からも本書における東アジア 3 国の比較の試みは，一定の検討材料を提供できたと言えるであろう。

　以上の第 I 部で得られた多くの論点は，単純な貨幣数量説にのみ依拠した立論と解釈されるかもしれない。しかしそこでおこなった分析は，続く紙幣論（第 II 部）と銭遣い論（第 III 部）を通じて近世の貨幣流通実態を究明する際の課題をあぶりだすための作業でもあった。すなわち，近世日本経済はいまだ多くの多様性を残しており，そうした全国の地域性を直視したうえでの経済発展いかんを観察する必要を痛感させるからである。とうぜんに，以下で展開される諸論は今後広く，長く検討を継続するための素材を提供するものに他ならない。そのために本書であらたに観察でき，今後なお掘り下げて究明すべき諸論点を以下に明示する。

　まず第 II 部の紙幣論では，従来の藩札をめぐる論争にとらわれないで，どのような紙幣が市場から求められたかをおもな視点としてより多くの事例を全国に求め，代表的な地域を三つ選択して紹介した。その一つは，銀札として藩札が発行されながら，領内における銭遣い慣行に同調できないために行きわたりえず，失敗を繰り返すうち，藩府が領民による「銭代り札」としての受け入

5）斎藤修「近世の GDP を計る」（『ECO-FORUM』30-3, 統計研究会，2015 年）14-15 頁。

れを容認し，当初の銀札価値であった 1 匁＝60 文に札価が固定した銭匁札に転じたことにより，明治初年まで約 100 年藩札が安定的に流通しえた伊予松山藩の事例である。二つ目は，数次の藩札（銀札）発行も定着せず，しかし通貨不足のために銭遣いの民間で自然発生的に出まわった「銭預り」が領内で浸透するとともに，藩府も銀札に代えて小額面中心の銭札を発行するようになり，民間の「銭預り」を吸収する形で発行額を増やし，若干札価をくずすこともあったが明治初年まで持続的に札遣いが可能となった熊本藩の例である。三つ目は，過剰発行と結果としての札価下落に陥りやすい藩札を忌避して，自然発生的に城下商人の間で使われるようになった連判札（多くの額面が 1 貫文）を藩府が容認するようになり，逆に 1 貫文未満の札が求められるようになって藩府が実質 100 文以下の価値をもつ銭札として使用された小額銀札を発行し，両者がうまく連携して流通した出雲松江藩の例である。

　3 藩に共通するのは，いずれも銀札発行の持続には失敗するも，領内の貨幣需要（とりわけ，小額の銭代り札）に合わせる形の貨幣供給策に転換してからは，ほとんど頓挫することなく藩札流通を持続できたことである。熊本・松江両藩の場合は，いずれも民間で個別に私札として発行された銭札をガヴァナンス（統治）する為政者としての行為から，需要に添う形態の小額銭札を藩札として発行するようになり，松山藩の場合は，既存の銀札を領民の需要に添わせる形で銭札化したことになる。そうした転換期が 18 世紀後半期と一致しており，また藩札が銭札化してからは過剰発行で頓挫することがなかった点も注目される。ただし，藩財政の窮乏はいずれも共通していたはずであるので，なぜ過剰発行の誘因に 3 藩とも耐えられたのかということは，今後別の大きな課題として解明されねばならない。

　以上の 3 藩の例に比べ，既存の多くの藩札発行・流通研究史を繙くと，大半が流通途絶の歴史といってよいほどであった。藩札史の研究に，まず「流通持続期間」というキーワードを導入したうえで，それらのパフォーマンスを評価する視点が求められている。多くの藩札が一度以上は流通途絶を経験したとはいえ，幕末期に向けて一定年数持続的に流通する事例が着実に増加したこともあきらかとなった。その要因の一つとして，これまでは少数説であった通貨不

足説が有力になりつつある。

　江戸や上方およびそれらの近隣地域にくらべると，遠隔な地域ほど幕府正貨が十分に行き渡っていなかった流通構造が明るみになりつつある。これまで藩札流通の成功要因を解説する際，藩による産物会所の設置や同政策との連携をあげる事例が少なくなかった。しかし，実際に全国諸藩の産物会所政策の存否を確認すると，藩札発行と同じほどの開設および失敗・途絶事例があり，その設置・運営のみでは藩札流通政策の成功要因たりえないことがあきらかとなった。藩札発行により領内から吸い上げられた幕府正貨は，特産物買上げの対価として支払われた藩札と引き替えにいずれ生産者に還流されると考えられやすいが，現実には藩財政における領外支出に充てられたまま領国に還流されることなく，費消されてしまう事例が少なくなかったのである。こうして領国における流通手段は藩札に依存せざるをえない構造が浮き彫りにされてくると，札価がある程度下落しても局地的に私札が発行されないかぎり，流動性打開のための藩札流通も少なくなかったことが見通された。

　それにしても藩札流通の条件として，貨幣国定説にもとづく強制通用力か，兌換性保証にもとづく商人信用力かといった2者択一的説明がこれまで主要な論点として長く議論されてきたが，今後は幕府正貨還流状況を視野に入れた地域ごとの貨幣需要に焦点をあてつつ，藩札流通実態について解明することがもとめられる。

　なお，近世紙幣はかならずしもいずれもが持続的に流通していたわけではないことがあきらかとなったとはいえ，世界史的に見て19世紀中期に向け多種流通するようになったことは注目に値するであろう。その際，清朝中国と対比するかぎり，藩札のような政府紙幣がほとんど流通しなかったこともあり，私札流通については銭票や会票などが日本より大量に出まわったことが見通される。こうした日中両国における近世紙幣流通を比較する際，中国では国家が関与することはほとんどなかったが，日本では私札発行はまったく自由ではなかったばかりでなく，藩札流通体系に取り込まれる場合もあった。そのようなある程度の統治存否も近代的貨幣金融体制確立への分岐となったのではないかという問題提起を本書でおこなっているが，具体的な解明は今後に残されてい

る。

　第 III 部では，多くの藩札の持続的流通を支え，農村を中心とした非 1 次部門成長と連動したと思われる銭遣いの実態を検討した。幕末維新期までの幕府正貨である三貨流通在高の推移についておこなった最新の推計（第 4 章）によれば，在高は全体として経済発展とともに着実に増加したが，そのうち金銀貨に対する銭貨のシェアは 17 世紀末の 8.1 ％ から，最初の小額計数銀貨である南鐐二朱銀が発行された 1770 年代には 15.4 ％ と 2 倍近く増えた。計数銀貨の出回りにより銭貨不足は若干緩和されたため，同シェアは 8〜13 ％ と減少したが，二朱・一朱の計数銀貨と銭貨を合わせた小額貨幣の三貨全体に占めるシェアを計算し直すと，1770 年代の 13.4 ％ から 1820-40 年代の 30 ％，そして幕末維新期には 45 ％ へと飛躍的に増大した（表 2-2）。計数銀貨は素材としては「銀貨」でありながら三貨カテゴリーとしては「金貨」として用いられたとされているが，本書における数量分析により計数銀貨が「銭貨」を代替する小額貨幣としても機能し，使用されたことが判明した。

　つぎに，かつての近世貨幣史通説では触れられることのなかった「銭遣い経済圏」論について小括しておこう。ここで「銭遣い」とは，げんみつには銭貨を価値基準として取引をおこなうことを意味する。近世日本では全国的に庶民の日常生活では小口取引が一般であるから，金遣い，銀遣いに対置されるような「銭遣い経済圏」はありえない，というのがこれまでの支配的な説である。ところが，金遣いの東日本はともかくとして，銀遣いの西日本で「銭匁遣い」というまぎらわしい銭貨の使用法があることが，この半世紀前より問題にされはじめた。さらに，小額取引向け貨幣であるならばほとんど必要のない額面である，1 貫文とか 2 貫文というような高額銭札も近世中期以降に特定地域で現れるようになった。

　「銭匁遣い」は，第 10 章において「藩札・私札流通一覧」から鳥瞰した結果，銀遣いの本拠地・上方の周縁部である播磨，丹後，南紀田辺，備中で散見され，さらに西に下って防長，伊予，土佐と，九州の薩摩藩領を除くほぼ全地域でそれが確認できた。ただし，地域ごとに個別に調査を進めた結果，畿内周縁部での銭匁遣いは銀銭相場に連動する使用法，いわば銀貨の代用として銭貨が用い

られているにすぎないことが判明した。一方，前者のいわゆる変動銭匁遣いに対して，上方からより遠隔の西中国，西四国，九州地域では，銀銭相場にかかわりなく銭貨が一定量の銭匁表示である「固定銭匁遣い」を用いていた。これらの地域が，近世中期においても貨幣経済の未発展のため，銀遣いになじみのないまま，大口取引でも銭貨を取引基準として銭遣いを幕末維新期まで継続したのか，あるいは，銭貨との特殊な結びつきがあって，地域内に銀遣いの浸透があっても銭建て取引を継続したのか，いまだ未解明な部分が多い。

　明白なことは，上方から遠隔な地域で固定銭匁遣いが多く見られることで，それは西日本特有の問題ではなく，反対方角の陸奥津軽地方でも17世紀より確認できたことから，中央市場から遠隔の地域には銀貨が行きわたりにくく，そのために前時代からの流通貨幣である銭貨が根強く用いられ続けた結果とみられなくもない。ただし，近世の広い時期について取引基準貨幣の推移が観察できる防長や土佐について見ると，18世紀に一般的であった基準貨幣としての銭貨がふたたび銀貨に代わってゆく事例もあり，これまでほとんど解明の進んでいない「銀目空位化」の問題とともに，組織的な解明が求められている。

　いずれにしても，銭貨をキーワードとして近世日本の貨幣流通を観察して行くと，近世後期において全国的に貨幣経済が展開したと理解されているわりには，地域ごとの閉鎖性が根強く，多様性があったことが明確となった。しかしその一方で，近世貨幣は幕末期に向けて「両金貨本位制」への動きを見せたが，その際，より高まる「金貨」需要に対する追加的正貨供給策として計数銀貨が用いられ，計数銀貨増鋳のため鋳造素材となった秤量銀貨の減少を補うために銭貨が代替手段となった。このように，三貨は近世を通じて独立的に使用されつつも，幕末期に向けて連携の強化も示し始め，「円誕生」の舞台を準備しつつあったのである。

あとがき

　近世貨幣は「三貨」と言われ，金銀貨が基本貨幣として東西日本で使い分けられ，銭貨は全国的に小口取引や端数処理等の場で補助的に使用されていた。そのように広く理解されているのに，西南日本では銭貨が金銀貨と対等に用いられる「銭遣い経済圏」があるという仮説提示を1979年開催の第5回数量経済史（QEH）研究会で私がおこなって，すでに40年になる。会に同席していた斎藤修氏（当時，慶應義塾大学）は，『三田学会雑誌』編集委員のポジションを活かし，今日でも近世経済史の基本図書とされている新保博『近世の物価と経済発展』が公刊されて間がなかったこともあり，その合評もかねて「貨幣の経済史」という小特集を企画された。拙論は新保著が通説を前提に議論を展開していることに対する批判でもあったので，当然に新保・岩橋両論文が収録された。

　同誌に寄稿された新保論文の拙論への反批判の論点は，銭貨は基本的に小口取引で不可欠な貨幣であるから，商人や地主は「金遣い」や「銀遣い」経済圏にかかわらず通常銭建て勘定をとり，その金融資産の中に銭貨が大きな比重を占めていても不思議ではない，西南日本が「銭遣い」経済圏のように見えるのは「程度の問題」であるというものであった。では，いかなる場合に銭遣いが主流となり，銀建て取引とはならないのか，その点こそが本課題解明のカギになるわけで，論争解決のためには具体的に地域事例調査を積み重ねて実態を観察するしかない。さいわいにもこの私の問題提起に対して，1983〜85年度にわたり文部省科学研究費（一般研究C）の交付を受けることができ，その10年前に近世地方米価史料を求めて全国的調査を開始したように，ふたたび長い研究の旅を始めることとなった。

　一方で，QEH研究会にはじめて出席した1974年，近世金銀銅輸出入推計に関する報告へのコメンテーターを依頼されたことを契機に，それまで近世金銀貨在高の推移を見る際に多くが引用していた山口和雄氏作成の表を再検討する

必要が生じた。貨幣数量の動きは近世経済の動向を見るうえで石高（GDP の代理値）や人口と同様に重要度の高い基礎データであるが，金銀貨については17〜18 世紀の動向が不明確であるばかりでなく，銭貨については主要時期ごとの集計された在高もまったく不明な状況であった。結果として，日本銀行金融研究所の要請で立ち上げた貨幣史研究会に集うメンバー，とりわけ安国良一氏（住友史料館）から 2 度にわたり重要な史実情報の教示を受け，それまで依拠していた『図録 日本の貨幣』2〜4 から暫定的に推計した私の銭貨在高表のうち近世中期と幕末期について大幅な修正を施すことができた。

　この三貨在高推計作業と銭遣い動向事例調査をリンクする概念が「小額貨幣」であった。銭貨のほか小額の一朱銀や二朱金なども含まれるが，これらの「小額貨幣」が三貨に占める比率が作業の進行とともに明確になるにつれ，斎藤修氏を中心とする一橋大学経済研究所グループによって近年公表された研究成果である近世日本の経済発展の特質とマッチすることがあきらかになってきたのである。すなわち，近世日本の経済成長は西欧とくらべるときわめてささやかなものであったが，近世中期より東アジアの中ではいちじるしいものとなり，その中心が農村における非 1 次産業であったことを明示した。詳しくは終章に示したとおりであるが，かつてトマス・C・スミスが『近代日本の農村的起源』（大塚久雄監訳，岩波書店，1970 年）や「前近代の経済成長──日本と西欧」（社会経済史学会編『新しい江戸時代史像を求めて』所収，東洋経済新報社，1977 年）で提言した趣旨を統計的に裏づけるものでもあった。小額貨幣不足はたしかに近世中期より目に付くようになり，第 II 部で示したように，そうした貨幣需要が西南日本を中心とする銭遣いや，西日本全体で進展する藩札・私札の背景になったというのが，当面の結論となっている。

　本書をまとめるに際しては，この 40 年来，リストアップすれば本欄に書き上げられないほどの諸先学，同学者や各地域史研究者のお世話や学恩をいただいている。それらのうちとりわけ謝意を表したい方々は，全国各地の研究機関や図書館・史料館等で日常的に史料整理や目録編成，さらには史料翻刻に取り組んでいる地域の研究者，そして館員等のみなさんである。現地でしか閲覧で

あとがき 437

きない第1次史料閲覧のため，重くかさばるマイクロカメラセットを持ち歩き，東北から鹿児島まで訪問する手法は，自身の物価史研究調査時代と同じスタイルであったが，1960年代から広がった全国的な市町村県史誌編纂ブームにより，それら公刊書が手広く入手できるようになって，ひとつのテーマのもとに事例比較研究をする者にはどれだけ効率アップとなったかはかりしれない。

貨幣史研究では戦後近世貨幣史の一時代を築かれた作道洋太郎先生や，晩年の田谷博吉先生からは貨幣在高や藩札流通をめぐる拙稿にたいし，そのつどきめの細かなコメントをいただいた。自身の研究を広げる良い機会となったQEH研究会では中核となった梅村又次，新保博，速水融，西川俊作先生らからは研究合宿のみならず，その後公表した論稿に対しても多くの有益な教示をいただき，修正できた誤りは数知れない。とりわけ，速水先生からはQEH研究会以外での研究活動を広げる機会を多く与えていただいたばかりでなく，私の勤務先退職記念論文集に寄稿までいただけたことは望外の光栄であった。

ちょうど立ち上げ20年となる貨幣史研究会では30名を超える同学者と研鑽を重ねることができた。私の退職後，世話人代表として運営に尽力された名城邦夫氏とその後を継いだ加藤慶一郎氏のおかげである。また会世話人の一人として10数年にわたり足場がよく快適な甲南大学の会議室を毎回準備いただいた草野正裕氏へも謝意を表したい。研究上の刺激はいずれの参会者，とりわけ30〜40歳代のこれからをになう意欲的な研究者から多くを与えられているが，他方，鹿野嘉昭氏（メンバー内では数少ない金融論専攻者として，おもに理論的な面から多くの報告に得難いコメントを毎回いただいている）のようなベテランの研究仲間からも多くのものを得た。以上の研究会メンバーのほか，とかく東日本の貨幣史研究者とは疎遠になりがちな環境にある私にとっては，社会経済史学会や日銀金融研究会等を通して石井寛治先生からご自身の研究のみならず，その周りの意欲的な多くの新進研究者と交流する機会が与えられたことも忘れることはできない。

最後に出版事情きびしいなか，本書刊行を引き受けていただいた名古屋大学出版会に謝意を表したい。40年以上にわたる執筆期間の長さのため叙述に齟齬をきたす部分も少なからず，編集部の神舘健司氏とともにそれらのチェック

を詳細かつ緻密にしていただいた編集部長の橘宗吾氏には深甚な謝意を表したい。本書が多少とも読みやすくなっているとすれば，お二人の問題指摘に従って書き直したおかげである。また，43年にわたり奉職した学校法人松山大学からは，ささやかではあったが，ほぼ毎年研究助成金の交付を受ける機会が与えられ，息の長い調査が継続できた。さらに，同じ職場で6年間共に過ごした関西大学教授の西村雄志氏からは，私の退職にともないいったん削除されてしまった科学研究費研究者番号を復活させるため，氏の移籍先大学で尽力いただいた。これにより日本学術振興会の科学研究費補助金（研究成果公開促進費「学術図書」）を前著『近世日本物価史の研究』に続けて受けることができた。本書はこれら多くの方々の助力なくして日の目を見ることはなかっただろう。満腔をもって心より感謝申し上げたい。

2019年7月

岩　橋　　勝

初出一覧

本書に収録するにあたり，加筆・修正を全面的に施した。

序　　章　新稿（一部，「近世経済における東アジア三カ国比較――貨幣流通面から見る」斎藤修・猪木武徳編『学際』第1号，統計研究会，2016年）

第 1 章　「徳川経済の制度的枠組」速水融・宮本又郎編『経済社会の成立』岩波書店，1988年

第 2 章　前掲「徳川経済の制度的枠組」，「前近代通貨統合をめぐる若干の史的考察」『松山大学論集』16-1，2004年，「小額貨幣と経済発展」『社会経済史学』57-2，1991年，などを改訂

第 3 章　「近世銭相場の変動と地域比較――東日本を中心として」『福岡大学商学論叢』40-3，1996年，「近世西日本銭相場推計の困難性――熊本藩領を例として」『統計』60-6，2009年，を補訂

第 4 章　「徳川時代の貨幣数量」梅村又次ほか編『日本経済の発展』日本経済新聞社，1976年，「近世貨幣流通の日朝比較史試論――銭貨を中心として」『松山大学論集』17-2，2005年，「徳川時代の銭貨在高」『名古屋学院大学論集』（社会科学篇）55-2，2018年

第 5 章　「近世日本中国朝鮮における貨幣経済化比較史論」（李紅梅と共同執筆）大阪経済大学日本経済史研究所編『東アジア経済史研究――中国・韓国・日本・琉球の交流』思文閣出版，2010年

第 6 章　「本学所蔵奥平コレクションについて――死蔵されていた藩札類の全貌に迫る」松山大学図書館報『熟田津』36（第66回私立大学図書館協会総会・研究大会記念講演）2005年，「貨幣の歴史学　さまざまな藩札」『にちぎん』16，2008年，「近世私札と経済発展」『甲南経済学論集』54-3・4，2014年，などに加筆

第 7 章　「伊予における銭匁遣い」地方史研究協議会編『瀬戸内社会の形成と展開』雄山閣，1983年

第 8 章　「近世貨幣経済のダイナミズム――熊本藩領を事例として」『社会経済史学』77-4，2012年

第 9 章　「出雲松江藩の銭遣い」『松山大学論集』24-4-2，2012年

第 10 章　「徳川後期の『銭遣い』について」『三田学会雑誌』73-3，1980年，「再び徳川後期の『銭遣い』について」同上74-3，1981年，「江戸期貨幣制度のダイナミズム」『金融研究』17-3，1998年，などを改訂

第 11 章 「近世銭匁遣い成立の要因——津軽地方を事例として」『松山大学論集』
22-4，2010 年
第 12 章 「近世中後期土佐における貨幣流通——いわゆる八銭勘定を中心として」
秀村選三編『西南地域史研究』6，文献出版，1986 年
第 13 章 「近世後期金融取引の基準貨幣——豊後日田千原家史料を中心として」『松
山大学論集』11-1，1999 年，ただし補論は新稿
終　章　新稿

図表一覧

図 3-1	江戸銭相場の動き（5ヵ年移動平均，金1両に付）	66
図 3-2	江戸金銀相場と金銭相場の動き（各年値，指数　1840-44年＝100）	71
図 3-3	江戸を基準とする各地銭相場の動き（5ヵ年移動平均）	74
図 3-4	江戸を基準とする各地米価の動き（5ヵ年移動平均，江戸米価＝100）	75
図 3-5	名古屋を基準とする各地銭相場の動き（5ヵ年移動平均）	76
図 7-1	松山藩札の銭匁札化	226
図 10-1	近世後期の銭遣い分布	308
図 12-1	土佐国関係町村の位置	358

表 2-1	近世貨幣需要動向を探る関連数値	38
表 2-2	幕府貨幣に占める小額貨幣比率の推移	50
表 2-3	幕府金銀貨発行一覧	52-53
表 3-1	東日本銭相場	63-65
表 3-2	東日本銭相場の隔地間相関係数の推移	79
表 3-3	東日本3都市銭相場の季節変動	81
表 3-4	西日本銭相場	87-89
表 3-5	西日本銭相場の期間別水準値	94
表 3-6	西日本銭相場の隔地間相関係数	96
表 3-7	大津銭相場の季節変動	97
表 4-1	後藤方調査金貨在高（1866年）	103
表 4-2	後藤方調査銀貨在高（1866年）	104
表 4-3	金貨在高（1736年）	105
表 4-4	銀座年寄報告銀貨在高（1736年）	105
表 4-5	金貨海外流出高	107
表 4-6	銀貨海外流出高	113
表 4-7	文字銀世上通用高（1807年）	115
表 4-8	銀山幕府上納高推計	116
表 4-9	佐藤データの修正	119
表 4-10	徳川期金銀貨数量の対比	121
表 4-11	銭貨鋳造量と在高の推移（1636-1868年）	136
表 4-12	徳川期三貨流通量の推移	143
表 5-1	18世紀末貨幣経済化：日中韓3国比較	158
表 6-1	藩札流通の持続期間	179
表 6-2	私札の時期別，地域別分布（嘉永期以前，初発件数）	189

表 7-1	藩主家督祝入用銀醵出内訳（文化 6 年）	216
表 7-2	野間郡別府村村入用（安永 2 年—文化 3 年）	218
表 7-3	松山藩銭匁札相場（嘉永 5 年）	221
表 8-1	熊本藩銭預り発行高内訳（文化 8 年 9 月現在）	235
表 8-2	熊本藩銭預り発行高内訳（天保年間）	236
表 8-3	熊本「銭」相場	238
表 8-4	熊本藩領銀銭相場	244
表 8-5	熊本藩領の札遣い年表	258
表 9-1	小豆沢家金融証文の基準貨幣	266
表 9-2	安部家貸付の基準貨幣	268
表 9-3	松江藩領の札遣い年表	275
表 9-4	松江藩発行銀札高内訳（明治 3 年 6 月現在）	280
表 9-5	日銀貨幣博物館蔵 出雲国松江藩「連判札」（明治改元前）	286
表 9-6	荒木三郎兵衛『藩札』下巻 収載の「連判札」（明治改元前）	287
表 10-1	銭匁札・高額銭文札の地域的分布	303
表 10-2	全国銭匁遣い動向一覧	310-311
表 11-1	作兵衛家御用立米金一覧	336
表 11-2	弘前藩年間収支概要（文化 4 年）	337
表 11-3	払渡金銭内訳（文化 4 年）	338
表 11-4	秋田領内質人・売人証文（慶安 3 年—宝永 3 年）	346
表 11-5	稲庭高橋家持金内訳（秋田）（文久 2 年）	349
表 12-1	西分村公文家売券の基準貨幣	359
表 12-2	羽根浦松本家売券の基準貨幣	362
表 12-3	野根郷北川家売券の基準貨幣	363
表 12-4	田野浦岡家貸付証文類の基準貨幣	364
表 12-5	西峰村三谷家貸借証文の基準貨幣	365
表 12-6	高知才谷屋土地売買の基準貨幣	367
表 12-7	各家証文類の時期別基準貨幣	368-369
表 12-8	高知銭相場	373
表 12-9	才谷屋毎年正月資産内訳	374
表 12-10	近世後期土佐の札発行	383
表 12-11	天保 12 年葛城医屋受取謝金内訳（天保 11 年末から 12 年末）	385
表 13-1	豊後日田，千原家金融取引	397
表 13-2	千原家金融証文の所領別分布	402
表 13-3	千原家の銭匁建て貸付証文	404
表 13-4	千原家取引での基準貨幣と授受貨幣乖離の事例	405
表 13-5	幕末期武士家計年間支払い貨幣の内訳（元治 2 年）	407
表 13-6	延岡藩田代村黒木家証文類の基準貨幣	419
表 13-7	薩摩藩貨幣別年間支払役料切米等	423

別表 6-1 近世の私札発行（嘉永期以前，時期明確なもののみ）………………… 201-206
別表 10-1 近世銭札発行一覧（銭匁札および額面 1 貫文以上銭札）………………… 320-325

索　引

ア　行

間銀　84
会津銭相場　61
青森銀行記念館　328
『青森県租税誌前編』　331
預切手　283
預り差紙　282, 283
預り札　290
預り書　283
預潰し　235, 253
小豆沢家文書　267
厚地家　421
アナール学派　5
阿仁銅山　349
安部家文書　268
網野善彦　19
新井白石　106, 111, 123, 128, 299, 412
荒木豊三郎（三郎兵衛）　187, 285, 302, 329
有毛検見　31
有畝　29, 30
有田札　407
安堵銭　348
EU 通貨統合　42
家屋敷売券　263
石井紫郎　32
石井良助　33
伊藤昭弘　307
糸割符制　2
岩生成一　110
院内銀山　345
内分預り　284
浦長瀬隆　307, 391, 409
売人・質人証文　345
永代売　358, 360
永宝日記　341, 344, 345
『江戸時代の紙幣』　186
江戸銭相場　59
撰銭慣行　67
王業鍵　155-157

カ　行

王宝増長帳　387
『大阪金銀米銭幷為替日々相場表』　84
大坂銭相場　84
大津銭相場　86
岡家　364, 379, 380
岡崎哲二　35
御勝手方御定書　24
岡藩札　254-256, 417, 418
荻原銭　128, 352
御双場　90, 229, 230, 239, 247, 248, 250, 259, 413
尾太鉱山　335, 339
御屋形日記　411

改貨後議　299
海禁政策　161
開元通宝銭　27
改鋳益金　428
会票　432
ガヴァナンス（統治）　182, 191, 314, 411, 431
隔地間決済手段　301
隔地間銭相場の格差　318
家計の管理支配　406
家質　281
葛城医屋　385
貨幣ヴェール観　3, 37
貨幣経済化　8, 146, 147, 161-164, 193, 340, 378, 429, 430
貨幣高権　148
貨幣国定説　432
貨幣使用慣行　411
貨幣相場変動リスク　395
貨幣統合　10, 42-44, 47, 54
貨幣の経済史　6, 7
貨幣の役割　1, 4, 43
貨幣の要件　41
貨幣秘録　131
貨幣不足　175-177, 184, 197, 272, 282

索　引　445

貨幣流通構造　301
刈谷銭相場　60
『刈谷町庄屋留帳』　60
為替取組ネットワーク　45, 46
河南源兵衛　422
寛文の枡制統一令　26
管理変動相場制　341
飢餓移出　2
疑似藩札　260
基準貨幣　319, 395, 399, 401
北川家　363, 387
吉米　358
杵築藩　416
九州文化史研究所　394
挟銭　153
金貨建て　419
銀貨不足　419, 425
金貨本位制　144
近世紙幣の本質　182
『近世の物価と経済発展』　5
銀銭相場記録　242, 243
近代的貨幣金融体制　432
金建て取引　406, 408
銀歩　224, 308, 313, 315
銀目空位化　148, 176, 301, 434
銀目廃止　93
金融証文　395
草間直方　391, 411
国銭　411
国安寛　329
熊本銭相場　90
熊本藩銭預り　237
公文家　357, 380
黒木家　418
郡代　392
計局秘録　120
経済録　299
決済記録　257
権衡の制度　26
『憲章簿』　382
現銭輸送費　429
乾隆帝　165
高額銭文札　304-307
貢人　159
高知銭相場　87, 373, 379
古賀康士　184, 307
極印銀　345, 346

国産専売　183
50文銭慣行　415
小銭不足　73
「古銭」勘定　375
「古銭」匁勘定　367
小竹文夫　152
固定銭匁遣い　303, 309, 312, 314-317, 333, 410, 412, 426, 434
古典派の二分法　37
御当家年代略記　377
後藤庄三郎　103, 106, 119
後藤徳乗家　27
米消費の割合　156
御免銀札　189
菰野藩札　306

サ　行

サージェント, T. J.　46
西国筋郡代　392
税所家　422
才谷屋　89, 366, 369, 374, 379, 380, 385
斎藤修　6, 428
酒田銭相場　61
佐川札　385
作道洋太郎　173
緡銭　308, 309, 311, 314, 315, 337, 303
札相場　415
打歩　272
佐藤忠三郎　102, 108
『三貨図彙』　85, 411
産物会所政策　183, 197, 432
塩屋手控記録　221
地金市場　148
鹿野嘉昭　43, 175, 178, 207
私札の自制性　198
私札流通　171, 193, 432
市場の統合度　261
私鋳銭　353
信達商業年代記　62
渋沢敬三　187
『嶋屋日記』　90, 246
社会構成原理　17
19文銭遣い　398, 404, 407, 409, 412, 425, 426
守随家　27
準藩札　382
荘園年貢代銭納化　39

小額貨幣（通貨）　6-9, 48-51, 53, 55, 57, 80, 99, 100, 126, 147, 151, 158-160, 163, 176, 193, 225, 233, 234, 236, 260, 274, 299, 327, 328, 343

小額貨幣（通貨）機能　72, 77

小額貨幣（通貨）シェア　51, 53, 433

小額貨幣（通貨）需要　192, 274

小額貨幣（通貨）不足　189, 190, 254, 280, 293, 317

商人信用力　432

常平通宝　153

定免法　31

初期私札　174

諸国銀札発行高調査　230

新貨条例　55, 144

神家　27

真鍮四文銭　130, 132, 133, 139, 141

人的，地縁的信用　200

新保博　5, 6, 100, 427

信用通貨　173

信用取引　53, 55

『吹塵録』　102, 103, 113, 115, 138

『図録 日本の貨幣』　4, 7, 9, 66, 126, 135, 140, 173-175, 178, 181, 185, 186, 302, 382

『西欧世界の勃興』　15

正銀不足　388

誠斎雑記　106, 112, 116

成長スパートの起点　429

瀬島宏計　307

銭預（り）　231, 239, 240, 253, 291, 431

銭預り札　194, 195

銭壱把　253

銭小預　385

銭相場の季節変動　429

銭相場の変動開差　429

銭遣い　292

銭遣い経済　378

銭遣い経済圏　6, 433

銭歩　308, 313, 315

銭払底　332

銭和市改帳　86

銭貨代替効果　99

銭貨鋳造能力　425

銭貨不足　225, 254, 256, 294, 342, 351, 433

銭貨払底　343

銭泉府仕法　265

銭荘　199

仙台通宝　255, 256

銭票　199, 432

銭幣館コレクション　285

銭匁札　212-214, 217, 220, 221, 225, 226, 230, 302, 304, 305, 309, 328, 388, 407, 415, 416, 431

惣月行司記録書抜　255

惣町大帳　414

タ　行

代替「金貨」　80

代替「銭貨」　80

代々日記留帳　278

大東町木村家　270

大同法　166

大唐米　358

太米　358

大明通行宝鈔　199

代用貨幣　8, 302, 317

高千穂地方　255, 416

高鍋藩　420

度支年譜　90

武市佐市郎　355

竹岡敬温　5

竹越与三郎　300

太宰春台　299

田代和生　112

田中銭幣館　187

玉尾家「万相場日記」　86

田谷博吉　117

千原家文書　394, 403

町家銭預り　237

徴租法　31

帳簿決済　428

帳簿信用　55

通貨不足説　431

『通航一覧』　116

津軽見聞記　331

対馬藩田代役所　403

鶴崎預り　236

鉄一文銭　132-135, 138, 139, 251

鉄山師の存在　292, 295

鉄銭鋳造　130, 138

鉄四文銭　139-141

デュルケーム　19

天寿随筆　109, 112

索　引　　447

天保通宝　51, 132, 134, 135, 137, 141, 144, 193
天保通宝の密鋳事業　137, 424
頭取質地改　284
「徳川の遺産」論　14
徳鋳銀　112
富永健一　14, 19
戸谷家　267, 276, 278
取引費用　25

ナ　行

中里実　47
名古屋銭相場　59
ナホッド，オスカー　110
那波三郎右衛門家　349
西峰口番所　365
20文銭遣い　398, 412, 425
日本銀行貨幣博物館　285
『日本古紙幣類鑑』　302
貫指　378, 379
ネットワーク外部性効果　47
年数売　358, 360, 364
ノース，D. C.　15, 22, 25, 35
野口喜久雄　303, 306, 391, 409

ハ　行

売券・質地証文　347
萩相場　86
幕府巡見使来国　378
幕府正貨　9, 172, 175, 182, 184, 193, 197, 198,
　207, 267, 432, 433
幕領椎葉山　417
八銭勘定　355, 360, 363, 368, 369, 377
林定吉　120
速水融　28
藩経済の独自性　292
藩札信用論争　9
藩札整理　227, 260
藩札流通持続状況　178
藩札流通体系　432
藩札流通の基本条件　258
藩札流通の十分条件　197
日出藩　416
日田商人　393
ヒックス，J. R.　48, 147
尾藤正英　18, 19

標準方式　43, 44, 46
平尾道雄　355, 382
「非領国」地域　403
弘前藩「御刑法牒」　334
弘前藩庁日記　330, 332
布貨　149
福島銭相場　62
藤野保　17
藤本隆士　304, 306, 314, 391
歩銭　247, 248, 250, 259, 413
福建省　146, 153-156, 158, 159, 166
『福建通志』　154, 155
古三津村「御用日記」　215
ブローデル，F.　48
豊後千歳役所札　418
文明の果実　430
別府村永々万覚書　217
変動銭匁遣い　210, 303, 307, 308, 312, 314,
　377
ポメランツ，K.　1
本庄栄治郎　300
本物返　34

マ　行

増歩　84
枡制　25, 162
町会所札　382
町方預　381
『松平定安公伝』　274
松本家　361, 380
松本寿三郎　230
松山大年寄役所記録　215
豆田町　394
丸屋（千原家）　393
三谷家　365
道岡家　422
密鋳銭　294
宮崎札　329, 344
宮崎八十吉　344
宮本又次　35
ものさし　25
匁銭　314
匁銭札（銭匁札）　174

ヤ　行

柳生藩札　306
「役」の体系　18
役割統一体の複合　20
安国良一　131, 134, 141, 307
山口和雄　102, 106, 142, 173
山田羽書　190
ヤマムラ，コーゾー　21, 28
山脇悌二郎　106
湯浅赳男　152
遊休銭貨　254
吉永昭　183
萬年代記帳　410

ラ・ワ行

李憲昶　153, 154, 156, 157, 164
琉球通宝　135, 294, 424
流通銀貨不足　424
流通持続期間　431
流動性打開　432
両替年代記　59, 85, 102
両金貨本位制　317, 434
領国銀　264, 345, 350, 352
連判札　194-196, 262, 279, 281, 284, 285, 288
連判札額面　293
連判札の流通範域　289
連判札振出人　288
和辻哲郎　14

《著者紹介》

岩橋　勝
（いわ　はし　まさる）

1941 年　名古屋市に生まれる
1964 年　滋賀大学経済学部卒業
1967 年　大阪大学大学院経済学研究科博士課程中途退学
　　　　　大阪大学助手，松山商科大学（現，松山大学）専任講師・助教授・教授を経て，
現　在　松山大学名誉教授，経済学博士（大阪大学）
著訳書　『図説　日本経済史』（共著，学文社，1972 年）
　　　　　『近世日本物価史の研究』（大原新生社，1981 年）
　　　　　『近代成長の胎動（日本経済史 2）』（共著，岩波書店，1989 年）
　　　　　『東予社会と住友──その史的特質と共生的関係』（編著，松山大学総合研究所，
　　　　　2002 年）
　　　　　『日本のお金の歴史　江戸時代』（ゆまに書房，2015 年）
　　　　　『貨幣の統合と多様性のダイナミズム』（編著，晃洋書房，2021 年）
　　　　　ジェームス・I・ナカムラ『日本の経済発展と農業』（共訳，東洋経済新報社，
　　　　　1968 年）他

近世貨幣と経済発展

2019 年 10 月 10 日　初版第 1 刷発行
2023 年 4 月 25 日　初版第 2 刷発行

定価はカバーに
表示しています

著　者　　岩　橋　　　勝

発行者　　西　澤　泰　彦

発行所　一般財団法人　名古屋大学出版会
〒 464-0814　名古屋市千種区不老町 1 名古屋大学構内
電話(052)781-5027 / FAX(052)781-0697

ⓒ Masaru Iwahashi, 2019　　　　　　　　　　　　Printed in Japan
印刷・製本　亜細亜印刷㈱　　　　　　ISBN978-4-8158-0965-2
乱丁・落丁はお取替えいたします。

JCOPY 〈出版者著作権管理機構　委託出版物〉
本書の全部または一部を無断で複製（コピーを含む）することは，著作権
法上での例外を除き，禁じられています。本書からの複製を希望される場
合は，そのつど事前に出版者著作権管理機構（Tel：03-5244-5088，FAX：
03-5244-5089，e-mail：info@jcopy.or.jp）の許諾を受けてください。

井上正夫著
東アジア国際通貨と中世日本
―宋銭と為替からみた経済史―
A5 ・ 584 頁
本体 8,000 円

高島正憲著
経済成長の日本史
―古代から近世の超長期 GDP 推計 730-1874―
A5 ・ 348 頁
本体 5,400 円

高槻泰郎著
近世米市場の形成と展開
―幕府司法と堂島米会所の発展―
A5 ・ 410 頁
本体 6,000 円

谷本雅之著
日本における在来的経済発展と織物業
―市場形成と家族経済―
A5 ・ 492 頁
本体 6,500 円

中西聡著
海の富豪の資本主義
―北前船と日本の産業化―
A5 ・ 526 頁
本体 7,600 円

石井寛治・中西聡編
産業化と商家経営
―米穀肥料商廣海家の近世・近代―
A5 ・ 528 頁
本体 6,600 円

中西聡編
日本経済の歴史
―列島経済史入門―
A5 ・ 364 頁
本体 2,800 円

粕谷誠著
戦前日本のユニバーサルバンク
―財閥系銀行と金融市場―
A5 ・ 390 頁
本体 6,300 円

中林真幸編
日本経済の長い近代化
―統治と市場，そして組織 1600〜1970―
A5 ・ 400 頁
本体 5,600 円

籠谷直人著
アジア国際通商秩序と近代日本
A5 ・ 520 頁
本体 6,500 円

黒田明伸著
中華帝国の構造と世界経済
A5 ・ 360 頁
本体 6,000 円

K. ポメランツ著　川北稔監訳
大分岐
―中国，ヨーロッパ，そして近代世界経済の形成―
A5 ・ 456 頁
本体 5,500 円